조선통신사
사행록 연구총서 9

문화·회화

숭실대학교 한국문예연구소
학술총서 ④

조선통신사 사행록 연구총서 9

문화·회화

學古房

머리말

　일의대수(一衣帶水)를 경계로 이웃한 우리나라와 일본, 기록으로 확인할 수 있는 양국의 관계는 삼국시대부터였다. 역사가 진행되는 동안 쌓이고 쌓인 우여곡절들이 발효되지 못한 채 부패의 과정을 반복해온 때문인가, 우리의 기억 속에 각인되어 있는 일본의 이미지는 지금 이 순간에도 좀처럼 좋아질 기미가 보이지 않는다. 세월이 아무리 흘러도 그들과의 관계가 그저 현재진행의 '스트레스'로 일관할 것이라는 비관적 전망은 쉽게 사라지지 않는다. 끊일 날이 없었던 왜구의 침탈, 10년 가까이 전국토를 유린했던 임진과 정유의 난리, 40년 가까운 식민 지배 등 고대로부터 오늘날에 이르기까지 언제나 그들은 악연(惡緣)의 이웃이었을 뿐 선린(善隣)일 수 없었다.

　그럼에도 불구하고 과거 우리의 왕조들은 대부분 설득을 통한 교린(交隣)의 외교정책으로 금수(禽獸)의 의식 수준에 머물러 있다고 생각되던 이들을 상대해 왔다. 중국은 사대의 대상이었으나 일본은 교린의 대상이었다. 그러나 사대와 교린이라는 외교의 두 형태는 상호 위상의 차이로부터 생겨난 것일 뿐 각각의 경우에 파견되던 사절단 구성의 본질적인 차이는 없었다. 명·청 교체 이후 크게 변한 동북아시아의 국제질서를 감안하면, 내면적으로는 양국에 대한 조선의 자세에도 큰 차이가 있을 수 없었다.

　'오랑캐 청나라'가 '중화의 명나라'를 무너뜨리고 중원의 지배자로 등장하면서 존속되어오던 화이(華夷) 구분의 세계관은 혼란을 겪을 수밖에 없었으며, 일본으로부터 임진왜란의 수모를 당하면서 '소중화적(小中華的)

자존의식'을 손상 받은 조선 역시 마찬가지로 세계관의 혼란을 겪을 수밖에 없었다. 사행록에 등장하는 견문의 내용은 다를 수 있어도, 중국과 일본에 대한 지식인들의 관점만큼은 일치했으리라 보는 이유도 그 점에 있다. 기록에 드러난 기록자의 시선과 세계관은 두 나라를 밟으면서 얻게 된 견문을 통해, 그리고 그런 견문들에 대한 그들 나름의 해석을 통해 소상히 드러나기 때문이다.

우리나라는 고려 말부터 일본에 사행을 파견해왔으며, 규모 면에서 본격적인 사행은 임진왜란 이후 19세기 초까지 12회에 달한다. 그런 사행들의 중심이었던 정사·부사·종사관·제술관 및 역관들은 당대의 지식인들이었으므로 사행 때마다 그들이 기록을 남긴 것은 당연하다. 중요한 것들을 들면 다음과 같다.

- 경섬(慶暹; 1607년 회답 겸 쇄환사의 부사)의 『해사록(海槎錄)』
- 오윤겸(吳允謙; 1617년 회답 겸 쇄환사의 정사)의 『동사일록(東槎日錄)』
- 이경직(李景稷; 1617년 회답 겸 쇄환사의 종사관)의 『부상록(扶桑錄)』
- 강홍중(姜弘重; 1624년 회답사의 부사) 의 『동사록(東槎錄)』
- 임광(任絖; 1636년 통신사의 정사)의 『일본일기(日本日記)』
- 김세렴(金世濂; 1636년 통신사의 부사)의 『해사록』
- 황호(黃㦿; 1636년 통신사의 종사관)의 『동사록』
- 조경(趙絅; 1643년 통신사의 부사)의 『동사록』
- 신유(申濡; 1643년 통신사의 종사관)의 『해사록』
- 남용익(南龍翼; 1655년 통신사의 종사관)의 『부상록』
- 김지남(金指南; 1682년 통신사의 역관)의 『동사일록』
- 홍역관(이름 미상, 1682년 통신사의 역관)의 『동사록』
- 김현문(金顯門; 1711년 통신사의 수행원)의 『동추록(東楸錄)』
- 홍치중(洪致中; 1719년 통신사의 정사)의 『해사일록(海槎日錄)』
- 신유한(申維翰; 1719년 통신사의 제술관)의 『해유록(海遊錄)』

- 정막비(鄭幕裨; 1719년 통신사의 수행원)의 『부상기행(扶桑紀行)』
- 조엄(趙曮; 1764년 통신사의 정사)의 『해사일기(海槎日記)』
- 김인겸(金仁謙; 1764년 통신사의 삼방서기)의 『일동장유가(日東壯遊歌)』

이 외에 작자미상의 『계미동사록(癸未東槎錄)』 및 『일본일기』 등과 송희경(宋希璟)의 『일본행록(日本行錄)』, 신숙주(申叔舟)의 『해동제국기(海東諸國記)』, 김성일(金誠一)의 『해사록』 등 쟁쟁한 기록들도 빠뜨릴 수 없다. 사행 과정에서 견문한 것들을 일기체 형식으로 적은 것들이 대부분이며, 이것들을 모아 편집한 것이 바로 이 분야 연구의 결정적 텍스트인 『해행총재(海行摠載)』다.

기록자들은 대부분 당대의 지식인들로서 화이관이나 소중화 의식을 비롯한 지배 이념의 스펙트럼에서 자유롭지 못한 존재들이었다. 그럼에도 불구하고 그들은 자신들도 모르게 새로이 접한 이국의 문물로부터 각성과 의식전환의 단서를 터득하여 자신의 기록에 노출시켰다. 자신들이 직접 목격하고 해석한 일본의 문물을 기록으로 남겼다는 점. 그것이 조선통신사 사행록의 문화적 의미라고 할 수 있다.

예컨대 1763년(영조 39) 계미통신사의 삼방 서기로 따라갔던 김인겸을 보자. 그 역시 처음엔 일본을 오랑캐로 생각하여 업신여기는 마음을 갖고 있었다. 그러나 오사카를 보고 묘사하기를 "우리나라 도성 안은/동에서 서에 오기/십리라 하지마는/부귀한 재상들도/백간 집이 금법이오/다 몰속 흙기와를/이었어도 장타는데/장할손 왜놈들은/천간이나 지었으며/그 중에 호부한 놈/구리기와 이어 놓고/황금으로 집을 꾸며/사치키 이상하고/남에서 북에 오기/백리나 거의 하되/여염이 빈 틈 없어/담뿍이 들었으며/한 가운데 낭화강이/남북으로 흘러가니/천하에 이러한 경/또 어디 있단 말고"라 했으며, 나고야(名古屋)를 보고나서는 "육십 리 명호옥을/초경 말에 들어오니/번화하고 장려하기/대판성과 일반일다/밤빛이 어두워서/비록 자세 못 보아도/생치가 번성하여/전답이 고유하고/가사의 사치하기/일로에 제일일다/중원에도 흔치 않으리/우리나라 삼경을/예 비하여 보게 되면/매몰하기 가이없네"라고 놀라움을 금치 못했다.

  그 뿐인가. 숙소인 본원사에 들어가면서도 "삼사상을 뫼시고서/본원사로 들어갈새/길을 낀 여염들이/번화 부려하여/아국 종로에서/만 배나 더하도다/발도 걷고 문도 열고/난간도 의지하며/……/그리 많은 사람들이/한 소리를 아니 하고/어린 아이 혹 울면/손으로 입을 막아/못 울게 하는 거동/법령도 엄하도다"라고 그들의 질서의식에 대해서까지 칭찬했다.

  이처럼 본래 왜인들을 '금수 같은' 오랑캐로 생각한 김인겸도 일본을 지나면서 생각을 바꾸었다. 실제로 그들이 사는 마을의 제도나 형편이 생각보다 썩 훌륭했던 것이다. 소중화의 자존의식에 충일해 있던 김인겸 스스로 쉽게 할 수 없는 말을 아끼지 않으면서 '오랑캐 일본'을 추켜세웠다. 화이 구분의 대일 의식이 관념에 불과하고 현실적으로는 그들을 멸시해야 할 근거가 없음을 그는 비로소 깨달았던 것이다. 아메노모리호슈(雨森芳洲)가 주창한 '성신지교린론(誠信之交隣論)'의 단서를 조선적 버전으로 바꾼 것이라고나 할까.

  외교는 나와 남의 상호 소통행위다. 남을 통해 나를 아는 데까지 나가야 비로소 소통은 이루어지는 것. 통신사행에 참여한 조선의 지식인들에게 일본은 남이면서 나를 비춰볼 수 있는 거울이었다. 당시에도 통신사행이 거쳐 간 지역들과 우리네 도시들 사이엔 같고 다름이 분명했을 것이다. 사람들도 모습은 같았으나, 말이 다르고 드러나는 성격 또한 달랐을 것은 당연한 일이었다. 말과 생각이 다른 사람들이 만나 소통하는 일이야말로 외교행위 즉 '교린'의 중심이다. 그 옛날 일본인들은 조선통신사들을 만날 때마다 글을 받고자 애썼다. 글을 받으려는 일본인들 때문에 통신사 일행은 큰 괴로움을 겪었을 것이다. 그럼에도 불구하고 그들은 손이 곱도록 붓을 휘갈기며 글을 써 주었다. 그처럼 상호 소통의 취지를 몸소 실천한 그들이었다.

  지금까지 이루어진 대부분의 연구들은 이 기록들에 대한 해석 혹은 그 체계화라고 할 수 있으며, 그 내용 또한 문학·정치·경제·미술·사상·

역사·외교·민속(풍속)·제도 등 다양한 분야들을 망라한다. 뿐만 아니라 우리나라와 일본 지역의 조선통신사 노정과 유적들을 답사하여 얻은 생생한 사진들을 마지막 권에 엮어 넣음으로써 이 총서는 새로운 차원의 의미를 갖게 되었다. 학계의 발전과 후학들의 편의를 위해 논문의 재수록을 쾌락해주신 60여분*의 이 분야 석학들께 진심으로 감사드리며, 앞으로 꾸준한 보완작업을 통해 여타의 논문들도 빠짐없이 실릴 수 있도록 계속 노력할 생각이다.

이미 '연행록연구총서' 10권을 발간하여 학계의 발전에 기여한 바 있는 한국전통문예연구소에 조선통신사 사행록 관련 연구결과들도 묶어내라는 학계의 강한 요구가 있었다. 그러나 이 작업이 쉽지 않은 일이기 때문에 상당 기간 진지한 고민과 검토의 과정이 필요했다. 그런 이유로 2년 가까운 시간을 소비하고 나서야 가까스로 이 기획은 햇빛을 볼 수 있었다.

투자되는 노력과 제작비에 비해 경제적 실익이 보잘 것 없음에도 불구하고 또 다시 용단을 내려주신 학고방의 하운근 사장님과 꼼꼼한 손끝으로 거친 원고를 '이쁘게' 다듬어 주신 편집부 직원 여러분께 감사드린다. 필자 섭외, 원고의 수합과 정리, 교정 등 모든 일을 치밀하게 진행시킨 정영문 박사와 혼이 담긴 사진으로 총서의 가치를 드높여 준 카메듀서 신춘호 선생의 노고를 치하하며, 색인 작업을 도와준 김영덕·서수금·김성훈·장우석 등 학인들에게도 고마움을 전한다.

지금까지 나온 이 분야의 연구결과들을 집성하는 이 총서가 학자들의 안두(案頭)에 반드시 비치되어야 할 것으로 감히 자부하며, 이 총서를 '숭실대학교 한국전통문예연구소 학술총서 ④'로 명명하여 세상에 내놓는다.

무자년 첫날
한국문예연구소 소장 조규익 아룀

▶ 참여 필자 명단 ◀

강대민, 강주진, 고순희, 구지현, 김경숙, 김덕진, 김동철, 김문자,
김보경, 김상보, 김성진, 김선희, 김재승, 김정신, 김태준, 노성환,
민덕기, 박균섭, 박우훈, 박재금, 박찬기, 박창기, 백옥경, 변광석,
소재영, 손승철, 송지원, 심민정, 양흥숙, 엄경흠, 오상학, 유재춘,
이동찬, 이민호, 이병휴, 이정은, 이진오, 이채연, 이혜순, 임종욱,
장순순, 장철수, 정도상, 정두희, 정성일, 정영문, 정응수, 정장식,
정한기, 정희선, 조 광, 조규익, 조영빈, 지두환, 최강현, 최종고,
하우봉, 한문종, 한승희, 한태문, 허경진, 허은주, 홍선표, 홍성덕,
箕輪吉次, 小幡倫裕, 岩方久彦

(이상 '국내/국외', 가·나·다 순, 직함 생략)

차 례

▶▶ 머리말 / v

문화

朝鮮通信使 및 日本使臣을 통해본 韓・日간의 飮食文化
비교와 대마도에서의 宴會를 통해서 본 朝鮮王朝의 壽杯床・
果盤・阿架床 考　　　　　　　　　　　　　　　| 김상보 |
  Ⅰ. 서 론 ··· 3
  Ⅱ. 朝鮮通信使와 日本使臣을 통해서 본 한・일간의 飯食文化 비교 ····· 4
  Ⅲ. 대마도에서의 宴會를 통해서 본 朝鮮王朝의 阿架床 ···················· 36
  Ⅳ. 맺음말 ·· 40

朝鮮 通信使를 포함한 韓・日 관계에서의 飮食文化 교류 1. 朝鮮前期
韓・日관계에서의 교육물품과 日本使臣 접대　　　　| 김상보 |
  Ⅰ. 서 론 ·· 47
  Ⅱ. 조선 전기의 韓・日 관계 ·· 48
  Ⅲ. 韓・日관계에서의 교역 물자 ·· 52
  Ⅳ. 『海東諸國記』에 나타난 일본 사신의 규모와 사신 접대 ············· 61
  Ⅴ. 맺음말 ··· 100

朝鮮 通信使를 포함한 韓·日관계에서의 飮食文化 교류 2. 朝鮮中期
韓·日관계에서의 교육물품과 日本使臣 접대 　　　　　｜김상보｜

　Ⅰ. 서론 ··· 103
　Ⅱ. 조선중기의 대일 관계 ··· 104
　Ⅲ. 일본 선박과 입국 왜인의 규모 ···························· 106
　Ⅳ. 韓·日관계에서의 교역 물자 ································ 111
　Ⅴ. 일본 사신 접대 ··· 119
　Ⅵ. 맺음말 ·· 148

朝鮮 通信使를 포함한 韓·日 관계에서의 飮食文化 교류 3. 朝鮮通信使
파견과 日本의 조선통신사 접대 　　　　　　　　　　｜김상보｜

　Ⅰ. 서 론 ·· 155
　Ⅱ. 朝鮮通信使 行 ··· 156
　Ⅲ. 조선통신사의 路資(盤纏) ···································· 167
　Ⅳ. 朝鮮通信使 禮單食品 ··· 170
　Ⅴ. 일본의 조선통신사 접대 ····································· 192
　Ⅵ. 후추·설탕·고구마·국수·은·찬합 論 ···················· 213
　Ⅶ. 연회에서 좌석배열 ·· 215
　Ⅷ. 맺음말 ·· 217

18세기 한일문화 교류의 양상 　　　　　　　　　　　　｜김태준｜

　Ⅰ. 머리말 ·· 227
　Ⅱ. 「江關筆談」 두 개의 異本 ··································· 230
　Ⅲ. 18세기 한일 외교문화의 양상 ···························· 236
　Ⅳ. 서양인식과 중화주의의 위기 ······························ 247
　Ⅴ. 한일 교류사에 대한 공동관심 ···························· 254
　Ⅵ. 18세기 통신사의 세계인식과 동시대의 연행사 ···· 262
　Ⅶ. 문학적 자국주의의 허상과 실상 ························· 267

18세기 조선 지식인의 일본관 ▮정응수▮

Ⅰ. 시작하는 말 ··· 271
Ⅱ. 부국강병의 나라, 일본 ··································· 274
Ⅲ. 알 수 없는 나라, 일본 ··································· 285
Ⅳ. 맺는 말 ··· 296

[海行摠載]소재 使行錄에 반영된 일본의 通過儀禮와
사행원의 인식 ▮한태문▮

Ⅰ. 들어가기 ··· 301
Ⅱ. 일본 통과의례의 양상과 사행원의 인식 ············ 304
Ⅲ. 사행원이 지닌 對日 認識觀의 基底 ················· 328
Ⅳ. 마무리 ·· 334

회화

朝鮮通信使 隨行畵員이 日本에 남긴 繪畵의 特性 ┃이정은┃
- Ⅰ. 머리말 ·· 341
- Ⅱ. 畵風의 배경 ·· 343
- Ⅲ. 회화적 특성 ·· 352
- Ⅳ. 맺음말 ·· 368

에도[江戶]시대의 조선화 열기 ┃홍선표┃
- Ⅰ. 머리말 ·· 371
- Ⅱ. 에도시대의 조선화 유입과 수집열기 ······························· 373
- Ⅲ. 조선화의 수집 의도 ··· 392

▶▷ 찾아 보기 / 399
▶▷ 필자 소개 / 417

문화

朝鮮通信使 및 日本使臣을 통해본 韓·日간의 飮食文化 비교와 대마도에서의 宴會를 통해서 본 朝鮮王朝의 壽杯床·果盤·阿架床 考

김 상 보(대전보건대학교)

◀ 목 차 ▶

Ⅰ. 서 론
Ⅱ. 朝鮮通信使와 日本使臣을 통해서 본
　　한·일간의 飯食文化 비교
Ⅲ. 대마도에서의 宴會를 통해서 본 朝鮮王朝의
　　阿架床
Ⅳ. 맺음말

Ⅰ. 서 론

　저자는 조선통신사와 일본사신이 한·일 양국으로의 파견에 따라 조선왕조 전기에서 중기를 통하여 어떻게 음식문화의 교류가 이루어졌는가를 前報를 통하여 밝힌바 있다(김a-c). 본보에서는 前報를 기초로 하여, 조선통신사와 일본사신에게 제공된 접대문화를 통해서, 간반(看盤)·미수(味數)·상화(床花) 등의 연회 음식과 의례,

상차림 등에서 보여주고 있는 한·일간의 공통되고 있는 음식문화를 비교하고, 일본정부가 조선통신사에게 접대한 접대문화를 통하여 조선왕조의 연회 상차림 일부분을 유추함으로서, 당시의 교류현황을 究明하고자 한다.

Ⅱ. 朝鮮通信使와 日本使臣을 통해서 본 한·일간의 飯食文化 비교

1) 상차림에서 공통적으로 채택하고 있는 7·5·3

(1) 조선왕조

조선왕조가 일본사신을 접대할 때에 제공했던 일상식의 하나인 조반(朝飯)·석반(夕飯)·주점심(晝點心) 상차림은 7첩상, 5첩상, 3첩상이었다. 여기에서의 "○첩"이란, 장류(醬類)를 제외한 음식의 총 숫자를 지칭하는 것으로 예를 들어 7첩상이란, 장을 제외한 밥(飯)·국(羹)·조치(助致)·젓갈(醢)·자반(佐飯)·적(炙)·침채(沈菜), 7종류를 차린 상차림이었다.

거의 조선조 전기에 걸쳐서 상류계층의 일상식으로 제공된 것으로 보이는 이 7첩상, 5첩상, 3첩상이 문헌적으로 초출(初出) 된 것은 신숙주(申叔舟)가 저술한 『해동제국기(海東諸國記)』로서, 신숙주는 이 『해동제국기』를 성종 2년(1471)에 찬진(撰進)하였으나 『해동제국기』를 쓸 수 있었던 배경이 된 것은, 세종 25년(1443) 서장관

(書狀官)으로 일본에 다녀왔던 체험인 것은 물론이다(김a, 339-362).

성종은 신숙주에게 해동제국(海東諸國)[1]의 조빙(朝聘)·왕래(往來)·관곡(館穀)[2]·예접(禮接)에 대한 구례(舊禮)를 찬술해 올 것을 명함으로서, 완성된 것이 『해동제국기』이기 때문에 『해동제국기』 내용은 성종 2년 당시의 구례인 조선조 초기 또는 고려말까지로 거슬러 올라가는 당시 사신 접대 문화의 반영이라고 볼 수 있다(신숙주, 『해동제국기』).

조선왕조에서의 7첩상·5첩상·3첩상에 대한 현재까지의 문헌적 종출(終出)은 1795년의 『원행을묘정리의궤(園幸乙卯整理義軌)』이다. 상류 귀족층 일상식 중의 하나로 기록된 이들 상차림은 궁중에서 최고의 내빈(內賓)에게 5器 또는 7器를 제공하고 있었다. 5器·7器란 장류를 제외한 5종류·7종류의 음식을 차렸음을 뜻하는 것으로, 조선 前期 『해동제국기』에서 보이고 있는 5첩상·7첩상과 동일하다. 즉 조선왕조에서는 3첩·5첩·7첩이라는 말도 썼으나 3器·5器·7器라고 상차림에서 사용하고 있었다.

(2) 일본

1300년대부터 1700년대 말까지 거의 조선왕조 全期에 걸쳐서 등장하고 있는 일상식 상차림에서의 7·5·3이란 숫자는, 일본의 경우 일상식이 아니라 연회식에서 채택되고 있다. 무로마찌〔室町; 1338~1573〕시대에 완성된 본선요리(本膳料理)라고도 지칭되고 있는 753膳이 대표적인 예이다. 무로마찌 시대에 무가의례와 함께 발

---

1) 海東諸國: 日本을 지칭.
2) 館穀: 사신을 접대하기 위한 館舍와 飮食.

달한 본선요리는 安士桃山(1574~1602)시대를 거치면서, 보이기 위한 간반(看盤)용 요리로서 지극히 의식화된 극단적인 발달을 보게 되었고(熊倉a. 194-195), 이후 에도〔江戶; 1603~1867〕시대 조선통신사 접대에서는 간반용(看盤用)과 식사용(食事用)으로 나타나고 있다(김c, 448-458).

7종류의 음식을 차린 반(盤), 5종류의 음식을 차린 반(盤), 3종류의 음식을 차린 반(盤)을 시계열로 점진적으로 배선하게되는 753膳에 대하여, 1636년 황호는 『동사록(東槎錄)』에서, 특히 처음에 나오는 7그릇이 담긴 반은, 물고기 또는 채소를 가늘게 썰어 높이 괸 것이 마치 우리 나라의 과반(果盤)과 같다고 설명하고 있다. 과반(果盤)이란 조선왕조에서 吉禮에 속하는 영접(迎接)·가례(嘉禮)·진찬(進饌) 등에서 배선되는 상차림으로, 영접식에서는 다례과반(茶禮果盤). 가례에서는 과반(果盤)이란 명칭으로 배선되고 있다(金d, 89, 172).

다례과반(茶禮果盤)이란 명칭에서 알 수 있듯이, 조선왕조에서 연회 때에 올렸던 과반은 차〔茶〕를 위한 다도(茶道)와 결합된 연회용 음식이었다. 이 다도와 결합된 연회용 음식인 과반 상차림이, 조선통신사를 위하여 연회 때에 올렸던 7그릇이 담긴 반의 상차림과 같다는 것이다.

실제적으로 일본 에도〔江戶〕시대 때의 753膳은 다도(茶道)와 결합된 本膳料理이다(熊倉a. 194-195). 본선요리에서 처음에 나오는 7그릇이 담긴 반(盤)이 조선왕조 연회 때에 등장하는 茶를 위한 茶道와 결합된 과반(果盤)의 모습과 같다고 하는 것은, 한·일 두 나라에서 보여주는 당시 연회 모습의 공통점을 나타낸 것으로, 다만 조선왕조는 고려시대에 전성하였던 불교가 지나가고 유교를 국교로 하던 시기이고, 일본은 국교가 여전히 불교였다고 하는 점에서, 시대적 상황과 연회 모습이 설명될 수 있을 것이다. 조선왕조의 연회는 여전히 불교적 색채가 농후한 채로 고려의 그것을 계속 잇고 있다고 볼 수 있다.

2) 茶道와 결합된 宴會 飮食과 儀禮

(1) 고려왕조

고려왕조 연회의 대표는 팔관회와 연등회이다. 고려 태조(太祖)는 고려를 세우면서 백성들이 어지럽게 되는 것을 방지하기 위하여 거의 모든 부분에서 신라의 제도를 따랐다(『고려사절요 제1권』). 팔관회와 연등회 역시 신라의 제도를 이은 것으로 태조가 훈요십조(訓要十條) 제 6조에서 "연등(燃燈)은 부처님을 섬기는 것이고, 팔관(八關)은 천영(天靈)·오악(五嶽)·명산(名山)·대천(大川)·용신(龍神)을 섬기는 것이다.…… 회일(會日)에는 임금과 신하가 함께 즐겼으니 마땅히 행할 것이다."라고 명시한 바와 같이(『고려사절요 제1권』), 고려조에서의 팔관회와 연등회는 불교를 바탕으로 하면서, 국가를 수호하고 결속시키는 원동력이었다. 신라에 이어 불교가 국교이었던 고려로서는 민심의 수습 차원에서도 신라의 제도를 따랐으리라고 본다.

〈표 1〉 연등회와 팔관회 연회 구성

	연등회(仲春 2月 15日①)	팔관회(仲冬 11月 15日)
小會日	康安殿: 잡기·음악·춤 奉恩寺: 先祖의 眞殿에 참배	宣仁殿: 大會日의 것을 연습 法王寺: 先祖의 眞殿에 참배
大會日	康安殿 進茶와 果盤 헌수(獻壽) 進饌, 進花, 頒賜(酒·花·封藥·果), 잡기, 춤, 음악	宣仁殿 進茶와 果盤. 進茶食, 獻壽, 進饌, 進花, 頒賜(酒·花·封藥·果), 잡기, 음악

① 2월 15일로 하였으나 明宗 때에 이르러 1월 15일로 됨.

불교적이면서 임금과 신하가 함께 즐기는 행사였던 팔관회와 연등회의 성격적 본질은 크게 다르지 않다. 팔관회이든 연등회 또는 어떤 연회이든 불교를 국교로 하였던 고려 왕조의 연회는 일정한 격식이 있었다. 이 공통된 연회의 짜임은 채붕[3](綵棚, 채색누각)의 가설, 윤등(輪燈), 향등(香燈), 진다(進茶)와 과반(果盤), 헌수(獻壽), 진화(進花), 잡기〔百戲〕[4]음악〔奏樂〕 등이다(『고려사절요』). 다시 말하면 불교적 격식의 일정한 틀 속에서 모든 연회가 이루어졌던 것으로, 이 불교적 격식의 틀안에 천영·오악·명산을 섬기는 팔관회와 부처님을 섬기는 연등회는 존재하였다.

그러면 왜 香燈·進茶·進花 등의 일정한 격식이 팔관회나 연등회 등의 연회에서 구성 요소가 되었을까?

수미산(須彌山)[5] 위에 정좌한 부처님의 無言說法을 접하면서 구도자는 불국정토의 법회장에 정식으로 참여하게 된다. 구도자는

---

3) 綵棚: 나무를 걸치고 비단을 깔고 덮는 일종의 高臺 관람석. 結綵.
4) 百戲: 갖가지 무용과 잡회가 함께 연기자에 출연하여 어우러짐.
5) 註7) 참조.

아래와 같은 게송을 외우면서 성불이 보장되어 있는 불국정토의 일원이 된다.

"원하옵건대 여기에 바치는 香이 온누리에 퍼져
사방의 모든 부처님을 공양케 하옵소서
원하옵건대 여기에 바치는 燈이 온누리에 퍼져
사방의 모든 진리를 공양케 하옵소서
원하옵건대 여기에 바치는 香·燈·茶의 맛으로
사방의 모든 스님들을 공양케 하옵소서
자비로서 이들 공양을 받으시어 버리지 마옵소서."

香·燈·茶가 佛·法·僧인 三寶를 공양(供養)하는 목적으로 바쳐지는데, 구도자는 부처님 전으로 나아가 불〔燈〕을 밝히고, 향(香)을 지핀 다음, 정성스럽게 달인 차〔茶〕 또는 청청수(淸淨水)를 떠서 올리면 마지막 남은 번뇌를 소멸시키고 부처님의 회상에 참여하여 하나가 되는 불국정토의 일원이 된다(金鉉埈. 183-184).

香과 함께 불경에 가장 많이 등장하는 공양물이 꽃으로, 『賢愚經』에 의하면

과거 아주 오래 전에 염부제(閻浮提)의 팔만사천국을 다스리는 국왕 파새기(婆塞寄)는 부처님의 형상을 그려 각 나라에 하나씩 나누어 주면서 향과 꽃을 갖추어 공양에 힘쓰라는 칙령을 내렸다(金鉉埈, 187).

고 하고 있다. 香·燈·茶·花가 불국정토의 일원이 되는 중요한 供養物이 되는 것이다.

팔관회와 연등회에서의 두 연회 공통점을 찾아보면, 〈표 1〉에 제시한 바와 같이 각각은 소회(小會)와 대회(大會)로 구성되었다. 소회에서 선조의 진전(眞殿)에 참배하기 위하여 임금은 봉은사와 법왕사로 거가출궁(車駕出宮)을 하고 있고, 대회(大會)일을 맞이하였다. 〈표 1〉에서 나타난 이와 같은 연회 구성이 구체적으로 어떻게 다도(茶道)와 결합하여 구성되었는가를 팔관회를 통해서 보기로 한다.

小會日에 宣仁殿에서는 꽃탁자〔花案〕·과반(果盤)·술단지〔尊罍〕·술상을 갖추어 놓고, 재상들이 모여 大會日에 할 행사를 연습하고, 왕은 곤룡포(袞龍袍)를 갖추어 입고 선조(先祖)의 진전(眞殿)에 참배하기 위하여 法王寺로 거가출궁(車駕出宮)한다. 진전에서 재배(再拜)와 茶禮를 올리고, 복주(福酒)로서 음복(飮福)한 왕은 자황포(赭黃袍)로 옷을 갈아 입은 다음, 그곳 법왕사에서 군신 간의 연회를 행한다. 이 연회 구성을 왕을 중심으로 살펴보면,

小會, 法王寺

신하들이 임금께 헌수(獻壽, 헌작)	주악(奏樂)
왕이 3味의 음식과 술 3잔을 드심	주악
왕이 신하들에게 茶와 과반(果盤) 반사(頒賜)	주악
잡기〔百戲〕가 등장하여 연기한 후 물러남	주악
왕에게 과반(果盤)·다식(茶食)·차〔茶〕를 올림〔進茶〕	주악
왕이 3味의 음식과 술 3잔을 드심	주악
왕이 임시 휴게소에서 잠시 쉼	
신하들이 왕께 헌수	주악
왕이 신하들에게 술과 과반(果盤) 반사(頒賜)	주악

왕이 3味의 음식과 술3잔을 드심	주악
무대(舞隊)가 등장하였다가	
3味의 음식과 술 3순배가 지난 후에 물러감	주악
왕이 임시 휴게소에서 잠시 쉼	
신하들이 왕께 헌수	주악
왕이 신하들에게 술과 과반 반사	주악

이다. 왕은 이후 법왕사를 떠나 궁으로 돌아오고, 대회일(大會日)을 맞는다. 大會日, 宣仁殿에서는 小會 때와 마찬가지로 꽃탁자〔花案〕·과반(果盤)·술단지〔尊罍〕·술상을 갖춘다. 일체의 배열 배치는 소회 때와 같이 한 후, 팔관회를 축하하러 온 외국사절을 맞이하고 그들에게 관람하도록 하며, 그들이 가지고 온 공물(貢物)을 받은 다음

大會, 宣仁殿

왕에게 과반(果盤)·다식(茶食)·차〔茶〕를 올림	주악
왕이 3味의 음식과 술3잔을 드심	주악
왕이 휴게소에서 잠시 쉼	
신하들이 왕께 꽃을 올리고〔進花〕 獻壽함	주악
왕이 신하들에게 꽃·술·封藥·果盤 頒賜	주악
왕이 3味의 음식과 술3잔을 드심	주악
무대(舞隊)가 등장하였다가 3味의 음식과	
술3순배가 지난 후에 물러감	주악
왕이 임시 휴게소에서 잠시 쉼	
신하들이 왕께 헌수	주악
왕이 신하들에게 꽃·술·封藥·果盤 반사	주악

근시관이 왕에게 차를 올림〔進茶〕	주악
신하들이 왕에게 꽃과 축배를 올림〔進花, 獻壽〕	주악
왕이 신하들에게 꽃·술·封藥·果盤 頒賜	주악
왕이 수레에 올라 대관전에 들어감	주악

으로 대회일의 행사를 끝내었다(『고려사』「예지」).

팔관회 연회를 살펴보면 복잡한 것 같으나, 진다(進茶)·헌수(獻壽, 獻爵)·진화(進花)·반화(頒花)·반사(頒賜)·잡기〔百戱〕·주악으로 구성되었다. 연회가 다도(茶道)와 결합하면서 茶의 전후에 식사와 술·잡기가 준비된 것으로, 대략 進茶 ⇨ 進饌 ⇨ 進花 ⇨ 頒花 ⇨ 獻壽 ⇨ 頒賜의 순서로 연회가 진행되었다. 다만 팔관회 소회 때에 法王寺에서 진전(眞殿)에 참배 후 進茶가 보이지 않는 것은, 진전에서 茶禮가 있었기 때문에 이를 생략하고 곧 바로 헌수로 들어간 것으로 보인다.

고려 왕조의 팔관회를 위시한 연회는, 연회가 茶道와 결합된 형식으로서, 進茶 부분에서는 果盤 ⇨ 茶食 ⇨ 茶의 순으로 배선되었고, 보다 작은 연회에서는 茶食 없이 果盤과 茶로 進茶의례를 구성하고 있었다. 果盤과 茶食은 茶를 마시기 위한 음식이었는데, 果盤은 각 연회의 성격에 따라 일정한 제도에 의하여 그 규모를 정하고 있었다. 그러나 과반의 규모는 항상 문제가 되어서 예종 15년(1120)에는 추밀원의 과일탁자가 제도에 지나쳤으며(『고려사절요 제8권』), 명종 9년(1179)에는 최충열이 팔관회 때 百官의 果床과 궁중금군의 복식이 너무 절제가 없으므로 일제 금제하기를 청하고 있다(『고려사절요』제12권). 이 과반(果盤) 구성 내용물은 원래는 유밀과(油蜜果)이었다. 유밀과의 사용이 얼마나 많았던지, 의종 11년(1157)에는 겨울 10월에 大府寺의 유밀이 다 없어질 정도였으므로(『고려사절요』제11권), 급기야 명종 22년(1192)에는 다음과 같이 왕명을 내리고 있다(『고려사절요』제13권).

> "다만 외관의 아름다움을 위하여 낭비함이 한이 없다. 지금부터는 유밀과를 쓰지 말고 과실로서 대신하되, 작은 잔치에는 3그릇, 중간잔치에는 5그릇, 큰잔치에는 9그릇을 초과하지 말며 찬(饌)도 역시 3가지를 초과하지 않게하되 부득이하여 더 쓰게 될 경우에는 포(脯)와 젓갈〔醢〕을 번갈아들여 정식으로 삼을 것이다."

유밀과 대신에 과일을 연회에 사용하도록 한 조치이나, 이후 이 영은 지켜지지 않았다. 충렬왕 22년(1296) 원(元)나라에 가서 고려세자의 결혼 예식 잔치를 할때 고려의 유밀과를 썼으며(『고려사절요』제21권), 충선왕 2년 (1310) 때에는 공사(公私)의 연회에서 유밀과(油蜜果)와 사화(絲花)의 사용을 금지시키기도 하였다(『고려사절요』제23권).

다도(茶道)와 결합된 연회에서 진다(進茶)때에 茶와 함께 set로 올려지는 과반은 유밀과로서 구성되어, 茶와 油蜜果 또는 茶와 茶食으로 되어 올려지는 것이 정도이었으나, 유밀과 대신에 과일로 나중에는 대치되기도 하였다.

진다(進茶) 이후에 전개되는 식사부분에서는 時系列型으로 배선된 味數 음식(初味·2味·3味로 차려진 3종류의 상에 음식을 담아 술3잔과 함께 初味·술1순배, 2味·술2순배, 3味·술3순배)이 올려졌고, 또한 進茶와 함께 꽃을 바치고 꽃을 꽂는 행위〔進花〕가

茶道와 결합된 하나의 중요한 연회의례 행위로서 위치하고 있었다.

(2) 조선왕조

조선왕조가 건국 이념을 유교에서 찾고, 유교를 바탕으로 하여 국가 결속을 다지고자 하였지만, 그 문화적 배경이 된 것은 불교이었음을 두말할 필요도 없다. 고려를 계승한 조선은 주자가례(朱子家禮)를 기반으로 예치주의(禮治主義)를 장려하였다. 주자가례를 만든 주자(朱子, 朱熹 1130~1200)가 살던 송대는 불교가 이미 중국인의 정신생활 속에 흡수되어 버린 시기로서, 주자가 사유한 신유학에는 불교가 적지 않게 공헌하였으며, 주자가례의 완성에는 불교가 그 기저에 있었다(김g, 85-86). 불교적 바탕에 있었던 고려말에 주자가례가 도입되었고, 이후 조선조에서 채택된 이 가례는 굳이 송나라의 불교에서 찾지 않더라도, 고려의 불교 문화와 주자가례는 깊숙이 더욱더 친화되어 조선조로 이어졌다고 보아야 한다.

조선왕조에서는 연회가 몇가지로 구분되어 있었다. 영접연회·가례·진찬이 그것이다. 이 중 생일 축하연인 1887년의 진찬(進饌) 연회 구성을 보면 진어찬안(進御饌案) ⇨ 진화(進花) ⇨ 반화(頒花) ⇨ 헌수(獻壽) ⇨ 반사(頒賜) ⇨ 진다(進茶) 순서로 진행되고 있다 (金d. 279). 앞서 고려의 팔관연회에서의 진행과 비슷하나, 다만 고려에서는 진다(進茶) 부분이 앞에 있었지만, 조선조 후기 연회에서는 뒤에 있는 것이 다를 뿐이다. 다도(茶道)와 결합된 고려 연회의 맥이, 그대로 조선왕조 연회에 이어지고 있었던 것이다.

조선왕조에서는 진다(進茶) 때에 과반(果盤) 또는 별반과(別盤果)가 茶와 함께 set가 되어 올려졌다. 과반에 올려지는 찬품은 물론 유밀과(油蜜果)가 주된 찬품이었으나 각종 茶食·生果實·국수〔麵〕 등으로도 구성되었다. 고려 왕조에서는 진다(進茶) 때에 다식과 과반이 별개로 올려졌고, 과반은 유밀과와 과일로 주로 구성되었지만, 조선조에 들어와서는 유밀과와 과일뿐만 아니라 茶食도 과반 또는 별반과의 찬품 속에 포함되면서, 국수를 먹도록 탕·전유아 등이 국수와 함께 찬품 속에 포함되어 있다. 이 과반 또는 별반과는 다담(茶啖)이라는 명칭으로도 사용되었다. 사신이나 양반 계층을 위한, 궁중 과반을 대신하는 상차림의 명칭으로 다담이 사용되었다(金d, 70)(김f, 108-110). 다담(茶談)은 따라서 원래 茶와 함께 set로 올려지는 상차림으로 볼 수 있지만, 각종 잔치에서 보여주는 茶啖床은 酒와 함께 set로 올려지도록 하고 있다. 茶가 酒로 바뀐 것이다(金d, 70)(김f, 108-110).

앞서 고려의 팔관 연회에서는 식사 부분이 별도로 있음을 알았다. 3味와 술3순배가 식사 부분으로서 헌수와는 별도로 연회에 있었는데, 조선왕조에서는 고려에 이어 味數와 술순배는 그대로 행하면서도 식사 부분을 따로 두지 않고 헌수(獻壽)에 포함시키고 있다. 시계열형으로 구성된 상차림형태를 고려에 이어 계속 연회에서 채택하였다고 볼 수 있다.

(3) 일본사신 접대에 나타난 茶道와 결합된 宴會飮食과 儀禮

일본 사신 접대를 위한 연회 음식 구성은, 조선조 내내 일정한 규정이 있었다. 태종 18년(1418) "이제부터 큰 나라의 사신을 위한 연회를 제외하고 국내에서 차리는 연회에는 대탁(大卓)을 쓰지 말고 일과상(一果床)을 쓸 것이다."라고 지시한 이후『세종실록』卷5

태종 18년 11월 乙亥條), 중국 사신을 제외한 인접국가의 사신 접대에서 大卓은 동원되지 않았다(김b, 352-355).

```
┌─────────────────────────────────┐
│ 서안지악(舒安之樂)               │
└─────────────────────────────────┘
              ⇩
┌─────────────────────────────────┐
│ 왕: 찬안(饌案)  휴안지악(休安之樂)│
│ 사신: 찬탁(饌卓)                │
└─────────────────────────────────┘
              ⇩
┌─────────────────────────────────┐
│ 권화(勸花) 휴안지악             │
└─────────────────────────────────┘
              ⇩
┌─────────────────────────────────┐
│ 술 제 1잔·俗樂과 雜伎·과반(果盤)·初味 │
└─────────────────────────────────┘
              ⇩
┌─────────────────────────────────┐
│ 술 제2잔·속악과 잡기·2味        │
└─────────────────────────────────┘
              ⇩
┌─────────────────────────────────┐
│ 술 제3잔·속악과 잡기·3味        │
└─────────────────────────────────┘
              ⇩
┌─────────────────────────────────┐
│ 술 제4잔·속악과 잡기·4味        │
└─────────────────────────────────┘
              ⇩
┌─────────────────────────────────┐
│ 술 제5잔·속악과 잡기·5味        │
└─────────────────────────────────┘
              ⇩
┌─────────────────────────────────┐
│ 왕: 대선(大膳)                  │
│ 사신: 대육(大肉) 또는 선(膳)·속악과 잡기 │
└─────────────────────────────────┘
              ⇩
┌─────────────────────────────────┐
│ 四拜·서안지악                   │
└─────────────────────────────────┘
              ⇩
┌─────────────────────────────────┐
│ 융안지악                        │
└─────────────────────────────────┘
```

대탁이 올려지지 않은 상태에서 행하여진 일본사신 접대연회의 종류는 많았으나, 이중 궐내연(闕內宴)을 예로 들어 보기로 한다. 비록 대탁은 올려지지 않았다 하더라도, 그 연회음식 의례는 대탁

이 올려진 것과 같았다. 대탁 대신에 일과상을 올린 것뿐으로 의례 부분은 그대로이며, 다만 연회 음식만 간소화시킨 것이다. 대탁(大卓)이 큰 연회 때에 차리는 간반(看盤)으로서의 역할이었기 때문에 (金h. 134-141), 대탁 대신에 올렸던 일과상(一果床)의 역할 역시 간반(看盤)이라고 볼 수 있다.

궐내연에서 일본 사신에게 올려졌던 상차림 구성은 소일과사행상(小一果四行床)·대육(大肉)·과반(果盤)·미수(味數, 5味)이다(김a, 353). 이들 상차림과 의례의 결합은 위와 같다(김a, 357-358).

이상과 같은 연회음식과 의례는 앞서 전기한 바 있는 1887년 조선왕조의 진찬 연회구성과 같은 것으로, 일본사신을 위한 궐내연 구성 상차림과 진찬연 구성 상차림을 비교하면 찬탁(饌卓)이 진어찬안(進御饌案), 권화(勸花)가 진화(進花), 술제5잔 및 5味가 헌수(獻壽), 대육(大肉)이 반사(頒賜)에 해당된다. 진찬연과 궐내연 구성의 다른점은 전자는 茶가 맨 뒤에 올려지고 있으나 후자는 술 제1잔 때에 올려진 것이다(차와 set로 올렸던 과반 배선이 술 제1잔 때에 올려짐). 이는 상술한 궐내연 의례는 조선전기의 것이고 진찬연의례는 조선후기의 것이기 때문이다.

결론적으로 말하면, 고려왕조에서 보여 주었던 茶道와 결합된 연회음식과 의례는, 조선조 말까지 여전히 그 모습이 이어졌다. 다만, 茶의 배선방법이 앞부분에서 뒷부분으로 옮겨가게 되었다.

(4) 조선 통신사 접대에 나타난 茶道와 결합된 宴會飮食과 儀禮

무로마찌〔室町; 1338~1573〕시대에 완성된 본선요리(本膳料理)인 753膳은 安土桃山(1574~1602)시대에 들어와, 다도(茶道)와 결합하면서, 차를 끓이는 점다(點茶)를 중핵으로 한 연회의 변형으로, 점다 전후에는 식사와 술이 준비되었고, 그 식사와 술은 포식을 위한 식사가 아니고 취하기 위한 술이 아니라 다도를 지탱하고 있는 유아한 정취의 이념과 미 의식이 표현된 음식으로서 진행되었다(熊倉a, 194-195).

헤이안〔平安; 794~1192〕시대까지의 일본은 왕이 통치하던 시대였으며, 카마쿠라〔鎌倉; 1192~1333〕시대 이후부터는 무인(武人) 정권으로 넘어가 에도〔江戸; 1603~1867〕 시대에까지 이르렀다. 日本史는 따라서 왕이 통치하던 시기와 무인이 통치하던 막부(幕府)의 시기로 크게 나눌 수 있다. 필자의 연구에 의하면 헤이안〔平安〕시대에는 연회 때에, 조선왕조의 연회시에 나타나는 술의 안주로 제공되는 미수(味數)인 미(味)가, 대(臺) 또는 진(進)으로서 제공되고 있었다. 즉 시계열형의 음식 배선법이 동원되고 있었으며, 이 뿐만 아니라 공간전개형인 대탁(大卓) 찬탁(饌卓)도 있었기 때문에(金h, 148-154), 공간전개형과 시계열형으로 이루어진 연회음식 구성은 고려 및 조선의 그것과 거의 비슷한 양상이었다고 말할 수 있다.

헤이안 시대 때의 향찬(饗饌. 大卓에 해당)과 酒 및 進, 頒賜였던 大膳으로 이루어진 연회음식 구성은(金h, 148-154), 무로마찌 시대에 들어와 大卓인 향찬이 사라지고 식3헌(式3獻: 초헌・2헌・3헌과 술안주인 시계열형으로 배선된 3개의 臺), 및 753膳(식사부분에 해당되는 것으로 7종류・5종류・3종류의 음식을 차린 膳을 시계열형으로 배선)으로 되었다(熊倉b, 60)(加藤. 7).

무로마찌시대에 武家의 의례와 함께 발달한 本膳요리는 에도시대에 들어와서는 式3獻이 753膳으로, 식사부분인 753膳을 本膳·2膳·3膳 또는 753膳으로 표기하고 있다. 즉 무로마찌시대의 本膳料理인 753膳에 茶道를 접목시킨 것이 에도시대의 753膳이다(김c, 448-452).

궁가(宮家)·장군가(將軍家) 등이 가신(家臣)의 저택을 방문하여 성대한 향연을 하였던 어성(御成)에서의 연회를 보면, 무로마찌시대와 에도시대의 연회음식 구성이, 전자는 茶가 없고 후자는 茶가 삽입되 있는 점이 확실히 다르다(金h.155-157). 1624년 어성(御成)에서의 연회음식에서는 무로마찌시대의 式3獻을 獻部로 기록하고 있고 식사부분을 膳部로 기록하고 있는데 식사부분인 膳部에서 御果子와 함께 御茶가 맨 나중에 제공되고 있다(堀內. 8-16).

조선통신사 향응에 제공된 753膳으로 구성된 연회음식과 그 배선 순서를 간단히 살펴보면 다음과 같다(堀內. 8-16)(柴村, 13-41)(황호, 『해사록』).

    獻部　　　　　初獻(絲花彩雲臺, 술잔을 올려놓은 臺)
    (753膳)　　　7의 膳(本膳)
    　　　　　　　押(젓가락을 올려놓는 臺)
    　　　　　　　吸物(일종의 湯)
    　　　　　　　二獻(絲花彩雲臺)
    　　　　　　　5의 膳
    　　　　　　　吸物
    　　　　　　　三獻(絲花彩雲臺)
    　　　　　　　3의 膳
    　　　　　　　吸物

膳部	振舞禮(雜伎·음악·무용)
(753膳)	7의 膳(本膳)
	5의 膳
	3의 膳
	御果子
	御茶

　1차연이 술3헌을 올리는 헌부(獻部)인 753膳과 진무례(振舞禮)이고 2차연이 식사를 올리는 선부(膳部)인 753膳으로 1차연에서는 술 제1잔·7의 膳·湯 ⇨ 술 제2잔·5의 膳·湯 ⇨ 술 제3잔·3의 膳·湯 ⇨ 振舞禮로 되고 있으며, 2차연에서는 7의 膳 ⇨ 5의 膳 ⇨ 3의 膳 ⇨ 果子 ⇨ 茶의 순으로 배선되고 있다. 조선왕조에서 보이는 공간전개형의 大卓이 없는 시계열형만으로 이루어진 배선으로서, 1차연의 7의 膳·5의 膳·3의 膳은 조선왕조가 일본사신 접대시에 채용한 初味·二味·三味적 성격의 간반에 해당된다.

　이상의 상차림 배선은 조선통신사 3使가 왕복행 때 및 에도 체류 중 연회때이고, 조선통신사가 에도에서 국서를 교환한 후에 관백과 함께 있었던 연회상차림 구성은 2차연이 없었다. 1607년 경섬이 쓴 『해사록』 기록에 의하면, 753膳 배선 이후 식사 부분이 없이 茶果床이 올라온 것으로 되어 있다. 국서 교환 후의 연회는 대체로 1607년부터 1811년까지 동일하여서, 753膳 네 번째膳 다섯 번째膳으로 상차림이 구성되었기 때문에(김c, 449), 경섬이 쓴 『해사록』 기록은 정확하다.

　조선통신사 향응에 제공된 연회가 1차연과 2차연으로 구성되었든, 1차연으로 끝이 났던 간에, 茶果의 배선은 맨 뒤로 하고 있다.

고려왕조에서는 연회 때의 茶果 배선은 맨 앞에 있었다. 이것이 조선왕조에 들어서서 초기에는 앞에, 후기에는 뒤에 배선하고 있는데(金d, 164,166), 조선통신사 향응에서는 뒤로 하고 있는 것이다. 茶 배선의 앞·뒤가 차지하는 비중을 염두에 둔다면, 앞에 茶를 배선하는 연회가 차의 중요성이 어떤 다른 음식 보다도 강조되는 연회였으리라고 짐작된다. 이러한 관점에서 본다면, 불교적 색채가 강했던 고려 왕조의 맨 앞 茶 배선 연회가 보다 茶道가 강했던 연회구조라고 볼 수 있다.

(5) 조선통신사를 위한 연회를 통해서 본 朝鮮王朝의 壽杯床과 果盤

조선통신사를 위한 향응에 제공되었던 에도시대의 753膳에 대하여, 1636년에 쓴 황호의 『동사록』에는 12월 14일 에도〔江戶, 東京〕에서 관백이 베푼 연회 모습속에 다음과 같이 전하고 있다.

"공복을 입은 왜관이 서쪽 협실로부터 음식을 바쳐오고, 또 사화채운대(絲花彩雲臺)를 받들고와 그 위에 금을 칠한 土杯를 놓고서 먼저 관백 앞에 바치고 다음에 세사신에게 바쳤다. 쟁반과 접시가 모두 금인데 一路에 비하여 더욱 정교하고 꽃도 정교하다. 이것은 일본의 큰 경축 예식에 쓰이는데 마치 우리 나라의 수배상(壽杯床)과 같다……"

즉, 사화채운대가 우리 나라의 수배상과 같다는 것이다. 술잔을 올려 놓는 사화채운대에 대하여 황호는 『동사록』에서 다음과 같이도 묘사하고 있다.

"잔치 때에는 753제도가 있다. 처음에 7그릇이 담긴 반을 올리는데 물고기 또는 채소를 가늘게 썰어 높이 괸 것이 마치 우리 나라의 果盤과 같다. 다음에 5그릇이 담긴 반을 올리고 다음에는 3그릇이 담긴 반을 올리는데, 물새를 잡아서 그 깃털을 그대로 둔 채 두 날개를 펴고 등에 금칠을 하며 과일·물고기·고기 등에 모두 금박(金箔)을 입힌다. 술잔을 받치는 상에는 반드시 전채화(剪綵花 : 깎아 만들어서 색칠한 꽃)를 올려놓고 혹 나무로 새겨서 만들기도 한다. 이것은 천연색 꽃과 아주 흡사하다……."

황호가 기록한 에도에서의 사화채운대는, 황호가 묘사한 753제도에서 등장하는 전채화로 장식한 술잔 받치는 상과 같은 것이다. 에도에서의 국서교환 후 연회상차림은 1607년부터 1811년까지 등장하는 753膳과 같았기 때문이다. 다만 에도에서는 그 규모가 좀더 화려했으리라고 짐작된다.

무로마찌시대의 式3獻이 에도시대에는 753膳으로 되었다. 식사 전에 배선되는 에도시대의 753膳은 술3헌을 위한 안주용 간반(看盤)에 해당된다. 사화채운대(絲花彩雲臺)위에 술제1헌이 놓여 올려질 때 7종류의 음식을 차린 膳이 안주용 간반으로서 배선되고, 사화채운대 위에 술 제2헌이 놓여 올려질 때 5종류의 음식을 차린 膳이 안주용 간반으로서 배선되며, 사화채운대 위에 술 제3헌이 놓여 올려질 때 3종류의 음식을 차린 膳이 안주용 간반으로서 배선되는, 시계열형의 배선법이다. 이것은 조선왕조의 獻數에 따라 배선되는 味數와 같은 것으로, 조선왕조의 미수에 적용시키면 3味에 해당된다.

술잔을 올려놓고 배선되는 사화채운대란 絲花와 彩雲으로 꾸민 상을 말한다. 이것이 우리 나라의 수배상(壽杯床)과 같다는 것이다. 수배상은 생일을 축하하는 진찬연(進饌宴)에서, 헌수(獻壽)때에 술잔을 올려 놓는 상을 지칭한 것이다〈그림 1〉.

(a) 奈良臺　　　　　(b) 押

〈그림 1〉 (a)는 황호가 『동사록』에서 기록한 조선통신사 접대에 배선된 絲花彩雲臺, 일본에서는 이것은 奈良臺라 부른다. 朝鮮王朝에서는 水波連을 팔각반이나 元盤에 올려서 壽杯床으로 사용했을 것으로 생각된다. 奈良臺나 壽杯床이나 그 용도는 술잔을 올려놓는 헌작용 상이다. (b)는 조선통신사 접대에 사용되었던 젓가락을 올려놓는 盤인 押, 조선왕조에서도 원반이나 팔각반 위에 床花(紅桃花?)를 올려놓고 시접을 올려놓는 匙楪盤을 사용하였을 것이다. 연회시 第1爵에 앞서 匙楪을 올릴 때에 押과 비슷한 유형의 盤을 사용하였을 것으로 짐작된다(柴村b. 12-15)(金d. 279).

絲花彩雲臺와 壽杯床이 같다고 밝힌 황호의 기록에서 유추할 수 있는 것은 조선왕조에서는 원반이나 팔각반 위에(아마도 불교적인 점을 고려한다면 활짝 핀 연꽃은 八正道[6]의 완성을 뜻하는 것

---

[6] 八正道 : 八聖道라고도 함. 불교 수행에 있어서의 여덟가지 명목. 곧 正見・正語・正業・正命・正念・正定・正思惟・正精進.

이기 때문에 팔각반을 사용하였을 가능성이 더 있지만)(金鉉埈, 97), 수파련(水波蓮)이나 3층대수파련(三層大水波蓮)을 올려놓고 수배상으로 사용하였을 가능성이 있다〈그림 2〉. 불가(佛家)에서의 연꽃은 長壽와 不死를 상징하기 때문이다.

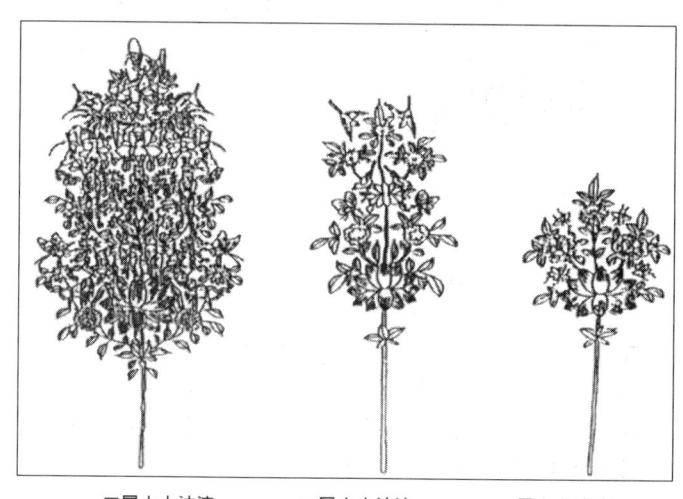

三層大水波蓮   二層大水波蓮   一層大水波蓮

〈그림 2〉 조선왕조의 吉禮에 속하는 연회 때에 사용되었던 가장 격이 높은 床花인 水波蓮(金d, 277).

〈그림 1〉에는 조선통신사 접대에 사용되었던 젓가락을 올려 놓는 盤인 押이 등장하고 있다. 1887년에 행한 조선왕조의 만경전정일진찬에서의 식의례 절차를 보면 壽酒 제1작을 올리기 전에 시접(匙楪)을 올리고 있다(金d, 279). 조선왕조의 연회때에는 원반이나 팔각반위에 床花인 紅挑花를 올려놓고, 押와 비슷한 유형의 匙楪盤을 사용하였을 것으로 짐작된다. 술잔을 올려 놓는 수배상이 있

었기 때문에 연회의례에서 수주 제1작을 올리기 전에 행하는 시접진상 의례에서는 당연히 시접을 올려 놓는 시접반을 사용하였을 것이다.

앞서 황호는 753膳에서 처음에 배선되는 7종류의 음식을 차린 膳이 우리 나라의 果盤과 같음을 지적한 바 있다〈그림 4〉. 果盤이란 원래 고려 왕조때에 茶와 함께 올려진 유밀과로 구성된 것이었는데, 조선왕조에 들어와서 유밀과・과일・국수・탕・전유아로 찬품이 구성되어졌고, 이 과반이 궁중용어라면, 일반 양반 계층에서는 과반 대신에 茶啖이란 명칭을 사용하였음은 전기한 바와 같다. 대마도에서 베푼 조선식의 조선요리에 의한 향응에서 나온 음식에 대하여 1607년 경섬은 『해사록』에서 "떡・과일을 차리고 造花를 꽂은 것이 茶啖과 비슷하다."고 기술하고 있고, 작자미상인 1643년의 『계미동사일기』에서는 茶啖을 "비단을 오려 꽃을 만들어서 떡이나 과일위에 꽂아 놓았다."고 기록하고 있다. 즉 果盤과 茶啖은 같은 성격의 역할을 지닌 상이다.

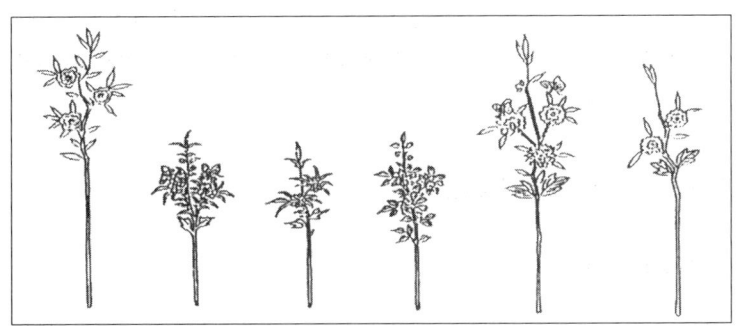

紅桃建花　紅桃二枝花　紅桃間花　紅桃別建花　紅桃三枝花　紅桃別間花

〈그림 3〉 조선왕조의 吉禮에 속하는 연회 때에 사용되었던 床花의 일종인 紅桃花 (金d, 276).

이상의 기록대로 유추한다면 조선왕조의 果盤은 〈그림 4〉의 형태와 유사한, 고여담은 음식에 床花로 장식하고, 이들은 元盤에 차린 형태라고 말할 수 있다. 실제로 조선왕조의 果盤은 元盤으로 사용하였고 床花로 장식하였다(金d, 250-258).

      7의 膳   3의 膳   2의 膳

〈그림 4〉 황호가 『동사록』에서 기록한 우리 나라의 果盤과 같다는 조선통신사 접대를 위한 7의 膳. 조선왕조의 과반은 元盤을 사용하였다. 따라서 조선왕조는 元盤에다 7의 膳에 차려진 음식과 유사하게 고여 담았을 것이다. 오른쪽 그림은 조선통신사 접대를 위하여 배선된 果物類. 고여 담은 방법과 床花에서 조선왕조의 茶啖床과의 유사함을 발견할 수 있다(金d, 160)(柴村b, 12-15).

3) 看盤과 味數 및 床花

(1) 看盤과 味數

동아시아 상층부 향연에서 등장하는 보이기 위한 장식용 상차림인 간반(看盤)과 술의 헌수(獻數)에 따라 술안주로서 味數의 출현은 漢, 혹은 춘추·전국시대로 거슬러 올라간다. 看盤이 일시에 차려지는 空間展開型 상차림이라면 味數는 한사람이 하나의 set로 이루어진 음식상을 받는 독좌형 時系列型 상차림이다(金h, 118-121).

장식용으로 차려 놓는 간반 외에 한사람이 시계열형 독좌형 상차림을 받는데 일미(一味, 初味)가 끝나면 이미(二味)가 올려지고 이미가 끝나면 삼미(三味)…… 순으로 올려지는 것으로 문헌적으로는 漢代에 등장하고 있다(金h, 120). 한 대에 등장하는 시계열형 독좌용 음식상인 미(味)는 송시대에는 미(味) 또는 행(行)으로 나타나고 있고, 일본의 헤이안〔平安; 794~1192〕시대에는 대(臺) 또는 진(進)으로 등장하고 있으며 무로마찌〔室町〕시대에서 에도〔江戶〕시대까지는 선(膳)이 되고 있다. 한반도의 경우 조선왕조에서는 미(味)를 채택하고 있었다. 물론 이상의 味·行·臺·進·膳 등의 기록은 문헌상에 나타나는 확인된 것만을 적은 것이다(金h, 115-158). 문헌상에 나타난 기록을 중심으로 看盤과 味數의 전개 상황을 그림으로 그린 것이 〈그림 5〉이다(金i, 289).

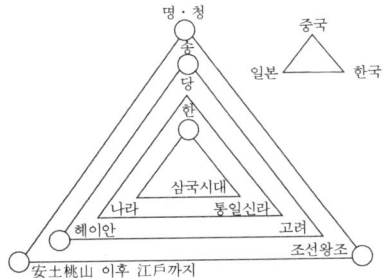

〈그림 5〉 동아시아 향연의 삼각형 구조(金i, 289)
○은 문헌상의 看盤과 酒 및 酒의 獻數에 따라 안주로서 味數가 등장하는 향연

조선왕조의 경우 간반(看盤)은 두 종류가 있었던 것으로 판단된다. 하나는 유교적 간반에 불교적 색채가 가미된 것이고, 나머지 하나는 Ⅲ장에서 후술하는 완전한 불교적 간반이다. 전자는 조선왕조가 명나라 사신을 위한 下馬宴(환영연)·上馬宴(환송연)에서의 大卓과 嘉禮에서의 同牢宴인 大卓으로, 右俠床·左俠床·宴床·面俠床·大膳·小膳으로 이루어진 set로된 상차림이 그것이며(金d, 82-90, 142-156), 후자는 阿架床이라 지칭되는 것으로 아마도 왕 또는 대비의 壽宴床에 올려졌으리라 판단된다. 이 양자 모두는 고려 왕조의 전통을 이었을 것이나, 이에 대한 정확한 기록은 없다. 다만 阿架床이라 판단되는 단편적인 기록들(Ⅲ장을 참조바람) 외에, 간반(看盤)이 있는 곳에 반드시 있었던 미수(味數)에 대한 다음과 같은 기록들로 유추할 수 있다.

"봄 2월 앞에는 사방 한발되는 궤안(几案)이 있어 금과 옥으로 장식되어 있었는 데 거기에다 반찬과 음식을 배설해 놓았다.(『고려사절요 제11권』. 의종17년).
5월에 왕이 선원사에 행차하였다. 최이가 왕에게 음식 6상을 대접하였다. 七寶로 장식한 그릇을 사용하고…….(『고려사절요 제16권』. 고종33년)."

이상에서 나타난 의종 17년(1163)의 기록은 간반이고, 고종 33년(1246) 기록은 미수로 생각되며, 이 밖에 전장에서 기술한 고려왕조 팔관연에서의 진찬(進饌)역시 阿架床에 해당되는 간반이었을 것이다〈표 1 참조〉.
고려를 이은 조선왕조의 연회때에 사용했던 간반은 물론 空間展

開型이고, 미수는 한사람이 하나의 set로 이루어진 음식상을 받는 時系列型이다(金d, 82-90, 142-156). 화려한 공간전개형의 간반과 시계열형의 미수가 어우러진 것이 소위 고려에 이은 조선왕조의 연회였다.

일본의 경우 왕조문화였던 헤이안〔平安; 794~1192〕시대에는, 조선왕조와 거의 비슷한 유형의 간반과 미수가 향연에 등장하였다. 즉 공간전개형의 간반과 시계열형의 미수가 어우러진 연회이었을 뿐만 아니라, 상차림에서도 유사성을 보여주고 있다(金i, 278-288). 그러나 카마쿠라〔鎌倉; 1192~1333〕시대 이후 武家社會가 되면서 武家儀禮는 궁중의례와 달리 간소화를 지향하게 되었고, 공간전개형의 간반은 점차 소멸되었다.

조선왕조 전기에 해당하는 무로마찌〔室町, 1338~1573〕시대에 무가의례와 함께 발달한 本膳料理(753膳)는 보이기 위한 看盤用 요리로서 지극히 儀式化되기에 이른다. 의식화된 간반용 요리로서의 극단적인 발달은 安土桃山(1574~1602)시대이며(熊倉a, 194-195), 이후 에도〔江戸 1603~1867〕시대 때의 조선통신사 접대에도 채택되고 있다. 조선왕조의 간반이 공간전개형이라면, 에도 막부가 조선통신사 접대에 올렸던 헌부(獻部)인 753膳은 시계열형으로서 완전한 간반으로서의 기능만을 수행하였다.

(2) 床花

① 고려왕조

상화(床花)의 유래는 불교에서 찾을 수 있을 것이다. 香・燈・茶・花로 나타나는 불교에서의 공양은 茶道로 이어졌다. 茶와 더불어 올리는 果와 花는 茶道에 있어서 불가분의 관계가 되었다. 부처님 처소에 香과 花를 공양한 인연으로도 미륵의 정토에 왕생할 수 있다고 하는(金鉉埈, 261) 등의, 이러한 불교와 관련하여 파생되었다고 보이는 花에 관한 다양한 기록들이 『고려사절요』에 등장하고 있다. 이들 기록들을 요약하면 아래와 같다.

"왕이 金花 8가지〔枝〕를 강감찬의 머리에 꽂아주고, 오른손으로 금술잔을 들고(『고려사절요 제3권』, 현종 10년).

河淸節이므로 萬春亭에 행차하여 재상·시신들과 더불어 廷興殿에서 연회를 열었는데…… 綵棚·樽花·헌선도(獻仙桃)·포구락 등의 놀이를 갖추어 행하고……(『고려사절요 제 11권』. 의종 21년).

別祈思所를 세우고는 金과 銀으로 꽃을 만들고 金과 玉으로 그릇을 만들었다(『고려사절요 제 11권』 의종 24년).

燃燈大會에 國喪으로 꽃을 꽂는〔揷花〕 여러 놀이는 금하였다(『고려사절요 제 13권』 명종 14년).

금나라사신이 말하기를…… 예절은 마땅히 吉禮를 따라 綵棚을 가설하고 풍악을 연주하며, 꽃을 꽂아야 할 것이며……『고려사절요 제13권』 명종 14년).

임정기가 왕에게 음식과 꽃·과일을 바쳤는데……(『고려사절요 제21권』 충렬왕 13년).

꽃구경을 위한 연회 때에 …… 청랍견(靑蠟絹)을 오려서 파초(芭蕉)를 만들었더니……(『고려사절요 제21권』 충렬왕 21년).

唐 玄宗의 밤놀이하는 그림을 보고 …… 국신고(國贐庫)의 엷은 비단 20필로 연회날에 꽃계단을 꾸몄다가 오래되면 이를 새로 갈아놓았다(『고려사절요 제21권』 충렬왕 22년).

公私의 연회에 油蜜果와 絲花(색비단에 금실로 수 놓은 造花)를 사용하는 것은 모두 금지한다(『고려사절요 제 23권』 충선왕 2년).

잔치에 布를 써서 꽃을 만든 것이 무릇 5140여필(『고려사절요 제26권』 공민왕2년).
왕이 演福寺에 행차하여 文殊會를 크게 베풀었다……실로 만든 꽃과 비단으로 만든 鳳의 광채가 사람의 눈에 부시었다……"(『고려사절요 제28권』 공민왕 16년).

따라서 造花의 용도는 머리에 꽂는 꽃〔簪花〕·꽃병용 꽃〔樽花〕·제사 때 올리는 꽃·놀이에 쓰는 꽃〔揷花〕·음식에 꽂는 꽃〔絲花, 床花〕·연회용 꽃·도량〔道場〕에 쓰는 꽃 등으로 분류되며, 이들 조화의 재료는 견(絹)·금(金)·은(銀)·베〔布〕등 이었음을 알 수 있다. 대체로 고려왕조에서는 길례(吉禮)때에는 채붕(綵棚)·풍악·꽃이 하나의 set로서 연회 때에 수반됨에 따라 이들 조화의 용도는 광범위한 부분에 소용되었을 것이며, 조화를 만들기 위한 국고의 낭비도 상당히 심각하였을 것이다. 충선왕 2년(1310)에 왕의 영에 의하여 公私 연회 때 유밀과와 絲花의 사용을 금한 것은 대표적인 예라 할 것이다.

② 조선왕조
고려왕조를 이은 조선왕조의 연회는 비록 조선왕조가 유교를 채택하였다고는 하나, 연회의 구조는 고려의 그것을 그대로 계승하였다. 조선왕조에서도 고려왕조와 마찬가지로 吉禮때는 綵棚·풍악·꽃이 하나의 set로서 연회 때에 수반되었다(『세종실록』). 꽃의 용도와 꽃을 만드는 재료 역시 고려왕조와 같았는데, 본 장에서는 다만 상화(床花)에 관해서만 언급하고자 한다.

조선왕조의 연회상에 쓰는 상화 만드는 재료는 그 등급에 따라 달리하였다. 絹絲로 만든 꽃·絹絲로 만든 봉황새, 무늬 없는 얇은 비단으로 만든 꽃(『世宗實錄 제22권』. 세종 5년 10월條), 紵布花, 紙花(신숙주 『해동제국기』) 등이 있어서, 대접하는 사람의 지위에 따라 상화를 만들기 위한 재료를 달리 사용하였다.

상화로서 사용된 꽃의 종류로는 연꽃〔水波蓮〕·홍도화(紅桃花)·월계화(月桂花)·사계화(四季花)·목단화(牧丹花)·국화(菊花)·가자화(茄子花)·유자화(柚子花)·복분자화(福盆子花)·포도화(葡萄花)·시자화(柿子花)·과자화(瓜子花) 외에 봉황새·극락조 등이 있었고(金d, 276-277), 이들은 수미산(須彌山)속의 상징물로서 이루어진 것으로 보아도 좋다. 아름다운 연꽃과 길상(吉祥)을 상징하는 床花를 연회 음식에 꽂음으로서, 茶道와 결합된 연회 의례를 더욱더 화려하고 장엄하게 진행하였던 것이다.

일본사신 접대를 위하여 조선왕조는 연회 때에 絹花·紵布花·紙花를 골고루 채택하고 있다. 일본 사신의 등급에 따라 사용되는 상화의 종류를 달리하였다(김c, 352-353).

일본 사신 접대는 공식적인 것 외에, 일본 사신의 조회를 받거나(『세종실록 제28권』. 세종7년 6월 條), 새해축하의식 때의 연회(『세종실록 제31권』, 세종8년 正月條), 동지날 연회(『세종실록 제34권』, 세종8년 11월條) 등이 있었으며, 이 때에는 조선왕조의 모든 재상들과 사신들이 함께 어우러져 연회하였다. 세종 25년(1443) 11월 동지날 축하의식을 대궐안에서 하면서 일본사신과 야인들 70여명에게 연회를 차려 주었는데, 술에 취한 일본 사신 광엄과 우춘은 음식상 위에 있는 녹색꽃을 달라고 하면서 본국에 가서 자랑삼아 보이겠다고 하여 허락하였다는 기록이 『세종실록』에 나와있다

(『세종실록 제102권』, 세종 25년 11월 條).

床花와 관련된 일본사신에 관한 『세종 25년 11월 條』의 기록은, 적어도 세종 25년(1443) 당시 일본에는 연회에 상화가 쓰여지지 않았음을 제시해 주는 것이며, 일본 사신에 대한 조선왕조의 접대문화에 의하여, 조선왕조의 床花 文化가 일본의 식생활에도 다소 영향을 미쳤을 것이라는 사실이다.

③ 일본

앞서 安土桃山시대(1574~1602)에 시계열형 배선으로 이루어진 本膳料理(753膳)가 간반(看盤)용 요리로서 발달하였음을 기술하였다. 이 시기에 茶道가 완성되었으며, 연회에 茶道가 결합하여 儀式化된 看盤用요리로서 극단적인 발달을 보게된다(熊倉a, 194-195).

일본 연회에서 床花가 본격적으로 출현한 것도 바로 이 시기이다. 다시 말하면, 한반도의 경우 茶道와 결합된 宴會 및 床花의 문헌적 출현은 고려시대로 거슬러 올라가나, 일본의 경우에는 한반도 보다 약 600년 늦게 이들이 출현한 셈이 된다. 이러한 사실과 더불어 세종25년(1443) 일본사신이 본국에 가져가서 자랑하기 위하여 사신 음식상에 꽂아있던 상화를 일본에 가지고 갔다는 『실록』의 기록을 참고로 하였을 때, 적어도 床花의 文化的 전파는 한반도에서 일본으로 갔음을 유추할 수 있다.

이러한 관점에서 본다면, 조선통신사 접대를 위하여 에도시대〔江戶; 1603~1867〕에 내놓은 연회용 간반(看盤)및 간반에 등장하는 床花가 조선왕조의 연회 상차림과 유사성이 있다고 보는 것은 당연한지도 모르겠다〈그림 1, 4〉.

4) 朝鮮의 車食五果床과 日本의 3汁 17菜

(1) 車食五果床

거식오과상(車食五果床)이란 5가지 果를 차린 4사람이 운반하는 식상〔車食床〕으로 풀이되며 지금의 교자상 크기 정도일 것이다(김a, 346). 고려시대 이후 유밀과를 놓는 가짓수에 의하여 잔치의 규모가 결정되어 있었기 때문에 이러한 표현 방법을 썼던 것으로 이 명칭은 고려시대로 거슬러 올라간다. 명종 22년(1192) "다만 외관의 아름다움을 위하여 낭비함이 한이 없다. 지금부터는 유밀과를 쓰지 말고 과실로서 대신하되, 작은 잔치에는 3그릇, 중간잔치에는 5그릇, 큰 잔치에는 9그릇을 초과하지 말며……"라는 王命을 내렸다(『고려사절요 제13권』. 명종 22년 5월 條).

이 왕명을 근거로 한다면 車食五果床은 중간잔치에 사용되는 상이다. 실제적으로 조선정부는 일본사신 접대 때에 정사에게는 車食七果床, 사신 수행원에게는 車食五果床을 早飯(初朝飯에 해당)으로 차렸기 때문에, 이 車食五果床은 車食七果床보다 한 단계가 낮은 상으로서 중간 정도의 등급이라고 볼 수 있다(김a, 347).

숙공조반식(熟供早飯式)때에 早飯에 해당되면서 죽(粥)을 위주로 했던 거식오과상의 찬품은 아래와 같다.

   車食五果床
   油蜜果 및 果實   5기
   正果   1기
   魚肉肝南   2기

床花餠	1기
菜	1기
餠	1기
沈菜	1기
粥	1기
生鮮	1기
麵	1기
湯	2기
種子	3기(芥末·淸蜜·薑醋)
味數(三味)	
湯	3기

　거식오과상의 구성은 본상인 거식오과상과 미수로서 구성되었는데, 거식오과상에는 종지 3기를 제외한 17기의 찬품이, 미수에는 탕3기가 차려졌다(김a, 347). 空間展開型인 車食五果床과 時系列型인 味數가 함께 어우러진 상차림법이다.

　(2) 3汁 17菜

　조선통신사 접대를 위하여 식사부분인 膳部에 등장하는 것으로는 753膳외에 3汁 17菜가 있었다. 3즙 17채란, 탕이 3기 찬품이 17기란 뜻이다. 조선정부가 일본 사신 접대 때에 내놓았던 거식오과상의 규모와 같은 17기의 찬품과 3기의 탕인 셈이다. 이 상차림은 일본 정부가 조선통신사를 접대하기 위한 상차림 중 가장 규모가 큰 것으로, 3汁 17菜·3汁 15菜·3汁 14菜·3汁 13菜 ·3汁 11菜·3汁 9菜·2汁 8菜·1汁 6菜도 있었다(高正b, 1012). 신분에 따라 상차림이 각각 달리 배선되었는데, 9菜까지는 3汁, 8菜까지는 2汁, 6菜까지는 1汁을 내놓고 있다.

이 음식상은 看盤인 獻部의 753膳이 나온 다음에 膳部인 식사 때에 식사를 위하여 배선되는 것으로, 空間展開型이다. 朝鮮의 車食五果床이 공간전개형상차림과 시계열형 상차림으로 구성된 것에 반하여 3汁 17菜는 한 상에 3汁과 17菜를 전부 올려놓고 있다.

3汁 17菜가 한 상에 汁3과 菜17을 전부 올려놓고 있는 것은, 아마도 앞서 배선된 獻部의 753膳에서 술3잔이 시계열형으로 배선되었던 때문이 아닐까 생각된다. 조선의 거식오과상에 따라 나오는 味數인 3味(初味: 탕, 二味: 탕, 三味: 탕)의 湯은 술을 위한 안주로서 제공된 것이기 때문에, 일본의 경우 헌부에서 술3잔이 올려졌기 때문에 굳이 식사 부분의 상차림에서 汁을 시계열형으로 따로 배선해야될 필요를 느끼지 못했으리라 짐작된다.

Ⅲ. 대마도에서의 宴會를 통해서 본 朝鮮王朝의 阿架床

조선통신사가 에도로 향해서 가는 도중의 첫 기착지이기도 하면서, 에도에서 조선으로 올 때에 마지막 기착지 이기도 했던, 대마도에서의 연회는 하선연(下船宴, 환영연)과 상선연(上船宴, 환송연)으로 베풀어졌다. 이 연회는 1차연과 2차연으로 구성되었다. 1차연은 조선식의 조선요리에 의한 향응이었고, 2차연은 일본식의 일본요리에 의한 향응이었다(김c, 452-453)(高正, 1067).

〈표 2〉 使行기록을 통해서 본 대마도주가 베푼 연회구성에서의 1차연(김c, 454)

연도와 사행 기록	1607년 (『해사록』)	1624년 (『동사록』)	1636년 (『동사록』)	1643년 (『계미동사일기』)	1655년 (『부상록』)
연회의 양식	우리나라의 잔치 의식과 흡사	과일상과 떡들은 우리나라 규모를 모방	상탁·기명·찬품은 모두 우리나라제도를 모방		우리나라 제도와 비슷
발 높은 상 (看盤)	북쪽에 구름을 조각한 상2개는 마치 阿架床과 같음 假山·彩花·새·물고기등의 물건을 차려 놓고 금과 은으로 도장하였다.	床花·금·은·유리를 구비함			높이 고인 상은 우리나라 제도와 비슷함. 금·은·유리그릇·조화가 구비됨.
개인 음식상	좌석앞에 떡·과일을 차리고 여기에 造花를 꽂았다. 茶啖床과 비슷하였다.			의자 앞에 미리 탁자를 놓았는데 음식과 그릇이 정결. 비단을 오려 꽃을 만들어서 떡이나 과일위에 꽂아 놓았다.	
좌석배치	의자[交椅]에 앉음 동서로 갈라 앉음	사신은 東壁에 현방(玄方)① 이하는 西壁에 각각 의자[交椅]에 앉음		의자에 앉음	사신은 동벽에 의성(義成)②은 서벽에 각각 의자에 앉음
의복	公服		公服	公服	公服
酒數		술9순배		술9순배	술9순배
茶	有				
연회의 종류	전별연(餞別宴)	하선연	하선연	하선연	하선연

①②는 일본인으로서 사신을 접대하는 가장 고위급의 관리를 지칭함.

1차연에 대한 使行 기록에 의하면 〈표 2〉, 연회음식 구성은 크게 발 높은 상과 개인음식상으로 되어 있었다. 동·서에 각각 나누어 의자에 앉고, 그 앞에 개인 음식상을 벌려 놓았으며 북쪽에는 발 높은 상을 놓았다. 북쪽에 놓여진 구름을 조각한 발 높은 상 2개에는 음식을 높이 고였는데, 금·은·유리그릇·造花·假山·새·물고기 등을 차려 놓은 우리 나라의 阿架床과 같다는 것이고, 의자에 앉은 개인 앞에 놓여진 상에는 비단을 오려 꽃을 만들어서 떡이나 과일 위에 꽂았으며 우리 나라의 茶啖床과 같다는 것이다. 이 발 높은 상과 개인 음식상으로 구성된 잔치는 과일과 떡을 위시한 찬품·상탁·기명 모두 우리 나라 제도를 모방하고 있다고 기록하고 있으나, 조선식의 조선요리에 의한 향응이었다.

여기에서 북쪽에 놓여진 구름을 조각한 상 2개에 해당하는, 우리 나라의 阿架床과 같은 것은 물론 看盤이다. 阿伽란 佛께 올리는 정수(淨水)를 담는 그릇을 뜻한다(諸橋, 799). 阿架床이란 佛께 올리는 정수를 올려놓는 상으로 해석된다. 즉 茶를 올리는 상이다. 연회에서의 看盤인 阿架床의 확립은 통일신라로 거슬러 올라갈 것으로 추정되지만, 문헌 기록이 남아있는 것은 고려시대의 것이다.

여기서 고려시대의 阿架床을 추정할 수 있는 문헌적 자료를 탐색해보기로 한다. 공민왕 16년(1367) 3월에 왕이 문수회(文殊會)를 연복사(演福寺)에 행차하여 크게 베풀었다. 이 때 佛殿 한 가운데에 채색비단을 연결하여 수미산(須彌山)을 만들고 산을 빙 둘러 촛불을 켰으며……. 실로 만든 꽃과 비단으로 만든 봉황새〔鳳〕의 광채가 눈이 부시었다는 기록이 있다(『고려사절요 제28권』).

수미산(須彌山)7)이란 불교에서 말하는 제석천과 사천왕이 살고

---

7) 수미산(須彌山): 불교의 世界說에서 세계의 한가운데에 높이 솟아 있다고 하는 산. 꼭대기에는 帝釋天이 살고 있고 중턱에는 四天王이 살고 있다

있는 산으로, 금·은·유리·파리(玻璃)로 이루어져 있는 산이다. 연회에서 수미산과 같은 가산(假山)을 만들어 잔치하는 모습은 고종32년(1245) 5월 최이가 종실과 재·추에게 베푼 잔치에도 나타나고 있다. 채색비단으로 가산을 만들고 문수(文繡)·채화(綵花)·얼음·작약으로 장식하였다(『고려사절요 제16권』).

고려의 연회 때에 등장하는 수미산을 만든 가산(假山)이, 조선통신사를 위한 대마도의 연회 상차림인 阿架床 속에서 등장하고 있는 것이다. 구름을 조각한 상 2개위에 금·은·유리·彩花·새(다분 봉황으로 추정됨)·물고기 등으로 장식한 가산(假山)을 만들어 놓고, 그 앞에는 금·은·유리그릇 위에 餠果類를 아름답게 고여 담았으며, silk로 만든 꽃[床花]을 餠果類에 꽂아 화려하게 장식한 상차림이다.

아마도 阿架床의 看盤은 가장 불교적이면서도 고려적인 것이라고도 생각되는데, 아름답게 장식한 看盤인 阿架床에 아름답고 우아한 고려청자인 물병과 茶器를 사용하여 茶를 올리는 모습은 상상만 해도 아름다움의 극치이다. 이 茶道와 결합된 看盤인 阿架床은 조선왕조에서 看盤(壽宴床用 看盤이었을 것으로 생각됨)으로서

하는데, 그 높이는 물위로 8만 由旬(1유순은 400리)이고 물속으로도 8만유순이며 가로의 길이도 이와 같다 함. 금·은·유리(琉璃)·파리(玻璃)의 四寶로 이루어져 북쪽은 황금, 동쪽은 白銀, 남쪽은 유리, 서쪽은 파리인데, 달과 해가 그 주위를 회전하여 寶光을 反映시켜 사방의 虛空을 물들이고 있다함. 수미산 둘레에는 七金山이 이것을 위요(圍繞)하고, 수미산과 칠금산 사이에 七海가 있으며, 칠금산 밖에는 함해(鹹海)가 둘러 있고, 함해건너에 鐵圍山이 둘러있어, 수미세계의 외곽을 이룬다함. 함해속에 四大州가 있는데, 사대주 남쪽이 인도대륙에 해당된다함. 사슴·봉황·게·거북은 불교에서 길상을 상징하는 동물임(金鉉埈. 176).

연회에 올려짐에 따라, 대마도에서도 조선통신사 접대 때에 이 상을 채택했던 것이다.

Ⅵ. 맺음말

조선통신사와 일본사신에게 제공되었던 접대문화를 통하여 韓·日간의 공통되고 있는 음식문화를 비교함으로서 그 교류를 究明한 결과는 다음과 같다.

1. 조선왕조가 일본사신을 접대할 때에 제공했던 일상식의 하나인 朝飯·晝點心·夕飯의 상차림은 장(醬)을 제외하고 7器·5器·3器로 차려졌고, 이는 7첩상·5첩상·3첩상으로도 표기되었다. 이 7·5·3의 숫자는 일본의 경우 연회식에서 제공 되었는데, 무로마찌〔室町, 1338~1573〕시대에 완성된 本膳料理인 753膳은 에도〔江戶, 1603~1867〕시대 때 조선통신사 연회 시 獻部와 膳部에서 각각 753膳이 채택되었다.
2. 조선왕조에서 일본사신 접대 때에 보여 주는 進饌 ⇨ 進花 ⇨ 頒花 ⇨ 獻壽 ⇨ 頒賜 ⇨ 進茶로 이루어진 茶道와 결합된 연회음식과 의례는, 문헌적 탐색에 의하면 불교를 국교로 하였던 고려왕조로 거슬러 올라간다. 고려왕조의 연회음식과 의례는 대략적으로 進茶 ⇨ 進饌 ⇨ 進花 ⇨ 頒花 ⇨ 獻壽 ⇨ 頒賜로 구성되어졌고, 進茶 부분에서는 果盤 ⇨ 茶食 ⇨ 茶의 순으로 배선되었으며 작은 연회에서는 茶食없이 果盤과 茶가

進茶의례를 구성하고 있었다. 고려왕조의 進茶儀禮 때 올려지는 果盤은 油蜜果로 구성되어 있었다. 茶와 果盤, 茶와 茶食이 set가 되어 올려지는 것이 정도이었으나, 유밀과 대신에 과일로 대치되기도 하였다. 고려왕조의 유밀과와 과일로 구성된 果盤은 조선왕조에 들어와서 유밀과와 과일뿐만 아니라 茶食·국수·탕·전유아가 과반을 구성하는 찬품으로 되었고, 果盤은 別盤果, 茶啖이라는 명칭으로 사용하기도 하였다. 특히 茶啖은 茶와 set가 되는 상차림이 아니라 술과 set가 되는 상차림으로 변하였다.

조선통신사 접대에서 채택했던 일본의 茶道와 결합된 연회음식이 발달한 시대는 安士桃山(1574~1602)시대로서 한반도보다 약 600년 늦게 茶道와 결합된 연회가 출현한 셈이된다. 茶의 배선은 식사에 앞서 배선한 고려왕조와 달리 조선 왕조 후기와 같은 맨 뒤로하고 있다.

3. 조선통신사 향응을 위하여 배선되었던 술잔을 올려놓는 絲花彩雲臺는, 조선왕조 연회 때에 사용하는 獻壽를 위하여 술잔을 올려 놓는 壽杯床과 성격이 같은 것으로 조선왕조의 수배상은 원반이나 팔각반 위에 수파련 등의 床花를 올려 놓았을 것으로 생각된다.

4. 조선왕조의 연회 때에 등장하는 看盤과 味數는, 문헌적 탐색에 의하면 적어도 고려시대로 거슬러 올라간다. 看盤에는 두 가지가 있었다. 하나는 유교적 看盤에 불교적 색채가 가미된 것이고, 나머지 하나는 완전히 불교적 看盤이다. 전자는 우협상·연상·좌협상·면협상·대선·소선으로 이루어진 大卓

set 상차림이고 후자는 阿架床이다. 大卓이든 阿架床이든 이 양자는 空間展開型이었다. 看盤이 존재하는 연회에서는 술의 헌수(獻數)에 따라 時系列型으로 배선되는 술안주 상차림인 味數가 있었으며, 이 미수는 조선왕조말까지 연회에 看盤과 함께 반드시 등장하였다. 이러한 공간전개형 간반과 시계열형 미수로 이루어진 연회는 일본의 경우 헤이안[平安, 794-1192] 시대인 왕조시대까지 존재하였을 뿐만 아니라 상차림에서도 조선왕조의 그것과 유사성을 보여주고 있으나, 에도[江戸]시대 조선 통신사 접대 때에 올려졌던 看盤은, 조선왕조의 味數에 해당하는 시계열형 형태가 간반으로 채택되고 있다. 이 간반의 발달은 安土桃山 시대이다.

5. 연꽃[水波蓮]·홍도화(紅桃花)·월계화(月桂花)·사계화(四季花)·목단화(牧丹花)·국화(菊花)·가자화(茄子花)·유자화(柚子花)·복분자화(福盆子花)·포도화(葡萄花)·시자화(柿子花)·과자화(瓜子花) 등으로 이루어진 조선왕조의 床花에 대한 문헌 출현은 고려시대로 거슬러 올라간다. 고려왕조에서는 吉禮에 속하는 연회에는 綵棚·풍악·꽃이 하나의 set로서 수반되었다. 吉禮에 속하는 연회 때에 수반되는 채붕·풍악·꽃으로 구성된 연회는 그대로 조선왕조에 이어졌다. 일본의 경우 安土桃山時代에 들어서면서 본격적으로 看盤用 료리의 발달과 함께 床花가 등장하게 된다. 이는 한반도 보다 약 600년 늦게 상차림에서 床花가 출현한 것이라고 볼 수 있다.

6. 조선정부가 일본사신에게 접대하였던 일상식 중의 하나인 무

飯에서 올렸던 車食五果床은 17기의 찬품과 3기의 탕으로 구성된 상차림으로서, 이는 일본정부가 조선통신사에게 접대하였던 17기의 찬품과 3기의 탕으로 구성된 3汁 17菜와 그 구성이 같다.

7. 대마도에서의 연회를 통해서 유추한 조선왕조의 阿架床은 茶道와 결합된 불교식 看盤으로 추정되며 문헌적으로는 고려왕조로 거슬러 올라간다.

8. 일본 정부가 조선통신사에게 접대한 음식 상차림의 모양이 "우리 나라의 果盤·壽杯床·茶啖·阿架床과 같다"고 기록한 조선통신사들의 글을 통하여 유추할 수 있는 것은, 일본 정부는 보다 조선식의 향응으로 접대함으로서 그것을 최상의 대접으로 인식하였다는 것이다. 그러므로 조선통신사 향응에 배선된 상차림은 일본식에 최대한의 조선식을 가미한 것이기 때문에 조선통신사 접대 상차림을 통하여 조선왕조에서 행한 공적인 연회 모습의 잔재를 유추할 수 있다 하겠다.

「한국식생활문화학회지」 14집 2호, 한국식생활문화학회.

참고 문헌

김상보a, 장철수「朝鮮通信使를 포함한 韓・日관계에서의 飮食文化 교류1」, 『한국식생활문화학회지』, vol 13, No4, 1998.

김상보b, 장철수「朝鮮通信使를 포함한 韓・日관계에서의 飮食文化 교류2」, 『한국식생활문화학회지』, vol 13, No4, 1998.

김상보c, 장철수「朝鮮通信使를 포함한 韓・日관계에서의 飮食文化 교류3」, 『한국식생활문화학회지』, vol 13, No5, 1998.

金尙寶d,『朝鮮王朝宮中儀軌飮食文化』, 修學社, 1995.

金尙寶e,『朝鮮王朝宮中宴會儀軌飮食의 實際』, 修學社, 1995.

김상보f,「조선왕조 중기 연시례에 대한 고찰」,『鄕土硏究』. 第21輯. 1997.

김상보g,「대전의 종교음식문화」,『考古와 民俗』, 한남대학교 박물관, 1998.

金尙寶h,「東アッアにおける儀禮的 饗宴」,『國立民族學博物館硏究報告』, vol 19. No. 1, 1994.

金尙寶i,『한국의 음식생활문화사』, 광문각, 1997.

金鉉埈,『사찰 그 속에 깃든 의미』, 敎保文庫, 1995.

이희승,『국어대사전』, 민중서림. 1990.

黃㽵,『東槎錄』, 1636.

慶暹,『海槎錄』, 1607.

姜弘重,『東槎錄』, 1624.

작자미상, 『癸未東槎日記』, 1643.

南龍翼, 『扶桑錄』, 1655.

申叔舟, 『海東諸國記』, 1471.

『園幸乙卯整理儀軌』, 1795.

『高麗史節要』

『高麗史』, 「禮志」

『高麗史』

『迎接都監儀軌』, 1609.

『世宗實錄』

加藤百一, 「飲酒と肴の歴史」, 『世界の食べもの12』, 朝日新聞社, 1984.

堀內信, 『南紀德川史第十四冊』, 淸文堂出版, 1990.

柴村敬次郎a, 『安芸蒲刈御馳走一番』, 下蒲刈町, 平成元年.

柴村敬次郎b, 『御馳走一番館』, 下蒲刈町, 平成6年.

高正晴子a, 「朝鮮通信使の饗應について」, 『日本家政學會誌』, vol.46, No.11, 1995.

高正晴子b, 「朝鮮通信使の饗應について」, 『日本家政學會誌』, vol.49, No.9, 1998.

熊倉功夫a, 「合理的食事文化の發展」, 『世界の食べもの12』, 朝日新聞社, 1984.

熊倉功夫b, 「食事の場と食事作法」, 『世界の食べもの12』, 朝日新聞社, 1984.

諸橋轍次, 『大漢和辭典 第11卷』, 大修館書店, 昭和61年.

朝鮮 通信使를 포함한 韓・日 관계에서의 飮食文化 교류 1.
朝鮮前期 韓・日관계에서의 교역물품과 日本使臣 접대

김상보(대전보건대학교)・장철수(한국정신문화연구원)

◀ 목 차 ▶

Ⅰ. 서 론
Ⅱ. 조선 전기의 韓・日 관계
Ⅲ. 韓・日관계에서의 교역 물자
Ⅳ. 『海東諸國記』에 나타난 일본 사신의 규모와 사신 접대
Ⅴ. 맺음말

Ⅰ. 서 론

 금구(禁寇) 정책의 일환으로 취해진 조선 전기의 교린외교는 통상외교로 발전하였으며, 다량의 물품이 유입되기도 하고 나가기도 하였다. 일본 사신의 내왕에 의하여 이루어진 통상외교는 양국의 무역뿐만 아니라, 많은 숫자의 일본인 내왕에 의하여 문화적 교류도 컸으리라고 짐작된다. 본고는 이러한 문화적 교류 究明의 일환

으로 통상외교를 통하여 파생된 교역물품과, 일본 사신에 대한 접대 문화를 밝힘으로서, 조선조 전기 한일관계에서의 음식문화 교류를 究明하고자 한다.

Ⅱ. 조선 전기의 韓·日 관계

1) 왜구의 침입과 한·일 관계

14세기 초 일본에서는 무인정권(武人政權)인 카마쿠라막부(鎌倉幕府)가 멸망하고 이어 남북조의 내란이 야기되어 국내의 통제력이 마비되었다. 14세기말에는 무로마찌막부(室町幕府)가 성립되었지만 역시 강력한 정치력을 구축하지 못한 채 15세기 중엽에는 응인(應仁)의 난이라 불리는 정란이 일어나는 혼란 속에 빠졌으며, 이러한 가운데 국내 각지에서는 다이묘〔大名: 제후〕들이 자립하여 전국을 분국화 하였다. 이 시대가 전국시대이다. 이 혼란한 정국을 수습하고 국내를 통일한 자가 16세기말의 도요토미 히데요시〔豊臣秀吉〕이다.

14세기 이후 일본 국내에서는 산업과 상업이 발달하였다. 상업자본이 성장함에 따라 연해민의 활동도 자유로와 해외 물자 획득욕이 왕성해지면서 출현한 것이 왜구이다. 고려 말 공민왕·우왕 양대 37년간 452회의 왜구 침입은 통제 불가능하였던 고려말의 시대상황을 잘 나타내 주는 것으로 공민왕 때부터 심해져서 이 때에 74회, 다음의 우왕 때에 378회에 이르게 되고, 고려말의 통제 불가능하였던 시대적 상황은 결국 조선왕조의 커다란 과제로 넘겨졌다(李鉉淙, 12-13).

고려에 이어 창건된 조선왕조는 그 초기부터 중국의 명(明)나라에 대해서는 사대(事大)를, 이웃인 일본에 대해서는 교린(交隣)을 외교의 2대 지주로 삼았다. 일본에 대한 교린 외교는 두말할 것도 없이 금구(禁寇) 정책의 일환으로 취해진 회유 정책이다. 금구교섭을 위하여 평화적인 사절을 파견하기도 하고(『태조실록』卷6 태조3년 10월 丁丑條), 변방을 엄중히 하여 그들의 발호를 무력으로서 제제하기도 하였으며(『세종실록』卷5 세종원년 9월 壬戌條), 회유하기 위하여 옷·양식·물자 등을 후사하기도 하였고(『태종실록』卷28 태종 14년 7월 壬午條), 귀순책을 권유하기도 하였다. (『태조실록』卷10 태조 5년 12월 乙巳條) (『부산시사』).

2) 삼포(三浦)와 계해약조(癸亥約條)

조선 초의 금구(禁寇) 정책 일환으로 취해진 회유정책에 따라 일본과의 통교는 점차 활발해졌다. 일본으로부터 막부(幕府)의 사행〔國王使〕, 영주(領主)의 사행〔諸酋使〕, 대마도의 사객(使客)·도민(島民)·왜상(倭商)등의, 주로 장사를 목적으로 한 내왕이 빈번하여짐에 따라 생겨난 군사적·경제적 문제점을 시정하기 위하여, 포(浦)를 한정하여 태종7년(1407)에 부산포(釜山浦)와 내이포(乃而浦 熊川)가 최초로 개항하게 되었다(『태종실록』卷14 태종7년 7월 戊寅條).

부산포와 내이포의 개항에 이어 태종18년(1418)에는 새로이 염포

(鹽浦)와 가배량(加背梁) 두 곳을 추가로 지정하여 4개처가 개항되어 왜인에 대한 개방책과 후대책을 거듭하게 된다(『태종실록』卷35 태종18년 3월 壬子條). 그러나 왜구 활동이 근절되지 않았기 때문에 세종 원년(1419) 대마도 정벌이 단행되었고(『세종실록』卷5 세종원년 9월 壬戌條), 이를 계기로 4개의 포(浦)는 폐쇄되었다. 이 폐쇄 기간 동안에도 일본의 여러 섬들로부터 사람들이 꼬리를 물고 오고 가는 통에 역참들이 견디어 내지 못하게 되자 그들이 왕래하는 길을 두 갈래로 갈라놓기도 하였다.

대마도 정벌 이후 세종 4년(1422) 9월 대마도주 종정성(宗貞盛)이 귀순 해 옴으로서 완화책으로 전환하였다. 세종5년(1423) 4월에는 부산포와 내이포를 다시 개항하였고(『세종실록』卷17 세종 4년 9월 丙寅條), 세종 5년 10월에는 부산포와 내이포에 왜객의 지공(持供)을 위한 시설까지 준비하는 체제를 갖추게 된다(『세종실록』卷20 세종5년 4월 丙寅條).

세종8년(1426), 대마도로부터 거제도의 전지 개간에 대한 요청이 있음에 따라 거제도 개간에 대한 요청을 받아들일 수 없게 되자 그 대신 염포를 열어 무역하게 함으로서, 왜인은 도박처인 내이포·부산포·염포의 삼포를 통하여 무역하게 하였다(『세종실록』卷22 세종5년 10월 壬申條).

왜인들이 무제한으로 요구하는 물자 공급을 통제할 목적으로 세종25년(1443)에는 신숙주(申叔舟)의 참여하에 대마도주와 계해약조(癸亥約條)를 맺게 된다(『증정교린지』卷4, 「約條」). 계해약조를 통하여 세견선(歲遣船, 무역선)의 수를 50척으로 제한하고, 매년 조정에서 도주(島主, 대마도 도주)에게 사급하는 세사미두(歲賜米

豆)는 200석으로 하였으며, 부득이한 경우에 약간의 특송선(特送船)을 보낼 수 있음과, 조정은 도주에게 도서(圖書: 입국사증서)를 작성하여 주고 이것을 갖고 있지 않으면 대마도와 일본 각 처의 선박을 받아들이지 않기로 하였다.

이 계해약조를 바탕으로 한 대일무역은, 중종5년(1510) 삼포 왜란으로 삼포가 폐쇄될 때까지 삼포는 대일 통교의 중심지였다고 말할 수 있다.

3) 왜인 접대비용

세조 원년(1455) 한 해 동안 일본 각처로부터 온 왜인이 6000여명이었다는 사실은(『세조실록』卷2 세조원년 12월 乙酉條), 그 숫자가 증가됨에 따라 접대비용도 막대하였음을 의미한다. 도래하는 왜사에 대해서는 그 계층에 따라 접위(接慰)도 각각 달랐는데, 그들의 직책에 따라 음식의 내용과 접대예우 및 연향담당자가 달랐다. 그들이 조선의 삼포에 도착하였다가 본국으로 돌아갈 때는 포소로부터 항해기간 중의 식량까지도 급여 받았다. 그들이 입국하여 본국에 도착할 때까지의 비용은 전적으로 조선의 부담이었다(『해동제국기』).

세종 21년(1439)의 도래 총선수를 204선에서 218선으로 보았을 때, 도래한 왜인의 숫자는 5500~6000명이라는 것과(李鉉淙, 79-82), 앞서 기록한 세조원년의 6000명이라는 기록은, 대략 조선 전기 한 해 동안 출입하는 왜인의 평균 숫자가 6000명 정도로 확인되는 것으로, 사행의 경우는 1년에 약 1500~2500명 정도로 추산되고 있다. 세종 6년(1424)의 국왕사행을 예로 들어보면 한 번에 송선 16척에 523명이라는 인원수가 도래하고 있고, 이들이 한 달 양식으로 쌀 209섬 3말을 요구하고 있으나 우선 반 달분 양식인 104섬 9말을 보낼 것을 예조에서 제의하고 있다(『세종실록』卷23 세종6년 2월 乙酉條).

조선 전기의 이렇듯 빈번한 왜인의 출입은 엄청난 비용의 투자가 요구되는 것이다. 왜구에 대한 방어 목적에서 기인한 회유책으로 탄생한 삼포의 개항에 따른 교역은, 조선이 일방적으로 일본의 요구를 수용하는 입장이었고, 적극적인 왜인의 출입에 수반하여 접대 비용도 엄청나 국고에 소장된 료미(料米)가 고갈이 될 정도에 이르렀다(『세종실록』卷81 세종21년 10월 丙申條), (『성종실록』卷51 성종 6년 정월 丙寅條).

Ⅲ. 韓·日관계에서의 교역 물자

조선 전기 한·일 관계에서의 교역 물자를 1392(태조)년부터 1450(세종)년까지로 국한하여 규명한다. 이미 전기한 바와 같이 대일 교역은 일본의 막부(幕府)가 약체였기 때문에, 막부를 위시하여 일본의 여러 호족과도 교역하는 다원적 교역이 이루어지고 있었다. 다원적 교역의 형태란, 일본의 여러 호족이 조선 국왕에게 물품을 헌상하면 조선측이 답례로 회사(回賜)품을 보낸 소위 진상(進上)이라는 형태의 교역이다.

1) 일본에서 조선으로 온 교역물자

(1) 약재류

두충・마황(麻黃)[1]・계심(桂心)[2]・천궁(川芎)[3]・소목(蘇木)[4]・육두구(肉荳寇)[5]・빈랑(檳榔)[6]・소합향(蘇合香)[7]・감초・파두(巴豆)[8]・황기(黃芪)[9]・택사(澤瀉)[10]・당귀・진피(陳皮)[11]・상산(常山)[12]・봉출(蓬朮)[13]・황금(黃芩)[14]・초과(草果)[15]・용뇌(龍

---

[1] 마황(麻黃) : 마황과에 속하는 상록관목. 중국 북부・몽고의 원산으로 사막에 분포함. 알카로이드를 함유한 줄기를 마황이라하며 해열・오한・해수・백일해 등의 약재로 쓰임.
[2] 계심(桂心) : 계피의 겉껍질 속의 얇고 노란 부분. 약재로 쓰임.
[3] 천궁(川芎) : 궁궁이의 뿌리. 혈액순환을 돕는 약재로 쓰임.
[4] 소목(蘇木) : 약재로 쓰는 다목의 붉은 속살. 破血하는 효험이 있음.
[5] 육두구(肉荳寇) : 몰러카즈제도가 원산으로 배유 및 붉은 주황빛 假種皮는 약용 또는 조미료로서 용도가 넓음.
[6] 빈랑(檳榔) : 빈랑나무의 열매. 인도・동남아사아의 열대 지방에 분포함. 식용 또는 심복통, 각기・구충제 등의 약재로 쓰임.
[7] 소합향(蘇合香) : 蘇合油. 소아시아에 분포. 약용・향료로 쓰임.
[8] 파두(巴豆) : 열대아시아 원산. 종자 기름으로 하제・피부자극제로 쓰임.
[9] 황기(黃芪) : 콩과에 속하는 다년초. 뿌리는 약용으로 防汗의 약재로 씀.
[10] 택사(澤瀉) : 택사과에 속하는 다년초. 택사의 괴근은 임질・습진・부종・利水道 등의 약재로 씀.
[11] 진피(陳皮) : 오래 묵은 귤껍질. 맛은 쓰고 매운데 건위・발한의 약효가 있음.
[12] 상산(常山) : 운향과에 속하는 낙엽활목. 뿌리는 약용. 학질・痰의 약으로 쓰임.
[13] 봉출(蓬朮) : 봉아술의 말린 근경. 생강과에 속하는 다년초. 히말라야가 원산인데 열대지방에서 많이 재배함. 방향성 건위제로 씀.

腦)16)・부자(附子)17)・창이자(蒼耳子)18)・량강(良薑)19)・아선약(阿仙藥)20)・축사밀(縮砂密)21)・패모(貝母)22)・육종용(肉蓯蓉)23)・대모분(玳瑁粉)24)・백단(白檀)25)・침향(沈香)26)・곽향(藿香)27)・

---

14) 황금(黃芩): 꿀풀과에 속하는 다년초. 동남아시아 원산. 뿌리는 오줌소태・배앓이・골증・하혈・動胎・기침・喉症 등에 씀.
15) 초과(草果): 초두구의 한 종류. 중국의 운남・양광 등지에 분포함. 열매는 위한(胃寒)・심복통・토사・곽란・反胃등의 약재로 씀.
16) 용뇌(龍腦): 龍腦樹로부터 채취한 방향이 있는 무색투명의 판상결정. 용뇌수는 보르네오・수마트라가 원산. 구강제・방충제로 쓰임.
17) 부자(附子): 바곳의 구근. 체온이 떨어지는 원인이 되는 모든 병에 유효함.
18) 창이자(蒼耳子): 도꼬마리의 열매. 피부병・치통・鼻淵 등에 쓰임.
19) 량강(良薑): 高良薑
20) 아선약(阿仙藥): 인도에서 나는 catechu나무의 속이나 uncaria나무의 잎에 물을 붓고 불에 조리어 만든 약. 지혈・수렴제 또는 검정 물감・무두질에 쓰임.
21) 축사밀(縮砂密): 축사라고도 함. 생강과에 속하는 풀. 중국 남부에 분포함. 씨는 축사 또는 사임(砂仁)이라 하여 한방 약재로 쓰임.
22) 패모(貝母) : 백합과에 속하는 다년초. 중국 원산. 기침과 담의 약재로 씀.
23) 육종용(肉蓯蓉): 열당과에 속하는 기생식물의 한 가지. 폐병의 특효약이라 함.
24) 대모분(玳瑁粉): 대모란 열대와 아열대에 분포하는 바다거북의 하나. 여기서는 바다거북의 등껍데기를 말함. 대모분은 껍질가루를 지칭하는 것으로 한약재로 생각됨. 원래 대모는 공예품과 장식품에 귀중하게 쓰였음.
25) 백단(白檀): 말레이・인도에 분포함. 재목은 향료・불상 조각・세공물에 쓰임. 백단유는 향료 또는 임질・방광카타르 등의 치료에 쓰임.
26) 침향(沈香): 팥꽃나무과에 속하는 상록교목. 인도・동남아시아 원산. 침향의 속 고갱이는 곽란・심복통 등의 약재로 쓰이고, 수지를 침향이라하여 예로부터 향료로 극히 진중 됨.
27) 곽향(藿香): 순형과에 속하는 약초. 위장약・곽란과 소화기를 범한 외감에 쓰임.

연교(連翹)28)・서각회두축사(犀角灰豆縮砂)29)・육계(肉桂)30)・심황(深黃)31) 등.

(2) 식품류

후추・정향(丁香)32)・사탕・말린오매・온주귤・귤나무・흑시(黑柿)33)・갈근가루・소면(素麵)・국수 등.

(3) 물감・매염 및 옷감류

다목〔丹木〕34)・백반・황단(黃丹)・주홍(朱紅)・기린혈(麒麟血)35)・소방(蘇方)36)・금란(金襴)37)・당사(唐絲)38)・생초(生

---

28) 연교(連翹) : 개나리의 열매. 이뇨・살충・止痛・消腫・排膿 하는 데에 내복약으로 쓰임.
29) 서각회두축사(犀角灰豆縮砂) : 무소의 뿔 끝 부분을 분말로 만든 것. 해열제로 쓰임.
30) 육계(肉桂) : 계수나무의 두꺼운 껍질. 건위・강장제로 쓰임.
31) 심황(深黃) : 생강과에 속하는 다년초. 일명 울금이라고도 함. 열대 지방에서 재배. 근경은 지혈제・건위제로 쓰고, 건조한 분말은 황색 물감으로 씀.
32) 정향(丁香) : 동남아시아 원산. 정향유는 방향이 좋아 향미료 등에 쓰임.
33) 흑시(黑柿) : 먹감
34) 다목〔丹木〕: 동인도가 원산. 콩과에 속하는 상록교목. 속의 붉은 부분은 깎아서 蘇方 이라고 하여 홍색 물감으로 쓰며, 蘇木이라 하여 한방 약재로도 씀. 뿌리는 黃丹이라 하여 황색물감으로 사용함.
35) 기린혈(麒麟血) : 용혈수(龍血樹)의 열매에서 짜 낸 붉은 빛깔의 수지. 착색제・방식제(防蝕劑)로 쓰임.
36) 소방(蘇方) : 丹木의 목재 속에 있는 붉은 살. 깎아서 달인 물을 물감으로 쓰는데 빛이 새빨갛고 고우나 퇴색함.
37) 금란(金襴) : 금박을 종이에 붙여서 가늘게 자른 平金絲. 紗 등의 비단 바탕에 호화찬란한 금실로 무늬를 짜낸 직물 織金.

綃)39)・광견(廣絹)40)・비단・금란비단 등.

(4) 기용(器用)류

자개상자・손궤짝・음식장・상아약그릇・사기술그릇・흰사기접시・흰사기사발・찻잔・쟁반・구리옹솥・검은칠상자・붉은사발・푸른사기쟁반・푸른사기통・붉은칠한쟁반大小・흰사기찻그릇・푸른사기찻그릇・푸른사기쟁반・술단지・유리술잔・금도금주전자・다홍동이大小・다홍나무통・옹솥・다홍차완大小 등.

(5) 기타

흑단(黑檀)41)・비파나무화분・비파나무잎・자단(紫檀)42)・죽사(竹絲)43)・등나무・은부채・접이부채・부채・물소뿔・유황・구리・칼・환도・큰칼・차고 다니는 칼・붉은 긴 창・적동・백동・상아・장뇌(樟腦)44)・향・가는등(橙)・당주지(唐周紙)45)・밀토・

---

38) 당사(唐絲): 중국에서 나는 명주실.
39) 생초(生綃): 생사(生絲)로 얇게 짠 깁의 한 가지.
40) 광견(廣絹): 명주실로 얇고 성기게 짠 깁.
41) 흑단(黑檀): 감나무과에 속하는 상록활엽교목. 인도・말레이 반도 원산. 고급가구・기구・악기・지팡이 등의 재료에 쓰임.
42) 자단(紫檀): 콩과에 속하는 상록활엽교목. 인도 및 스리랑카가 원산. 樺榴라 하여 건축 및 가구 도구의 재료로 쓰임.
43) 죽사(竹絲): 실처럼 가늘게 오린 대오리. 갓이나 질이 좋은 패랭이・삿자리를 만드는 데 쓰임.
44) 장뇌(樟腦): 眞樟・油樟・芳樟 등 樟木의 둥치・뿌리・가지를 증류하여 만든 반투명의 결정. 감심제 등의 제조 및 방충제・방취제 등의 제조에 쓰임.
45) 당주지(唐周紙): 당 두루마리.

황랍·빗·연·납·단사(丹砂)46)·은·광명주(光明珠)47)·보사(寶砂)48)·벼루·철·향백지·사슴가죽·가죽상자·청귤피〔靑橘皮〕·련위(硏緯) 등.

2) 조선에서 일본으로 간 교역물자

(1) 식품류

잣·인삼·오미자·청밀·박계·다식·곶감·차·소주·쌀·현미·콩·잉어·고니

(2) 옷감류

베·흑세포(黑細布)·적세포(赤細布)·흑마포(黑麻布)·흰모시〔白苧布〕·흰색가는모시·무명〔木綿〕·명주·흰명주〔白綿紬〕·가사49)·쾌자50)·장삼51)·비단갓끈·옥을 박은 갓끈·적상모(赤象毛)52)·옥정자(玉頂子)53)

---

46) 단사(丹砂): 朱砂.
47) 광명주(光明珠): 빛나는 구슬.
48) 보사(寶砂): 金剛砂의 가루. 석류석을 가루로 만든 물건. 수정이나 대리석을 닦는데 쓰이거나 성냥갑에 칠하기도 함.
49) 가사: 붉은 빛깔의 무늬 없는 얇은 비단으로 만들고, 초록빛깔의 무늬 없는 얇은 비단으로 장식한 중의 장삼 위에 걸쳐 입는 법복.
50) 쾌자(快子): 자주 빛깔의 무늬 없는 얇은 비단으로 만들고. 검푸른 빛깔의 무늬 없는 얇은 비단으로 장식한 것. 옛 戰服의 하나
51) 장삼: 보라 빛의 무늬 없는 얇은 비단으로 만든 중의 윗옷.
52) 상모(象毛): 기(旗)나 창 등의 머리에 이삭 모양으로 만들어 다는 붉은 빛깔의 가는 털.

(3) 기타

표범가죽·범가죽·갖가지 빛깔의 서피(鼠皮)·각종 채색 꽃자리·꽃무늬를 가득 놓은 자리·채색 꽃방석·신54)·금자로 쓴 인왕호국반야파라밀경·금자로 쓴 아미타경·금자로 쓴 석가보·푸른 종이에 금자로 쓴 단권의 화엄경·대장경·화엄경목판·불경목판·종(『태조실록』), (『정종실록』), (『태종실록』), (『세종실록』).

이상에서 살펴 본 바와 같이 조선조 초 일본과의 교역물품은, 일본에서 조선에 온 물자로 약재·식품·물감·은·유황 등 다양한 품목에 이르고 있고, 조선에서 일본에 간 것으로는 잣·인삼·오미자·쌀·콩·베·무명·화엄경 등 제한된 품목에 국한되고 있음을 알 수 있다. 조선전기의 한·일 간 교역은 조선에서 일본으로 간 물품은 회사품(回賜品)이고 일본에서 조선으로 온 물품은 진상품(進上品)이었다.

일본과의 교역은 일본의 여러 호족과 교역하는 다원적 교역이었기 때문에, 일본이 처한 위치와 상황에 따라 교역 물품은 각기 성질을 달리하고 있다. 예를 들면 대마도 경우에는 백반·다목·후추 등으로 쌀·베와 교역하고 있고(1419년)(『세종실록』 卷3 세종 원년 2월 甲辰條), 일기도의 경우는 백반·다목·후추·정향·고량강(高良薑) 등으로 쌀·베와 교역하였으며(1418)(『세종실록』 卷1 태종 18년 9월 乙丑條), 구주(九州)는 다목·백반·유황·육계·후

---

53) 옥정자(玉頂子): 갓 꼭대기에 眞玉으로 만들어 단 장식.
54) 신: 자주 빛깔의 서피로 만든 중의 신.

세종실록』 卷2 태종 18년 12월 甲午條).

　조선조 초기에 이루어진 후추 유입은 일본으로부터의 유입과 중국으로부터의 유입, 즉 두 갈래의 유입이 있었다. 중국으로부터의 유입은 명나라 사신이 조선에 입경 할 때에 갖고 오는 것으로 세종 2년(1420)에는 중국사신인 한확이 후추 5말을 임금께 바쳤다는 기록이 실록에 있다(『세종실록』 卷8 세종2년 5월 乙酉條). 일본 후추이든 중국 후추이든 양자 모두는 자바·스마트라·말레이반도에서의 교역물품으로, 중국에서는 송대(宋代) 특히 13세기 초부터 자바의 후추 수입이 성행하였다. 중국의 경우 당시 후추의 용도는 진통·해열 등 약용으로서(金a. 338-389), 조선조 초기에도 약용으로서 후추가 사용되었을 것으로 생각된다.

　후추는 명나라 사신이 조선에 입경 하였을 때에 조선과 명과의 교역 물품이 되기도 하였다. 세종 5년(1423) 예조에서는 "사신이 들어있는 객관에서 교역할 때에 비단·금·은·다목·백반·후추·표범가죽·잘가죽·열두새모시·베를 제외하고는 전례에 따라 팔고 사게 할 것입니다"라고 제의하고 있다. 즉 매매를 못하게 하는 것은 이들 품목들이 음성적으로 거래가 되고 있던가 공식적인 매매가 있었음을 의미한다(『세종실록』 卷19 세종 5년 3월 壬寅條).

　후추는 사(私)무역품의 대상이 되기도 하였다. 세종 6년(1424)의 기록에 의하면 호조에서는 "일본인들이 사적으로 가지고 온 물건은 이미 저자 사람들더러 사라고 하였으나 저자 사람들은 밑천이 한도가 있기 때문에 전부 사들이기는 어렵습니다. 구리·납·다목·후추·큰칼과 같은 물건은 공조·군기감·의영고 등 각 관청에서 사게 하기 바랍니다."라고 제의하고 있다(『세종실록』 卷23 세종 6년 정월 辛丑條).

　뉴기니아 원산인 사탕수수는 B.C 2000년 경 인도로 전해져, 인도가 제2차 원산지가 되어 세계 각 지역에 퍼졌고, 이때 중국으로 전해졌다고 추정되고 있다. 한반도에로의 설탕 전래는 중국을 경유하여 들어왔다. 그 시기는 삼국시대 때에 이미 존재했을 가능성이 있다. 그렇게 생각되는 것은 일본의 경우 나라(奈良)시대의 정창원 보물 약재 속에 설탕〔蔗糖〕이 분명히 있고, 1091년에는 사탕(砂糖)을 선물 받았는데, 이 사탕에 대한 설명에서 당과물(唐菓物)로 기록하고 있기 때문이다. 사탕은 그 후 중국과의 무역에 의하여 꾸준히 과자로서 일본에 오게 된다(鈴木, 1282). 이 사탕이 조선조 초 일본으로부터 조선에 교역물품으로 유입 되고 있다(『세종실록』 卷14 세종3년 11월 乙丑條), (『세종실록』 卷20 세종 5년 6월 庚午條).

　한편 세종 5년(1423)정월 초하루 구주(九州)에서 사신을 보내 태종 대왕의 제사에 쓰도록 예물을 가지고 왔는데, 그 물목에는 소면(素麵) 30근·칡뿌리가루 15근·침향 2근·온주귤 1000개·초 50개가 들어 있었다(『세종실록』 卷19 세종 5년 정월 癸未條). 일본 토산물인 귤과 국수가 교역물품의 하나가 된 예이지만, 귤에 대한 것은 이밖에도 세종 6년(1424)에 대마도주가 사람을 보내어 귤나무 50그루를 바쳤다는 기록도 있다(『세종실록』 卷25 세종 6년 7월 乙亥條).

　조선조 초기 일본과의 교역물품에서 빼놓을 수 없는 것이 약재류이다. 당시 일본이 남만(南蠻)이라 칭했던 동남아시아 여러 지역과의 활발한 교역을 통해서 얻을 수 있었던, 동남아시아 원산의 여러 약재들을, 조선은 일본을 통해서 구하였던 것이다. 대마도·구주

(九州)·일기도 등은 남만과의 약재 교역 중개상 역할을 한 셈이다.

조선에서 일본으로 간 식품 중 인삼·오미자·잣은 조선 토산물로서 대표적인 식품이었다. 인삼·오미자·잣은 1420년 조선사신을 일본에 보낼 때 답례 품목이었을 뿐만 아니라(『세종실록』 卷7 세종 2년 정월 甲申條), 1423년에는 명나라의 황제에게 보내기도 하고 명사신에게 사적으로 선물하는 품목이기도 하였다(『세종실록』 卷20 세종5년 6월 壬子條).

Ⅳ. 『海東諸國記』에 나타난 일본 사신의 규모와 사신 접대

1) 일본 사신의 규모

조선 전기 일본 국토는 8도의 66주 및 일기도·대마도로 편성되었다. 이들을 열거하면 아래와 같다.

기내(畿內)의 5주: 산성주(山城州, 京都), 대화주(大和州, 奈良), 화천주(和泉州, 大阪), 하내주(河內州, 大阪), 섭진주(攝津州, 兵庫縣)

동산도(東山道)의 8주: 근강주(近江州, 滋賀顯), 미농주(美濃州, 岐阜縣), 비탄주(飛彈州, 岐阜縣), 신농주(信濃州, 長野縣), 상야주(上野州, 群馬縣), 하야주(下野州, 栃木縣), 출우주(出羽州, 栃木縣), 육오주(陸奧州, 青森縣)

동해도(東海道)의 15주: 이하주(伊賀州, 三重縣), 이세주(伊勢

州, 三重縣), 지마주(志摩州, 三重縣), 미장주(尾張州, 愛知縣), 삼하주(參河州, 愛知縣), 원강주(遠江州, 精江縣), 이두주(伊豆州, 靜江縣), 준하주(駿河州, 靜江縣), 갑비주(甲斐州, 山梨縣), 상모주(相模州, 神奈川縣), 상총주(上總州, 千葉縣), 하총주(下總州, 茨城縣), 상륙주(常陸州, 茨城縣), 무장주(武藏州, 東京), 안방주(安房州, 千葉縣)

산양도(山陽道)의 8주: 번마주(幡摩州, 兵庫縣), 미작주(美作州, 岡山縣), 비전주(備前州, 岡山縣), 비중주(備中州, 岡山縣), 비후주(備後州, 廣島縣), 안예주(安藝州, 廣島縣), 주방주(周防州, 山口縣), 장문주(長門州, 山口縣)

남해도(南海道)의 6주: 기이주(紀伊州, 和歌山縣), 담로주(淡路州, 和歌山縣), 아파주(阿波州, 德島縣), 이예주(伊豫州, 愛媛縣), 찬기주(讚岐州, 香川縣), 토좌주(土佐州, 高知縣)

북륙도(北陸道)의 7주: 약적주(若狄州, 福井縣), 월전주(越前州, 福井縣), 월중주(越中州, 富山縣), 월후주(越後州, 新瀉縣), 능등주(能登州, 石川縣), 좌도주(佐渡州, 新瀉縣), 가하주(加賀州, 石川縣)

산음도(山陰道)의 8주: 단파주(丹波州, 兵庫縣), 단후주(丹後州, 京都), 단마주(但馬州, 兵庫縣), 인번주(因幡州, 鳥取縣), 백기주(伯耆州, 鳥取縣), 출운주(出雲州, 島根縣), 석견주(石見州, 島根縣), 은기주(隱岐州, 島根縣)

서해도(西海道)의 9주: 축전주(筑前州, 福岡縣), 축후주(筑後州, 福岡縣), 풍전주(豊前州, 福岡縣), 풍후주(豊後州, 大分縣), 비전주(肥前州, 長崎縣·佐賀縣), 비후주(肥後州, 態本縣), 일향주(日

向州, 宮崎縣), 대우주(大隅州, 鹿兒島縣), 살마주(薩摩州, 鹿兒島縣)

　대마도(對馬島): 8군(郡) 82포(浦)
　일기도(壹岐島): 7향(鄕) 13리(里) 14포(浦)

　이상의 일본의 여러 주중에는 조선조 전기 사신을 보내어 내조한 주는 산성주·섭진주·신농주·번마주·비전주·비후주·안예주·주방주·장문주·아파주·약적주·단후주·단마주·출운주주·은기주·축전주·풍전주·풍후주·살마주·대마도·일기도 등이다(『해동제국기』).
　이들 사신들은 크게 4부류로 분류하였다. 하나는 막부(幕府, 國王)[55]의 사신이고 다른 하나는 여러 큰 제후의 사신[臣酋][56]이며, 또 다른 하나는 구주절도사(九州節度使)[57] 및 대마도주(對馬島主)의 특송사(特送使)[58]이고, 맨 마지막으로는 각 주 제후의 사신과

---

55) 막부(幕府)의 장군을 지칭한 것. 미나모토노요리토모〔源賴朝〕의 카마쿠라막부 창설 이후에는 모든 국정(國政)은 막부의 장군이 처결하였으므로, 사실상 국왕의 위치에 놓여 있었다. 무로마찌(室町)막부의 장군 아시카가〔足利義滿〕가 명(明) 나라와 통호(通好)할 때, 명의 국서에서 "爾日本國王源道義"라 지칭하였음에 대하여 아시카가 자신도 이를 시인하고, 답서에 "일본국왕 신 원(日本國王臣源)"이라 하였다. 우리 나라에서도 「일본국왕」이라 했으니, 곧 명나라의 것을 따른 것이다. 국왕 전(殿)은 천황궁의 서북방에 있음.
56) 큰 제후의 사신[臣酋]은 산성주의 전산(畠山)·세천(細川)·좌무위(左衛)·산명(山名)·경극(京極), 주방주의대내(大內), 축전주의 소이(少二)에서 보낸 사자를 말함.
57) 구주의 절도사란 서해도의 큐슈〔九州〕지방을 말함.

58) 『고사기(古事記)』에는 진도(津島), 『일본서기(日本書記)』에는 대마국(對馬國)으로 기록됨. 대마는 진도의 대음역(對音譯)으로서 『위지(魏志)』 「동이전(東夷傳)」의 왜인전(倭人傳)조에 "대마국"이란 것이 처음 나오고 『수서(隋書)』「왜국전(倭國傳)」에는 도사마국(都斯痲國)으로 나타나 있는데, 내류의 국방상 중요한 위치에 있다. 대화개신(大和改新) 이후에 특수한 규정을 설치하여 태재부(太宰府) 관하에 두었다. 무가(武家) 지배에 대하여는 문치(文治) 원년(고려 명종15, 1185)에 수호인 하내오랑의장(河內五郞義長)의 이름이 나타나고 있으며, 관희(寬喜) 2년(고려 고종 17년, 1230)에는 축전(筑前) 등과 함께 태재소이(太宰少貳) 무등자능(無藤資能)의 수호직이 되어 14세기경까지 계속되었다. 무등씨에게 예속되었던 종씨(宗氏)가 14세기 말에 수호가 되었는데, 종 경무(宗經茂)가 무등씨를 배경으로 기반을 닦아 대마도 만호(對馬島萬戶)라 칭하고 고려와 통교(通交)하였다. 그 뒤 종씨가 지배권을 장악하는 동시, 조선의 해적 금제(海賊禁制) 정책에 호응하여 무역상의 특권을 획득, 15세기 중기에 통일을 완성하고, 종 정국(宗貞國)이 근거지를 좌하(佐賀)에서 국부중촌(國府中村) 즉 지금의 엄원(嚴原)으로 옮겼다. 이때 일본 대류의 쟁패(爭覇)의 영향을 받았으나 바다에 떨어져 있으므로 조선 무역의 이권을 독점할 수 있었다. 경제적 사정이 자체에서 세력을 성장시킬 수 없으므로 16-17세기의 변혁기에 번정시대(藩政時代)로 들어갔으며, 덕천 막부의 지배 하에서는 조선 외교를 담당하여 부산 무역의 특권을 지속하면서 명치 유신(明治維新)에 이른 것이다.

14세기 말 이후 종씨(宗氏)가 대대로 도주(島主)가 되었는데 종중상 ⇨ 종조국 ⇨ 종성명 ⇨ 종성국 ⇨ 종경무(宗經茂) ⇨ 종뇌무 ⇨ 종정무 ⇨ 종정성(宗貞盛) ⇨ 종성직 ⇨ 종정국 ⇨ 종재성 ⇨ 종의성 ⇨ 종성장 ⇨ 종장성 ⇨ 종정강 ⇨ 종의조 ⇨ 종무상 ⇨ 종의순 ⇨ 종의지 ⇨ 종의성 ⇨ 종의진 ⇨ 종의륜 ⇨ 종의방 ⇨ 종의성 ⇨ 종방희 ⇨ 종의여 ⇨ 종의번 ⇨ 종의창 ⇨ 종의공 ⇨ 종의질 ⇨ 종의장 ⇨ 종의화 ⇨ 종의달 ⇨ 종중망 ⇨ 종무지(36代)로 이어진다. 조선과의 교역에서 매년 보내는 선척의 숫자가 일정하지 않았으나 종정성(宗貞盛) 때에 (세종 25년, 1443) 비로소 50척으로 약정하였다(계해약조). 또한 일본 각 주에서 조선에 보내는 배도 반드시 대마도주(對馬島主) 종(宗)씨의 문인(文引)을 지참하여 증빙토록 약정했고, 또 대마도 사람으로서 관직을 받은 사람이다.

해 마다 조선에 들어오는 사신 숫자는 대마도가 배 50척이고, 배 50척 이외의 특별 배인 특송사(特送使)는 일정한 정해진 숫자가 없었다. 각 주의 제후는 배 1~2척, 관직을 받은 사람은 1차 내조(來朝), 막부의 사신은 배 3척, 큰 제후의 사신은 배 2척으로 한정하였다(계해약조). 배는 3등급이 있었는데 소선은 25尺이하, 중선은 26~27尺, 대선은 28~30尺으로서, 소선이 20명, 중선이 30명. 대선이 40명으로서 계산되었다. 배를 중선으로 평균하여 1년 동안 조선에 사신으로서 내조한 인원수를 계산하면 특송사를 제외하고라도 공식적으로 1500명에서 2500명에 이르는 일본인이 조선에 들어온 셈이 된다.

이들이 일단 삼포(웅천 제포·동래 부산포·울산 염포)에 정박하게 되면 각 사신의 지위에 따라 접대 의례를 행하였다. 『해동제국기』에 나타난 접대 의례는 선왕(先王)의 구례(舊例)에 의거하여 마련한 것이므로 조선 개국 이후부터 적어도 『해동제국기』가 찬진된 성종조까지의 접대 의례라고 보아야 하지만, 거의 조선 후기까지 조선조 전반에 걸쳐 일본사신 접대의 모범적 규례로서 적용하였다. 일본 사신에 대한 접대는 『해동제국기』 서(序) 부분에 "그들을 만약 도리대로 잘 어루만져 주면 예절을 차려 조빙(朝聘)하고, 그렇지 못하면, 문득 함부로 표략(剽掠)을 하였던 것입니다. 고려 말기에 국정이 문란하여 그들을 잘 어루만져 주지 못하자, 드디어 그들의 침략을 받아 연해(沿海) 수 천리의 땅이 황폐하게 되었습니다."

한 소선월(小船越)을 조선에 왕래하는 기항지로 약정했다.

로 기록된 바와 같이 왜적 침략을 방지하기 위한 방편의 하나로 동원된 접대 의례였다고 볼 수 있다.

사신 일행의 삼포 분박(分泊) 후에 경성으로 올라오는 사신의 숫자도 제한하였다. 국왕 사신은 25인, 여러 큰 제후의 사신은 15인, 대마도주의 특송사신은 3인, 구주절도사의 사신은 3~5인[59], 각 주 제후의 사신은 1~3인[60], 관직을 받은 사람은 2~3인, 대마도에서 보내는 배 50척에서 배 1척 마다 1~2인[61]으로 한정하였다(『해동제국기』).

2) 일본 사신 접대에서의 일상식과 연회식

(1) 일상식

① 삼포(三浦)에서의 일상식 공궤(供饋)인 숙공(熟供)[62]

삼포(三浦)에서의 일상식 공궤(供饋)는 두 부류로 〈표 1〉과 같

〈표 1〉 삼포에서의 일상식 공궤

	숙공(熟供)	료(料)
막부〔國王〕의 사신	정사·부사·수행원정관(正官), 선주 및 압물시봉①	선부(船夫)(하루 두끼의 료)
여러 큰 제후의 사신	정사·부사·수행원 정관	선부(하루 두끼의 료)
절도사 및 특송사	정관이상	선부(하루 두끼의 료)
각주 제후의 사신 및 관직을 받은 사람		전부 료를 줌(하루 두끼의 료)

① 압물시봉(押物侍奉) : 물건을 호송하는 임무를 맡은 사람.

---

59) 짐이 5바리〔駄〕가 넘으면 1인을 증가하는데, 5인을 초과하지는 못함.
60) 짐이 5바리가 되면 1인을 증가하되 3인을 넘지 못함.
61) 짐이 5바리가 되면 1인을 증가하되 2인을 넘지 못함.
62) 숙공(熟供): 조리해 익힌 음식으로서 공궤(供饋)한다는 뜻. 여기에서는 일상식 공궤를 뜻함.

〈표 2〉『해동제국기』에 기록된 삼포(三浦) 숙공(熟供)

대상 \ 飯	早飯	朝夕飯	晝點心
막부〔國王〕의 사신 (정사・부사・정관)①	車食七果床 三度湯	七楪床의 밥과 국 二樣湯, 二樣炙	五楪床의 밥과 국 一樣湯
막부〔國王〕의 사신 수행원	車食五果床 三度湯	五楪床의 밥과 국 二樣湯, 一樣炙	三楪床의 밥과 국 一樣湯
여러 큰 제후의 사신・절도사・특송사	乾魚가 主楪인 五果床, 三度湯	七楪床의 밥과 국 二樣湯, 二樣炙	五楪床의 밥과 국 一樣湯

① 정관에게는 朝夕飯에서, 사신 수행원과 같은 5첩상의 밥과 국을 차렸음.

이 분류하였다. 하나는 조리해서 익힌 음식을 공궤하는 부류이고 다른 하나는 료(料)를 주는 부류이다.

계급별로 분류한 숙공은 〈표 2〉에 나타난 바와 같이 조반(早飯)・조석반(朝夕飯)・주점심(晝點心)에 거식칠과상(車食七果床)・거식오과상(車食五果床)・오과상(五果床)・칠첩상(七楪床)・오첩상(五楪床)・삼첩상(三楪床)으로 분류하고 있다.

〈표 2〉의 조반(早飯)에 나타나 있는 거식칠과상〔車食七果床〕・거식오과상(車食五果床)이란 표현은 7가지 果 또는 5가지 果를 차리는 4사람이 운반하는 식상〔車食床〕이란 뜻으로 해석된다. 지금의 교자상 크기 정도일 것이다. 삼도탕(三度湯)이란 탕을 세 번 올린다는 것으로, 거식칠과상・거식오과상과 함께 삼미(三味)의 탕을 차린 것으로 볼 수 있다. 〈그림 1〉에서 〈그림 3〉은 〈표 2〉에 나타나 있는 『해동제국기』의 삼포숙공을 기초로 하여 1609년과 1643년의 『영접도감의궤』 및 조선조 반상차림과 「조선왕조궁중의궤」를

참고하면서 필자가 도식화한 것이다(『영접도감의궤』 1609), (金b, 64), (金c, 412-413).

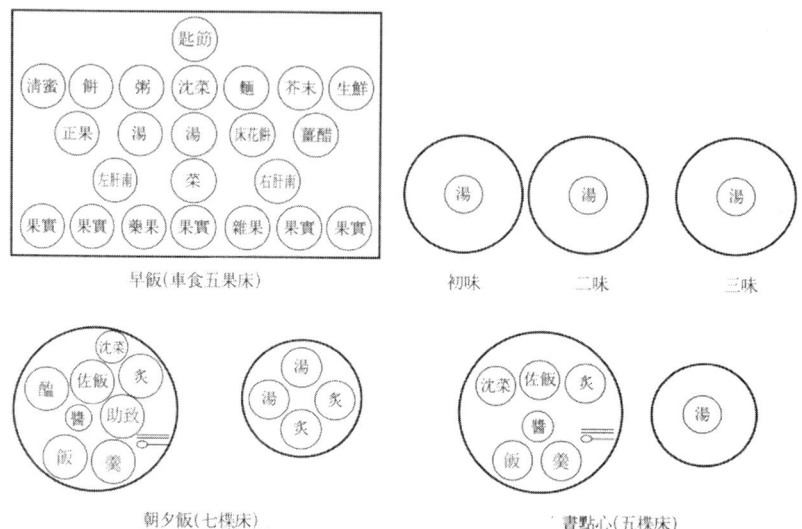

〈그림 1〉 일본 막부[國王]의 사신인 정사·부사·정관을 위한 삼포에서의 숙공 및 京中日供(申叔舟,『海東諸國記』), (金b, 64), (金c, 412-413)

〈그림 4〉는 1609년과 1643년 명나라 사신에게 제공된 早飯床도인데, 이 그림은 약간의 시대적인 차이가 있음에도 불구하고 일정한 규칙이 있음을 발견할 수 있다. 제1행은 과물류, 제2행은 간남류, 제3행은 탕·정과·만두, 제4행은 죽·국수·떡·편육, 제5행은 시저(匙筯)로 구성되어 있다. 〈그림 4〉의 상차림을 일본 사신에게 접대한 『해동제국기』의 早飯床과 관련시켜 보면, 〈그림 4〉의 1609년에 해당되는 것이 거식삼과상〔車食三果床〕이고, 1643년에

해당되는 것이 거식칠과상〔車食七果床〕이 된다. 제1행의 과물류가 5종류일 경우에는 거식오과상〔車食五果床〕이 될 것이다.

따라서 명나라 사신에게 제공된 〈그림 4〉와 같은 早飯床에서 〈그림 1〉과 〈그림 2〉에 제시된 것과 같은 일본 사신에게 제공된 早飯床圖를 유추해 낼 수 있다. 『해동제국기』에는 早飯床의 구성이 "거식칠과상·三度湯", "거식오과상·三度湯"으로 되어있음을 명시하고 있기 때문에, 〈그림 1〉과 〈그림 2〉에는 조반상인 거식칠과상·거식오과상 외에 초미·이미·삼미로서 탕이 더 추가되고 있다.

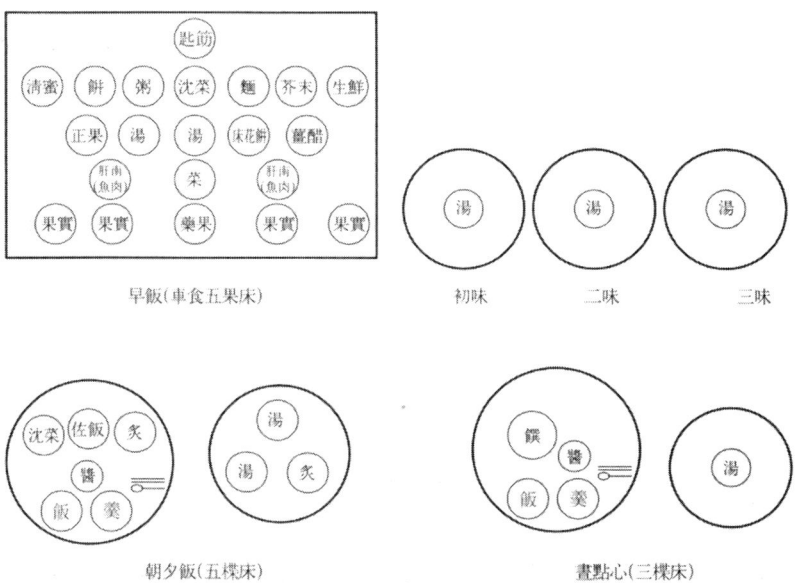

〈그림 2〉 일본 막부[國王]의 사신인 수행원을 위한 삼포에서의 숙공 및 京中日供 (申叔舟, 『海東諸國記』), (金b, 64), (金c, 412-413)

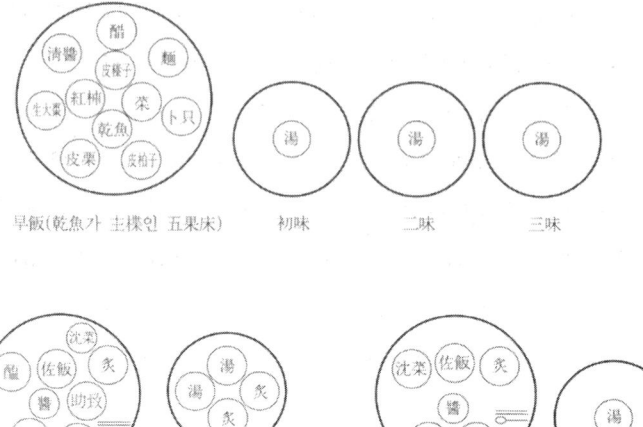

〈그림 3〉 여러 큰 제후의 사신·절도사·특송사를 위한 삼포에서의 숙공 및 京中 日供(申叔舟,『海東諸國記』), (金b, 64), (金c, 412-413)

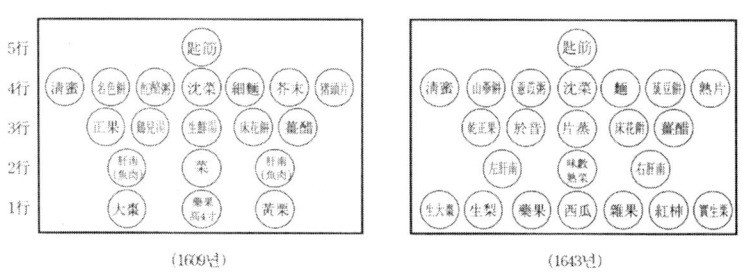

〈그림 4〉 명나라 사신에게 제공된 早飯床 그림, 1609, 1603년(金)b, 64

　　조선 전기에는 일본 사신 접대를 위한 일상식에서 조반(早飯) 만은 숙공(熟供)하여 주고, 나머지 조반(朝飯)·석반(夕飯)·주점심

(晝點心)은 사신 일행이 원할 경우에 식품의 재료를 공급하였으나, 조선 중기에는 1특송사와 대차왜(大差倭)의 경우, 숙공은 5일 동안 하였고, 이 5일의 숙공 기간 중 2일 동안은 조반(早飯)인 경우 숙공조반식(熟供早飯式)이 있어서 쌍방이 주찬(酒饌)을 내어 대접하는 의례를 하였다. 『통문관지』에 기록되어 있는 숙공조반식 항목에는

> "하선다례(下船茶禮) 다음 날 훈도(訓導)[63]와 별차(別差)[64]가 편복(便服)을 입고 왜관 대청에 나아가 동쪽벽에서 서쪽을 향해 서면, 정관(正官) 이하 봉진압물(封進押物) 등은 모두 서쪽 벽에서 동쪽을 향해 서서 서로 마주 보고 읍한 후에 각각 자리로 나가 앉는다. 왜통사(倭通詞)로 하여금 말을 전하고 이어서 찬을 내 놓는데 또 삼색죽이 있다. 5번의 술을 순배한 후에 다시 한잔을 권함이 다례의(茶禮儀)와 같다. 왜사 역시 주찬을 내어 대접한다. 시봉과 반종 등에게도 별도의 장소에서 찬을 준다."

는 것이다(『통문관지』 卷5, 「交隣」).

조선 중기의 이러한 숙공조반식(熟供早飯食)은 의례히 조선 전기에도 있었을 것이다. 그렇게 생각하는 이유는 〈그림 1〉에서 〈그림 3〉까지의 일상식 중 가장 규모를 크게 차린 것이 早飯床이고 또 탕을 세 번 올리는 "三度湯"이 있었기 때문이다. 三度湯의 初味・二味・三味는 술안주인데, 조선 중기에는 이 "삼도탕"에다 "삼색죽"까지 첨부한 것으로 보인다.

---

63) 훈도(訓導) : 조선시대 지방의 郡・縣 학교에서 교육을 담당하던 종9품의 벼슬 또는 벼슬아치. 倭學訓導는 부산포・제포에 각각 1명을 두었고, 왜관의 왜인을 접대하고 譯學 학생을 가르쳤다.
64) 별차(別差) : 定例외에 벼슬아치를 따로 임명하는 일 또는 그 벼슬아치.

早飯床과 三度湯이 술과 더불어 어떻게 "숙공조반식"이 진행되었는가를 살펴보면 조반상·술제1잔 ⇨ 술제2잔·초미 ⇨ 술제3잔·2미 ⇨ 술제4잔·3미 ⇨ 술제5잔의 술 다섯 순배로서, 사신에 대한 이와 같은 진행의 술 순배 의례는 태종 2년의 『실록』에 나타나 있다(『태종실록』 태종 2년 6월 丁巳條).

〈그림 3〉에서 早飯인 건어(乾魚)가 주첩(主楪)인 오과상(五果床)은 거식〔車食〕이란 표현이 없는 단순한 5가지 果를 차린 상이기 때문에 원반에 차려진 早飯床이다. 조선왕조는 엄격한 신분사회였기 때문에 명나라 사신 접대 때에도 가장 높은 신분인 천사(天使)에게는 사각상을 두목(頭目)에게는 원반을 조반(早飯)에 올렸기 때문에 〈그림 3〉의 早飯인 오과상은 원반으로 도식하였다.

〈표 2〉의 朝夕飯과 晝點心인 3첩상·5첩상·7첩상을 그림으로 도식화한 것이 〈그림 1-3〉의 조석반과 주점심이다. 조선조의 반상차림은 「조선왕조의궤」상에 그 기록이 보이고 있는데, 1609년과 1795년의 의궤 상에는 종지(장류를 담는 그릇. 초장·간장·고추장·겨자 따위)를 제외한 총 음식 담은 그릇의 숫자로 'O첩상'으로 표현하고 있기 때문에 〈표 2〉의 3첩상·5첩상·7첩상은 〈그림 1-3〉에 도식화 된 바와 같은 상차림으로 도식화 될 수 있다.

5첩상과 7첩상은 1795년 당시 최고의 귀족 계층의 일상식이기도 하였던 것으로 『해동제국기』에 나타난 사신 접대를 위한 5첩상·7첩상은 사신을 조선조의 가장 높은 귀족 수준으로 접대하였다고 볼 수 있다(金b), (金c, 403-432). 〈표 2〉의 조석반·주점심에 나타나 있는 2양탕(二樣湯), 2양적(二樣炙)은 두 종류의 탕과 두 종류의 적으로 해석된다. 즉 사신 접대에 따른 특별 배려로, 3첩상·5첩상·7첩상에 탕과 적을 더 추가한 가찬(加饌)에 해당된다.

일상식에서의 상차림은 조선조 전기 왕조의 궁중에서도 5첩을 넘지 않게 하였다. 세종 4년(1422) 예조에서는

> "태상왕을 위하여 수륙재를 올릴 때에는 임금의 집안 사람이나 본 예조의 관리나 할 것 없이 모두 종전에 규정해 놓은 인원수대로 대언은 1명, 각 궁전의 속고적은 모두 8명, 별감과 어린 내시는 모두 10명, 향불을 피우는 관리, 임금의 집안 사람, 본 예조의 당상관·당하관·축문 읽는 관리는 각 1명으로 할 것입니다. 대언과 속고적 이외에는 밥상을 내지 못하게 하고, 밥상은 5첩을 넘지 못하게 하며, 명정 앞이나 부처님과 중을 대접하는 이외에는 만두·국수·떡과 같은 사치한 음식을 일체 금지하게 할 것입니다."

라고 제의하고 있다. 즉 7첩상·만두·국수·떡은 '사치'의 범주에 속해 있었던 것이다(『세종실록』卷16 세종 4년 5월 癸酉條).

② 경중일공(京中日供)

사신이 경성에 머무르는 동안에 공궤되는 일상식은 삼포(三浦) 숙공(熟供)과 같다〈그림 1-3〉. 다만 사신 일행이 숙공 형태가 아니라 재료로서 받기를 원할 경우 조반(早飯)만은 숙공하여 주고 朝夕飯 및 畫點心은 5일에 한 번씩 합하여 주었다. 1인마다 5일에 한 번씩 합하여 준 세 끼니의 재료와 분량은 다음과 같다.

정사・부사・정관・여러 큰 제후의 사신・대마도 특송사와 절도사[65]

중미(中米) 2말〔斗〕　　　　　밀가루〔眞麥末〕 7되(升)
황두(黃豆)[66] 6말〔斗〕　　　건전복〔全鮑〕 150개(介)
조기〔石首魚〕 5마리〔尾〕　　청어(靑魚) 20마리〔尾〕
새우젓〔白鰕〕 3되〔升〕　　　준치〔眞魚〕 2마리〔首〕
생선(生鮮) 5마리〔首〕[67]　　소금〔鹽〕 5홉〔合〕
참기름〔眞油〕 2홉〔合〕　　　장(醬) 3되(升)
초(醋) 1되 5홉〔1升5合〕　　미역〔藿〕 10냥(兩)
겨자〔芥子〕 2홉〔合〕　　　　차〔茶〕 1홉〔合〕
청주(淸酒) 3병(甁)
숯〔炭〕 2말 5되: 2월부터 9월까지
　　　 5말 5되: 10월부터 정월까지
땔나무〔燒木〕 35근(斤)

수행원・각 주 제후의 사신[68]

중미 2말　　　　　　　　　메밀〔木麥米〕5홉
황두 4말

이하는 정사・부가・정관・여러 큰 제후의 사신・대마도 특송사와 절도사에게 도급한 예와 같다(『해동제국기』).

---

65) 대마도 특송사와 절도사에게는 밀가루・준치・생선・건전복・차・참버섯은 없음.

66) 정관(船主 및 押物侍奉)은 콩〔太〕 5말로 함.

67) 사신일행 중에 중이 있을 경우 중〔僧〕에게는 생선류와 젓갈류를 빼고 대신 참버섯〔眞茸〕, 표고버섯〔蔈古〕, 죽순〔竹筍〕, 오해소〔吾海召〕 각 5홉〔合〕씩 준다.

68) 수행원 중에 중이 있을 경우 정사의 예와 같이 함. 각주 제후의 사신 이하는 조반(早飯)은 숙공하여주고, 하루 두끼의 식품 재료를 1인 마다 5일에 한 번씩 합하여 받는데 중미 1말 5되, 황두 3말(수행원은 2말) 청주는 2병으로 함.

한사람 앞에 5일에 한 번씩 도급한 상기의 재료를 통하여 조선전기의 손님접대용 주식·부식·조미료·음료의 재료가 확실히 구분되고 있는데 주식으로는 쌀·메밀·밀가루·황두, 부식으로는 미역·건전복·조기·청어·새우젓·준치·생선, 조미료로는 소금·참기름·장·초·겨자, 음료로는 차와 청주가 사용되고 있었다.

(2) 연회식

① 삼포(三浦)에서의 연회

사신이 삼포에 체류하는 동안 사신의 직급별로 〈표 3〉과 같이 연회를 베풀었다.

〈표 3〉『해동제국기』에 기록된 삼포에서의 연회

	체류 중	돌아갈 때
막부〔國王〕의 사신	3회 : 1회는 선위사(宣慰使) 2회는 차사원(差使員)	1회(차사원)
여러 큰 제후의 사신	2회(차사원)	1회(차사원)
절도사 및 특송사	1회(차사원)	1회(차사원)
각 주 제후의 사신 (일기도는 제외)	1회(차사원)	

삼포에서의 선위사69)와 차사원70)이 각각 차린 연회는 〈표 4〉와 같이, 장거식〔長車食〕·마제거식〔馬蹄車食〕·三度湯·점점과·大肉을 각각 차리고 있고, 이들을 도식화한 것이 〈그림 5〉와 〈그림 6〉이다. 〈표 4〉에 나타나 있는 대상 외에 배에 머물러 있는 선부(船夫)에게는 매인 마다 다음과 같이 제공하였다.

---

69) 선위사(宣慰使) : 임금의 명을 받아 외국사신을 영접·위로하던 임시벼슬.
70) 차사원(差使員) : 중요한 임무를 맡겨 임시로 파견하는 관원.

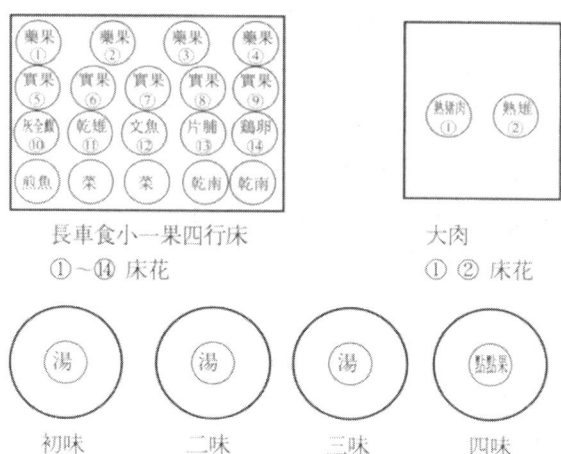

〈그림 5〉 삼포(三浦)에서 행한 선위사(宣慰使)의 정사·부사·정관을 위한 연회진설도

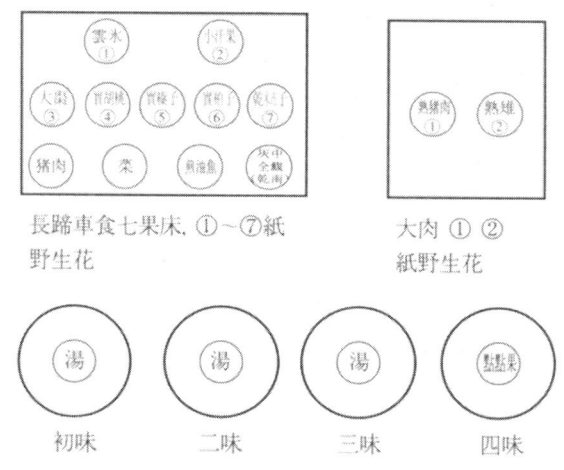

〈그림 6〉 삼포(三浦)에서 행한 선위사(宣慰使)의 차사원(差使員)의 수행원 여러 제후의 사신·절도사·특송사를 위한 연회진설도(申叔舟, 『海東諸國記』), (金b, 64), (金c, 412-413)

밀가루 1되〔升〕
기름 1홉〔合〕
건어(乾魚) 1마리〔首〕
생어육(生魚肉) 적당량
백주(白酒) 1복자〔鐥〕

〈표 4〉 『해동제국기』에 기록된 삼포(三浦)에서의 연회 상차림

	선위사(宣慰使)	차사원(差使員)
막부〔國王〕의 사신인 정사, 부사, 정관①	장거식〔長車食〕으로 小一果四行床, 안주.	마제거식으로 四行床, 안주.
막부〔國王〕의 사신 수행원, 여러 큰 제후의 사신, 절도사, 특송사	馬蹄車食七果床에 紙野生花가 있다. 三度湯, 點點果, 大肉(꿩과 돼지)	馬蹄車食七果床에 紙野生花가 있다. 三度湯, 點點果, 大肉(꿩과 돼지)

① 正官에게는 선위사가 차린 연회에서 小一果의 내용물 중 1가지 과일이 적으며, 차사원이 차린 연회에서는 正官 對客(내시부의 관원)에게 四行床 대신 三行床을 차렸음.

② 노연(路宴)

사신이 삼포에서부터 경성에로의 왕복행 때에 차리는 연회를 노연이라 한다. 이 노연에는 사신의 직급별로 〈표 5〉 같이 차려졌다.

〈표 5〉『해동제국기』에 기록된 노연 차림

		막부〔國王〕의 사신	여러 큰 제후의 사신	절도사·특송사	각 주 제후의 사신①	대마도
경상도 ②	관찰사가 차림	1곳	1곳			
	수령이 차림	1곳	1곳	1곳	1곳	1곳
	수령이 차림	1곳				
충청도	관찰사가 차림	1곳	1곳	1곳	1곳	
경기도	관찰사가 차림	1곳	1곳			

① 일기도는 제외함
② 관찰사의 연회 물품은 삼포 선위사의 연회와 같고 수령의 연회 물품은 삼포 차사원의 연회 물품과 같다.

③ 경중영전연(京中迎餞宴)

막부〔國王〕의 사신은 한강에서 영접하고 연회하며, 여러 제후의 사신은 사관(使館)에 처음 도착했을 때 연회하는데, 이들의 음식상은 다음과 같다.

정사·부사 : 거식칠과상〔車食七果床〕·대육〔乾猪〕[71]·술
정관 이하 : 거식오과상〔車食五果床〕·대육〔乾猪〕·술

돌아갈 때에는 모두 한강에서 전송하였다. 경중영전연 때의 연회상을 도식화한 것이 〈그림 7〉과 〈그림 8〉이다.

---

71) 정사·부사·정관 이하 합하여 대육으로 건저(乾猪) 3마리를 썼음.

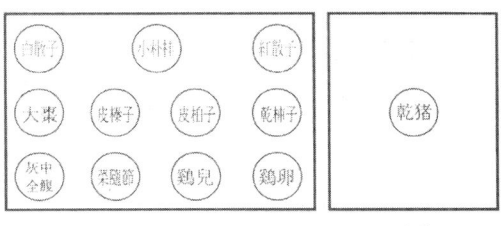

〈그림 7〉 정사·부사를 위한 경중영전연(京中迎餞宴). (申叔舟, 『海東諸國記』), (金b, 107)

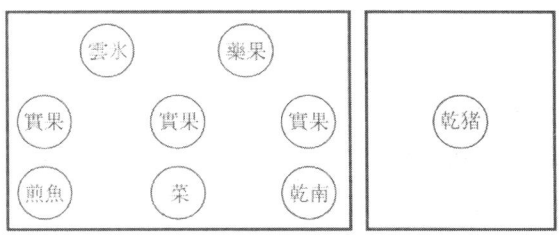

〈그림 8〉 정관 이하를 위한 경중영전연(京中迎餞宴). (申叔舟, 『海東諸國記』), (金b, 108)

〈표 6〉 『해동제국』에 기록된 궐내연에서의 상차림

막부〔國王〕의 사신, 여러 큰 제후의 사신, 특송사·절도사의 정사와 부사	다식·안주(安酒)·소일과 사행상·4가지탕·점점과·대육·사허을거피(絲虛乙巨皮)①·사표화영락(絲表花纓絡)②·주향구(炷香具)③·술
정관과 대객(正官對客)④	마제거식사행상(馬蹄車食四行床)·4가지탕·점점과·대육·술
수행원과 대객	마제거식구과상·4가지탕·점점과·대육·술
각주 제후의 사신 이하	마제거식사행상·4가지탕·점점과·건대육·술
각주 제후의 사신 이하의 수행원대객	마제거식구과상·4가지탕·점점과·건대육(乾大肉)·술

① 사허을거피(絲虛乙巨皮) : 의류를 이른 것임.
② 사표화영락(絲表花纓絡) : 갓 끈
③ 주향구(炷香具) : 심지와 향〔焚香具〕
④ 대객(對客) : 내시부의 관원

<표 7> 『해동제국기』에 기록된 예조연에서의 상차림

막부〔國王〕의 사신, 여러 큰 제후의 사신, 특송사·절도사의 정사와 부사	산자·소일과사행상·저포화(紵布花)·4가지 탕·점점과·대육·술
정관	장거식사행상(長車食四行床)·4가지탕·점점과·대육·술·지화(紙花)
수행원	마제거식구과상·술·4가지탕·점점과·대육·지화(紙花)
각주 제후의 사신 이하	장거식사행상·4가지탕·점점과·대육·지화
각주 제후의 사신이하의 수행원	마제거식구과상·4가지탕·점점과·대육·지화

④ 주간의 술 대접〔晝奉杯〕

주간의 술 대접은 3일에 한 번씩 차렸다. 그 내용은 〈그림 9〉 〈그림 10〉과 같다.

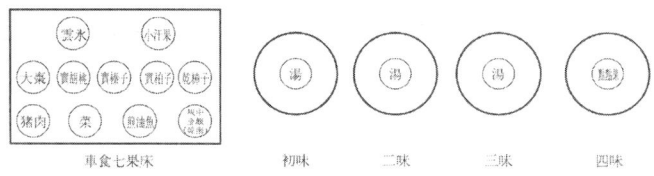

〈그림 9〉 정사·부사·정관·각 제후의 사신을 위한 주간의 술대접〔晝奉杯〕. (申叔舟, 『海東諸國記』), (金b, 107-108)

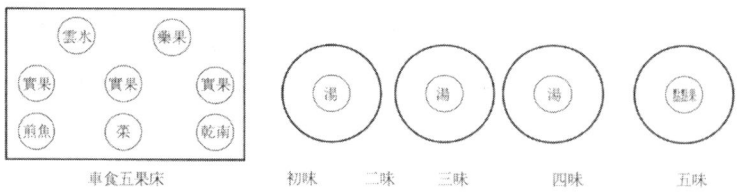

〈그림 10〉 사신의 수행을 위한 주간의 술대접〔晝奉杯〕. (申叔舟, 『海東諸國記』), (金b, 108)

⑤ 궐내연〔闕內宴〕

막부〔國王〕의 사신은 진상숙배(進上肅拜)[72]한 다음에 연회한다. 궐내연에서의 진설은 〈표 6〉과 같다.

궐내연을 상차림으로 도식화한 것이 〈그림 11〉과 〈그림 12〉이다.

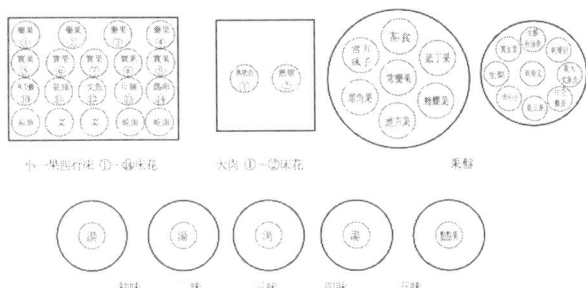

〈그림 11〉 국왕의 사신, 여러 큰 제후의 사신, 대마도 특송사, 절도사의 정사 및 부사를 위한 궐내연에서의 연호상, 진상숙배와 하직숙배 때 2차 설연 (申叔舟, 『海東諸國記』), (金b, 70, 89, 108)

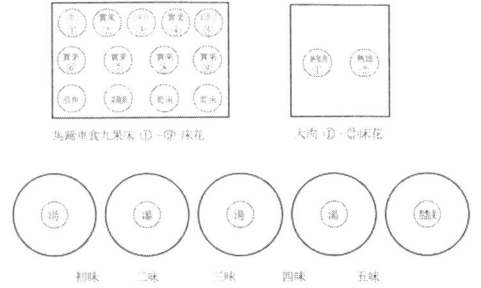

〈그림 12〉 사신 수행원을 위한 궐내연에서의 연회상. 진상숙배와 하직숙배 때 2차 설연 (申叔舟, 『海東諸國記』), (金b, 107)

---

72) 진상숙배(進上肅拜): 사은숙배임. 관에 임명된 뒤 대궐에 들어가 전정(殿庭)에서 네 번 절하는 것.

⑥ 예조연(禮曹宴)

예조연은 사신 위로연으로 그 진설은 〈표 7〉과 같다. 이를 상차림으로 도식화한 것이 〈그림 13〉과 〈그림 14〉이다.

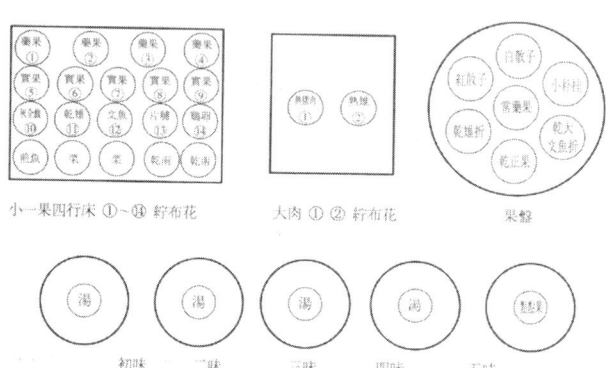

〈그림 13〉 막부[國王]의 사신, 여러 큰 제후의 사신, 대마도 특송사, 절도사의 정사 및 부사를 위한 예조연에서의 연회상, 위로연, 전송연 2차 설연 (申叔舟, 『海東諸國記』), (金b, 70, 89, 108)

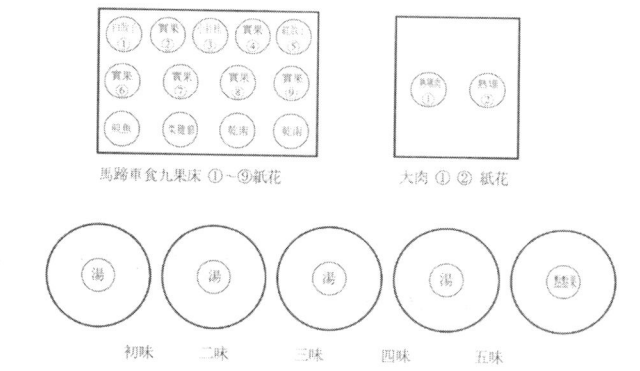

〈그림 14〉 사신 수행원을 위한 예조연에서의 연회상, 위로연, 전송연 2차 설연 (申叔舟, 『海東諸國記』), (金b, 70, 89, 108)

⑦ 명일연(名日宴)

명일연을 위한 상차림은 〈그림 15〉, 〈그림 16〉과 같다.

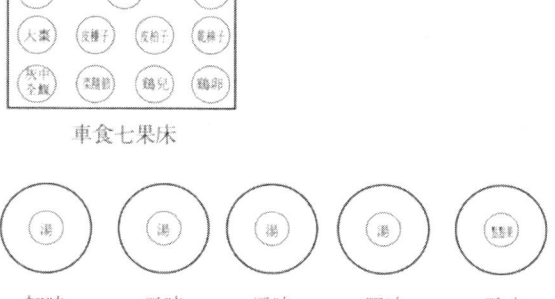

〈그림 15〉 정관이상의 일본 사신을 위한 명일연 상차림.(申叔舟, 『海東諸國記』), (金b, 107)

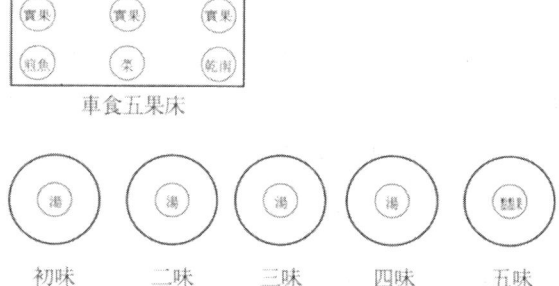

〈그림 16〉 일본사신 수행원을 위한 명일연 상차림.(申叔舟, 『海東諸國記』), (金b, 109)

(3) 하정(下程)73)

떡〔餠〕·술〔酒〕·과실·소채(蔬菜)·해채(海菜)·말린버섯〔乾茸〕·죽순〔笋〕·두부·밀가루〔眞末〕·꿀〔淸蜜〕·건어육(乾魚肉)·생어육(生魚肉)·젓갈〔醢〕·겨자〔芥子〕·오미자·차·기름〔油〕·장(醬)·초(醋)를 막부〔國王〕의 사신과 여러 큰 제후의 사신에게는 3회, 특송사와 절도사 사신에게는 2회 예조에서 급여하며, 승정원에서는 별하정(別下程)74)을 똑같이 급여한다.

3) 연회에서의 상차림 구성과 규모

조선조 전기 왕조에서 손님을 접대할 때의 연회상에는 일정한 규정이 있었다. 손님이란 중국의 明나라 사신과 조선을 둘러싸고 있는 명나라를 제외한 인접국가의 사신을 말한다.

조선에서의 명나라는 天國으로, 명나라 사신인 天使가 내조할 경우에는 영접도감(迎接都監)을 설치하여 중국사신 영접에 만전을 기하였으나, 日本 사신에 대한 영접의례를 구체화시킨 때는 태종18년(1418)(『세종실록』卷1 태종 18년 9월 乙酉條)의 일이었으나, 대마도 정벌로 주춤하다가 세종1년(1419)(『세종실록』卷5 세종 1년 10월 戊戌條) 왜인에 대한 접대를 재개하였다.

명나라 사신에 대한 조선왕조 영접은 어디까지나 명나라를 상국

---

73) 하정(下程): 외국의 사신 일행이 머무는 동안 숙식에 필요한 물품을 지급하는 일. 처음에는 5일에 한 번씩 지급하다가 나중에는 날마다 지급하기도 하였다〔例下程〕.

74) 별하정(別下程): 외국의 사신 일행이 머무는 동안 숙식에 필요한 물품을 특별히 지급하는 일.

으로 받드는 것이었지만, 일본 사신에 대한 조선왕조의 영접은 왜구 침입을 막기 위한 하나의 정책 및 교역물자에 대한 필요에 의한 것으로, 조선왕조는 매년 여러 호족들로부터 약 2000여명의 사신〔使者〕이 파견되어, 접대에 쫓기고 있었다.

조선이 중국(명나라)과의 종속관계를 기본으로 아시아 사회에서의 존립을 도모함과 동시에 그 국제 질서 가운데서 이웃나라인 일본과는 우호의 필요성을 인정하고 있었기 때문으로 해석된다. 즉 고려가 패망한 원인의 하나가 왜구 침입이었기 때문에 그 필요성을 더욱 더 인정하였다고도 볼 수 있다. 따라서 중국사신과 일본사신에 대한 영접의례 규모는 엄청난 차이가 있었다. 중국과는 종속관계에서, 일본사신의 경우에는 만주 지역의 여진족과 같은 낮은 위치에 자리하고 있었다. 약 2000여명의 사신이 파견되어 접대에 쫓긴 것은 조선조 전기의 막부〔足利幕府〕가 약체였기 때문에, 막부뿐만 아니라 왜구 발생지인 서부 일본의 여러 호족과도 교빙하는 다원적 외교를 취하였기 때문이다.

이러한 당시의 일본사신 내조 상황에 대하여 『세종실록』에는 다음과 같이 기록하고 있다.

> "허조가 말하기를 처음에는 일본에서 사신으로 오는 자들이 얼마되지 않더니만 몇 해 째부터 칼 1자루를 바치는 자도 사신이라 하면서 장사를 할 목적으로 재물을 가지고 꼬리를 물고 드나듭니다. …… 이제 왜관을 수도 밖에 만들어 놓고 성안으로 들어오지 못하게 해야 합니다 ……"(『세종실록』 卷5 세종 1년 9월 癸亥條).
>
> "임금이 말하기를 왜인에 대한 접대를 다시 시작하겠으니 예조에서는 의정부와 함께 대책을 토의하여 시행할 것이다. 성밖에다 왜인의

객관을 짓는 일이 당면한 급한 문제이다"(『세종실록』 卷5 세종 1년 10월 戊戌條).

꼬리를 물고 드나드는 일본 사신을 위한 접대를 위하여 성 밖에다 객관을 짓도록 한 실록의 한 대목이지만, 당시의 상황을 잘 나타내 준다 할 것이다.

일본으로부터 매년 약 2000여명에 이르는 사신 파견에 따른 접대로 인한 엄청난 물자의 손실로 인하여, 급기야 태종은 1418년에

"이제부터 큰 나라의 사신을 위한 연회를 제외하고 국내에서 차리는 연회에는 대탁(大卓)을 쓰지 말고 일과상(一果床)을 쓸 것이다."

라고 지시하였다(『세종실록』 卷5 태종 18년 11월 乙亥條). 대탁(大卓)이란 큰 연회 때에 차리는 간반(看盤)75)으로 중국 사신을 위한 下馬宴과 上馬宴76) 때에 올려지는 발 높은 상을 말한다.

1609년에 쓰여진 『영접도감의궤』에 의하면 대탁(大卓)은 천사(天使)의 하마연·상마연에, 중일과상(中一果床)은 천사의 전연(餞宴)·익일연(翌日宴)·회례연(回禮宴)·청연(請宴)에, 소일과상(小一果床)은 두목(頭目)77)의 연향상에 해당되었다(金b, 82-109), 〈그림 17〉.

---

75) 간반(看盤): 장식용 상
76) 하마연(下馬宴): 환영연, 상마연(上馬宴): 환송연
77) 두목(頭目): 칙사와 함께 무역을 위하여 오는 사신 수행원

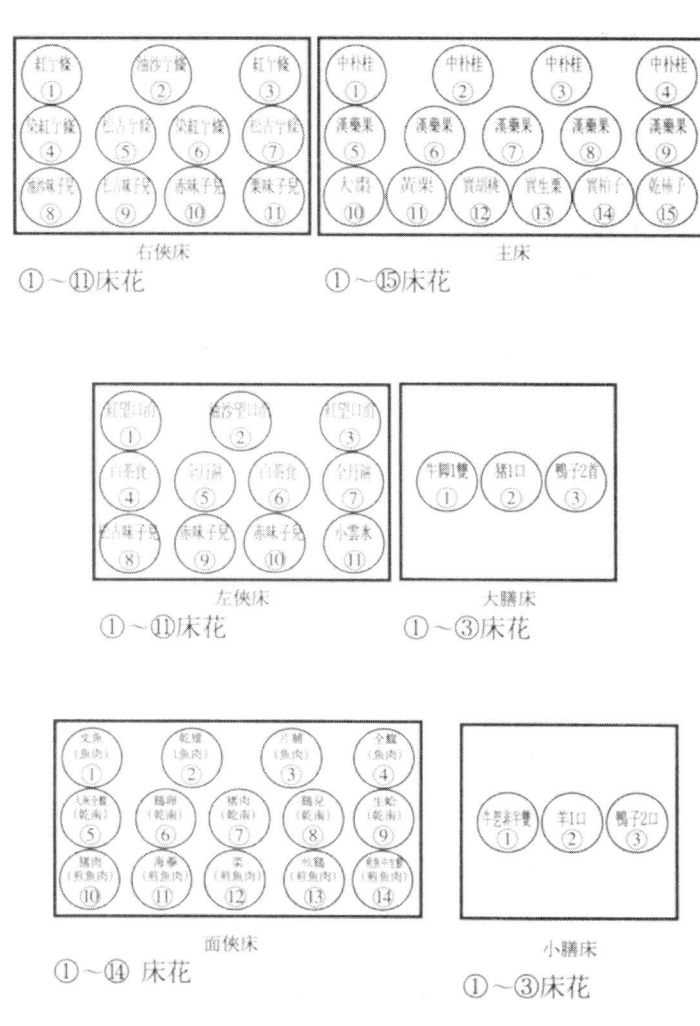

(大卓)

〈그림 17〉 계속

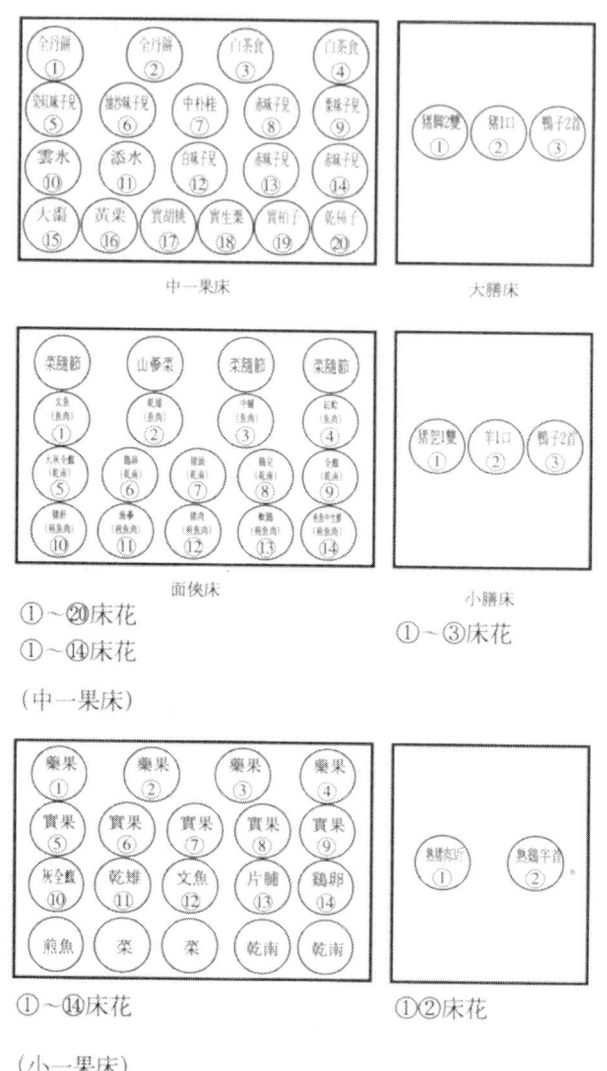

〈그림 17〉 1609년 조선왕조의 외국사신 영접 때에 차렸던 연회상의 종류에서의 간반(看盤) (金b, 82-109)

조선왕조가 외국 사신을 영접할 때에 차렸던 연회상의 종류가 대탁·중일과상·소일과상으로 분류되었던 것으로 세종5년(1423) 예조에서 명나라 사신을 접대하는데 수반되는 폐단을 없애기 위하여

"숙소에서는 전례대로 바깥 상에다 4줄로 유밀과를 놓고 안쪽 상에다 생선·고기·나물·과일을 섞어 놓을 것이며, 점심참에는 한 상을 4줄로 하되 바깥 줄에는 유밀과를 놓고 안쪽 3줄에는 생선·고기·나물·과일을 섞어 놓도록 할 것"

을 건의하고 있다. 여기에서 숙소에서 차렸던 상은 중일과상이고, 점심참에서 차렸던 상은 소일과상에 해당된다(『세종실록』卷22 세종 5년 10월 庚戌條). 〈그림 5~그림 16〉까지의 일본 사신 영접에 차려진 연회상들은, 명나라 사신 영접에서 두목들에게나 차렸던 수준의 연회상을 일본 사신에게 제공하였다.

4) 연회에서의 상차림 구성과 연회의례

그럼 여기서 『세종실록』「五禮儀」와 『국조오례의』를 참고로 하여 작성한 〈표 8〉과 〈표 9〉를 통하여 연회하는 의식을 살펴보고, 이를 〈그림 11〉과 〈그림 12〉의 궐내연과 〈그림 13〉 및 〈그림 14〉의 예조연 연회상과 연계시켜 그 구성을 검토하기로 한다. 『세종오례의』에 기록되어 있는 「인국사신에게 연회하는 의식」은 그 내용이 성종 때에 찬정된 『국조오례의』의 그것과 크게 차이가 없는 사실에서, 세종조에 완성된 「인국사신(隣國使臣)에게 연회하는 의식」은 조선왕조 내내 기반이 되고 있었다.

〈표 8〉 왕이 이웃나라 사신에게 연회하는 의식 『世宗實錄 第133卷』, 『國朝五禮儀 卷之3』

	전하가		자리로 올라갈 때	융안지악(隆安之樂)
	사신이하가	전하에게	서쪽 옆문으로 들어와서 국궁·사배·흥·평신한다.	서안지악(舒安之樂)
	통사(通事)가	사신을	인도함. 이때 사신은 서쪽 섬돌로 올라가 자리로 간다. 전각위에 올라가지 못하는 사람들도 자리로 인도 한다.	
	사옹제조(司饔提調)가	전하에게	찬안(饌案)을 올린다. ※ 찬안을 올릴 때는 어좌의 남쪽 섬돌로부터 올리고 찬안을 치울 때에는 동쪽 섬돌로 치운다.	휴안지악(休安之樂)이 시작된다.
	별좌(別坐)가 집사(執事)가	사신에게 전각위에 오르지 못한 사람에게	찬탁(饌卓)을 설치한다. 찬탁을 설치한다.	휴안지악이 그친다.
	근시(近侍)가	전하에게	꽃(花)을 올린다.	휴안지악이 시작된다.
	별시위(別侍衛)가	사신에게	꽃(花)을 올리면	휴안지악이 그친다.
	전악(典樂)이	가자(歌者)와 금슬(琴瑟)을	인도하여 동쪽 섬돌과 서쪽 섬돌로 갈라서 올라간 다음 제자리에 가서 선다.	
술(酒) 제1순배	사준제조(司尊提調)가		주정(酒亭)상의 동쪽으로가서 제1잔에 술을 따른다	음악이 시작된다. (俗樂과 雜伎)
	제조(提調)가	전하에게	꿇어 앉아 술 제1잔을 올린다. ※잔을 올리고 잔을 물릴 때 모두 남쪽 섬돌로 통하여 진행한다.	
	내시가	전하의	술 제1잔을 받아서 안(案)에 놓아둔다.	
	별좌(別坐)가	사신에게	술을 권한다. 술을 다 마시면 ※ 잔을 올리면 음악이 시작되고 술을 다 마시면 음악이 그친다.	음악이 그친다.
	사옹제조가	전하에게	탕(湯)을 올린다. ※탕을 올릴 때는 어좌의 남쪽섬돌로 올리고 탕을 물릴 때에는 동쪽섬돌로 물린다.	음악이 시작된다.
	별좌가	사신에게	탕을 권한다. 탕먹기를 마치면	음악이 그친다

술(酒) 제5순배까지 1순배와 같은 형태로 돈다. 술의 순배후에는 탕(湯)을 올린다.				
사옹제조가 별좌가	전하에게 사신에게	대선(大膳)을 올린다. 선(膳)을 차린다.		음악이 시작된다. 음악이 그친다.
제조가 별좌가	전하의 사신의	찬안(饌案)을 치운다. 찬탁(饌卓)을 치운다.		
통사가	사신이하의 사람들을	인도하여 모두 배위(拜位)로 돌아간다.		
사신이하의 사람들이		몸을 굽히고(국궁鞠躬) 네 번 절한후(사배四拜) 일어나고(흥興) 몸을 편다(평신平身)		서안지악이 시작된다. 서안지악이 그친다.
봉례랑이	사신이하의 사람들을	인도하여 나간다.		
판통례(判通禮)가	전하에게	서쪽 섬돌로부터 올라와서 예를 마쳤음을 아린다.		
전하가		내려와 여(輿)를 탄다. 사정전(思政殿)으로 돌아간다.		융안지악이 시작된다. 융안지악이 그친다.

궐내연에서 행한 왕이 이웃나라 사신에게 연회할 때의 의례를 요약하면 다음과 같다.

서안지악 ⇨ 왕 : 찬안·휴안지악, 사신 : 찬탁 ⇨ 권화(勸化) ⇨ 휴안지악 ⇨ 술 제1잔·음악·과반 ⇨ 초미(湯)·음악 ⇨ 술 제2잔·음악 ⇨ 2미·음악 ⇨ 술 제3잔·음악 ⇨ 3미·음악 ⇨ 술 제4잔·음악 ⇨ 4미·음악 ⇨ 술 제5잔·음악 ⇨ 5미·음악 ⇨ 왕; 대선(大膳)·음악, 사신; 선(膳) ⇨ 서안지악 ⇨ 융안지악

5) 연회에서의 상화(床花)와 잠화

왕과 사신에게 첫 번째 차린 찬안 또는 찬탁은 간반(看盤)으로 연회 중에는 이 상에 올려진 음식은 먹지 않는다. 장식용의 발 높은 상에 상화(床花)를 꽂아 화려하게 차려진 음식상이다. 『해동제국기』에 의하면 예조연에서 상화로 저포화(紵布花)를 사용하였다 하였기 때문에, 예조연보다 격이 높은 궐내연에서의 상화는 견(絹)으로 만든 상화로 추정된다. 〈그림 11〉에서 보면 小一果四行床이 장식용의 발 높은 상에 해당된다.

찬안 또는 찬탁을 차린 후에 행해지는 "꽃을 올린다."는 권화(勸花)이다. 『해동제국기』의 예조연에서 권화로 저포화를 역시 사용한다 하였으므로 궐내연에서의 권화는 저포화보다 한 단계 위인 견(絹)으로 만든 조화일 것이다. 지금까지의 문헌적인 탐색에 의하면 연회 때에 사용되는 조화에는 등급이 있었다. 絹花 → 紵布花 → 紙花로서, 지위의 높낮이에 따라 차등을 두어 사용하였는데, 연회 때에 사용되는 상화(床花)와 모자에 꽂는 꽃은 연회의 규모와 장소, 조선왕조의 재정형편에 따라서 달리하였다. 명(明)사신을 접대 할 때를 예로들면 같은 견(絹)으로 만든 꽃이라 하더라도, 경성·평양·황주·류후사에서는 실로 만든 꽃과 실로 만든 봉황새를 썼으며, 이 밖의 각 도, 각 고을에서는 모두 무늬 없는 얇은 비단으로 만든 꽃을 썼고(『세종실록』 卷22 세종 5년 10월 庚戌條), 연회상에 꽂는 꽃과 모자에 꽂는 꽃은 사신이외에는 사용하지 못하도록 규제하기도 하였다(『세종실록』 卷24 세종 6년 5월 癸卯條).

6) 연회 상차림에서의 미수(味數)

〈그림 11〉의 初味・二味・三味・四味・五味는 술 제5잔을 위한 술안주이다. 이때 술 제1잔을 올릴 때에 술안주로 올리는 것이 과반(果盤)으로서, 실제적으로 연회 때에 먹는 음식상은 과반과 味數〔初味서부터 五味까지〕로 구성된 안주(安酒)라고 말할 수 있다. 〈그림 11〉의 五味에는 점점과(點點果)가 등장하는데, 점점과는 밤〔生栗〕・홍시(紅柿)・배〔生梨〕 등으로, 세 가지 과일을 한 그릇에 담은 것을 점점과라 칭하였다(金b, 111, 302)(『영접도감의궤』 1643).

7) 연회상차림에서의 대선(大膳)

〈표 8〉의 선(膳)은 〈그림 11〉의 대육(大肉)에 해당된다. 이 대육은 술 제5순배 이후에 올리는 것으로 소・돼지・양・오리・꿩 등의 숙육이 보편적으로 차려졌다. 그러나 『해동제국기』에는 계급이 낮은 사신들에게 건저(乾猪)도 대육으로서 사용하고 있다. 대육은 술 순배가 끝난 후에 올리는 일종의 사찬(賜饌)에 해당 된다(金b, 302).

일본 사신에 대한 궐내연에서의 연회 구성은 간반(看盤)・권화(勸花)・술 제5잔・선〔膳〕・음악이 어우러진 형태로서, 〈표 9〉의 예조에서 이웃나라 사신에게 연회하는 의식(예조연)에 나타난 것과 『해동제국기』에 기록된 것을 종합해 보면,

| 찬탁・음악 | ⇨ | 술 제1잔・음악・과반 | ⇨ | 초미・음악 | ⇨ | 권화・음악 |
| ⇨ 술 제2잔・음악 | ⇨ | 2미・음악 | ⇨ | 술 제3잔・음악 | ⇨ | 3미・음악 |

⇨ 술 제4잔·음악 ⇨ 4미·음악 ⇨ 술 제5잔·음악 ⇨ 5미·음악
⇨ 대육 의 순으로 연회가 진행되었다.

〈그림 13〉의 小一果四行床은 궐내연에서와 마찬가지로 장식용의 발 높은 상이다. 저포화(紵布花)를 상화(床花)로 한 찬탁에 해당 된다. 그러나 이상의 연회의례는 궁중에서 행하였던 사신접대의례이고, 선위사가 차린 삼포연(〈그림 5, 6〉)과 주간의 술대접(〈그림 9, 10〉)에서는 술이 5순배가 이루어지고 있음에도 불구하고 4味가 제공되고 있다. 이것은 大肉이 술제1잔의 안주가 됨에 따라 초미에서 부터 4미가 술제2잔에서 술제5잔까지의 안주로 제공되었기 때문이다. 대육이 사찬의 용도가 아니라 술안주로 제공된 경우라고 말할 수 있다. 주간의 술대접에는 대육이 없이 4味가 제공되고 있는데, 이 경우는 거식칠과상(車食七果床)이 술제1잔의 안주로 올려진 것이라고 보아야 한다.

8) 연회상차림에서의 기용(器用)

이들 찬품을 담는 그릇의 종류는 어떠한 것이었을까? 세종1년 (1419)에 세종이 지시하기를(『세종실록』 卷3 세종1년 정월 辛亥條)

〈표 9〉 예조에서 이웃나라 사신에게 연회하는 의식 『世宗實錄 第133卷』『國朝五禮儀 卷之3』

	압연관(押宴官)이 하의 관원이		각각 좌석 앞에 나아가서 선다.	
	사신이	①압연관과 판서에게	②공수재배(控首再拜)한다 ※사신은 서문으로부터 들어와서 정청(正廳, 대청)에 오름.	
	압연관과 판서가	사신에게	공수답배(控首答拜)한다.	
	사신이	참판에게	공수재배한다.	

	참판이	사신에게	공수답배한다. 이를 마치면 모두는 좌석 앞에 나아가서 선다.	
	③종사관(從事官)이	압연관과 판서에게	뜰아래에서 ④돈수재배(頓首再拜)한다.	
	종사관이	참판에게	돈수재배한 다음 좌석에 나아간다.	
	⑤반종(伴從)이		돈수재배한 다음 남쪽에서 재배하고 물러나와 자리 앞으로 가서 선다.	
	집사자가	사신에게	찬탁을 설치한다.	음악이 시작된다.
	집사자가	압연관과 판서·참판에게	찬탁(饌卓)을 설치한다.	
	집사자가	종사관에게	찬탁(饌卓)을 설치한다.	음악이 그친다.
술(酒)제1순배	압연관이	사신에게	술제1잔을 올린다.	음악이 시작된다.
	집사자가	사신에게	과반(果盤)을 올린다.	
	사신이	압연관에게	술제1잔을 올린다.	
	집사자가	압연관에게	과반을 올린다.	음악이 그친다.
			※ 부사(副使)의 술돌리기를 위와 같이 한다. ※ 종사관이 압연관 앞에 나와서 꿇어앉아 술을 받아 마신다. ※ 판서·참판의 술돌리기를 위와 같이 한다.	음악
	집사자가	사신에게	탕을 올린다.	음악이 시작된다.
	집사자가	압연관·판서·참판에게	탕을 올린다.	
	집사자가	종사관에게	탕을 올린다.	음악이 그친다.
	집사자가	사신에게	꽃을 올린다.	음악이 시작된다.
	집사자가	압연관·판서·참판에게	꽃을 올린다.	
	집사자가	종사관에게	꽃을 올린다.	음악이 그친다.

술(酒) 제3순배까지 1순배와 같은 형태로 돈다. 술의 순배 후에는 탕을 올린다.
반종에게 자리를 앉게 한 다음 탁자를 설치한다. 꽃을 권한다.
술(酒) 제5순배까지 3순배와 같은 형태로 돈다. 술의 순배 후에는 탕을 올린다.
다만, 반종에게도 술을 돌리고 탕을 차린다.
탁자를 치운다. 사신 이하의 사람이 일어나면 압연관 이하의 관원이 모두 일어나서 보낸다.

① 압연관(押宴官): 연회를 관리하고 주재하는 관원.
② 공수(控首): 9배(九拜)의 하나인 공수(空首). 상체를 앞으로 굽혀 머리를 팔장을 낀 높이 만큼 숙이며 하는 절. 또는 두손을 잡고 땅에 댄 다음 머리를 손에 닿도록 무릎을 꿇고 하는 절.
③ 종사관(從事官): 선주(船主)·압물관(押物官). 압물관이란 사신을 수행하며 공물(貢物)과 교역하는 물품 등을 관리하는 관원. 정관(正官)에 해당.
④ 돈수재배(頓首再拜): 머리를 조아리면 두 번 절을 함.
⑤ 반종(伴從): 사신을 따라온 사람. 수행원.

"금과 은이 우리나라에서 생산되지 않는 물건이어서 황제에게 바치는 공물도 계속해 대기가 곤란한 판에 술그릇과 음식그릇으로 윗사람 아랫사람 할 것 없이 사용하는 것은 안 되는 일이다. 이제부터는 임금에게 올리거나 임금이 쓰는 그릇, 대궐 안에서 사용하는 술그릇 및 큰 나라 사신을 접대하는 그릇…… 외에는 일체 사용하지 못하게 할 것이다."

라고 하였고,

또 세종2년(1420)에 예빈시 판사 김소 등이 이야기하기를(『세종실록』卷7 세종 2년 정월 戊戌條)

"우리 예빈시에서는 붉은 빛깔의 옻칠을 한 그릇과 놋그릇을 해마다 사 들이고 사기그릇과 나무그릇도 해마다 공납으로 받아들이건만 연회를 한 번만 치르고 나면 절반 이상이 없어져서 그 때마다 그릇을 맡은 자에게 나누어서 물리고 있습니다……."

라고 하였다.

조선조 초기 궁중에서 사용되었던 그릇은 금그릇·은그릇·붉은 빛의 옻칠한 그릇·놋그릇·사기그릇·나무그릇이었음을 알 수 있으며, 금그릇은 술잔으로 은그릇은 식기로 용도가 정해져 있으나 임금과 명나라 사신이외에는 사용을 금지하고 있었기 때문에, 일본 사신의 영접에 사용된 그릇은 칠기·놋그릇·사기그릇·나무그릇으로 제한되고 있었다고 보아야 할 것이다. 이들 그릇을 올려 놓는 연회 음식상에는 붉은 보를 깔고 음식을 차리는 것이 예법이었다(『세종실록』卷26 세종 6년 10월 壬子條).

9) 객관(客館)과 연회에서의 좌석 배열

세종 원년(1419) 10월 왜인에 대한 접대를 재개하기 위하여 예조와 의정부로 하여금 대책을 마련하여 시행토록 한 이후(『세종실록』 卷5 세종원년 10월 戊戌條), 성 밖에다가 동평관(東平館)·서평관(西平館)·묵사(墨寺) 세 곳을 마련하여 접대 하였다. 이 접대의례는, 세종5년(1423) 12월 이후부터 예조의

"이번에 일본 국왕이 보내오는 사람들의 숙소를 세 곳에 따로 정해 주면 물자를 공급하거나 연회 등을 예빈시에서 혼자 맡아하기가 쉽지 않을 것입니다. 그런 만큼 동평관은 예빈시에, 서평관은 인수부에, 묵사는 인순부에 맡길 것입니다. 대궐에 와서 사례할 때와 접견할 때, 세 차례의 음식대접, 예조에서의 두 차례 위안하는 연회, 답례하는 관리가 왜인을 찾아볼 때, 한강에서의 작별연회는 내자시·내섬시·예빈시에서 그 때의 사정에 따라 나누어 맡게 할 것입니다."

라고 제의한 이후(『세종실록』 卷22 세종 5년 12월 丁卯條), 본격적으로 세 곳에 나누어 분산하여 접대하였다. 객관에서의 연회는 예빈시·인수부에서 각각 맡고, 그 밖의 연회는 내자시·내섬시·예빈시에서 나누어 맡아 연회를 주관하고 있다.

『해동제국기』에 기록되어 있는 예조연의(禮曹宴儀)는 공식적으로 베푸는 두 차례의 위안하는 연회에 해당될 것이다.

연회에서의 좌석 배열이 언제 성립되었는가를 분명히 밝히기는 곤란하다. 다만 세종 7년(1425)에 예조에서 왜국 사신이 임금에게 예를 행하는 절차를 마련한 사실에서(『세종실록』 卷28 세종 7년 4월 乙酉條), 이 때를 전후하여 성립되어지지 않았을까 하고 생각된다.

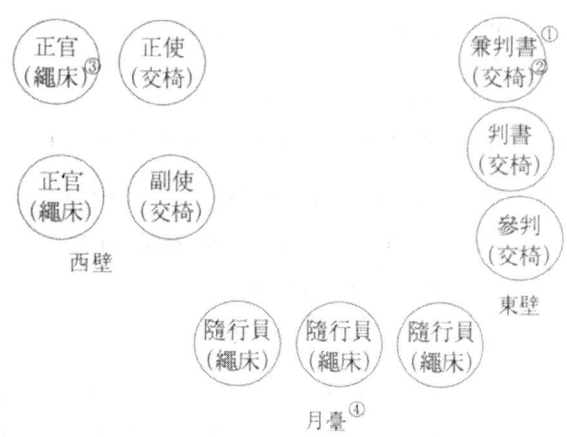

① 겸판서(兼判書) : 2자급이 높은 이가 판서를 했을 때 겸판서라고, 1자급 이 높은 이를 행판서라함.
② 교의(交椅) : 의자.
③ 승상(繩床) : 노끈으로 얽어서 접었다 폈다 할 수 있게 만든 의자.
④ 월대(月臺) : 임금이 거처하는 궁전 앞의 섬돌.

〈그림 18〉 국왕의 사신을 위한 禮曹宴儀

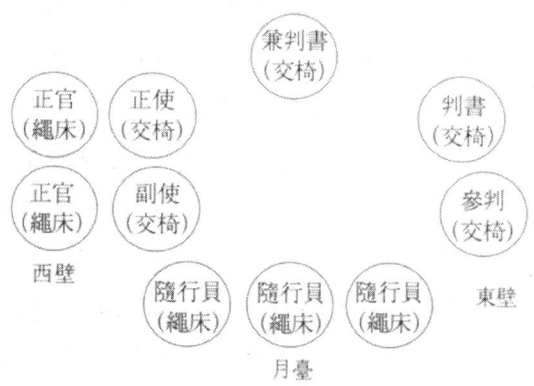

〈그림 19〉 여러 큰 제후의 사신을 위한 禮曹宴儀

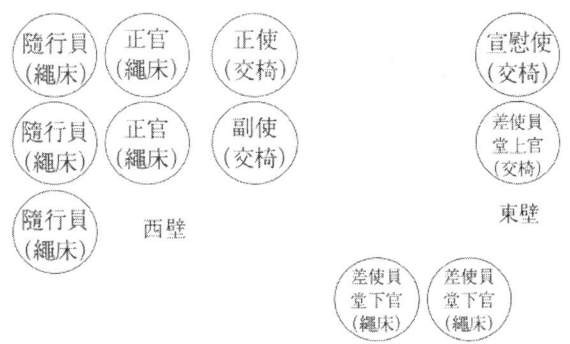

〈그림 20〉 삼포(三浦)에서의 국왕의 사신을 위한 宴儀(宣慰使연희)

〈그림 21〉 국왕의 사신을 위한 관찰사의 路宴. (여러 큰 제후의 사신에 대한 관찰사의 노연도 같음)

〈그림 18〉에서 〈그림 21〉을 보면 일본의 사신인 정사·부사·정관이 서벽에 앉게끔 배열되고 있다. 조선조의 상좌(上座) 위치와 향배(向背)는 가장 높은 사람이 북쪽에서 남향하는 것이고, 다음이 동쪽에서 서향, 그 다음이 서쪽에서 동향, 맨 아랫 좌석이 남쪽에서 북향하는 것이며, 식전(式殿)의 당상(堂上)을 오르고 내리는 것에서도 주인 되는 사람이 다니는 통로를 동(東)쪽의 것으로 조계(阼

階, 동편섬돌로 동쪽은 주인을 상징하고 있다)라 하여 고려 왕조 때부터 구별하고 있었다(李範稷, 71).

　조선왕조가 명나라 사신을 접견할 때에 왕은 서쪽에 명사신은 동쪽에 서고, 왕은 서문을 명사신은 동문을 이용한 것에 반하여(金b. 40), 일본 사신은 예조연·노연·삼포연에서 각각 서쪽에서 동향하고 앉게끔 배치하고 있다.

V. 맺음말

　금구(禁寇) 정책의 일환으로 취해진 회유 정책에서 나온 조선 전기의 교린 외교는 일본과의 통상외교로 발전하여 세종8년(1426)에는 내이포·부산포·염포인 삼포(三浦)를 열어 무역하게 된다. 왜인들이 무제한으로 요구하는 물자 공급을 통제할 목적으로 세종25년(1443)에는 계해약조(癸亥約條)를 맺었고, 이 계해약조를 바탕으로 한 한·일 무역은 중종5년(1510) 삼포왜란으로 삼포가 폐쇄될 때까지 삼포는 한·일 통교의 중심지였다.

　조선 전기 삼포를 통하여 이루어지는 韓·日 교역은 일본의 막부(幕府)가 약체였기 때문에, 막부를 위시하여 일본의 여러 호족과도 교역하는 다원적 교역의 형태로, 일본의 여러 호족이 조선의 국왕에게 물품을 헌상하면 조선측이 답례로 회사품(回賜品)을 보낸 소위 진상(進上)이라는 형태의 교역이었다. 일본에서 조선으로 온 교역물자는 각종 약재류·식품류·물감 및 매염류·옷감류·기용(器用)류·목재·유황·은·구리·납 등 다양한 품목에 이르고 있었고, 조선에서 일본으로 간 교역물자는 베·무명·불경·오미자·잣·인삼·쌀·콩 등 제한된 품목에 이르고 있었다.

특히 일본에서 유입되는 물자 중, 후추·약재류는 당시 동남아시아 원산의 것들로 일본은 동남아시아와 후추 및 약재 교역의 중개상을 하고 있었다. 뉴기니아 원산인 사탕은 중국과의 무역에 의하여 과자로서 일본에 들여온 것이다. 이들이 조선으로 하나의 교역물품이 되어 유입되고 있었다. 이 밖에 일본의 토산물인 귤·국수가 교역물자의 하나가 되어 조선으로 들어왔다.

이러한 조선조 초기부터 이루어진 활발한 교역물자의 유입과 유출은 물론 일본 사신의 내왕에 의하여 생겨난 결과이다. 계해약조에 의하여 조선에 사신으로서 내조(來朝)한 인원수를 산정한 결과 1년에 약 2000명에 이른다. 이 2,000명은 어디까지나 공식적으로 산출된 숫자이며 실제로는 세조원년(1455)의 경우를 예로 들면 일본 각처로부터 온 왜인이 6,000여명에 이르고 있었다. 이들의 접대예우는 직책에 따라 달리 했지만, 그들이 입국하면 본국에 도착할 때까지의 비용은 전적으로 조선의 부담이었기 때문에, 왜인의 출입에 수반하여 접대비용도 엄청나 국고에 소장된 료미(料米)가 고갈이 될 정도에 이르렀다.

일본 사신 접대에는 일상식·연회식으로 구분된다. 일상식은 삼포(三浦)에서의 일상식과 경성에서의 일상식으로 분류되고 있다. 조반(早飯)·조석반(朝夕飯)·주점심(晝點心)이 일상식인데 1日 4번 공궤된 일상식 중 가장 비중을 크게 둔 것이 조반(早飯)으로서 숙공 조반식(熟供早飯式)이 있어서 쌍방이 주찬을 내어 대접하는 의례를 하였다. 사신 일행의 요청에 의하여 재료로서 받기를 원할 경우에는 조반(早飯)만은 숙공(熟供)하여 주고 그 밖의 것은 5일에 한 번씩 재료로서 지급되었다.

　일상식을 위한 재료 지급 내용을 보면 주식류에서는 쌀·황두·메밀·밀가루, 부식류에서는 조기·건전복〔全鮑〕·청어·준치·생선·미역·새우젓, 조미료에서는 참기름·소금·장·초·겨자 및 그 밖에 차〔茶〕와 청주, 숯·땔나무이고, 사신 중에 중이 있을 경우에는 별도로 생선류와 젓갈류를 빼고 참버섯·표고버섯·죽순·吾海召를 지급하였다.

　연회에는 삼포연·경중영전연(京中迎餞宴)·주간의 술 대접·노연(路宴)·궐내연(闕內宴)·예조연(禮曹宴)·명일연(名日宴)이 있었으며, 간반(看盤)에 해당하는 찬탁(饌卓)·상화(床花)·권화(勸花)·술5잔·5미〔味數〕·대선(大膳)·잠화 및 음악으로 연회는 구성되었다. 일본 사신 영접에 차려진 연회상들은, 명나라 사신 영접에서 두목(頭目)들에게나 차렸던 수준의 것들로 그 대접은 만주 지역의 여진족과 같은 낮은 위치에서 이루어지고 있었다. 따라서 연회 때의 좌석 배열은 일본 사신인 정사·부사·정관이 서벽(西壁)에, 조선의 겸판서·판서·참판은 동벽(東壁)에 배열하여, 일본 사신 일행을 조선의 영접 관리보다 낮은 위치에 앉게끔 하고 있다.

「한국식생활문화학회지」 13집 4호, 한국식생활문화학회.

朝鮮 通信使를 포함한 韓・日관계에서의
飮食文化 교류 2.
朝鮮中期 韓・日관계에서의 교역물품과 日本使臣 접대

김상보(대전보건대학교) · 장철수(한국정신문화연구소)

◀ 목 차 ▶

Ⅰ. 서 론
Ⅱ. 조선중기의 대일 관계
Ⅲ. 일본 선박과 입국 왜인의 규모
Ⅳ. 韓・日관계에서의 교역 물자
Ⅴ. 일본 사신 접대
Ⅵ. 맺음말

Ⅰ. 서 론

　조선전기의 교린(交隣)외교는 임진왜란 이후에 체결된 1609년 기유약조로 하나의 전환점을 맞게 된다. 조선전기 대일 통교의 중심지였던 삼포(三浦)는 임신약조(1512)와 정미약조(1547)를 거치면서 내이포와 염포가 폐쇄되고 부산포가 유일한 개항지로서 등장하게 되었는데, 기유약조 이후에는 일체의 일본 사신 영접은 부산 왜관에서만 하게 되었다.

한편 임진왜란 이후에는 일본에 파견하는 사신의 횟수도 증가하게 되었고, 조선에서는 에도〔江戶〕에 파견하는 통신사(通信使)와 대마도에 파견하는 문위역관(問慰譯官)이 있었으며, 일본에서는 국왕사선·대마도 도주의 세견선·수도서인선·수직인선·차왜 등이 있어, 이들이 각각 일본과 조선에서 외교와 무역을 아울러 수행하게 된다.

이러한 양국 사신 교류는 조선전기 일본의 일방적 진상(進上)에 따른 조선 정부의 회사(回賜)라고 하는 무역 형태와는 성격이 다른 교역으로서 상호교역이 임진왜란 이후 韓·日 간에 이루어지게 되었다. 본고는 임진왜란 이후 조선중기 韓·日관계에서의 교역 물품과, 일본 사신에 대한 접대문화를 밝힘으로써, 음식문화 교류의 한 면을 구명하고자 한다.

Ⅱ. 조선중기의 대일 관계

1) 임신약조(壬申約條)와 정미약조(丁未約條)

항거왜인(恒居倭人)에게 행한 심한 사역과 접대에 대한 불만으로 비롯된 삼포왜란(중종 5년, 1510)은 중종 7년(1512)의 임신약조(壬申約條)에 의하여 표면상 일단락되고 대마도와의 통교가 복구되었다.

임신약조의 주요 골자는 세종25년(1443)에 맺어서 삼포왜란 전까지 시행해 왔던 계해약조(癸亥約條)보다 훨씬 불리한 조건이었다. 삼포에 사는 항거 왜인의 폐지와 도주 세견선 50척을 반감하여 25척으로 한다는 것, 도주에게 사급하는 세사미두를 200석에서 100석으로 반감하고, 일본 사송선(使送船)의 포소(浦所)를 제포 한 곳만으로 한정시킨다는 것이다. 그러나 중종 16년(1516)에는 제포 및 부산포에 정수 외의 왜선이 다수 도래하기 때문에, 부산포 13척 제포 12척으로 나누어 정박할 것을 허락하였고(하. 126-127), 중종 18년(1523)에는 도주의 세견선을 30척으로 다시 증액하였다(『중종실록』卷49, 중종 18년 9월 庚午條).

중종 39년(1544)에 일어난 사량진왜변에 의하여 중종 18년에 추증한 30척을 삭감하여 25척으로 환원하였다. 이 삭감은 명종 2년(1547)의 정미약조(丁未約條)에 의한 것이다(『명종실록』권4, 명종 2년 2월 乙未條). 정미약조의 주요 골자는 30척을 25척으로 삭감하는 외에, 제포를 폐지하고 부산포 만을 포소로 하여 입박을 허용한다는 것이다. 즉 부산포가 유일한 개항지로서 등장하게 되었다(『부산시사』).

2) 임진왜란 이후의 국교 재개와 기유약조(己酉約條)

무로마찌막부〔室町幕府〕의 혼란한 정국을 수습하고 국내를 통일한 도요토미히데요시〔豊臣秀吉〕가 조선을 가교로 명나라까지 정복하겠다는 야심하에 일으킨 임진왜란은, 도요토미 히데요시의 사망에 따라 선조 31년(1598) 7년간의 긴 전쟁의 종결을 고하게 되었다.

실권을 잡고 있었던 토쿠가와 이에야스[德川家康]에 의한 국교 재개 교섭과 선조 36년(1603) 토쿠가와 이에야스가 에도[江戶, 현재의 東京]에 막부를 개설하고 관백이 되면서 보다 적극적인 화호(和好)를 요청해옴에 따라 선조 37년(1604)과 선조 40년(1607)에 통신사(通信使)를 일본에 파견하게 되었고 비로소 국교가 회복된다. 이로서 광해군 원년(1609)에는 기유약조(己酉約條)가 체결되고 20여 년 동안의 혼란했던 일본과의 관계는 정상화되었다.

기유약조의 주요 내용은 도주의 세견선을 줄여서 17척으로 하며 특송선을 합하여 모두 20척으로 한다는 것, 도주에게 사급하는 세사미두(歲賜米豆)를 100石으로 하고, 일본 사신이 부산 왜관에 머무는 기한을 도주의 특송(特送)은 110일 세견선은 85일 차왜는 55일로 하며, 왜관에서의 접대에는 세 종류의 예가 있는데 국왕사·도주의 특송사·대마도의 수직인(受職人)으로 나누는 것과, 과해량(過海糧)은 대마도 사람이나 도주의 특송인은 5일 양을 더 지급하고 국왕의 사신은 20일 양을 지급한다는 것이다(하, 127-129). 이 기유약조 이후 일본사신 영접은 경성에서 행하지 않고 부산 왜관에서 전적으로 하게 된다.

Ⅲ. 일본 선박과 입국 왜인의 규모

1) 정례적으로 부산포에 오는 선박과 연례입국왜인

해마다 정례적으로 오는 선박에 타고 오는 일본인을 연례입국왜인이라 한다. 연례입국왜인은 기유약조에 나타나 있는 세견선(歲遣船)1)을 타고 오는 일본인을 말하는 것으로 세견선에는 국왕사선(國王使船, 幕府使船), 대마도 도주(島主)의 세견선, 수도서인선(受圖書人船), 수직인선(受職人船) 등이 있었다.

국왕사선은 국왕 즉 관백(關白)의 사송선을 말한다. 후에 국왕은 사신을 보내지 않고, 대마도 도주가 관백의 뜻을 전하는 대차왜(大差倭)로 대신하였다.

연례 송사선이라고도 불리었던 대마도 도주의 세견선에는 기유약조 규정에 의하여 20척으로 제한하였다. 제1특송선·제2특송선·제3특송선·세견제1선·세견제2선·세견제3선까지는 대선(大船), 세견제4선부터 제10선까지는 중선(中船), 세견제11선에서 제17선까지는 소선(小船)으로 하였다.

수도서인선(受圖書人船)이란 조선 정부로부터 도서(圖書, 證印)를 받은 일본인의 송사선으로써, 기유약조 체결 당시에는 기유약조에 관계하였던 일본 국사(國師)인 중 겐소오〔玄蘇〕와 대마도 도주〔宗義知〕의 가신(家臣)인 야나가와시게노부〔柳川調信〕 뿐이었으나 그후 만송원송사선2)·유방원송사선3)·이정암송사선4)·평언삼송

---

1) 세견선(歲遣船) : 사송무역선(使送貿易船).
2) 萬松院送使船 : 기유약조의 체결에 공을 세운 대마도 도주 소오 요시모도〔宗義智〕가 죽은 후 종벽산(鐘碧山)에 원당(院堂)을 지어 만송원(萬松院)이라 이름하고, 조선을 위하여 성심으로 제사를 받든다고 하면서 1622년(광해군 14)에 서계(書契)를 예조에 보내어 세견선의 허용을 간절히 요청하여 왔으므로, 이것을 허가하여준 데서 생겨난 것이다. 선박의 수는 정선 1척, 수목선 1척, 가환재도선 1척으로서 도합 3척이었으며, 건너오는 시기는 6월.

사선5)이 생겨났다.

　수직인선(受職人船)6)은 조선 정부로부터 관직을 받은 일본인이

---

3) 流芳院送使船 : 야나가와 시게노부〔柳川調信〕의 세견선인데, 1611년(광해군 3)에 그의 아들 모도나가〔智永〕는 시게노부가 죽은 후에 사당을 지어 유방원이라 하고, 제사의 비용을 보충하기 위해 유방원이란 중인(證印)을 내려 주기를 간청하므로, 이를 허가함에 따라 생겨난 것이다. 그러나 시게노부의 손자 시게오끼〔調興〕가 대마도 도주 소오씨의 집안과 세력을 다투다가 패하자, 1616년(인조 14)에는 도주의 요청에 따라 이미 만들어 주었던 도서를 도로 반환하기까지 하였으나, 2년 후에는 다시 돌려주게 되었다. 그러나 유방원송사선은 곧 없어졌고, 대마도 도주 소오 요시나리〔宗義成〕의 요청에 따라 1640년(인조 18)부터는 그 이름을 부특송사선(副特送使船)이라 고쳐 정선 1척, 부선 1척, 수목선 1척 가환재도선 2척이 해마다 8월에 정기적으로 부산에 건너옴.

4) 以酊庵送使船 : 1611년(광해군 3)에 기유약조를 체결할 때 일본 쪽의 대표로 활약한 바 있는 겐소오〔玄蘇〕가 대마도의 할려산(瞎驢山)에 이정암이라는 암자를 지었는데, 그가 죽은 후 조선 정부로부터 이정암이라는 도서를 받아서 해마다 2월에 정기적으로 송사선을 파견한 데서 유래한 것이다. 건너오는 배는 정선 1척, 가환재도선 1척.

5) 平彦三送使船 : 대마도 도주 소오 요시나리〔宗義成〕의 아명 히로미쓰〔彦三〕의 이름으로 증인(證印)을 받아 매년 한 번씩 건너오던 송사선이다. 1611년(광해군 3)에 소오 요시모도〔宗義智〕가 지난날 조선에서 소오 구마미쓰〔宗熊滿〕에게 중인을 내린 사례를 들어 증인을 내려 달라고 간청하므로, 이를 허가한 것이다. 그 후 1657년(효종 8)에 요시나리가 죽자, 드디어 증인을 환수하고 송사선을 없애버림.

6) 受職人船 : 조선 정부로부터 관직을 받은 일본인이 연례적으로 타고 오는 선박을 말한다. 조선중기에 관직을 받은 사람으로는 등영정(藤永正), 세이소(世伊所), 마감칠(馬勘七), 평지길(平智吉), 평신시(平信時) 등 5명이 있었다. 이들은 임진란 후에 공로가 있다는 인정을 받아 상호군(上護軍) 또는 부호군(副護軍)의 무관직을 받은 사람들로서 매년 1차씩 의무적으로 본인이 직접 와야 하며, 다른 사람을 대리로 보낼 수는 없게 되어 있었다. 그 후 수직인선의 도래는 어떤 사고로 말미암아 한 때 단절되기도 하였으

연례적으로 타고 오는 선박을 말한다.

이상의 정례적으로 오는 선박 중에서 연례 송사선이었던 대마도 도주의 세견선·수도서인선·수직인선을 중심으로 하여 연례 입국 왜인의 숫자를 검토해 보면 다음과 같다.

> 세견제1선 : 정관 1인, 도선주(都船主) 1인, 봉진압물(封進押物) 1인, 반종(伴從) 3명, 격왜(格倭) 40명, 수목선 격왜(水木船格倭) 15명
> 세견제2선~제3선 : 정관 1인, 반종 1명, 격왜 40명
> 세견제4선~제10선 : 정관 1인, 반종 1명, 격왜 30명
> 세견제11선~제17선 : 정관 1인, 반종 1명, 격왜 20명
> 1특송사선~3특송사선 : 정관 1인, 도선주 1인, 2선주 1인, 봉진압물 1인, 사복압물(私卜押物) 1인, 시봉(侍奉) 1인, 반종 7명, 격왜 40명, 부선 격왜 30명, 수목선 격왜 20명
> 부특송사선 : 정관 1인, 부관 1인, 도선주 1인, 2선주 1인, 유선주(留船主) 1인, 봉진압물 1인, 사복압물 1인, 시봉 1인, 반종 7명, 격왜 40명, 부선 격왜 30명, 수목선 격왜 20명
> 만송원송사선 : 정관 1인, 도선주 1인, 봉진압물 1인, 반종 3명, 격왜 40명, 수목선 격왜 15명
> 이정암송사선 : 정관 1인, 반종 3명, 격왜 40명
> 평언삼송사선 : 정관 1인, 봉진압물 1인, 반종 3명, 격왜 40명
> 중절 5선 : 정관 1인, 반종 1명, 격왜 ?명(하. 16-50) (『부산시사』).

이상에서 살펴본 바와 같이 공식적으로 입국한 왜인은 1,500명 정도이다. 이 숫자는 조선 전기의 공식적 연례입국왜인 수와 거의 비

나, 겸대제(兼帶制)가 실시될 때 다시 겸대 송사선안에 포함되었으니, 이것이 소위 중절 5선(中絶五船)이라는 것인데, 이것은 1809년(순조 9) 이후 영구히 폐지됨.

숫한 수준이다. 그러나 인조 13년(1635) 접대에 드는 막대한 비용 때문에 세견선의 겸대제(兼帶制)가 실시되어, 1특송사선이 2특송사선과 3특송사선을 겸하고 세견제4선이 제5선 이하 제17선까지를 겸함에 따라 정규적으로 입국하는 왜인의 숫자도 줄어들게 되었으나, 대신에 차왜(差倭)의 빈번한 내왕에 의하여, 비정규적으로 입국하는 왜인의 숫자는 증가하게 되었다(『부산시사』).

2) 비정규적으로 부산포에 오는 선박과 입국 왜인

비정규적으로 건너오는 일본 선박에 해당되는 것이 차왜(差倭)이다. 차왜(差倭)란 대마도 도주(島主)가 기유약조에 규정된 연례송사 외에 파견하는 일체의 사신을 말한다. 기유약조가 체결되었던 당시에는 차왜란 없고 연례송사 만이 있었다. 차왜는 세견선의 겸대제가 실시된 인조 13년(1635) 이후 20여 종이 넘는 차왜의 빈번한 내왕이 있었다(하. 52-94).

사절(使節) 임무를 가지고 건너오는 차왜는 임시로 필요한 때마다 왔기 때문에 그 정확한 숫자를 파악하는 것은 불가능하다. 관백 고부차왜의 경우를 예로 들면 본선 1척·견선 1척·각선(脚船) 1척·수목선 1척이 한 팀이 되어 왔다. 본선에는 정관 1인, 도선주 1인, 봉진압물 1인, 시봉 2인, 반종 16명, 격왜 70명이, 견선·각선·수목선에는 각각 격왜가 20명이 되므로 한 번에 온 일행의 총 숫자는 151명이 되고 있다(하. 53-56)((『부산시사』).

Ⅳ. 韓·日 관계에서의 교역 물자

　조선전기에 일본 사신들이 조선에 갖고 온 물품은 한약재·후추·설탕·국수 등의 식품류, 다목·주홍·백반·기린혈 등의 물감과 매염류, 기용류 등이고, 일본인들이 조선에 청구하여 가지고 가거나 조선정부가 회사(回賜)한 물품은 대장경[7]·화엄경 등 및 베·모시·무명, 쌀·콩·인삼·잣·오미자·꿀·소주 등이었다. 일본 사신들이 갖고 오는 물품에 대해서는 정해진 예가 없었고, 물품의 많고 적음을 헤아려 회사(回賜)하였으나 점차 일본으로 부터의 진상이 많아짐에 따라 회사 물품도 많아져서 조선 정부의 재정적 부담이 심해졌다.

　연산군 7년(1501)에 내조한 사신 일행이 가져온 국왕의 별폭(別幅)[8] 속에 처음으로 '매물(賣物)'이라 칭하였다. 중종 5년(1510) 삼포왜란 후에 강화를 청하러 온 사신의 별폭 속에 매물(賣物)을 '상물(商物)'로 고쳐 칭하고, 상물(商物)의 종류가 많았다. 이 때에 처음으로 무역을 허락하고 이 상물을 거의 전부 조선 정부가 사주게 된다.

　조선중기, 한·일 간의 외교는 조선에서는, 에도〔江戶〕에 파견하는 통신사(通信使)와 대마도에 파견하는 문위역관(問慰譯官)이 있

---

7) 조선전기 일본 사신이 대장경을 구청(求請)한 횟수는 國王使가 29회, 기타 호족 53회를 합하여 총 82회가 있었으나 조선에서 '회사(回賜)한 사례는 46차례였다.
8) 別幅 : 다른 나라와의 왕복문서에 덧붙이는, 진상품이나 예물을 벌여 적은 목록 또는 그 물품. 別幅回禮는 별폭에 대한 답례 또는 그 답례로 보내는 물품.

었다. 통신사와 문위역관이 일본으로 가지고가는 예단(禮單)이나 별폭은 교역의 성격을 띠는 것이었다. 일본 경우는 정기적인 세견선의 송사왜 이외에도 임시적인 차왜를 동래부에 파견하여 외교적 성격과 교역을 아울러 수행하였다. 광해군 원년(1609) 기유약조 이후부터는 국왕(國王, 幕府)과 여러 제후〔諸酋〕가 사신을 보내는 예가 없어지고, 단지 대마도 도주(島主)의 세견선인 세견선(歲遣船)의 송사왜(送使倭) 및 차왜가 중심이 되어 교역하였다.

동래부 왜관을 통한 통상 무역에는 진상(進上)과 공무역(公貿易) 및 사무역(私貿易)으로 구성되었다. 진상이란 일본이 조선 국왕에게 물품을 헌상하면〔別幅〕 조선 측이 답례로 회사품을 보낸 경우이다〔回禮〕. 조선전기 일본과의 교역 물품은 전부가 진상에 해당된다. 공무역이란 일본인들이 가지고 온 동철·납철 등을 조선에서 규정한 교환율에 따라 공목(公木)으로 사들이는 방식으로 후에는 공목 대신에 공작미(公作米)로 대치되었다. 이 진상과 공무역은 모두 연간 척수가 규정된 세견선 등의 각 송사선을 통해 이루어졌다. 사절단의 구성·진상·공무역 규모는 이들 사행의 등급에 따라 물품과 수량이 정해져 있었다. 사무역은 매월 6회(5일장) 왜관에서 개시하여 물품 거래가 이루어졌고, 금제품(禁制品) 이외에는 자유롭게 교환이 이루어졌다.

이밖에 조선중기 양국 간의 교역에서 큰 비중을 차지하는 것으로 대마도 도주가 대마도 소용(所用)이나 에도〔江戶〕의 요청에 의하여 조선측에 수시로 필요한 물품을 구무(求貿)하는 형태가 있었다. 조선중기 대일 관계에서의 교역 물자를 1600년대로 국한하여 검토하기로 한다(하. 32-33)(『왜인구청등록』).

1) 일본에서 조선으로 온 교역물자

  (1) 식품류

  후추

  (2) 물감·매염류

  다목〔丹木〕·백반·대화진주(大和眞珠)[9]

  (3) 기타

  흑각(黑角)[10]·동철(銅鐵)·납철(鑞鐵)·문지(紋紙)[11]·채화칠촌염경(彩畵七寸匳鏡)[12]·채화대대연갑(彩畵臺大硯匣)[13]·채화중원분(彩畵中圓盆)[14]·적동명로(赤銅茗爐)[15]

2) 조선에서 일본으로 간 교역물자

  (1) 식품류

  들기름·꿀〔淸蜜〕·녹말·율무·잣·개암·호도·황율(黃栗)·대추·녹두말(菉豆末)·쌀·대두·건대구어·황대구어

---

9) 大和眞朱 : 왜주홍.
10) 黑角 : 빛이 검은 물소 뿔.
11) 紋紙 : 무늬를 넣어 만든 종이.
12) 彩畵七寸匳鏡 : 채색그림으로 장식한 7치 거울.
13) 彩畵臺大硯匣 : 채색그림으로 장식한 큰 벼룻집.
14) 彩畵中圓盆 : 채색그림으로 장식한 중간치의 둥근 동이.
15) 赤銅茗爐 : 찻물을 끓이는데 쓰는 적동화로.

(2) 약재류

인삼 · 단삼(丹蔘)[16] · 오미자 · 시호(柴胡)[17] · 마황(麻黃) · 대황(大黃)[18] · 목숙(苜蓿)[19] · 생지황(生地黃)[20] · 숙지황(熟地黃)[21] · 우황(牛黃)[22] · 지모(地母)[23] · 백렴(白蘞)[24] · 욱리인(郁李仁)[25] · 구미청심원(九味淸心元) · 백작약[26] · 백복령[27] · 백출(白朮)[28] · 상기

---

[16] 丹蔘 : 꿀풀과에 속하는 다년초. 금강산 · 설악산 · 가야산에 분포. 뿌리는 보혈에 효과가 있음.
[17] 柴胡 : 미나리과에 속하는 다년초. 한국 · 일본 · 중국에 분포. 말린 뿌리는 학질 등의 발한 · 해열제로 쓰임.
[18] 大黃 : 마디풀과에 속하는 다년초. 시베리아 · 한국 북부에서 남. 뿌리는 대소변 불통 · 어혈의 치료에 쓰임.
[19] 苜蓿 : 거여목.
[20] 生地黃 : 地黃 뿌리의 날 것. 성질이 차서 열이 대단한 血症에 쓰임.
[21] 熟地黃 : 생지황을 술에 넣고 여러 번 찐 약제. 補血 · 補陰하는 효과가 있어서 각종 허손증(虛損症)과 통경(通經) · 강장제로 쓰임.
[22] 牛黃 : 소의 쓸개에 병으로 생기는 뭉친 물건. 강장제와 경간약(驚癇藥)으로 씀.
[23] 地母 : 지모과에 속하는 다년초. 중국원산으로 황해도 등지에서 산출됨. 지모의 근경은 열로 인한 해소 · 담 및 갈증 등의 약재로 쓰임.
[24] 白蘞 : 가위톱. (한의)가위톱의 뿌리. 어린아이의 학질 · 대하 · 경간 · 음통 · · 창독에 쓰임.
[25] 郁李仁 : 산앵도 씨의 알맹이. 소독약 또는 수종병(水腫病)에 쓰임.
[26] 白芍藥 : 작약과에 속하는 다년초. 한국 각지에 분포함. 뿌리는 보혈 · 진정 · 부인과 · 외과의 약재로 진중됨.
[27] 白茯苓 : 흰복령. 오줌 · 땀에 효험이 있고, 담증 · 부종 · 습증 · 설사 등에 쓰는데, 보(補)하는 효험이 있음.
[28] 白朮 : 삽주의 덩어리진 뿌리. 비위를 돕고 소화불량 · 구토 · 설사 · 습증 등에 쓰임.

생(桑寄生)29)·호생간(虎生肝)·호두(虎頭)·호경골(虎脛骨)·호육(虎肉)·호담(虎膽)·천문동(天門冬)30)·전호(前胡)31)·천마(天麻)32)·석종유(石種乳)33)·호황련(胡黃蓮)34)·산두근(山頭根)35)·저근백피(樗根白皮)36) 등.

(3) 금수류

개〔犬〕·말·활장(活獐)·매〔鷹子〕·백양(白羊)·노새〔騾子〕·수리〔生雕〕·야학(野鶴)·오리〔鴨〕 등.

(4) 기용

제기(祭器)·다완(茶碗)·향로(香爐)·촛대(燭臺)·화병(花瓶)·등롱(燈籠)·작은칼〔刀子〕·유기(鍮器)·사기(沙器)·마성(馬省)37)·체 등.

---

29) 桑寄生 : 뽕나무의 겨우살이. 桑上寄生이라고도 함. 뽕나무 겨우살이의 줄기와 잎. 음력 삼월삼질에 따서 그늘진 곳에 말렸다가 부인병의 요통·動胎·하혈 등을 다스리는 약으로 쓰임.
30) 天門冬 : 호라지좆의 뿌리. 해소·담·객혈·번조 등에 쓰임.
31) 前胡 : 미나리과에 속하는 다년초로 흔히 바다나물이라 함. 뿌리는 외감에서 오는 두통·해소·담 등의 약으로 쓰임.
32) 天麻 : 수자해좆의 뿌리. 두통·현기증·풍비 등에 쓰임.
33) 石種乳 : 돌고드름. 석회로 된 동굴의 천장에 고드름 같이 달려있는 석회암. 한방에서 보양약과 안과약으로 쓰임.
34) 胡黃蓮 : 미나리아재비과에 속하는 다년초. 뿌리는 열로 인한 骨蒸·안질·치질·소아감질 등의 약으로 쓰임.
35) 山頭根 : 쥐방울과에 속하는 식물의 뿌리. 인후병과 토제(吐劑)에 많이 씀.
36) 樗根白皮 : 가죽나무 뿌리의 속껍질. 치질·이질 등의 약재임.
37) 馬省 : 마쇄(馬刷)와 같음. 솔.

(5) 꽃과 나무

각종기화(各種奇花)·백목단(白牧丹)·앵도목·백목련(白木蓮) 등

(6) 옷감

백초(白綃)38)·흰모시〔白苧布〕·흰명주〔白綿紬〕39)·검은베〔黑麻布〕·흰무명〔白木棉〕·생조포(生照布)40)·백조포(白照布)·생세포(生細布)41)·백세포(白細布)·잠사(蠶絲)·금수(錦繡)42)·금박(金箔)·예복(禮服)·심의(深衣)43)·옥대(玉帶)44)·홍전(紅氈)45)·피금(皮金)46)·갑주(甲冑)47)·무명 등.

(7) 서책류

마의서(馬醫書)·의림촬요(醫林撮要)·동의보감(東醫寶鑑)·만병회춘(萬病回春)·오경대전(五經大全)·사서대전(四書大全)·주자어류(朱子語類)·주자대전(朱子大全)·통해집전(通解集傳)·칠

---

38) 白綃 : 생사로 짠 얇은 흰견.
39) 白綿紬 : 흰명주〔白明紬〕.
40) 生照布 : 누이지 아니한 비치는 베.
41) 生細布 : 아주 가느다란 생베.
42) 錦繡 : 비단에 수를 놓은 직물.
43) 深衣 : 높은 선비의 웃옷. 흰 베로 만드는데, 소매를 넓게 하고 검은 비단으로 가를 두름. 상(裳)은 열두폭으로 되어 있음.
44) 玉帶 : 벼슬아치가 공복에 띠던 옥으로 꾸며 만든 띠.
45) 紅氈 : 붉은 빛깔의 전. 전이란 짐승의 털로 만든 모직물의 한 가지. 또 이것으로 만든 자리 방석.
46) 피금(皮金) : 금을 입힌 얇은 양가죽. 복식에 쓰임.
47) 갑주(甲冑) : 갑옷과 투구.

서직해(七書直解)・근사록(近思錄)・주자서절요(朱子書節要)・경서(經書)・회서(繪書)・의례경전(儀禮經傳)・대장경 등.

(8) 기타

생랍지(生蠟紙)48)・소유지(小油紙)・상상장지(上上壯紙)49)・상상백지(上上白紙)50)・백지(白紙)・우산지(雨傘紙)・색지(色紙)・네장붙인유둔(油芚)51)・생웅피(生熊皮)・유모웅피(有毛熊皮)52)・양피(羊皮)・표범가죽〔豹皮〕・범가죽〔虎皮〕・어피(魚皮)・꽃자리〔花席〕・황모필(黃毛筆)53)・대모필(玳瑁筆)54)・화룡필(畵龍筆)55)・둥근부채〔圓扁子〕・참먹〔眞黑〕・벼루・연적(硯滴)56)・참빗・다리미・악기・백랍촉・안자(鞍子)57)・아교・석린(石鱗)58) 등.

이상의 교역물자를 분류하면, 일본에서 조선으로 온 교역물자 가운데 후추・다목・백반・대화진주(大和眞珠)는 주로 별폭의 형태로

---

48) 生蠟紙 : 밀이나 백랍 또는 파리핀 등을 먹인 종이.
49) 上上壯紙 : 아주 썩 질이 좋은 두껍고 단단한 우리나라 종이.
50) 上上白紙 : 아주 썩 질이 좋은 흰 종이.
51) 油芚 : 비가 올 때 쓰기 위하여 이어 붙인 두꺼운 유지(油紙)
52) 有毛熊皮 : 털이 붙어 있는 곰 가죽.
53) 黃毛筆 : 족제비의 꼬리털로 맨 붓.
54) 玳瑁筆 : 대모란 거문고와 향비파의 담괘 안 복판에 붙이는 노란 빛깔의 소가죽으로 대모필이란 그 소가죽으로 자루를 꾸며서 만든 붓,
55) 畵龍筆 : 용을 그리는 붓.
56) 硯滴 : 벼룻물을 담는 그릇.
57) 鞍子 : 말안장.
58) 石鱗 : 운모(雲母)를 달리 이르는 말. 석린(石磷)이라고도 씀. 백색・흑색 두 가지가 있는데 백색은 유리의 대용. 전기절연체로 쓰임.

가지고 온 진상품(進上品)에 속하고, 동철과 납철은 공무역(公貿易)에 해당된다. 조선에서 일본으로 간 교역물자 가운데 인삼·표범가죽·범가죽·꽃자리·황모필·백저포·흑마포·백목면·백면주·참먹·매 등은 조선 사신들이 별폭의 형태로 가지고 간 진상품이며, 쌀·무명은 공무역이었다. 그 밖의 물품 대부분은 일본의 구청(求請)에 의하여 이루어진 무역거래였다.

조선전기의 무역에서는 일본에서 다양한 물품이 들어왔던 것에 반하여, 조선중기에는 반대로 조선에서 다양한 품목이 일본으로 나갔다. 특히 구청(求請)에 의하여 이루어진 무역품 가운데에는 꿀·들기름·녹말·율무·호두·잣·대추·개암·황율 등의 식품, 인삼·호육·호담·호간·단삼·오미자·마황·대황 등의 한약재, 매·개·말·오리 등의 금수류, 제기·유기·사기 등의 그릇과, 꽃·나무·옷감·서책·각종 문방구류·악기 등 넓은 범위의 각종 물품이 수출이 되고 있다.

1637년에서 1692년까지의 구청무역품에는 사기를 굴 때 필요한 사기장(沙器匠)이나 각색토(各色土) 및 별당의 건축물 등이 있었으며, 유기장(鍮器匠)·의원도 요청하였다. 조선에서도 대마도 소〔牛〕·도검·유황 등을 일본에 구청하는 경우가 간혹 있었으나, 양국 간의 구청물은 일본측의 요청이 대부분이었다(『왜인구청등록』).

조선초기부터 일본이 가지고 온 진상 물품인 후추·다목·백반·주홍(大和眞珠에 해당)은 조선중기에도 계속 중요한 진상 품목이 되어 등장하고 있음을 주목할 필요가 있다. 다목·백반·주홍은 주로 옷감을 물들이는데 쓰는 물감과 매염류로서, 궁중용의 채색으로 중요한 물자였다. 조선전기 일본사신들의 진상품이기도 하면서 사

(私)무역품의 대상이 되기도 하였던 후추(『세종실록』)는 조선전기의 약용으로서 용도는 점차 탈피하여, 중기에는 조미료로서의 용도로 사용되기에 이름에 따라, 국내에서의 소비량도 점차 많아졌을 것이다. 1609년 명나라 사신 영접에서 후추를 조미료로 사용하고 있음이 문헌상에 나타나고 있다(『영접도감의궤』 1609, 1610).

V. 일본 사신 접대

부산에 도착하는 일본 사신들은 모두 부산 왜관에서 머물렀다. 이들은 기유약조(己酉約條)의 체결 내용대로 대마도 도주 특송사는 110일, 세견선사는 85일, 각종 차왜는 55일, 대차왜는 60일, 재판차왜(裁判差倭)59)는 무한정으로 머물면서 업무를 수행하였다. 부산에서의 이들에 대한 접대를 일상식과 연회식으로 분류하여 고찰하고자 한다.

---

59) 裁判差倭 : 무슨 일이 있으면 건너 왔다가 그 일이 끝나면 돌아가는 차왜로서 부산 왜관에 머무는 기간은 무제한이었다. 효종 2년(1651)부터 나오기 시작하였다.

1) 일상식

(1) 세견제일선송사(歲遣第一船送使)[60]

왜관에 머무는 기간은 85일, 숙공(熟供)은 2일이다. 매일 지급되는 식품의 재료와 분량은 다음과 같다.

〈정관(正官) 1인에 대한 1일분 분량〉

밥쌀〔料米〕 4되〔升〕	메밀〔木米〕 1되	병미(餠米) 1되
찹쌀〔粘米〕 1되	대두(太) 6되	장태(醬太) 4홉
주미(酒米) 2되 4홉	초미(醋米) 4홉	건어(乾魚) 5마리〔尾〕
청어(靑魚) 4마리〔尾〕	광어(廣魚) 4조(條)[61]	전복(全鰒) 2개(介)
생선(生鮮) 1마리〔尾〕	대구어(大口魚) 1마리	상어〔沙魚〕 4조
문어(文魚) 1조	해삼(海蔘) 5홉〔合〕	미역〔藿〕 2냥(兩)
산닭〔活鷄〕 1/4마리〔快〕[62]	달걀(鷄卵) 3개	꿀〔淸蜜〕 5작(勺)
참기름〔眞油〕 1홉 3작(勺)	백합젓〔白蛤醢〕 6작(勺)	소금 3홉
겨자(芥子) 4작	진곡(眞曲)[63] 7홉	황율(黃栗) 3홉
대추(大棗) 3홉	곶감〔乾枾〕 2곶(串)	생율(生栗) 1되

〈도선주(都船主)[64] 봉진압물(封進押物)[65] 1인에 대한 1일분 분량〉

---

60) 1609년 기유약조의 체결로 17선으로 줄어든 세견선이 처음 파견되어 온 것은 1611년 9월로 正官은 平智直이었고, 그 후에는 1월에 도래하였다. 세견제1선이 돌아갈 때는 歲賜米豆인 쌀 50石·콩 50石을 대마도주에게 내렸음.
61) 생선류는 8條가 1尾에 해당.
62) 닭과 꿩은 4快가 1首.
63) 진곡(眞曲) : 밀가루로 띄워 만든 누룩.
64) 도선주(都船主) : 여러 선단(船團)을 맡아 지휘하는 직임. 또는 그 직임에

정관에게 지급되는 분량과 같으나 생율·닭·달걀은 지급되지 않는다.

〈반종(伴從)⁶⁶⁾ 1인에 대한 1일분 분량〉

밥쌀〔料米〕 3되 5홉	메밀〔木米〕 1되	병미(餠米) 1되
찹쌀〔粘米〕 5홉	대두〔太〕 4되	장태(醬太) 4홉
주미(酒米) 2되 4홉	초미(醋米) 4홉	건어(乾魚) 3마리
청어(靑魚) 4마리	전복(全鰒) 1개	대구어(大口魚) 4조
상어〔沙魚〕 4조	해삼(海蔘) 5홉	미역〔藿〕 2냥
꿀〔淸蜜〕 3작	참기름〔眞油〕 1홉	백합젓〔白蛤醢〕 6작
소금 2홉	겨자〔芥子〕 4작	진곡(眞曲) 7홉
개암〔榛子〕 3홉		

〈격왜(格倭)⁶⁷⁾ 1인에 대한 1일분 분량〉
밥쌀〔料米〕 2되

(2) 세견제2선송사,⁶⁸⁾ 세견제3선송사, 세견제4선송사

왜관에 머무는 기간은 85일, 숙공은 2일이다. 매일 지급되는 식품의 재료와 분량은 세견제1선송사와 같으나, 다만 정관에게는 건어(乾魚) 1마리(尾)를 감하였다.

있는 사람.
65) 봉진압물(封進押物) : 물건을 싸서 호송하는 임무를 맡은 사람.
66) 伴從 : 일본사신의 수행원 가운데 하나.
67) 格倭 : 뱃사공의 일을 거들어 주는 사람〔格軍〕인 왜인.
68) 本船은 공작미(公作米)를 실어가기 위해 정해진 때가 없이 왔고, 제3선이 寄乘하여 제1선과 같이 1월에 도래하였음.

(3) 세견제5선 이하 제17선송사[69]

밥쌀〔料米〕・병미(餠米)・콩・주찬을 환산한 쌀〔酒饌價米〕・육물(陸物)[70]은 그 수량을 헤아려 겸대대관[71]에게 준다.

(4) 이정암송사(以酊菴送使)

왜관에 머무르는 기간은 85일, 숙공은 2일이다. 매일 지급되는 식품의 재료와 분량은 세견제2선송사와 같다.

(5) 1특송사(特送使)

왜관에 머무르는 기간은 110일, 숙공은 5일이다. 매일 지급되는 식품의 재료와 분량은 다음과 같다.

〈정관 1인에 대한 1일분 분량〉

밥쌀 4되	메밀 1되	병미 3되
찹쌀 1되	밀가루 2되	소두 1되
대두 1말2되	장태 5홉	주미 3되2홉
초미 4홉	건어 5마리	청어 4마리
광어 4조	전복 1곳	생선 1마리
대구어 1마리	상어 4조	문어 1조
해삼 5홉	미역 2냥	산닭 1/2마리(1快)
달걀 3개	꿀 5작	참기름 1홉8작

---

69) 제5선 이하 제17선까지 13척의 세견선은 제4선이 겸대(兼帶)하므로 서계(書契)와 별폭(別幅)은 제4선송사편에 보내고 路引을 지참하며 도래시기에 관계없이 출래하여 公作米를 싣고 간다.
70) 陸物 : 육지에서 나는 물건.
71) 兼帶代官 : 대관은 무역의 매매교섭・결재나 조선정부가 지급하는 각종 잡물의 수취・재촉 등을 담당한 대마도 관리.

백합젓 6작	소금 3홉	겨자 4작
진곡 9홉	황율 3홉	대추 3홉
곶감 2곶	생율 1되	홍시 3개

〈도선주·2선주72)·봉진압물·사복압물73)·시봉74) 각 1인에 대한 1일분 분량〉

밥쌀 4되	메밀 1되	병미 3되
찹쌀 1되	밀가루 1되4홉	소두 1되
대두 1말	장태 5홉	주미 3되2홉
초미 4홉	건어 4마리	청어 4마리
광어 4조	전복 3개	생선 1마리
대구어 1마리	상어 4조	문어 1조
해삼 5홉	미역 2냥	산닭 1/4마리(半快)
달걀 2개	꿀 5작	참기름 1홉3작
백합젓 6작	소금 3홉	겨자 4작
진곡 9홉	황율 3홉	대추 3홉
곶감 2곶	생율 5홉	홍시 2개

〈반종 1명에 대한 1일분 분량〉

밥쌀 4되	메밀 1되	병미 3되
찹쌀 5홉	밀가루 1되	소두 5홉
대두 8되	장태 4홉	주미 3되2홉
초미 4홉	건어 3마리	청어 4마리
대구어 4조	상어 4조	전복 2개
해삼 5홉	산닭 1/4마리(半快)	미역 2냥

---

72) 二船主 : 도선주 밑에서 지휘하는 직임을 맡은 사람.
73) 私卜押物 : 사사로운 개인의 짐을 호송하는 임무를 맡은 사람.
74) 侍奉 : 조선시대 일본에서 오는 사행(使行) 가운데의 한 직임. 또는 그 직임에 있는 사람.

꿀 3작   참기름 1홉   백합젓 6작
소금 2홉   겨자 4작   진곡 9홉
개암 3홉

〈격왜 1명에 대한 1일분 분량〉
밥쌀 2되

(6) 2특송사 · 3특송사

밥쌀 · 병미 · 콩 · 주찬을 환산한 쌀〔酒饌價米〕· 육물은 그 수량을 헤아려 겸대대관에게 지급한다.

(7) 만송원송사(萬送院送使)

왜관에 머무는 기간은 85일, 숙공은 2일이다. 매일 지급되는 식품의 재료와 분량은 세견제1선송사와 같다.

(8) 중절오선(中絶五船)

기유약조 때에 임진왜란 이전의 수직자(受職者)는 접대를 허락하지 않고 임진 · 정유재란 이후에 공이 있는 등영정(주11참조) 등 5인은 모두 한 해에 한 번 내조하게 하였다. 5인이 죽은 후 대마도주의 간청으로 진상(進上)과 공무역은 이전의 규례에 따라 1특송사의 배와 같이 오게 하였으나, 지공 및 연향은 모두 폐지하였다.

(9) 부특송사(副特送使)

왜관에 머무는 기간은 110일, 숙공은 5일이다. 매일 지급되는 식품의 재료와 분량은 1특송사와 같다(하. 17-38).

2) 일상식에 소용된 비용

이상의 매일 지급되는 식품 재료를 분석하여 본 결과 세견제1선송사와 세견제1선송사보다 격이 높은 1특송사와의 일공(日供) 차이는 밀가루·소두·홍시를 세견제1선송사에 지급하지 않았다. 식품 종류를 분류하여 세견제1선송사에 적게 지급되고 있다. 배의 등급에 따라 식품 양과 재료를 가감하고, 신분 차이에 따라 엄격하게 구분하고 있다. 세견제1선송사의 경우를 예로 들면, 정관·도선주·반종·격왜로 구분하여, 도선주에게는 정관에게 지급된 日供보다 생율·닭·달걀을, 반종에게는 광어·생선·문어·닭·달걀·황율·생율·곶감·대추를 각각 지급하지 않고 있으며, 격왜에게는 다만 밥쌀만을 지급하고 있음을 알 수 있다.

이러한 식품의 가감은 조선조 중기의 식재료가 가진 가치 기준에 의하여 선정된 것이기 때문에, 쌀을 기준으로 하여 산정된 식품의 가격을 알아볼 필요가 있다. 金健瑞(1743~ ?)가 지은 『增正交隣志』를 참고로 하여 이들 각각의 식품 가격을 작성하면 〈표 1〉과 같다(하. 42-43).

『증정교린지』는 순조 2년(1802) 음력 5월 편찬 완성된 것인데 이 당시의 양기(量器)는 세종 때의 1升=0,596 l 이었다. 즉 관승(官枡)일 경우 관승1升은 광무6년(1902) 이후 1升이 1.8 l 가 된 현재의 신승(新枡) 3合6勺과 같은 것으로, 현재 升의 약 1/3에 해당된다(金b. 48).

『증정교린지』가 편찬될 당시에는 10勺을 1合(홉), 10合을 1升(되), 10升을 1斗(말), 15斗를 1平石, 20斗를 1全石으로 하였고,

〈표 1〉 조선중기 식품의 재료를 쌀로 환산한 가격(『증정교린지』)

곡류		가격	조미료류	가격	과일류	가격	생선류	가격	육류	가격	채소류	가격	기타	가격
찹쌀	1말	1말5되	꿀	1말	20말	개암	1말	2말	대구	1마리	7되	말린꿩	1마리	1말5되	표고버섯	1말	4말	자초	1말	3말
메밀	1말	1말	참기름	1말	20말	대추	1말	2말	싱어	1마리	6되	산닭	1마리	7되	생강	5말	5말	오미자	1말	2말
팥	1말	1말	들기름	1말	17말	황율	1말	3말	광어	1마리	5되	달걀	1개	5홉				⑤모곡	1말	6되
녹두	1말	1말5되	소금	1말	3되	잣	1말	1말	전복	①1貼	6말	포육	1첩	3말				잔곡	⑥1圓	3되
녹말	1말	10말	겨자	1말	5말	호도	1말	1말	청어	②1級	5되									
말가루	1말	1말				곶감	1貼	1말5되	건어	③1束	5되	① 1貼은 20을 기준으로 함.								
콩가루	1말	6되				생밤	1말	1말5되	문어	1마리	5되	② 1級은 물고기 10마리를 두 줄로 역어서 20마리를 일컫는 말.								
						홍시	1개	8홉	해삼	1말	3말	③ 10을 1단위로 하는 말.								
						배	1개	5홉	홍합	1말	2말	④ 생선(生鮮) : 살아 있는 물고기를 말함.								
									피백합	1개	1홉5작	⑤ 모곡(牟曲) : 보리를 굵게 갈아 반죽하여 띄운 누룩.								
									백합젓	1되	5되	⑥ 1圓은 3되에 해당.								
									생복	1개	1되									
									④생선	1마리	2말									

全石은 가루나 술·기름 등과 같은 것을 계량하는데 사용하였다. 즉 『증정교린지』에 기록되어 있는 가루나 술·기름의 양에 사용된 石(섬)은 20斗에 해당되는 셈이다(金b. 49).

〈표 1〉을 통하여, 현재의 쌀 가격을 기준하여 1말(16kg)을 32,000원으로 계산한 후 산정하면 닭 1마리는 쌀 7되에 해당되며 22,400원이고, 달걀 1개는 쌀 5홉에 해당되어 1,600원이 되나, 조선조의 量制는 지금의 1/3에 해당되기 때문에 닭 1마리는 7,467원, 달걀은 533원으로 계산된다. 이러한 계산법으로 사신 1인에게 지급된 1일 식품의 가격을 환산하면 다음과 같다.

〈세견제1선송사의 정관〉

밥쌀	4되	4267원	메밀	1되	1067원	병미	1되	1067원
찹쌀	1되	1600원	대두	6되	6400원	장태	4홉	427원
주미	2되4홉	2560원	초미	4홉	427원	건어	5마리	2667원
청어	4마리	1067원	광어	4조	2667원	전복	2개	6400원
생선	1마리	21333원	대구어	1마리	7467원	상어	4조	3200원
문어	1조	667원	해삼	5홉	1600원	미역	2냥	-
산닭	1/4마리	1867원	달걀	3개	1600원	꿀	5작	1067원
참기름	1홉3작	2733원	백합젓	6작	3200원	소금	3홉	96원
겨자	4작	2133원	진곡	7홉	747원	황율	3홉	960원
대추	3홉	640원	곶감	2곶*	3200원	생율	1되	1600원

합계 1人 1일 84760원

* 1곶(串)을 곶감 10개로 계산하였음

세견제1선송사들이 왜관에 머무는 기간이 85일이다. 정관에게 일상식으로 지급된 총 액수는 7,204,600원이 된다.

〈세견제1선송사의 반종〉

밥쌀	3되5홉	3733원	메밀	1되	1067원	병미	1되	1067원
찹쌀	5홉	800원	대두	4되	4267원	장태	4홉	427원
주미	2되4홉	2560원	초미	4홉	427원	건어	3마리	1600원
청어	4마리	800원	전복	1개	3200원	대구어	4조	3733원
상어	4조	3200원	해삼	5홉	1600원	미역	2냥	-
꿀	3작	640원	참기름	1홉	2133원	백합젓	6작	3200원
소금	2홉	64원	겨자	4작	2133원	진곡	7홉	746원
개암	3홉	640원						

합계 1人 1일 38,300원

왜관에 머무는 기간이 85일이다. 반종 3명에게 지급된 총액수는 9,766,500원이 된다.

〈세견제1선송사의 도선주 및 압물시봉〉
도선주·압물시봉에게의 지공은 정관에게 지급되는 분량과 같다. 다만 생율·닭·달걀만 지급되지 않는다 하였으므로 1일 1인 지급 총액은 79,690원이 되고, 따라서 2인에게 85일 동안 총 지급된 액수는 13,547,300원이 된다.

〈세견제1선송사의 격왜〉
밥쌀 2되 2,133원이 매일 지급되었다. 격왜 55명에게 85일 동안 지급된 총액수는 9,971,780원이 된다.

〈세견제2선송사~세견제4선송사〉
세견제1선송사와는 정관에게 지급되는 일공 중에서 다만 건어 1마리를 감한 것 외에는 같다 하였으므로, 정관 1인당 85일 동안 지급 총액수는 7,159,490원이고, 세견제4선까지 정관이 3인이기 때문에 총액수는 21,478,470원이 된다.
세견제2선에서 세견제4선까지의 반종은 3명, 격왜는 110명이다. 85일 동안의 총 지급 액수는 반종 3명이 9,766,500원, 격왜 110명이 19,943,550원이 된다.

〈세견제5선송사~세견제17선송사〉
겸대제 이후 원역(員役)이 혁파되고 격왜만이 승선되었기 때문에 격왜만을 계산하면 총합계는, 격왜 320명이 85일 동안에 58,017,600원이 된다.

〈이정암송사〉

지급되는 일상식 일공은 세견제2선송사와 같다하였다. 정관 1인·반종 3명·격왜 40명에게 85일 동안 지급된 총액수는 24,180,350원이 된다.

〈1특송사의 격왜〉

밥쌀 2되 2133원이 매일 지급되었다. 격왜 90명에게 110일 동안 지급된 총액수는 21,116,700원이다.

〈1특송사의 정관〉

밥쌀	4되	4267원	메밀	1되	1067원	병미	3되	3200원
찹쌀	1되	1600원	밀가루	2되	2133원	소두	1되	1600원
대두	1말2되	12800원	장태	5홉	533원	주미	3되2홉	3413원
초미	4홉	427원	건어	5마리	2667원	청어	4마리	1067원
광어	4조	2667원	전복	1곶*	32000원	생선	1마리	21333원
대구어	1마리	7467원	상어	4조	3200원	문어	1조	667원
해삼	5홉	1600원	미역	2냥	-	산닭	1/2마리	3733원
달걀	3개	1600원	꿀	5작	1067원	참기름	1홉8작	3840원
백합젓	6작	3200원	소금	3홉	96원	겨자	4작	2133원
잔곡	9홉	960원	황율	3홉	960원	대추	3홉	640원
곶감	2곶	3200원	생율	1되	1600원	홍시	3개	2560원

합계 1人 1일 129,300원
* 1곶(串)을 곶감 10개로 계산하였음.

1특송사들이 왜관에 머무는 기간이 110일이다. 정관에게 일상식으로 지급된 총액수는 14,223,000원이 된다.

⟨1특송사의 도선주·2선주·봉진압물·사복압물·시봉⟩

밥쌀	4되	4270원	메밀	1되	1067원	병미	3되	3200원
찹쌀	1되	1600원	밀가루	1되4홉	1493원	소두	1되	1600원
대두	1말	10670원	장태	5홉	533원	주미	3되2홉	3413원
초미	4홉	427원	건어	4마리	2133원	청어	4마리	1067원
광어	4조	2667원	전복	3개	9600원	생선	1마리	21333원
대구어	1마리	7467원	상어	4조	3200원	문어	1조	667원
해삼	5홉	1600원	미역	2냥	-	산닭	1/4마리	1867원
달걀	2개	1067원	꿀	5작	1067원	참기름	1홉3작	2773원
백합젓	6작	3200원	소금	3홉	96원	겨자	4작	2133원
잔곡	9홉	960원	황율	3홉	960원	대추	3홉	640원
곶감	2곶	3200원	생율	5홉	800원	홍시	2개	1707원

합계 1人 1일 98,470원

5인이 왜관에 머무는 기간이 110일이다. 지급 총액수는 54,158,500원이다.

⟨1특송사의 반종⟩

밥쌀	4되	4270원	메밀	1되	1067원	병미	3되	3200원
찹쌀	5홉	800원	밀가루	1되	1067원	소두	5홉	800원
대두	8되	8533원	장태	4홉	427원	주미	3되2홉	3413원
초미	4홉	427원	건어	3마리	2133원	청어	4마리	1067원
대구어	4조	2667원	상어	4조	3200원	전복	2개	6400원
해삼	5홉	1600원	산닭	1/4마리	1867원	미역	2냥	-
꿀	3작	640원	참기름	1홉	2133원	백합젓	6작	3200원
소금	2홉	64원	겨자	4작	2133원	잔곡	9홉	960원
개암	3홉	640원						

합계 1人 1일 52,700원

반종이 7명이므로 110일 동안 지급된 총 액수는 40,579,000원이다.

〈2특송사・3특송사〉
겸대제 이후 원역이 혁파되고 격왜만이 승선되었기 때문에 격왜 만을 계산하면 격왜 180명에게 110일 동안 지급된 총액수는 42,233,400원이 된다.

〈만송원송사〉
일상식 지급은 세견제1선송사와 같다. 따라서 정관 1인에게 지급된 총액수는 7,204,830원이 되고, 도선주 1인・봉진압물 1인에게 지급된 총액수는 13,548,320원이 되며, 반종 3명에게 지급된 총액수는 9,767,520원이 되고, 격왜 55명에게 지급된 총액수는 9,973,330원이 된다.

〈부특송사〉
일상식 지급은 1특송사와 같으므로 정관은 총 합계 14,223,000원, 부관・도선주・2선주・유선주・봉진압물・사복압물・시봉 7인의 총합계는 75,821,390원, 반종 7명은 40,582,080원, 격왜 90명의 총합계는 21,120,000원이 된다.

이상 일상식의 지공을 위하여 지급된 액수는 세견선송사에서 149,700,000원, 이정암송사에서 24,180,350원, 1특송사에서 130,080,000원, 2・3특송사에서 42,233,400원, 만송원송사에서 40,494,000원, 부특송사에서 151,746,500원으로, 총합계는 538,434,000원이다. 이 금액은 인조 13년(1635) 세견선의 겸대제 이후에 정규적으로 입항하는 송사를 기준으로 한 것이기 때문에, 1635년 이전보다는 상당히 줄어든 액수이고, 비정규적으로 내왕한 차왜(差倭)를 위한 접대 비용은 포함되지 않았다. 1635년 이후 20여 종이 넘는 차왜의 빈번한 내왕이 있었기 때문에, 차왜까지 포함한다면, 일상식을 위해 지출된 총액수는 1년에 약 10억이 넘었을 것으로 추산된다.

　왜인들의 신분 차이에 따라 지급된 일상식을 비교함으로써, 당시의 계급 구조에 따른 일상식 규모를 검토해 보기로 한다. 1일의 일상식 비용으로 가장 많이 지급된 순서부터 나열해 보면,

1특송사의 정관	129,300원
1특송사의 도선주·2선주·봉진압물·사복압물·시봉	98,470원
세견제1선송사의 정관, 만송원의 정관	84,760원
세견제2선송사~4선송사의 정관, 이정암의 정관	84,230원
세견제1선송사의 도선주·압물시봉·만송원의 도선주·압물시봉	79,690원
1특송사의 반종	52,700원
세견제1선~제4선의 반종, 만송원의 반종, 이정암의 반종	38,300원
모든 격왜	2,133원

이 된다. 129,300원부터 2,133원까지 8등급으로 분류되는데, 이 8등급 분류는 어디까지나, 정규적으로 입항하는 송사들만을 대상으로 한 것이다.

3) 일상식에서의 숙공(熟供)과 찬품(饌品)

〈표 2〉는 조선전기 국왕 사신인 정관과, 조선중기 1특송사의 정관에게 지급된 일상식을 위한 1일의 식품재료와 분량이다(『해동제국기』), (하. 100~120). 전기에 비하여 중기에는 훨씬 많은 재료들이 등장하고 있다. 1특송사보다는 국왕 사신이 계급이 높은 것으로 생각됨에도 불구하고, 중기에 이와 같이 풍성해진 까닭은 조선전기의 재료들은 조반(早飯)을 제외한 조석반(朝夕飯)과 주점심(晝點心)을 위한 재료이고〔조선전기에는 식품 재료를 그냥 받기를 원할 경우 조반(早飯)은 숙공(熟供)하였고, 조석반과 주점심의 재료만을 제공하였음(『해동제국기』)〕, 조선중기의 재료들은 조반(早飯)을 포함한 조석반·주점심을 위한 재료이기 때문이다.

이러한 사실에서 〈표 2〉를 통하여, 조선중기의 조반(早飯)에 사용된 식품재료를 유추해 낼 수 있다. 즉 메밀·병미·찹쌀·소두·꿀·황율·대추·곶감·생율·홍시·광어·전복·대구어·상어·문어·해삼·닭·달걀이 조반에 사용된 식품 재료라고 말할 수 있다. 생선을 즐겨 먹는 일본인들의 기호를 생각해서 일까. 생선류가 재료로서 많이 취급되고 있다. 생선류는 전유어·생선회·탕·찜·죽 등의 재료로 쓰였을 것이다. 과일의 종류가 5가지인 점으로 미루어, 1특송사 정관에게는 조선전기의 국왕 사신에게 제공되었던 거식칠과상(車食七果床)을 조반상(早飯床)으로 제공하였던 것으로 보인다. 조선전기의 거식칠과상은 과일 5종류와 유밀과 2종류로 칠과상이 구성되었기 때문이다.

〈표 2〉 조선전기와 조선중기에 일본사신인 正官에게 지급된 일상식을 위한 1日의 식품 재료와 분량(『해동제국기』, 『증정교린지』)

곡류	조선전기	조선중기	과일류	조선전기	조선중기	육류	조선전기	조선중기	채소류	조선전기	조선중기	기타	조선전기	조선중기	조미료류	조선전기	조선중기	생선류	조선전기	조선중기
쌀	4되	4되	황율	×	3홉	산닭	×	1/2마리	미역	2냥	2냥	주미	×	3되2홉	장태	×	5홉	건어	30개	5마리
메밀	×	1되	대추	×	3홉	달걀	×	3개				차	2작	×	초미	×	4홉	청어	4마리	4마리
병미	×	3되	곶감	×	2串							청주	3병5일	×	꿀	×	5작	광어	×	4條
찹쌀	×	1되	생율	×	1되										참기름	4작	1홉8작	전복	×	1串
말가루	1되4홉	2되	홍시	×	3개										백합젓	×	6홉	생선	1마리	1마리
소두	×	1되													새우젓	5홉	×	대구어	×	1마리
대두	1말2되	1말2되													소금	1홉	3홉	상어	×	4條
															겨자	4작	4작	문어	×	1條
															간장	6작	×	해삼	×	5홉
															초	3작	×	준치	약3條	×
															건곡	×	9홉	조기	1마리	×
						육류	조선전기	조선중기	채소류	조선전기	조선중기									
						산닭	×	1/2마리	미역	2냥	2냥									
						달걀	×	3개												

조선중기에 1특송사 정관에게 조반(早飯)으로 5일 동안 숙공하여 제공한 거식칠과상 중 특히 2일 동안 행하였던 숙공조반식(熟供早飯式) 때에는 '술 5순배와 또 삼색죽(三色粥)이 있다' 하였으므로, 조선전기의 朝飯床 술의 안주로서 차렸던 초미(初味)·이미(二味)·삼미(三味)에 삼색죽을 각각 더하여 차려졌으리라 짐작된다(『통문관지』 卷5「交隣」), (하.118).

이상에서 검토해 본 바와 같이, 조선중기에 1특송사 정관에게 제공된 숙공(熟供)에서 조반상(早飯床)이, 조선전기의 거식칠과상에 해당되므로, 조석반(早夕飯)과 주점심(晝點心) 역시 조선전기와 마찬가지로 각각 7첩상과 5첩상으로 숙공하여 제공되었으리라고 본다. 『해동제국기』에는 숙공하여 제공하는 일본 사신의 등급을 3등급으로 분류하여, 제1등급은 거식칠과상·7첩상·5첩상, 제2등급은 거식오과상·5첩상·3첩상, 제3등급은 오과상·7첩상·5첩상으로 나누고 있기 때문에(『해동제국기』), 조선중기에도 숙공의 분류는 이 범위를 크게 벗어나지 않았을 것이다. 『해동제국기』의 사신 접대 내용은 조선조 전반에 걸쳐 모범적 규례로서 적용하였기 때문이다.[75]

따라서 일상식에서 제공된 상차림 및 찬품(饌品) 역시, 1600년대 명나라 사신에게 제공되었던 早飯을 비롯한 궁중에서의 외빈 접대 때에 차렸던 朝·夕飯 및 『해동제국기』의 일본사신접대 기록을 참고로하여 필자가 도식화한, 조선전기의 상차림 및 찬품과 크게 차이가 없을 것으로 사료된다.

4) 연회식

(1) 연회 종류

『증정교린지』와 『통문관지』에 나타나 있는 일본사신에 대한 연회 종류를 분석한 것이 〈표 3〉이다(하. 17-42), (『통문관지』 卷5 「交隣」).

---

75) 참고로 재판차왜에게 지급된 早飯을 보면 흰죽·팥죽·메밀국수·떡·참깨떡·밤·잣·호두·개암·대추 등 외에, 가자미·대구·방어·말린해삼·달걀이 재료가 되었다.

〈표 3〉 일본사신에 대한 연회의 종류와 연회 회수(『증정교린지』, 『통문관지』)

	세견 제1선송사	세견 제2선송사 ~ 세견 제4선송사	이정암송사	제1특송사	만송원송사	부특송사
下船茶禮	1회	1회	1회	1회	1회	1회
下船宴	1회	1회	1회	1회	1회	1회
路次宴	1회	1회	1회	1회	1회	1회
禮單茶禮	1회	×	1회	1회	1회	1회
別宴	×	×	×	1회	×	1회
上船宴	1회	1회	1회	1회	1회	1회
名日宴	3회	×	×	4회	3회	1회

하선다례(下船茶禮)·하선연(下船宴)[76]·노차연(路次宴)[77]·예단다례(禮單茶禮)·별연(別宴)·상선연(上船宴)[78]·명일연(名日宴)[79]으로 사신의 등급에 따라 10회에서 4회까지 연회를 베풀어 주고 있다. 조선중기에는 전기와 달리 부산 왜관에서만 접대의례가 이루어졌기 때문에 조선전기에서 보이고 있는 경중영전연(京中迎餞宴)·궐내연·예조연이 나타나지 않고 있다.

(2) 연회에 소용된 식품의 재료와 분량

가장 큰 규모로 10회의 연회를 베풀어 주었던 1특송사 경우에 10

---

76) 하선연(下船宴) : 환영연.
77) 노차연(路次宴) : 노연(路宴).
78) 상선연(上船宴) : 환송연.
79) 명일연(名日宴) : 일본 풍속에 1월 1일·3월 3일·5월 5일·6월 15일·7월 7일·7월 15일·8월 1일·9월 9일· 10월 亥日을 명일(名日)로 삼고 있는 바, 이때에 베풀어 주는 연회를 말함.

회에서 소용된 총 식품의 재료와 분량을 보면 다음과 같다.

주미(酒米)	2섬5말2홉4작8리5푼
초미(醋米)	4말3되7홉4작8리5푼
병미(餅米)	5섬5말8되
찹쌀	2섬3말6되4홉4작7리
탕미(湯米)	6섬7말2되
포태(泡太) *	12말
소두(小豆)	4말5되7홉2작8리
녹두(菉豆)	2말6홉2작6리5푼
메밀(木米)	1섬5말3되
밀가루	10섬3말5홉9작6리
콩가루	18섬1말4되1홉7작6리
진곡(眞曲)	5同9圓1되
모곡(牟曲)	1섬4말6되
참기름	2섬1말3홉2작5리5푼
꿀〔淸蜜〕	11말2되9홉3작
감장(甘醬)	8말1되9홉9작7리5푼
간장(艮醬)	4말8되3홉4작
소금	3말5홉7작4리5푼
겨자〔芥子〕	1말2되1홉8작8리
생강	5되9홉2작
대추	3말4홉8작9리
생율(生栗)	13말7홉1작4리
황율(黃栗)	2말9되4홉2작5리
배	495개
홍시	807개
곶감	19첩(貼)4꿰미(串)
잣	13말5되9홉

호도	14말2되4홉
개암	6말2되4홉
오미자	1되5홉
지초(芝草)	1말3되1홉6작
표고버섯	4되2홉
산돼지	15마리
포육(脯肉)	34첩(貼)4條半
반건치(半乾雉)	49마리2쾌(快)
활계(活鷄)	25마리1쾌
달걀	980개
해삼	14말4되5홉
피백합(皮白蛤)	1082개半
생선(生鮮)	233마리
생복(生鰒)	905개
전복	6첩3개
홍합	14말4되5홉
문어	31마리1條
광어	237마리
상어	251마리2條
대구어	593마리2조
청어	116級3마리
건어(乾魚)	109束8마리

* 泡太 : 두부 제조용 콩으로서, 1특송사에게 일상식을 위하여 제공되었던 식품들에 비하여 포태·녹두·보리누룩(牟曲)·생강·배·잣·호도·개암·오미자·지초·표고버섯·산돼지·포육·꿩·피백합·생복·홍합이 연회식 재료로서 더 제공되고 있다.

5) 연회 상차림에 소용된 비용

1특송사 연회를 대상으로 하여 10회의 연회 때에 쓰여진 재료의 가격을 환산하면 다음과 같다.

주미(酒米)	2섬5말2홉4작8리5푼	480,000원
초미(醋米)	4말3되7홉4작8리5푼	46,000원
병미(餅米)	5섬5말8되	1,128,500원
찹쌀	2섬3말6되4홉4작7리	698,250원
탕미(湯米)	6섬7말2되	1,356,800원
포태(泡太)	12말	128,000원
소두	4말5되7홉2작8리	50,870원
녹두	2말6홉2작6리5푼	33,000원
메밀	1섬5말3되	269,870원
밀가루	10섬3말5홉9작6리	2,165,870원
콩가루	18섬1말4되1홉7작6리	2,313,024원
진곡	5동9원1되	189,870원
모곡	1섬4말6되	157,440원
참기름	2섬1말3홉2작5리5푼	8,752,940원
꿀	11말2되9홉3작	2,408,530원
감장	8말1되9홉9작7리5푼	-
간장	4말8되3홉4작	-
소금	3말5홉7작4리5푼	9,760원
겨자	1말2되1홉8작8리	64,670원
생강	5되9홉2작	31,470원
대추	3말4홉8작9리	64,870원
생율	13말7홉1작4리	209,200원
황율	2말9되4홉2작5리	94,080원
배	495개	264,000원
홍시	807개	688,640원
곶감	19첩4꿰미	310,400원
잣	13말5되9홉	144,960원
호도	14말2되4홉	151,890원
개암	6말2되4홉	133,120원
오미자	1되5홉	3,200원

지초	1말3되1홉6작	42,080원
표고버섯	4되2홉	17,920원
산돼지	15마리	-
포육	34첩4조반	1,093,330원
반건치	49마리2쾌	792,000원
활계	25마리1쾌	188,530원
달걀	980개	522,670원
해삼	14말4되5홉	462,400원
피백합	1082개	173,120원
생선	233마리	4,970,670원
생복	905개	965,330원
전복	6첩3개	393,600원
홍합	14말4되5홉	308,270원
문어	31마리1조	166,000원
광어	237마리	1,264,000원
상어	251마리2조	1,608,000원
대구어	593마리2조	4,429,600원
청어	116급3마리	619,470원
건어	109속8마리	585,600원
		합계 40,951,810원

총합계는 40,951,810원인데, 이 액수는 산돼지 15마리의 값이 제외된 값이다. 산돼지를 1마리당 50만 원으로 계산하여 합계를 내면 48,451,810원이 된다. 이 액수를 10회의 연회로 나누어 평균하면 1회 연회에 평균 4,845,180원의 돈을 사용하였다고 볼 수 있다. 따라서 〈표 3〉에 나타난 바와 같이 일본사신에 대한 1년간의 총 연회 횟수는 45회이므로 식품에 소용된 비용을 1회에 5,000,000으로 계

산하면 연간 연회를 위하여 식품 구매에 든 비용은 2억2천5백만 원으로 계산되고 있다.

6) 연회구성과 연회상차림 및 좌석배열

조선전기와 달리, 부산왜관에서 전적으로 열렸던 송사에 대한 연회때, 접대의 상대역은 동래부사(東萊府使)와 부산첨사(釜山僉使)이었다.[80] 일본사신도 조선전기에서는 정사(正使)·부사(副使)·정관(正官)·수행원으로 구성된 것에 반하여, 중기 이후부터는 정관과 수행원으로 격하되었다. 따라서 연회 역시 조선전기에 비하여 수준이 격하되었을 것으로 보이는데, 다례(茶禮)이든 연향(宴享)이든 꽃·풍악·기생과 춤·미수(味數)·찬탁(饌卓)·술로 구성되었다. 조선전기에는 소동(小童)이 춤을 추었으나 광해군 4년(1612) 차왜(差倭)가 기생들의 춤을 고집하였기 때문에 이후 소동 대신에 기생으로 대치되었다(하. 120).

송사(送使)[81]들에 대한 연회에서의 좌석배열을 보면 〈그림 1〉과 같이 동·서로 나누어 동쪽에는 조선의 관리들이, 서쪽에는 일본의 송사들이 각각 직위에 따라 교의(交椅)와 승상(繩床)에 나누어 앉게끔 하고 있고, 남쪽에는 북향하여 훈도와 별차가 승상에 앉게끔 하고 있다. 그러나 원래는 〈그림 1〉과 같은 좌석 배열이 아니었다. 동래부사와 부산첨사가 북쪽벽에 앉고, 정관이 남쪽에서 북향하여

---

80) 대차왜(大差倭)에 대한 연향은 경접위관(京接慰官)이 주관하고 동래 부사도 함께 참여하였으며, 소차왜(小差倭)에 대한 연향은 향접위관(鄕接慰官)이 주관하고, 그 예모는 모두 송사의 연향 때와 같았다.
81) 세견송사·특송사·이정암송사 등을 지칭함.

앉는 것이었다. 광해군 2년(1610)에 왜사(倭使)가 동서좌(東西座)로 할 것을 요청한 이후82), 〈그림 1〉과 같은 좌석배열로 되었다. 앞서 언급한 소동 대신에 기생으로 대치된 것과, 〈그림 1〉과 같은 좌석배열은 임진왜란 이후 보다 강해진 일본사신들의 위치를 반영한 한 예로 보아야 한다.

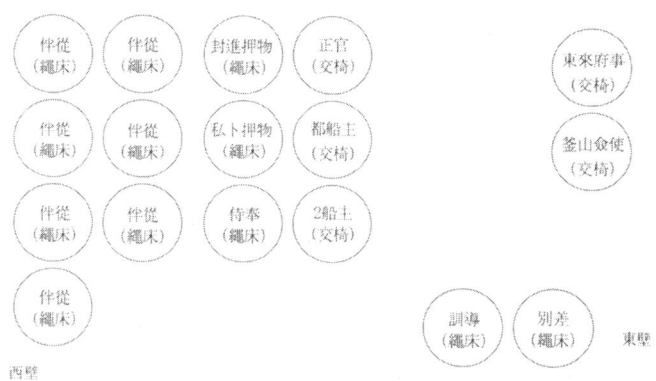

〈그림 1〉 1특송사를 위한 부산 왜관 연회에서의 좌석배열(『증정교린지』)

부산 왜관에서 이루어졌던 연회는 연회에 앞서 일정한 격식이 있었다. 이 연회전의 의례 격식을 살펴보면

　　○ 동래부사와 부산첨사가 붉은 단령[紅圓領]83)을 입고 먼저 연향대청의 동상방(東上房)에 이른다.

---

82) 동래부사 조존성이 반대하였으나 이루지 못하였다.
83) 붉은 단령[紅圓領] : 붉은 빛깔의 단령. 단령이란 깃을 둥글게 만든 벼슬아치의 公服의 하나. 빛깔에 따라 홍단령과 흑단령으로 구분된다.

○ 훈도(訓導)가 관복을 갖추어 입은 정관(正官) 이하를 이끌고 서쪽 협문을 지나 영외(楹外)[84]에 오른다〔동래부사·부산첨사·훈도· 별차가 붉은 단령을 입으면 정관 이하도 관복을 갖추어 입고, 동래부사 이하가 융복(戎服)[85]을 입으면 정관 이하는 포의(布衣)[86] 에 풍절오모자(風折烏帽子)를 착용함〕.
○ 소통사(小通詞)[87]는 서계(書契)[88]를 받들어 들고 정문(正門)을 경유하여 들어와 북쪽벽의 탁자 위에 놓는다(하선다례에 한함).
○ 별차(別差)가 동래부사와 부산첨사를 모시고 동문을 경유하고 나와 동쪽벽에서 서쪽을 향하여 선다.
○ 정관 이하는 서쪽벽에서 동쪽을 향하여 선다.
○ 반종은 남쪽에서 북쪽을 향하여 선다.
○ 훈도와 별차는 남쪽에서 북쪽을 향하여 선다.
○ 동래부사와 정관이 마주보고 두 번 읍례(揖禮)를 하면 훈도와 별차는 동시에 함께 읍(揖)한다〔相揖之禮〕.[89]
○ 부산첨사와 정관이 마주보고 두 번 읍례를 하면 훈도와 별차도 동시에 함께 읍한다.

---

84) 영외(楹外) : 기둥 밖.
85) 戎服 : 옛날 군복의 한 가지. 철릭과 주립(朱笠)으로 되었다.
86) 布衣 : 평상복.
87) 小通詞 : 위계가 낮은 통사. 통사란 한나라의 글이나 말을 다른 나라의 글이나 말로 바꾸어 표현하는 사람.
88) 書契 : 조선시대 우리나라에서 일본과 야인의 추장에게 通好를 허가한 신임장.
89) 相揖之禮 : 서로 읍하는 예. 상읍례(相揖禮)는 접대의례를 행할 때 정관이 먼저 앞으로 나아가 재배(再拜)하면 동래부사와 부산첨사가 답배(答拜)하고 선주·압물의 재배에 답읍(答揖)하는『해동제국기』의 규정과는 달리 서로 읍〔相揖〕하는 것을 말한다. 상읍례가 처음 시행된 것은 1611년 10월로, 기유약조 체결 이후 외교사절로 처음 온 세견제1선송사 平智直의 연향숙배례(宴享肅拜禮)때이다.

○ 이후 도선주・2선주・압물・시봉등도 정관의 예와 같이 하고 훈도 와 별차도 그렇게 한다.
○ 동래부사・부산첨사・정관・선주는 교의(交椅)에 나가 앉고 압물 이하는 승상에 앉는다.
○ 수통사(首通詞)90)가 연향청에 올라 배흥(拜興)하고 외치면, 처마 끝에서 북쪽을 향하여 서있던 반종(伴從)이 일렬로 서서 두 번 반 배례(拜禮)를 한 후 정관의 뒤로 가서 장막을 사이에 두고 승상에 앉는다.
○ 소통사가 서계를 받들어 바치면 동래부사와 부산첨사가 차례로 열 어 본다(하선다례에 한함).
○ 소통사가 '○○연' 올릴 것을 아뢴다.

이다. 의례 절차가 끝나면 본격적인 연회에 들어가게 되는데, 하선다례에서는 찬탁(饌卓)・찬삼미(饌三味)・술5순배, 하선연에서는 찬탁・찬칠미(饌七味)・술9순배・다담상・술3순배, 상선연에서는 찬탁・찬칠미・술9순배로서 상차림이 구성되었다(하. 115-125).

연회상차림의 구성 및 찬품은 일상식도 마찬가지로, 필자가 「조선왕조연회식의궤」에 나타난 상차림 구성 및 찬품의 내용을 분석한 결과(金a), (金b), 1600년대 초부터 1900년 초까지 재료와 조미료의 첨삭만 차이가 날 뿐이고, 찬품명은 크게 변하지 않고 계속되고 있기 때문에, 조선왕조 전반에 걸쳐서 일상식을 비롯한 연회 음식 찬품명은 거의 비슷한 흐름으로 이어졌다고 보아야 할 것이다. 따라서 조선중기 일본사신 접대를 위한 연회상차림 구성도 前報에서 밝힌 『해동제국기』에 나타난 그것과 크게 다르지 않다고 본다.

---

90) 首通詞 : 통사의 우두머리.

다만 조선중기의 일본 사신 접대는 부산 왜관에서만 이루어졌기 때문에 『해동제국기』의 '삼포에서 행한 선위사의 정사·부사·정관을 위한 연회' 및 '名日宴'에 해당될 것이다.

조선전기에는 일본 사신 접대에서 술 5순배가 이루어지고 있었다. 궐내연이든(『세종실록』 「五禮儀」), 예조연 및 삼포연(『해동제국기』)이든 술 5순배는 일본 사신 접대의 정례이었다. 이 술 5순배가 조선중기에 와서는 하선연과 상선연에서 술 9순배로 바뀌고 있다. 연향의와 중배례로 구성되었던 조선중기 하선연의 연회구성으로 살펴보면

연향의(宴享儀)
찬탁(饌卓)·풍악
술제1잔·풍악-선(膳)·풍악-권화(勸花)·풍악
술제2잔·풍악-초미·풍악
술제3잔·풍악-2미·풍악
술제4잔·풍악-3미·풍악
술제5잔·풍악-4미·풍악
술제6잔·풍악-5미·풍악
술제7잔·풍악-6미·풍악
술제8잔·풍악-7미·풍악
술제9잔·풍악

중배례(重杯禮)
술 9순배 이후 교의(交椅) 앞에 평배좌(平排坐)[91]를 한다.
다담(茶啖)·풍악-술3순배·풍악

---
91) 평배좌(平排坐) : 의자를 벌여 놓지 아니하고 맨 바닥에 죽 늘어앉음.

왜사(倭使)가 동래부사와 부산첨사·훈도·별차에게 상찬(箱饌)92)을 올린다(하. 120-121).

로서, 연향의와 중배례에서의 술 순배는 그 방법을 각각 달리하고 있다. 연향의에서는 동래부사가 정관에게 먼저 술 제1잔을 권하는 것에 반하여 중배례에서는 동래부사가 먼저 마시고 정관에게 술을 돌리는 형식으로, 전자는 헌작(獻爵)의 개념이라면, 후자는 수작(酬爵)의 개념으로 진행되었다. 즉 연향의에서는 공식적인 연회의 성격으로 동래부사가 정관에게 먼저 술 제1잔을 주고[獻爵] 정관이 이를 마신 후에 동래부사에게 술잔을 반배하는 것[酢爵]까지가 술 제1잔이 되는 것인데(『국조오례의』卷3「禮曹宴」), 이러한 헌작과 초작이 연향의에서 9번이 이루어지는 것이며, 그 후 중배례에서 수작이 형성됨으로서 비로소 헌작·초작·수작으로 완성된 연회가 끝나게 된다(金c, 111-113).

연향의에서의 술 순배 진행 절차는 '예조에서 이웃나라 사신에게 연회하는 의식'을 기록한 『세종오례의』와 『국조오례의』에 기초하였고, 이는 前報에서 상세히 기록하였으므로 생략한다. 중배례에서의 술 순배를 다시 한 번 검토하면,

> 맨 바닥에 즉 늘어앉은 다음 다담(茶啖)을 올리고 통인(通引)93)이 동래 부사에게 술을 올리면 동래부사가 술을 마신다.

---

92) 상찬(箱饌) : 찬합에 담은 음식. 대차왜(大差倭)의 경우 접위관 앞에도 상찬을 올림.
93) 통인(通引) : 조선시대 지방관아에 딸린 史屬. 수령의 잔심부름을 맡아 하였다.

동래부사가 정관에게 술을 보내고, 정관에게 술을 올리면 정관이 마신다.
정관이 동래부사에게 술을 보내고, 동래부사에게 술을 올리면 동래부사가 술을 마신다.

라고 하여, 동래부사에게 두 번 돌리고 정관에게는 한번 돌려 모두 석 잔을 마시게 된다. 이러한 술 3순배는 부산첨사·도선주·압물·시봉에게도 차례로 진행하는 것으로 이것이 끝난 후에 비로소 왜사가 상찬을 올리고 있다.

이상과 같은 중배례는 광해군 원년(1609) 전까지는 연향이 끝난 후에 주인과 손님이 각각 의자 앞에 서서 두 잔을 마시는 것이었다. 1609년 이후 따로 찬품을 내어 술을 마시게 된 것을 광해군 5년(1613) 일정한 형식을 가진 위와 같은 중배례를 정하게 되었다(하. 120).

조선전기 일본 사신을 위한 예조연에서 보여 주었던 '공수재배(控首再拜) 공수답배(控首答拜)·돈수재배(頓首再拜)', '소동의 춤', '술 제5순배'와 같은 의례절차는(『세종실록』「五禮儀」卷3), 임진왜란 이후부터 사라지기 시작하여 '상읍지례(相揖之禮)', '기생의 춤', '술 제9순배 및 중배례' 등과 같은 형태로 변형되어, 1613년경에는 이 변형된 연회의례가 정착되기에 이르렀다.

Ⅵ. 맺음말

　조선전기 대일 통교의 중심지였던 삼포(三浦)는 임신약조(1512년)와 정미약조(1547년)를 거치면서 내이포와 염포가 폐쇄되고, 부산포가 유일한 개항지로서 등장하게 되었으며, 계해약조(1443년)에서 맺었던 세견선 50척은 25척으로 삭감되게 되었다. 이러한 중에 도요토미히데요시가 일으킨 임진왜란은 도요토미히데요시의 사망에 따라 선조 31년(1598) 7년간의 긴 전쟁이 종결을 고하고, 광해군 원년(1609) 기유약조의 체결로 20여 년 동안 혼란했던 일본과의 관계를 정상화하였다. 기유약조는 조선전기와 조선후기로 나누는 대일관계의 전환점으로, 조선중기 이후 대일관계의 중요한 변화를 제공하고 있다.
　기유약조의 체결로 이후의 일본 사신 영접은 부산왜관에서만 전적으로 하게 되었다. 정례적으로 부산포에 오는 선박은 국왕사선·대마도주의 세견선·수도서인선·수직인선으로 하였으며, 비정규적으로 부산포에 오는 선박은 차왜로 하였다. 한편 조선중기 이후에는 일본에 파견하는 조선의 사신 횟수도 증가하게 되었고 조선에서는 에도[江戶]에 파견하는 통신사(通信使)와 대마도에 파견하는 문위역관(問慰譯官)이 있었다.
　이들 양국 사신의 주요 목적은 외교적인 성격도 있었으나 교역의 성격을 아울러 수행하는 것이었다. 특히 일본의 경우에는 교역의 성격이 강한 것이었다. 동래부의 왜관을 통한 통상무역에는 진상(進上)과 공무역 및 사무역 외에 일본의 구청(求請)에 의한 구무

(求貿)가 있었다. 통신사와 문위역관이 일본으로 가지고 가는 예단(禮單)이나 별폭(別幅)은 진상에 해당되었다.

일본에서 조선으로 온 교역물자 가운데 후추·다목·백반·대화진주(大和眞珠)등은 진상품이고, 동철·납철은 공무역이었다. 조선에서 일본으로 간 교역물자 가운데 인삼·표범가죽·범가죽·꽃자리·황모필·백저포·흑마포·백목면·백면주·참먹·매 등은 진상품이었고, 쌀·콩·무명은 공무역이었으며, 꿀·들기름·녹말·율무·호두·잣·대추·개암·황율 등의 식품류, 한약재류, 금수류, 그릇류, 서책류, 문방구류, 악기류, 기타 등 넓은 범위의 각종 물품이 구청(求請)에 의한 구무(求貿) 형태로 수출되고 있었다. 일본으로 수출된 물품 가운데 쌀·콩·오미자·인삼·잣 등은 조선초기부터 계속되어 일본에 유입되고 있는 식품류이고, 조선으로 유입된 물품 가운데 후추 역시 조선초기부터 일본에서의 진상품과 사(私)무역품의 하나이었다.

기유약조 체결 이후 외교와 무역을 수행하기 위하여 부산에 온 특송사는 110일, 세견선사는 85일, 차왜는 55일, 대차왜는 60일, 재판차왜는 무한정 왜관에 머무르면서 업무를 수행하게 되는데, 이들이 부산 왜관에 머무는 동안의 일상식과 연회식 상차림은 조선전기의 『해동제국기』에 나타난 그것과 크게 다르지 않고 있다. 다만 조선중기의 일본 사신 접대는 부산 왜관에서만 이루어졌기 때문에 『해동제국기』의 '삼포연'과 '명일연'에 해당될 것이다.

일상식을 위해 지급된 하루분의 재료를 1특송사 정관과 격왜 경우로 보면, 쌀·메밀·떡쌀·찹쌀·밀가루·소두·대두·장태(醬太)·주미(酒米)·초미(醋米)·건어·청어·광어·전복·생선(生

鮮)·대구어·상어·문어·해삼·미역·닭·달걀·꿀·참기름·백합젓·소금·겨자·진곡·황율·대추·곶감·생율·홍시의 33종류가 정관을 위한 일공이었고, 쌀 2되는 격왜를 위한 일공이었다. 이렇듯 왜인들의 신분 차이에 따라 지급된 일상식의 하루분 재료를 정규적으로 입항하는 송사들만을 대상으로 하여 현재의 금액으로 환산한 결과,

  1특송사의 정관   129,300원
  1특송사의 도선주   98,470원
  세견제1선송사의 정관 84,760원
  세견제2선송사의 정관 84,230원
  세견제1선송사의 도선주 79,690원
  1특송사의 반종   52,700원
  세견선의 반종   38,300원
  격왜   2,133원

으로 계산되었고, 이를 기초로 하여 정규적으로 해마다 입항하는 송사들에게 지급된 1년간의 일상식 지공의 총액수는,

  세견선송사   149,700,000원
  이정암송사   24,180,350원
  1특송사   130,080,000원
  2·3특송사   42,233,400원
  만송원송사   40,494,000원

부특송사   151,746,500원

이 산출되었으며, 총합계는 538,434,000원이다. 이 금액은 인조 13년(1635) 세견선의 겸대제 이후에 정규적으로 입항하는 송사를 기준으로 한 것이기 때문에 1635년 이전보다는 줄어든 액수이고 비정규적으로 내왕한 차왜(差倭)를 위한 접대비용은 포함되지 않은 것이다.

조반(早飯)·조반(朝飯)·주점심(晝點心)·석반(夕飯)으로 구성된 일상식 중에서 가장 화려하게 차렸던 것은 조선전기와 마찬가지로 조반(早飯)이었다. 5일의 숙공에서 중 2일 동안 행하였던 숙공조반식(熟供早飯式) 때에는 거식칠과상(車食七果床)외에 삼미(三味)와 삼색죽(三色粥) 및 술 5순배가 있었으며, 조반(早飯)으로 거식칠과상을 차리는 정관에 해당되는 계급은 조반(朝飯)에 7첩상, 석반(夕飯)에 7첩상, 주점심(晝點心)에 5첩상을 차렸다.

연회 종류에는 하선다례·하선연·노차연·예단다례·별연·상선연·명일연이 있었다. 사신의 등급에 따라 10회에서 4회까지 연회를 베풀었다. 연회에 소용된 식품의 재료를 1특송사로 예를 들어보면, 주미(酒米)·초미(醋米)·떡쌀·찹쌀·탕미(湯米)·포태(泡太)·소두·녹두·메밀·밀가루·콩가루·진곡(眞曲)·모곡(牟曲)·참기름·꿀·감장·간장·소금·겨자·생강·대추·생율·황율·배·홍시·곶감·잣·호도·개암·오미자·지초·표고버섯·산돼지·포육·반건치(半乾雉)·닭·달걀·해삼·피백합·생선·전복·홍합·문어·광어·상어·대구어·청어·건어로 49종류에 이르고 있다.

1특송사 연회를 대상으로 하여 10회 연회 때에 소용된 식품의 값

을 현재의 금액으로 환산한 결과는 약 48,451,810원이 되고, 1회 연회에는 평균 4,845,180원의 돈을 사용한 것으로 계산되고 있다. 일본사신에 대하여 조선에서 베푼 총 연회 횟수는 45회이므로, 식품에 소용된 비용을 1회에 5,000,000원으로 계산하여도 연간 연회를 위하여 식품 구매에 소용된 비용은 2억2천5백만 원이 되는 셈이다.

일본 사신을 위한 연회는 임진왜란 이후 약간의 변형을 보이고 있는데, 조선전기의 연회 구성에서 있었던 '공수재배·공수답배·돈수재배', '소동의 춤', '술 제5순배'는 사라지기 시작하여 '상읍지례', '기생의 춤', '술 제9순배 및 중배례' 등과 같은 형태로 변형되어, 1613년경에는 이 변형된 연회의례가 정착되기에 이르렀으며, 중배례 때에 왜사가 동래부사 등에게 올리는 상찬(箱饌)은 소위 왜찬합을 지칭한 것으로, 조선중기 일본의 찬합 문화가 한반도로 유입이 되었음을 알 수 있는 바, 이 찬합은 조선왕조 말까지 궁중 연회 때에도 오르는 찬품의 하나가 되고 있었다.

「한국식생활문화학회지」 13집 4호, 한국식생활문화학회.

참고 문헌

하우봉·홍성덕 역,『국역증정교린지』, 민족문화추진회.

부산직할시시사편찬위원회,『釜山市史』제1권, 1989.

金尙寶a,『朝鮮王朝宮中儀軌飮食文化』, 修學社, 1995.

金尙寶b,『朝鮮王朝宮中宴會食儀軌飮食의 實際』, 修學社, 1995.

金尙寶c,「東アシアにおける儀禮的饗宴」,『國立民族學博物館硏究報告』 19卷 1号, 1994.

申叔舟,『海東諸國記』.

『世宗實錄』

『中宗實錄』

『明宗實錄』

『國朝五禮儀』

金健瑞,『增正交隣志』, 1802.

『通文館志』

『倭人求請謄錄』

『迎接都監儀軌』1609. 1610.

이희승,『국어대사전』, 민중서림, 1982.

단국대학교 동양학연구소,『韓國漢字語辭典』, 단국대학교 출판부, 1995.

朝鮮 通信使를 포함한 韓·日 관계에서의 飮食文化 교류 3.
朝鮮通信使 파견과 日本의 조선통신사 접대

김상보(대전보건대학교)·장철수(한국정신문화연구원)

◀ 목 차 ▶

Ⅰ. 서 론
Ⅱ. 朝鮮通信使 行
Ⅲ. 조선통신사의 路資(盤纏)
Ⅳ. 朝鮮通信使 禮單食品
Ⅴ. 일본의 조선통신사 접대
Ⅵ. 후추·설탕·고구마·국수·은·찬합 論
Ⅶ. 연회에서 좌석배열
Ⅷ. 맺음말

Ⅰ. 서 론

한·일 양국이 친분을 교류하면서, 평화적·우호적 선린관계를 상징하는 명칭인 통신사(通信使)란 이름으로 일본에 조선사절이 파견된 것은 1428년부터 1529년 임진왜란 전까지 약 7회, 임진왜란 이후 1607년부터 1811년까지 12회에 이르고 있다. 본 장에서는 임진왜란이후 조선통신사 행이 가져온 식품문화의 교류와 일본의 조선통신사에 대한 접대문화를 밝힘으로써, 조선조 중기 한·일관계에서 이루어진 음식문화 교류의 한 면을 究明하고자 한다.

Ⅱ. 朝鮮通信使 行

1) 조선통신사

1401년 아시카가〔足利〕[1]의 3代 장군인 의만(義滿)은 명(明)에 사절을 파견하여 책봉을 받음과 동시에 중국 황제로부터 일본 국왕(國王)으로서 국제적 인지를 받고 무역의 특권을 인정받았다. 다음 해 일본의 수도인 교토〔京都〕에 온 명나라 사절을 의만은 그의 별장 북산제(北山弟)에서 맞이하여 성대히 대접하였다. 1405년 의만은 중 주당(周棠)을 조선왕조에 파견하였다. 수도인 한성에서 일본 사절은 '일본국왕사'로서 대접받았으며, 1406년 이에 대한 보답의 예로서 조선왕조를 대표하는 사절이 교토에 파견되었다. 이 때에도 의만은 북산제에서 성대히 대접하였다.

몽고군의 침략이 있은 후 생활이 궁핍하게 된 일본서국의 무사와 어민들에 의하여 생겨난 왜구에 대하여, 의만은 명나라와 조선에게 왜구 금절을 약속하고 실행하였다.

1419년 세종이 국왕으로 즉위함에 따라, 세종은 태종의 무위(武

---

1) 아시카가〔足利〕: 무로마찌〔室町〕 시대 즉 1338~1573년동안 아시카가씨가 정권을 잡았던 全期를 아시카가 시대라고도 부름.

威) 정책을 중단하고, 왜구의 금지가 일본의 중앙 정권의 손으로 보장된다면 가능한 한 우호적 관계를 갖고싶다는 생각이 강해졌다. 대마도주인 종씨(宗氏)와 조약을 체결하여 대마도가 왜구의 기지가 되지 않는 것을 보장하는 대신에 무역의 특권과 일본선의 무역 도항 허가장 발급권 및 식량 부족으로 고심하는 대마도에게 매년 쌀과 콩을 주기로 결정하기에 이른다.

1428년 세종대왕 사절단은 그 때까지 보빙사(報聘使) · 회례사(回禮使)로 불리고 있었던 명칭을 통신사(通信使)로 고쳐 일본에 파견되었다. 이후 임진왜란(1592~1598)전까지 약 7회(도중에 조난 · 중단된 것까지 포함) 교토로 파견되었다(仲尾. 24-26). 통신사란 서로 친분을 교류한다는 의미이면서, 한 · 일 양국의 평화적 · 우호적 선린관계를 상징하는 명칭이다.

한편 일본으로부터의 국왕사(國王使)는 아시카가 정권 하에서 60회 이상이나 조선 정부에 파견되었다. 8대(代) 장군인 의정(義政) 때에는 무려 17회나 파견되었는데, 일본 국왕사가 한성에 도착하면 융숭하게 대접받고, 국왕사는 유구(琉球)왕국으로부터의 중계무역품인 소목(蘇木) · 후추 · 설탕 · 한약재 · 무구(武具) · 검도 등을 바쳤으며(仲尾. 26), 그 회사품(回賜品)으로서 조선정부는 대장경 · 불전(佛典) · 마포(麻布) · 면포(綿布) 등을 선물하였다(『세종실록』).

아시카가 정권〔室町 시대〕 중기 이후에는 국왕사 이외에도 대내(大內) · 사파(斯波) · 세천(細川) 등의 다이묘〔大名〕[2]와 서국(西國) 지방의 작은 호족 및 대사원(大寺院)도 독자적으로 조선에 사절을 보

---

2) 다이묘〔大名〕: 넓은 영지를 가진 무사, 특히 에도〔江戶〕시대에는 봉록(俸祿)이 1만석 이상인 무가(武家)를 말하였다.

내어 회사품을 조선정부로부터 받아 무역을 함에 따라, 조선왕조의 출혈은 심했지만, 최대한의 덕으로 일본사절을 대우함으로서 조선왕조의 예의를 일본에 알리고자 하였다(『세종실록』, 『성종실록』).

한・일 간의 신의(信義)를 가진 선린 관계의 성립은 도요토미히데요시〔豊臣秀吉〕의 무모한 출병으로 깨졌다. 그러나 조선 무역과 조선으로부터의 식량 조달에 의하여 경제를 유지해 왔던 대마도 종씨(宗氏)의 노력에 의하여, 1605년 2월(3월?) 적극적인 개국・무역론자이었던 도쿠가와이에야스〔德川家康〕와의 회견을 출발점으로, 한・일 관계는 다시 궤도에 올라 1607년부터 본격적인 에도〔江戶〕 시대3)의 조선통신사의 막이 오르게 된다(〈표 1〉).

1607년부터 1811년까지 12회의 조선통신사 중 1-3회까지의 1607년・1617년・1624년의 회답겸쇄환사는 국교재개기이고, 4-7회까지의 1636년・1643년・1655년・1682년의 통신사는 국교안정전기이며, 8회의 1711년의 통신사는 개변기, 9-11회까지의 1719년・1748년・1764년의 통신사는 국교안정후기, 12회의 1811년 통신사는 쇠퇴기로 분류되고 있다(김. 64).

에도시대 12회에 달하는 조선통신사의 공식적인 사명은 수호(修好)와 장군 즉위를 축하하는 것으로, 최종 목적지는 2회 째인 1617년은 교토(京都)의 복견(伏見)까지 였고, 12회째인 1811년은 대마도까지 였지만, 그 이외에는 에도〔江戶〕이었다. 수백명에 달하는 통신사 파견은 단순히 수호와 장군의 즉위를 축하하기 위한

---

3) 에도〔江戶〕시대: 德川씨가 에도〔江戶, 현재의 동경〕에 幕府를 세워 통치하던 시대(1603~1867).

〈표 1〉 일본에 파견된 조선사절(池田. 44-45)

서기	正使	副使	從事官	명칭·사명	기록 및 편찬물	인원, ( )는 오사카잔류
1398	太祖7	朴惇之		回禮使 倭寇禁制		
1404	太宗4	呂義孫		報聘使		
1406	太宗6	尹銘		報聘使		
1410	太宗10	梁需		報聘使 義滿弔祭		
1420	世宗2	宋希璟		(通事) 尹仁甫	回禮使	「老松堂日本行錄」(宋希璟)
1423	世宗5	朴熙中	李藝	(書狀官) 吳敬之 (通事) 尹仁甫	回禮使	
1424	世宗6	朴安臣	李藝	孔達	回禮使	
1428	世宗10	朴瑞生	李藝	(書狀官) 金克柔	通信使 義持·義敎慶弔	
1432	世宗14	李藝	金久冏		回禮使	약20
1439	世宗21	高得宗	尹仁甫	(書狀官) 金禮蒙	通信使 修好	
1443	世宗25	卞孝文	尹仁甫	(書狀官) 申叔舟	通信使 義敎·義勝慶弔	「海東諸國記」「奉使時作」(申叔舟)	50前後
1590	宣祖24	黃允吉	金誠一	許筬	通信使	「海槎錄」(金誠一) 「懲毖錄」(柳成龍)	
1596	宣祖29	黃愼	朴弘長		通信使 降伏·撤兵要請	「日本往還日記」(黃愼)	309
1607	宣祖40	呂祐吉	慶暹	丁好寬	修好 回答兼刷還	「海槎錄」(慶暹)	504
1617	光海君9	呂允謙	朴梓	李景稷	大阪平定祝賀 回答兼刷還	「扶桑錄」(李景稷) 「東槎上日錄」(吳允謙)	428(78)
1624	仁祖2	鄭岦	姜弘重	辛啓榮	家光襲職祝賀 回答兼刷還	「東槎錄」(姜弘重)	460
1636	仁祖14	任絖	金世濂	黃㦿	이후통신사로복귀 泰平祝賀	「丙子日本日記」(任絖)「海槎錄」 (金世濂)「東槎錄」(黃㦿)	478
1643	仁祖21	尹順之	趙絅	申濡	家綱誕生祝賀 日光山致祭	「海槎錄」(申濡) 「癸未東槎日記」	477
1655	孝宗6	趙珩	兪瑒	南龍翼	家綱襲職祝賀 日光山致祭	「扶桑錄」(南龍翼)「扶桑日記」(趙 珩)「日本紀行」(李車老)	485(103)
1682	肅宗8	尹趾完	李彦綱	朴慶後	綱吉襲職祝賀	「東槎日錄」(金指南) 「東槎錄」(洪禹載)	473(112)
1711	肅宗37	趙泰億	任守幹	李邦彦	家宣襲職祝賀	「東槎錄」(金顯門) 「東槎錄」(任守幹)	500(129)
1719	肅宗45	洪致中	黃璿	李明彦	吉宗襲職祝賀	「海槎日錄」(洪致中)「海游錄」(申 維翰)「扶桑錄」(金瀗)「扶桑紀行」 (鄭后僑)	475(109)
1748	英祖24	洪啓禧	南泰耆	曹命采	家重襲職祝賀	「隨槎日錄」(洪景海)「日本日記」 「奉使日本時聞見錄」	477(83)
1764	英祖40	趙曮	李仁培	金相翊	家治襲職祝賀	「海槎日記」(趙曮)「和國史」(元重 擧)「癸未使行日記」(吳大齡)	477(106)
1811	純祖11	金履喬	李勉求		家齊襲職祝賀	「辛未通信日錄」(金履喬)「東槎錄」 (柳相弼)「島遊錄」(金善臣)	328

것만은 아니었고, 남쪽의 대외관계를 보다 안정적인 것으로 해 두고 싶다는 외교적인 배려와 동시에 일본 사정을 자세히 파악해 두고자하는 목적이 있었다(『해행총재』).

도쿠가와〔德川〕막부〔幕府〕는 쇄국 정책을 펴고 있었으나, 특례로서 나가사키〔長崎〕에서 네덜란드 및 중국과 무역을 하고 있었고, 대마도에서는 조선과 무역을 하고 있었다.

도쿠가와 막부가 조선통신사를 맞이한 목적은 조선무역에 의하여 막부의 재정을 풍부히 함과 동시에, 통신사를 맞아 장군의 위광을 천하에 과시하여 토쿠가와 정권의 안태를 백성에게 알려주는 것 그리고 통신사 접대에 드는 향응을 위한 여러 제 비용 등을 다이묘〔大名〕들에게 부담시켜 교묘하게 다이묘들의 경제력을 소모시키고자 하였다(高正. 1064).

이러한 이유에 의하여 토쿠가와 막부가 조선통신사의 대 사절을 맞이하는 데에는 막대한 경비를 필요로 하였다. 1711년의 견적으로는 1회의 내빙에 총액 100만냥, 동원된 사람은 합계 33만명이었다고 기록되고 있다(仲尾. 30-31). 현재의 금액으로 환산하면 약500억엔(円)이 되어 후에 막부의 재정이 위협받게 되었다. 1709년 막부의 세입이 76-77만냥이었기 때문에, 1711년의 100만냥은 엄청난 액수이다(高正. 1064).

토쿠가와 5대(代) 장군 綱吉때에는 많은 사원(寺院)의 건축과 낭비, 나가사키무역 및 조선 무역에 의한 대량의 금·은·동의 국외 유출이 문제되어 막부재정은 위기를 맞이하기 시작하였다. 1711년에는 6代 장군 家宣 代에 등용된 新井白石에 의하여 화폐개혁·나가사키무역제한·의례 등의 정비를 행하는 등 재정 정립을 시도

하였다. 조선통신사의 빙례 비용도 60만냥으로 감축하였다. 8代 장군 吉宗은 한걸음 더 나아가 1719년 개혁 보다 많은 종류의 개혁을 행하고 여러 경비의 절감을 실시하였으나, 통신사 접대는 막부의 위신과 관련된 문제이기 때문에 1719년의 접대는 1682년의 접대 규모로 하였다(高正. 1065~1066).

조선과의 무역은 은 유출을 막기 위하여 점차 제한되었으며, 그 때문에 조선인삼과 생사의 수입이 감소되었다. 1719년 이후 조선과의 무역은 쇠퇴의 길로 들어선다. 1811년에는 조선통신사를 에도까지 맞이하는 경제력이 없어져, 빙례는 대마도에서 그치게 된다. 비용은 23만냥으로 줄었지만, 일반 서민에게 조선통신사 맞이 행사를 알려줄 수 없는, 막부의 위신이 걸려있는 문제이기 때문에 13회째의 통신사 빙례는 오사카〔大阪〕에서 행하도록 결정하였으나, 거듭 연기되었고 이 사이에 토쿠가와 정부는 붕괴됨으로서 조선통신사는 막을 내리게 되었다(高正. 1066).

조선통신사 영접 때마다 막부로부터 임무 수행의 대역으로서 다액의 보수를 받고 있었던 대마번에게 있어서는 통신사의 도중 하차는 사활이 걸린 문제였기 때문에, 대마도에서는 1800년대 말까지도 통신사 내빙의 일이 계획되었으나 막말(幕末)의 정치적 격동은 환상으로 끝이 났다(仲尾. 34).

2) 조선통신사 행

양재·판교·용인·양지·죽산·무극·숭선·충주·안보·문경·유곡·용궁·예천·풍산·안동·일직·의성·청로·의흥·신영

・영천・모량・경주・구어・울산・용당・동래4)로 여행 노정이 이루어졌고, 충주・안동・경주・부산 네 곳에서 전별연(餞別宴, 餞宴)을 베풀었다. 4곳에서 베푼 전별연은 효종 6년(1655) 때부터 민폐를 없애기 위하여 부산에서 만 행해졌다. 그러나 엄격하게 금지하였던 것은 아니었고 숙종 45년(1719) 때에 비로서 정식으로 금하였다. 전별연 연회는 좌수사(左水使)5)가 연회를 주관하였는데, 하배(下輩)들까지 모두 연회에 참석하였다.

이후 영가대(永嘉臺)위에서 새벽녘에 희생(犧牲)과 폐백 및 여러 가지 제물[庶羞]・제문(祭文)을 갖춘 후 여러 관원이 모두 검은 관대(冠帶)를 착용하고 해신(海神)에게 제사를 행한 다음(姜. 『동사록』), 통신사 일행은 기선(騎船, 승선) 3척6), 복선(卜船, 화물선) 3척7)에 사람과 짐을 분승하여 부산 영가대를 출발하였다. 6척의 배가 영가대를 출발한 후의 해로는 순탄한 것이 아니어서, 바람이 잦아질 것을 기다리며 배위에서 며칠 씩 머무르기도 하고 또 항구에 정박한 후 출발 때까지 바다의 상태를 보아야 만 하였으며, 풍세가 순하기를

---

4) 이상의 노정은 좌도(左道)로서, 일본에 갈 때에는 좌도로서 노정을 밟았으며, 일본에서 돌아올 때에는 우도(右道)로서 노정을 삼았다. 右道는 문경・함창・상주・오리원・선산・인동・송림사・대구・오동원・청도・유천・밀양・무흘・양산・동래이다.(『春宮志』 卷3 「先文式」)
5) 좌수사(左水使) : 左水軍節度使의 준말. 좌도(左道)의 수군절도사.
6) 제1척은 正使 일행이 타며 國書를 받든다. 제2척은 副使일행. 제3척은 從事官 일행이 탄다. 이들 3척에는 각각 通詞倭2人・禁徒倭2人・사공왜2名・下倭2名이 동승하여 호행함.
7) 卜物을 3척에 나누어 실으며 堂下譯官이 각각 2員씩 타고, 일행의 員役이 나누어 승선한다. 이들 3척에도 기선과 마찬가지로 각각 통사왜 2인・금도왜2인・사공왜2명・하왜2명이 동승하여 호행함.

기원하는 마음에서 수시로 기풍제(祈風祭)를 올렸다(南.『부상록』).

순탄한 여행일 경우에는 먼저 대마도의 서북단 지역인 사스나〔佐須奈〕 또는 와니우라〔鰐浦〕에 도착하여 바람이 잦아지기를 하루·이틀 기다리다가 대마도 부중(府中)인 이즈하라〔嚴原〕에 들어가게 된다. 이즈하라에서 하선연(下船宴, 환영연)을 받고 약 10일 정도 체류하면서 왕복 여행에 필요한 전반적인 것을 상세히 상의한 다음, 이키〔壹岐, 일기도〕로 출발하였다.

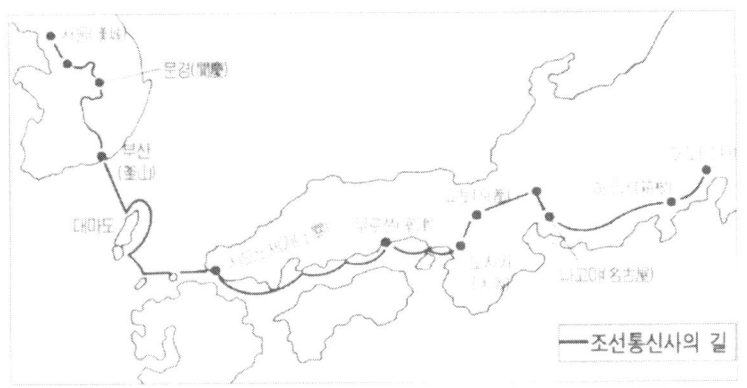

〈그림 1〉 조선통시사 여행경로 「조선통신사」-신성순 p.21.

대마도에서부터 에도〔江戶, 동경〕까지의 숙박지를 보면 다음과 같다(김. 119-121).

이즈하라〔嚴原〕 ⇨ 이키〔壹岐〕 ⇨ 아이노시마〔藍島〕 ⇨ 〔赤間關·下關〕⇨ 가미노세키〔上關〕 ⇨ 가마가리〔鎌刈·蒲刈〕 ⇨ 도

〔丙〕⇨ 우시마도〔牛窓〕⇨ 〔室津〕⇨ 효고〔兵庫・神戶〕⇨ 오사카〔大阪〕

　　이상 해로(海路)

오사카〔大阪〕⇨ 요도〔淀〕⇨ 교토〔京都〕⇨ 모리야마〔守山〕⇨ 히코네〔彦根〕⇨ 오가키〔大垣〕⇨ 나고야〔名古屋〕⇨ 오카자키〔岡崎〕⇨ 요시다〔吉田〕⇨ 하마마쓰〔浜松〕⇨ 가케가와〔掛川〕⇨ 후지에다〔藤枝〕⇨ 에지리〔江尻〕⇨ 미시마〔三島〕⇨ 오다와라〔小田原〕⇨ 후지사와〔藤澤〕⇨ 시나가와〔品川〕⇨ 에도〔江戶〕

　　이상 육로(陸路)

이상의 길을 왕복하는 데에는 적어도 6개월의 시간이 소요되는 바, 약 500명의 통신사 일행 이외에, 통신사를 수행하는 대마번주의 일행과 대마도에서 외교사무를 막부로부터 위임받고 있는 윤번승(輪番僧) 그리고 그 수하의 직원들 500명(池田. 41)[8] 및 선물과 일행의 짐을 운반하는 자 1,000~2,000명(仲尾. 31), 합하여 2,000~3,000명의 대행렬이었으며, 이들 대행렬을 위한 숙박・휴식・접대・물품의 조달 등은 대단한 일이었으리라 판단된다.

예로서 이들 대행렬의 접대에 동원된 사람을 福山藩[9]의 관계로만 예를 들어보면, 1682년의 경우 1,000명 가까운 사람이 통신사 접대를 위하여 동원되었다(池田. 40). 이즈하라에서 에도까지 왕복

---

8) 1682년, 1711년 보다 규모가 적었던 1764년의 조선통신사 내빙때에도 宗대마수는 상하 모두 500인 정도로 기록되어 있다(池田. 41-42).
9) 福山藩은 조선통신사의 숙박지인 도모〔鞆〕를 관활했던 번이다.

에 동원된 사람이 33만명이라는 것은(仲尾. 31) 福山藩의 관계만 보더라도 쉽게 이해된다 하겠다.

이즈하라〔嚴原〕에서부터 오사카〔大阪〕까지는 순탄한 여행일 경우 약 40일 정도 걸리는 항해 일정이었다. 배로 오사카까지 온 다음 오사카 항만 내에 조선통신사가 타고 온 6척의 기선과 복선, 대마주의 흑선 50척(池田. 41), 그 밖에 각 번의 호송선을 정박시켜 두고, 요도가와〔淀川〕입구에서 일본의 여러 다이묘〔大名〕가 제공한 천어좌선(川御座船)으로 갈아타고 요도〔淀〕까지 거슬러 올라간 다음 그 곳에서부터 에도〔江戶〕까지 육로를 이용한다(김. 119-121). 이 때 통신사 일행 모두가 천어좌선을 갈아타고 요도까지 가는 것이 아니라 약 100명 정도의 낮은 계층(격군 등)이 통신사 일행이 에도를 방문하고 돌아올때 까지 오사카의 조선 선박 속에서 잔류하였다(辛. 121-124).

잔류자를 제외한 약 400명 정도의 통신사 일행은 대마번 및 각 번의 무사가 호위무사로서 포함되어(전기한 바와 같이 2,000~3,000명), 이 장려한 대 부대는 요도에서 에도까지 깨끗이 청소된 길을 향하여 숙박지에서 묵어가면서 가게 되는데, 오카자키〔岡崎〕에 이르러서는 막부(幕府)로부터 위로하기 위해 파견된 문안사(問安使)가 합류하였다(金. 『동사록』)(金. 120-122).

에도에 도착하여 별연(別宴)을 받고, 국서(國書)를 올리는 것을 비롯한 기타의 공식적인 행사가 끝난 후, 일광산(日光山) 치제를 하고 귀로에 올랐다(申. 『해사록』)(『부상록』)[10]

10) 日光山은 일본에서 옛날부터 신앙의 영지로 숭상되어 왔던 지역으로, 무로마씨〔室町〕막부 시대에는 고려에서 기증하였던 대장경을 보관한 곳으

〈표 2〉 각도에 분정된 식품류

평안도	강원도	충청도	전라도	경상도
	메밀·조	밀가루·율무쌀·찹쌀	밀가루·율무쌀·찹쌀·녹말·녹두	군량미·밀가루·율무쌀·녹말·콩·팥
	포육·편포·건치·건장	포육·편포·건치·건장	포육·편포·건치·건장	포육·편포
	건해삼·건홍합·미역	석수어·건어	건전복·건해삼·건홍합·석수어·건어·김	건전복·건해삼·건홍합
	황밀·청밀·밀계·오미자·참기름	청밀·밀계·참기름·참깨	청밀·밀계·참기름·소금·참깨	청밀·밀계·오미자·감장·청장·참기름·소금
인삼	인삼	겨자	생강·표고버섯	표고버섯·인삼
	배		곶감·호두·생율	곶감·호두·황율·잣
		진누룩		환소주·진누룩

로 유명하다. 에도〔江戶〕시대에는 토쿠가와이에야스〔德川家康〕를 봉안한 대권현궁(大權現宮), 토쿠가와 막부의 3代 장군인 이에미쓰〔家光〕의 묘당인 대유원(大猷院)과 4대(代) 장군 이에쓰나〔家綱〕의 원당인 엄유원(儼有院)이 창건되었다. 인조21년(1643)에 권현당에서 제사를 행하고 효종6년(1655)에 대유원에서 제사지내고 권현당에는 분향만하였다.

숙종8년(1682) 조선정부에서 마련하였던 엄유원 제사를 위한 물목은 다음과 같다.

홍산건사라1필·주홍곡주좌면지10장·대촛대1쌍·향로1좌·백단향2냥·은향합1부·백자잔대1죽·대접33죽·보시기(甫兒)2죽. 이상 香奠소용.
백촛대3쌍·대부용향3쌍·황촉(黃燭)5쌍·면석(面席)3좌·유둔2부·유지(油紙)2권·백지10권. 이상 제사상 소용.
금단(錦段)3필·대화촉(大花燭)2쌍·대부용향30매·채화석10장·석린(石鱗)10근. 이상 폐백 소용(『通信使謄錄 第三册』)(하. 209-212).

Ⅲ. 조선통신사의 路資(盤纏)11)

조선통신사에게 지급되는 노자에는 각각의 계급에 따라 마련한 경외노수(京外路需)인 반전과 각도에서 복정(卜定)12)한 물품이 있었다.

1) 경외노수(京外路需, 반전)

반전에는 크게 세 종류로 분류된다. 여비로 쓰는 은자[盤纏銀子], 사미(賜米) 및 장복(章服)13)용이 그것이다. 반전 이외에 별반전(別盤纏)14)도 지급되었는데, 명주·모시·인삼·표범가죽·황모필·진묵 등이 별반전이 되었다(〈표 3〉).

2) 각도의 복정(卜定)

조선통신사의 노자를 위한 각도의 복정을 나타낸 것이 〈표 4〉에서 〈표 7〉까지이다. 각 도의 복정에는 식품류〈표 4〉·약재류〈표 5〉·기용류〈표 6〉·기타 잡물〈표 7〉이 있어서, 여행 중에 소용되는 여러 물목을 각 지방에서 거두어 들여 노자로 하게 하였다. 각

---

11) 반전(盤纏): 노자(路資).
12) 복정(卜定): 조선시대 貢物이외에 필요한 것이 있을 때 상급관청에서 결정하여 하급관청으로 하여금 각지방의 토산물을 강제로 납입케 하는 일.
13) 장복(章服): 관대(冠帶). 벼슬아치의 公服.
14) 별반전(別盤纏): 별도로 주는 노자.

도에 분정(分定)한 복정 물품은 1607년 제1회째의 통신사를 기준으로 하여 마련한 것으로 보이나, 기록상에는 인조 21년(1643) 이후의 것이 남아 있고, 〈표 4〉에서 〈표 7〉까지의 수량과 각도의 분정은 효종 6년(1655)의 통신사행 사례를 기준으로 한 것이다(하. 178).

각도에 분정된 복정 물품은 각 지방의 토산물을 강제로 납입케한 물품이기 때문에 〈표 4〉에서 〈표 7〉은 당시 각 도의 특산품과 토산물을 알게 해 주는 주요한 자료이다. 〈표 4〉를 중심으로 하여 각 도에 분정된 식품을 살펴보면 〈표 2〉와 같다. 약재류·기용류·잡물은 주로 경상도에서 분정이 이루어지고 있기 때문에 식품류를 중심으로 하여 살펴보기로 한다.

〈표 2〉에 나타난 바와 같이 주식류로는 쌀·밀가루·메밀·조·찹쌀·율무쌀·녹두·녹말·콩·팥 등 10종류로서, 군량미·콩·팥은 경상도에서 전적으로 조달하고 있고, 강원도에 메밀·조, 전라도에 녹두가 분정되고 있다. 찹쌀은 충청도와 전라도, 밀가루·율무쌀은 충청도와 전라도 및 경상도에 각각 나누어 분정하고 있음을 알 수 있다.

조선통신사 인원 구성에는 도척(刀尺)[15]이 7명 숙수(熟手)[16]가 1명이 있어서, 도척은 일상식을, 숙수는 특별식을 조리하였다(하. 172). 3척의 배에 정사·부사·종사관인 삼사가 분승하고 각각 도

---

15) 도척(刀尺): 음식을 맡아서 만드는 사람으로, 삼사(정사·부사·종사관)가 각각 2명을 거느리고, 당상이 1명을 거느렸다.
16) 숙수(熟手): 잔치나 제사 등의 큰일 때에 전문으로 음식을 만드는 사람. 숙종8년(1682) 일광산(日光山) 치제(致祭)가 정지된 이후 숙수는 통신사 인원 구성에 포함되지 않았다.

척 2명을 거느린 것으로 되어있기 때문에 복정하여 받은 주식류를 위한 재료는 밥·죽·떡·국수·술 등의 재료가 되었을 것이다.

부식류로는 주로 건물류(乾物類, 포 및 건어)가 준비되고 있다. 말린노루고기(乾獐)를 위시한 포·편포·건치 등은 강원도·충청도·전라도·경상도에서 복정하고 있고, 건해삼과 건홍합은 강원도·전라도·경상도에서, 건전복과 김은 전라도에서, 미역은 강원도에서, 석수어(굴비)와 건어는 전라도에서 각각 복정되고 있다.

조미료로는 황밀·청밀·밀계·참기름·참깨·청장·감장·오미자·소금·겨자·생강 등의 11종류가 나타나고 있다. 청밀·밀계는 충청도와 전라도, 참기름은 강원도·충청도·전라도·경상도, 참깨는 충청도와 전라도, 소금은 전라도와 경상도, 오미자는 강원도와 경상도, 황밀은 강원도, 겨자는 충청도, 생강은 전라도, 감장과 청장은 경상도에서 각각 복정되고 있는데, 특히 감장과 청장은 액체이기 때문에 부산과 가까운 경상도에서 복정이 되도록 배려한 것으로 보인다.

채소류로서 유일하게 등장하는 것이 말린표고버섯·말린송이버섯·석이버섯이다. 송이와 석이버섯은 인조 21년(1643)부터 영조 40년(1764)까지 분정된 사례를 찾을 수 없었기 때문에 각도 분정에는 배정하지 않았으나, 노자를 위하여 복정된 식품이었다.

과물류로는 밤·황율·곶감·호두·잣·배 등의 6종이 분정되고 있다. 이들에 대한 분정은 강원도의 배를 제외하고 전라도와 경상도에서 이루어졌다. 이밖에 아마도 술을 만드는데 쓰였으리라고 생각되는 진누룩(밀가루로 만든 누룩)과 환소주(다시 고아서 내린 소주)가 복정되었는데, 환소주 역시 액체이므로 감장·청장과 마찬가지로 경상도에 분정하였다.

여행 중에는 식품만큼 중요한 것이 각종 약재류였을 것이다. 생지황에서 적작약에 이르는 43종의 약재가 주로 경상도에 분정되어 복정이 이루어지고 있다. 약 500여명에 달하는 통신사 구성 인원들의 목숨을 건 기나긴 여행길에서 중요한 역할을 다 했으리라 짐작된다.

종지·사발·대접·숫가락·젓가락·주전자·칼·바가지·솥·번철·석쇠·독·항아리·밥상 등 우리들의 일상 생활에 필요한 그릇들까지 망라하여 주로 경상도에서 복정하여 가지고 여행길에 올랐다. 〈표 6〉에는 이상의 일상생활에 필요한 기용들 외에 고족상(高足床, 발이 높은 상)이나 교의(交椅, 의자)도 등장하고 있다. 이들은 여행 중에 올리는 각종 제사에 소용되는 것들이었다.

이 밖에 매·묵·모시·돗자리·부채·각종 종이·가죽류·촛대·병풍·서안·방석·양산·우산·대야·요강·타구·수건·휘건·농 등의 각종 일상생활에 필요한 잡물 중 모시·묵·돗자리·표범가죽·호랑이가죽·사슴가죽 등을 제외한 거의 대부분이 경상도에서 복정하여 노자가 되고 있다.

Ⅳ. 朝鮮通信使 禮單食品

통신사가 일본에 갈 때 갖고 가는 예단에는 공예단(公禮單)과 삼사신사예단(三使臣私禮單)이 있었다. 이들 예단 물목 가운데 식품류를 열거하면 다음과 같다.

〈공예단(公禮單)〉

인삼 118근; 관백 50근・구관백(舊關白) 30근・약군(若君) 30근・가번장로(加番長老) 3근・대마도주 5근

황밀(黃蜜) 100근; 관백 100근

꿀(淸蜜) 10말; 관백 10말

〈삼사신사예단(三使臣私禮單)〉17)

대마도주(對馬島主): 인삼 5근・청심원(淸心元) 10환(丸)・생선・과일・전복 2첩.

만송원(萬松院)・이정암(以酊菴): 식품은 지급되지 않았다.

서산사장로(西山寺長老): 녹말 3되・호두 1말18)・청심원 5환.

봉행(奉行)19) 5인: 각각 인삼 8냥・청심원 5환・호두 1말.

호행정관(護行正官): 청심원 5환.

부관(副官): 식품은 지급되지 않았다.

재판(裁判)20) 3인: 각각 인삼 8냥・청심원 5환・곶감 2첩.

호행봉진(護行封進)21): 녹말 2되.

도선주(都船主): 청심원 3환・잣 2말.

중로문안차왜(中路問安差倭)22): 호두 1말・곶감 2첩.

---

17) 三使臣私禮單은 때에 따라 증감이 있었음.
18) 영조 39년(1763) 통신사 행 때에는 참깨 1말이 지급됨.
19) 봉행(奉行): 奉行倭를 말함. 즉 奉行 벼슬에 있는 왜인.
20) 재판(裁判): 재판차왜(裁判差倭)를 말함. 조선시대 일본에서 5년마다 한 번씩 公貿易을 위하여 우리나라에 파견된 사신.
21) 호행봉진(護行封進): 보호하거나 호위하며 따라다니면서 물건을 싸서 바치는 일을 하는 사람.

대청사후두왜(大廳伺候頭倭)23) 2인: 각각 녹말 4되·호두 1말·곶감 2첩.

금도(禁徒)24) 2인: 각각 녹말 3되·호두 1말·곶감 2첩.

주방을 담당한 두왜(廚房次知頭倭)25): 식품은 지급되지 않았다.

사공왜(沙工倭)26) 12인: 각각 백미 1섬·굴비(石魚) 3束.

이마왜(理馬倭)27) 1인·예단말을 담당한 왜(禮單馬次知倭) 3인: 각각 백미 1섬·굴비(石魚) 3束.

응사왜(鷹師倭)28): 백미 1섬.

육선금도(六船禁徒) 6인·통사왜(通詞倭) 6인: 각각 백미 1섬·굴비 3속(束)

에도의 관백(江戶關白): 인삼 10근.

에도의 구관백(江戶舊關白): 인삼 10근.

에도의 약군((江戶若君): 인삼 10근.

권현당(權現堂): 인삼 15근.

권현당의 승려: 식품은 지급되지 않았다.

---

22) 중로문안차왜(中路問安差倭): 조선시대 역로(驛路)의 대소에 따라 상·중·하 세등급으로 나눈데서 둘째 등급의 역로에 문안을 위하여 파견된 일본사신.
23) 대청사후두왜(大廳伺候頭倭): 관아에서 사무를 보는 방에서 정찰이나 경계의 임무를 맡은 왜인의 우두머리.
24) 금도(禁徒): 禁徒倭를 말함. 조선시대 왜관 안에서 왜인들의 불법한 행위를 막아서 금하는 일을 맡았던 왜인.
25) 두왜(頭倭): 왜인의 우두머리.
26) 선두왜(船頭倭)라고도 함.
27) 이마왜(理馬倭): 말의 사육에 관한 일을 맡아보는 왜인.
28) 응사왜(鷹師倭): 매부리. 매를 맡아 기르고 부리는 왜인.

대유원(大猷院): 인삼 15근.

대유원의 승려: 식품은 지급되지 않았다.

집정(執政)29) 5인: 각각 인삼 1근·방백자(房栢子)30) 100과(顆)·백밀(白蜜) 15근.

경윤(京尹)31): 인삼 1근·호두 2말.

호행장로(護行長老) 2인(以酊菴長老와 加番長老32)): 각각 인삼 1근·청심원 5환.

세신(世臣)33) 2인: 각각 인삼 1근·잣 2말.

집사봉행(執事奉行)34) 3인: 인삼 1근·잣 1말.

집사(執事) 6인: 각각 잣 1말.

종실(宗室)35) 6인: 각각 인삼 1근.

사사봉행(寺社奉行)36): 인삼 1근·잣 1말.

---

29) 집정(執政): 정무를 잡은 관직의 사람.
30) 방백자(房栢子): 잣송이.
31) 경윤(京尹): 京兆尹. 漢城判尹의 별칭. 여기서는 江戶의 判尹을 가리킴.
32) 가번장로(加番長老): 에도시대 무가의 직제로 城의 경비를 담당하였다. 막부(幕府)에는 대판가번(大阪加番)·준부가번(駿府加番)이 있으며 모두 老中의 지배를 받았다. 여기서는 통신사 일행을 호행하기 위해 막부에서 파견한 승려를 가리킨다.
33) 세신(世臣): 대대로 한 가문이나 왕가를 섬기는 신하. 에도 막부의 家老.
34) 집사봉행(執事奉行): 에도 막부의 직명. 집사란 에도 막부의 若年寄의 중국식 호칭. 약년기란 에도 막부의 老中 다음 가는 重職.
35) 종실(宗室): 宗親. 에도 막부의 장군가인 德川家의 일족을 가리킴.
36) 사사봉행(寺社奉行): 에도 막부의 직명. 三奉行의 최상위직으로 장군에게 직속되어 있으면서 전국의 사찰과 신사 및 사찰과 신사 소유의 토지를 관리하고 종교 통제의 전반적인 업무를 관장하였다. 시기에 따라서는 조선과의 교린업무를 맡아 보기도 하였다.

에도의 관반(江戶館伴)37) 2인: 각각 인삼 1근.

교토의 관반(京都館伴): 호두 2말.

오사카의 관반(大阪館伴): 호두 2말.

오카자키의 사자(岡崎使者): 식품은 지급되지 않았다.

태학두(太學頭)38): 청심원 10환・호두 2말.

도서두(圖書頭)39): 잣 1말.

등당화천수(藤堂和泉守)40): 인삼 1근.

제호(醍醐)41) 2인: 각각 식품은 지급되지 않았다.

세천월중수(細川越中守)42) 이하 10인: 각각 식품은 지급되지 않았다.

구대마도주(舊對馬島主): 인삼 2근.

대마도주 아들: 인삼 2근.

대마도주 처: 인삼 2근・호두 3말.

에도의 숙방(江戶宿坊)43): 호두 2말・참깨(眞荏子) 2말.

---

37) 관반(館伴): 외국에서 사신이 왔을 때에 사신의 접대를 맡아 하는 임시 벼슬 또는 그 벼슬아치.

38) 태학두(太學頭): 막부의 직제로 경전의 進講과 문학에 관한 일을 주관하는 관직.

39) 도서두(圖書頭): 막부의 직제로 書物奉行. 곧 문고를 맡아 그 도서의 보관・출납을 주관하는 장관직.

40) 등당화천수(藤堂和泉守): 등당화천의 수장(守長).

41) 제호(醍醐): 제호나 제호탕을 만드는 사람. 제호란 소의 젖에 갈분을 타서 쑨 죽이며 제호탕이란 청량음료의 한가지로 대추・오매육・초과・백단향 등을 곱게 가루를 내어 꿀에 버무리어 끓였다가 냉수에 타서 먹는 음료. 여기서는 후자쪽으로 생각됨.

42) 세천월중수(細川越中守): 세천월중의 守長.

교토의 숙방(京都宿坊): 호두 2말.

오사카의 숙방(大阪宿坊): 호두 2말.

대마주 봉행을 위하여 에도에 머물러 있는 왜(對馬奉行留江戶倭): 인삼 8냥·호두 1말·청심원 5환.

상·중·하말을 담당한 왜(上中下馬次知)44) 3명: 각각 참깨 2말·잣 2말·청심원 5환.

예단잡물영래(禮單雜物領來)45) 2인: 각각 잣 1말·편포(片脯) 1편(片).

일공을 담당한 두 왜(日供次知頭)2인: 각각 편포 1편.

대마도주처자를 위하여 에도에 머물러 있는 왜(對馬州奉行)3인: 각각 인삼 8냥·청심원 5환·호두 1말.

대마주재판(對馬州裁判) 2인: 각각 인삼 8냥·청심원 5환·호두 1말.

대마주도선주(對馬州都船主): 인삼 8냥·청심원 5환·호두 1말.

통사(通詞) 16인: 각각 약과(藥果) 10립(立)·대구어 2마리·굴비 1속·곶감 1첩.

---

43) 숙방(宿坊) : 통신사 일행이 머물렀던 사찰.
44) 상중하마차지(上中下馬次知) : 상·중·하 말을 담당한 왜인. 次知란 책임자.
45) 예단잡물영래(禮單雜物領來) : 예단잡물을 거느리고 오거나 데리고 오는 왜인.

〈표 3〉 조선통신사 일행에게 주는 路資(盤纏)(『萬機要覽』『增正交隣志』 저자작성의 표)

대상	종류	수량	설명	용도
정사(正使) 부사(副使)	초록운문대단(草綠雲紋大緞)	1疋 (35尺)	구름무늬를 놓아 짠 초록색의 한단(漢緞)	章服用
	남운문대단(藍雲紋大緞)	1필 (35尺)	구름무늬를 놓아 짠 쪽빛의 한단	장복용
	목면(木棉)	92필	무명	장복용
	백면주(白綿紬)	6필	표백한 명주	장복용
	사모가구(紗帽家具)	1部	관복을 입을 때 벼슬아치가 쓰는 사(紗)로 만든 모자를 넣는 집, 즉 紗帽를 넣는 상자	장복용
	흑서피화(黑黍皮靴)	1부	검은 잘로 만든 신	장복용
	백당피량청구(白唐皮凉淸具)	1부	흰당나귀 가죽으로 만든 여름철에 신에 까는 안창	장복용
	사미(賜米)	40石	국왕이 내리는 쌀	
	반전은자(盤纏銀子)	100兩	노자로 쓰는 은돈(銀子)	
종사관 (從事官)	초록광적(草綠廣的)	1필	폭이 넓은 초록색의 두꺼운 비단	장복용
	남광적(藍廣的)	1필	폭이 넓은 쪽빛의 두꺼운 비단	장복용
	목면(木棉)	34필	무명	장복용
	백면주(白綿紬)	5필	표백한 명주	장복용
	사모가구	1부	관복을 입을 때 벼슬아치가 쓰는 사(紗)로 만든 모자를 넣는 집	장복용
	흑서피화	1켤레	검은 잘로 만든 신	장복용
	백마피량청구(白馬皮凉淸具)	1부	흰말가죽으로 만든 여름철에 신에 끼는 안창	장복용
	사미	14섬	국왕이 내리는 쌀	
	반전은자	30냥	노자로 쓰는 은돈	

당상관(堂上官) 3인 각각	초록광적 (草綠廣的)	25척	폭이 넓은 초록색의 두꺼운 비단	장복용
	남통견(藍通絹)	28척	설피고 얇은 쪽빛 깁	장복용
	목면	5필	무명	장복용
	포자(布子)	4필	베	장복용
	흑서피화	1켤레	검은 잘로 만든 신	장복용
	사미	10섬	국왕이 내리는 쌀	
상통사(上通使) 차상통사(次上通使) 압물관(押物官) 제술관(製述官) 의원(醫員) 사자관(寫字官) 화원(畵員) 합16인에게 각각	흑통견(黑通絹)	28척	설피고 얇은 검은색 깁	장복용
	남통견(藍通絹)	28척	설피고 얇은 쪽빛 깁	장복용
	목면	2필	무명	장복용
	포자(布子)	4필	베	장복용
	흑서피화	1켤레	검은 잘로 만든 신	장복용
	사미	10섬	국왕이 내리는 쌀	
군관(軍官) 서기(書記) 합20인에게 각각	남방주(藍方紬)	28척	쪽빛 비단의 한 종류	장복용
	목면	2필	무명	장복용
	포자	4필	베	장복용
	흑서피화	1켤레	검은 잘로 만든 신	장복용
	사미	10섬	국왕이 내리는 쌀	
별파진(別破陣) 2인 각각	목면	1필	무명	
	포자	2필	베	
	사미	5섬	국왕이 내리는 쌀	

마상재 (馬上才) 2인 각각	초록운문선단 (草綠雲紋縇緞)	13척	구름 무늬를 놓아 짠 초록색의 깁	內衣用
	분홍대릉 (粉紅大綾)	16척	분홍색의 질이 좋은 두꺼운 비단	내의용
	다홍운문선단 (多紅雲紋縇緞)	6척	구름무늬를 놓아 짠 다홍색의 선을 두루는 데 쓰는 깁	外衣用
	다홍대릉 (多紅大綾)	8척	다홍색의 질이 좋은 두꺼운 비단	외의용
	망룡단(蟒龍緞)		망룡을 짠 비단. 너비5寸, 길이1尺8寸	腰帶用
	남방주(藍方紬) 1/2폭	2척	반폭짜리 쪽빛 비단의 한 종류	요대용
	백화주(百花紬)	4척2촌	꽃 무늬가 있는 흰명주	汗衫紬用
	초록면주(草綠綿紬)	45척	초록 명주	天翼用
	목면	1필	무명	철릭용
	포자	2필	베	철릭용
	사미	5섬	국왕이 내리는 쌀	
전악(典樂) 이마(理馬) 3인 각각	초록면주	45척	초록명주	철릭용
	목면	1필	무명	철릭용
	포자	2필	베	철릭용
	사미	5섬	국왕이 내리는 쌀	
노자(奴子) 6인 각각	백목(白木)	2필	표백한 무명	
	목면	1필	무명	
	포자	3필	베	
	사미	3섬	국왕이 내리는 쌀	

종사관의 노자	백목	2필	표백한 무명	
	목면	1필	무명	
	포자	3필	베	
	사미	2섬	국왕이 내리는 쌀	
별반전 (別盤纏)	백면주	50필	표백한 명주	
	백저포(白苧布)	50필	표백한 모시	
	인삼(人蔘)	15斤		
	표피(豹皮)	3張	표범가죽	
	황모필(黃毛筆)	600柄	족제비 꼬리 털로 만든 붓	
	진묵(眞墨)	250笏	참먹. 품질이 썩 좋은 먹	

① 숙종 8년(1682) 대신의 진달(陳達)에 의하여 무명 35필・은자 60냥・쌀20섬을 더 지급하였다.

　복선통사(卜船通詞)[46] 6인: 각각 약과 10립・대구어 1마리.

　통사하지금도(通詞下知禁徒)[47] 10인: 각각 약과 10립・대구어 2마리.

　복물영래금도(卜物領來禁徒)[48] 2인: 각각 약과 10립・대구어 1마리・굴비 1속・포육(脯肉) 반첩.

　제호전우부(醍醐前右部)[49]: 식품은 지급되지 않았다.

---

46) 복선통사(卜船通詞): 짐 싣는 배의 통역왜인.
47) 통사하지금도(通詞下知禁徒): 통역왜인 밑에 있는 사람을 담당하여 감독하는 왜인.
48) 복물영래금도(卜物領來禁徒): 복물(짐)을 거느리고 오거나 가지고 오는 왜인을 감독하는 왜인.
49) 제호전우부(醍醐前右部): 中・左・右・前・後에서 제호를 담당한 前部와 右部.

이상 공예단과 삼사신 사예단의 식품 물목에 나타난 바와 같이 인삼과 꿀이 가장 상등의 예단 식품이었고, 청심원·전복·건대구·굴비·편포·호두·잣·곶감·약과·백미·참깨·녹말이 주요 예단 식품 품목이었음을 알 수 있다.

〈표 4〉 조선통신사 일행에게 주는 路資를 위한 각도의 卜定에서 식품류(『萬機要覽』『增正交隣志』, 저자작성의 표)

종 류	수 량	설 명	각도의 분정
황밀(黃蜜)	130斤	누런 빛깔의 꿀	강원도에만 30근이 분정됨
감장(甘醬)	10石	단간장	경상도에 10섬이 분정됨
청장(淸醬)	1石	맑은 간장 (艮醬으로도 표기)	경상도에 1섬이 분정됨
의이인(薏苡仁)	5斗	율무쌀	전라도·충청도에 각각 2말, 경상도에 1말이 분정됨
청밀(淸蜜)	2石6斗	꿀	경상도 13말, 전라도 3말, 강원도 10말, 충청도 4말이 분정됨
진말(眞末)	4石2斗	밀가루	경상도·전라도에 각각 10말, 충청도에 4말(효종6년에는 10말)이 분정됨
환소주(還燒酒)	150甁	다시 고아서 내린 소주	경상도에 150병이 분정됨. 영조40년(1764)에는 분정되지 않음
밀계(蜜桂)	5000立	맛이 단 계피	경상도·전라도에 각각 1000립, 충청도·강원도에 각각 1500립이 분정됨
포육(脯肉)	80貼	얇게 저미어서 양념하여 말린 고기	경상도·충청도에 각각 20첩, 전라도 30첩, 강원도 10첩이 분정됨
편포(片脯)	8貼	난도질하여 반대기를 지어 말린 고기	경상도·전라도·충청도·강원도에 각각 2첩씩 분정됨
건치(乾雉)	100首	말린 꿩고기	전라도·충청도에 각각 20마리, 강원도에 60마리가 분정됨

건장(乾獐)	14首	말린 노루고기	전라도 4마리, 충청도·강원도에 각각 5마리가 분정됨
석어(石魚)	3500束	굴비 (石首魚로도 표기)	전라도 2000속, 충청도 1500속이 분정됨
건어(乾魚)	80束		전라도·충청도에 각각 40속이 분정됨
전복(全鰒)	20貼	건전복	경상도·전라도에 각각 10첩이 분정됨
해삼(海蔘)	3石	건해삼	경상도·전라도·강원도에 각각 1섬이 분정됨
홍합(紅蛤)	3石	건홍합	경상도·전라도·강원도에 각각 1섬이 분정됨
해의(海衣)	90貼	김	전라도에만 40첩이 분정됨
감곽(甘藿)	200斤	미역	강원도에 200근이 분정됨
건시(乾柿)	90貼	곶감	경상도40첩, 전라도30첩이 분정됨
호두(胡桃)	3石		경상도·전라도에 각각 1섬이 분정됨
황율(黃栗)	3石	말린밤	경상도에 2섬이 분정됨
생율(生栗)	3石	밤	전라도 2섬이 분정됨
생이(生梨)	100介	배	강원도에 100개가 분정됨
백자(栢子)	3石5斗	잣	경상도에만 2섬이 분정됨
방백자(房栢子)	5石		인조21년(1643)부터 영조40년(1764)까지 분정된 사례를 찾을 수 없음
대조(大棗)	1石	대추	인조21년(1643)부터 영조40년(1764)까지 분정된 사례를 찾을 수 없음
진자(榛子)	10斗	개암	인조21년(1643)부터 영조40년(1764)까지 분정된 사례를 찾을 수 없음
오미자(五味子)	2斗		경상도 1근, 강원도 2근이 분정됨
개자(芥子)	3斗	겨자	충청도에 3말이 분정됨
생강(生薑)	6斗		전라도에만 6말이 분정됨
모묘(牟苗)	6斗2升5合	엿기름	인조21년(1643)부터 영조40년(1764)까지 분정된 사례를 찾을 수 없음
표고(蔈古)	10斗	말린 표고버섯	경상도 2말, 전라도 6말(효종6년에는 2말)이 분정됨
건송이(乾松栮)	3斗	말린 송이버섯	인조21년(1643)부터 영조40년(1764)까지 분정된 사례를 찾을 수 없음

석이(石耳)	8斗	석이버섯	인조21년 (1643)부터 영조40년 (1764) 까지 분정된 사례를 찾을 수 없음
지초(芝草)	3升5合		인조21년(1643)부터 영조40년(1764)까지 분정된 사례를 찾을 수 없음
진유(眞油)	2石8斗7升5合	참기름	경상도7말, 전라도·충청도에 각각 10말, 강원도에 3말이 분정됨
진곡(眞曲)	9同	진누룩 또는 참누룩, 밀가루로 만든 누룩	경상도·충청도에 각각 40圓분정. 영조 40년(1764)에는 분정되지 않음
녹두(菉豆)	2石1斗		전라도에 2섬 분정
녹말(菉末)	1石3斗	녹두가루	전라도 5말, 경상도 10말이 분정됨
진임(眞荏)	3石	참깨	전라도2섬, 충청도1섬이 분정됨
점미(粘米)	3石6斗1升5合	찹쌀	전라도1섬, 충청도2섬이 분정됨
목미(木米)	3石	모밀	강원도3섬이 분정됨
백미(白米)	1石9斗6升	쌀	인조21년(1643)부터 영조40년(1764)까지 분정된 사례를 찾을 수 없음
속(粟)	9石	조	강원도에 7섬이 분정
태(太)	6石	콩	경상도에 6섬이 분정
적두(赤豆)	7石	팥	경상도에 7섬이 분정
염(鹽)	9石	소금	경상도5섬, 전라도4섬이 분정
군량미(軍糧米)	333石		경상도에 333섬이 모두 분정 되었음
인삼(人蔘)	20斤		강원도12근, 경상도8근이 분정됨. 영조 40년(1764)에는 강원도12근, 평안도8근이 분정됨

〈표 5〉 조선통신사 일행에게 지급되는 路資를 위한 각도의 卜定에서 약재류(『萬機要覽』『增正交隣志』, 저자작성의 표)

종류	수량	설명	각 도의 분정
생지황(生地黃)	10兩	지황뿌리의 날 것. 혈중(血症)에 씀	경상도에 5냥 분정됨
맥문동(麥門冬)	10兩	맥문동이나 소엽맥문동의 뿌리로 補陰·거담 등의 약재로 씀	경상도에 5냥 분정됨
적복령(赤茯苓)	10兩	빛이 붉은 복령으로 수종(水腫)·임질·이뇨제로 씀	경상도에 5냥 분정됨
백복령(白茯苓)	10兩	빛이 흰 복령으로 담중(痰症)·부증·습중에 씀	경상도에 5냥 분정됨
시호(柴胡)	10兩	말린시호의 뿌리. 외감(外感)·학질 등에 씀	경상도에 5냥 분정됨
황백(黃柏)	10兩	황백나무의 껍질. 열병에 쓰임	경상도에 5냥 분정됨
목통(木通)	10兩	으름덩굴의 마른줄기. 임질과 부증에 쓰임	경상도에 5냥 분정됨
마황(麻黃)	7兩	마황나무의 줄기. 해열·오한 등에 쓰임	경상도에 5냥 분정됨
천궁(川芎)	7兩	궁궁이의 뿌리. 혈액순환에 쓰임	경상도에 5냥 분정됨
소엽(蘇葉)	7兩	자소의 잎사귀. 해수·천식 등에 쓰임	경상도에 5냥 분정됨
당귀(當歸)	1斤	승검초의 뿌리. 보혈에 쓰임.	경상도에 5냥 분정됨
승마(升麻)	5兩	끼절가리의 뿌리. 외감·설사·하혈 등에 쓰임	경상도에 5냥 분정됨
강활(羌活)	5兩	강활의 뿌리. 해열·진통제로 쓰임	경상도에 5냥 분정됨
상백피(桑白皮)	5兩	뽕나무의 속껍질. 이뇨제·거담 등에 쓰임	경상도에 5냥 분정됨

건모과(乾木瓜)	5兩	말린모과. 각기·갈증 등에 쓰임	경상도에 5냥 분정됨
세신(細辛)	5兩	족두리풀이나 민족두리풀의 뿌리. 두통·발한·거담 등에 쓰임	경상도에 5냥 분정됨
오미자(五味子)	1斤		경상도1근.강원도2근. 모두 3근이 분정됨
황금(黃芩)	8兩	속서근풀의 뿌리. 골증(骨蒸)·하혈·動胎·喉症등에 쓰임	경상도에 분정
대황(大黃)	8兩	장군풀의 뿌리. 조열(潮熱)·어혈 등에 쓰임	경상도에 분정
반하(半夏)	8兩	반하의 구경. 구토·습중 등에 쓰임	경상도에 분정
전호(前胡)	3兩	바디나물의 뿌리. 두통·해수·담 등에 쓰임	경상도에 분정
백지(白芷)	3兩	구리때의 뿌리. 요통·두통 등에 쓰임	경상도에 분정
후박(厚朴)	3兩	후박나무의 껍질. 구토·복통 등에 쓰임	경상도에 분정
박하(薄荷)	3兩	영생이의 잎. 약재·향료 등으로 쓰임	경상도에 분정
천남성(天南星)	4兩	천남성의 뿌리. 치담(治痰)·치풍(治風)에 쓰임	경상도에 분정
백편두(白扁豆)	4兩	변두콩. 하기(下氣)·곽란 등에 쓰임	경상도에 분정
형개(荊芥)	4兩	정가의 잎과 줄기. 상한(傷寒)·외감(外感)에 쓰임	경상도에 분정
택사(澤瀉)	6兩	택사의 괴근. 이수도(利水道)·임질 등에 쓰임	경상도에 분정
차전자(車前子)	2兩	질경이의 씨. 이뇨제·안질·설사 등에 쓰임	경상도에 분정
황기(黃芪)	6斤	단너삼의 뿌리. 원기를 돕고 방한(防汗)등에 쓰임	경상도에 분정

천문동(天門冬)	1斤	호라지좆의 뿌리. 해수·번조 등에 쓰임	경상도에 분정
길경(桔梗)	5斤 10兩	도라지. 객혈 등에 쓰임	경상도에 2근13냥, 혜민서에 2근13냥(숙종 45년 이후에는 3근13냥)이 분정됨
창출(蒼朮)	7斤	삽주의 결구되지 아니한 뿌리. 외창 등에 쓰임	경상도와 혜민서에 각각 3근8냥 분정됨
백출(白朮)	7斤	삽주의 덩어리진 뿌리. 구토 등에 쓰임	경상도와 혜민서에 각각 3근8냥 분정
방풍(防風)	5斤8兩	방풍나무의 묵은 뿌리. 외감·고뿔·풍병에 쓰임	경상도와 혜민서에 각각 2근12냥 분정
산약(山藥)	5斤	마의 괴근. 요통·설사·대하 등에 쓰임	경상도2근11냥, 혜민서에 2근10냥 분정
백작약(白芍藥)	5斤5兩	백작약의 뿌리. 보혈·진정제로 쓰임	경상도2근10냥, 혜민서에 2근11냥 분정
진애(眞艾)	5級	묵은 쑥	경상도에 5冬音 분정
욱이인(郁李仁)	5斤3兩	산이스랏씨의 알맹이. 소독 및 수종(水腫)에 쓰임	경상도2근9냥, 혜민서 2근10냥 분정
향유(香薷)	2斤	노야기의 풀. 곽란·상한 등에 쓰임	경상도 2근 분정
인동초(忍冬草)	2斤	인동덩굴. 한열(寒熱)·이뇨·살균·해열·풍습·종기에 쓰임	경상도 2근 분정
백렴(白蘞)	5斤	가위톱의 뿌리. 학질·경간(驚癇)·대하 등에 쓰임	황해도5근 분정
적작약(赤芍藥)	5斤	적작약의 뿌리. 보양·파혈(破血) 등에 쓰임	경상도·혜민서에 각각 2근8냥 분정

〈표 6〉 조선통신사 일행에게 지급되는 路資를 위한 각도의 卜定에서 器用類(『萬機要覽』『增正交隣志』, 저자작성의 표)

종류	수량	설명	각 도의 분정
아리쇠(阿里金具)	3件		경상도 분정
행수목(行需木)	1同	사행(使行)에 사용되는 무명	충청도에 1동이 분정
망소자(網疎煮)	1箇	철사로 그물 뜨듯하여 만든 석쇠	인조21년(1643)부터 영조40년(1764)까지 분정된 사례를 찾을 수 없음
유자(鍮煮)	2箇	놋쇠로 만든 번철	인조21년(1643)부터 영조40년(1764)까지 분정된 사례를 찾을 수 없음
규화잔대구(葵花盞臺具)	3部	접시꽃모양의 잔과 잔을 받치는 그릇(白磁葵花盞臺具)	경상도에 3부 분정
백사발(白沙鉢)	15竹	사기사발	경상도에 15죽 분정
대접(大楪)	23竹	큰대접(白大貼)	경상도에 15죽 분정
보아(甫兒)	15竹	보시기(白甫兒)	경상도에 15죽 분정
종자(鐘子)	15竹	종지(白鐘子)	경상도에 15죽 분정
소접(小楪)	25竹	작은대접(白貼匙)	경상도에 25죽 분정
백자발(白磁鉢)	4竹	흰자기사발(白磁沙鉢)	경상도에 4죽 분정
대접(大楪)	8竹	흰자기대접(白磁大貼)	경상도에 5죽 분정
중발(中鉢)	8竹	백자중사발(白磁中鉢)	경상도에 5죽 분정
소접(小楪)	18竹	백자소대접(白磁貼匙)	경상도에 10죽 분정
종자(鐘子)	3竹	백자종지(白磁鍾子)	경상도에 3죽 분정
잔대구(盞臺具)	18부(部)	술잔을 받치는 접시 같이 생긴 그릇과 술잔(白磁盞臺具)	경상도에 8부 분정
고족상(高足床)	3坐	발이 높은 상	경상도에 분정
교의(交椅)	3坐	신주를 모시는 의자	경상도에 분정
소식상(小食床)	3坐	작은 밥상	경상도에 분정
유개자(鍮盖子)	3箇	놋쇠로 만든 뚜껑	경상도에 분정
주전자(酒煎子)	3坐	놋쇠 주전자(鍮酒煎子)	경상도에 3개 분정

사용아리 (沙用阿里)	3坐	새옹. 놋쇠로 만든 작은 솥과 삼발이	경상도 분정
금구차보아 (金具茶甫兒)	3개 (箇)	금구차보시기	경상도 분정
시(匙)	2丹	숟가락	경상도 분정
저(箸)	2丹	젓가락	경상도 분정
좌철(坐鐵)	2部	지짐질하는 물건	경상도 분정
화철(火鐵)	2箇	화저(火箸)	경상도 분정
적금(炙金)	2雙	석쇠	경상도 분정
화저(火筯)	2雙	부젓가락	경상도 분정
유소라(鍮所羅)	2坐	놋소라	경상도 분정
식오(食筽)	2部	밥고리(고리버들의 가지로 결어 만든것)	경상도 분정
채도(菜刀)	2柄	채칼	경상도 분정
대식정(大食鼎)	4坐	큰밥솥	경상도 분정
소식정(小食鼎)	4坐	작은 밥솥	경상도 분정
중식정(中食鼎)	5坐	중간치 밥솥	경상도 분정
표자(瓢子)大·中	24箇	바가지 大·中	경상도 분정
사자(篩子)	6箇	체	경상도 분정
칠평반(漆平盤)	4竹	옻칠한 예반. 평반	경상도 분정
독시(禿匙)	3丹	융탕숟가락. 자루가 짤막한 숟가락	경상도 분정
식고리(食古里)	3件	밥고리짝	경상도 분정
항(缸)	4坐	항아리	경상도 분정
옹(瓮)	11坐	독 또는 옹기	경상도 분정
백사항(白沙缸)	10坐	흰사기항아리	경상도 분정

〈표 7-1〉 조선통신사 일행에게 지급되는 路資를 위한 각도의 卜定에서 잡물(『萬機要覽』『增正交隣志』, 저자 작성의 표)

종 류	수량	설 명	각도의 분정
백저포(白苧布)	54疋	백모시	전라도 24필, 충청도 30필이 분정됨
응자(鷹子)	55連	백매55마리	경상도 4마리, 전라도 8마리, 충청도 2마리, 강원도 15마리, 함경도 26마리가 분정됨. 효종 6년(1655)에는 경상도 19마리, 강원도 15마리, 함경도 8마리, 전라도 8마리, 충청도 2마리 등 총 52마리가 분정됨
대진묵(大眞墨)	285柄	대(大)자의 썩 좋은 묵	전라도와 충청도에 각각 75개씩 분정됨
중진묵(中眞墨)	100柄	중(中)자의 썩 좋은 묵	전라도와 충청도에 각각 50개씩 분정됨
만화석(滿花席)	30張	여러 떨기의 꽃무늬를 놓아서 짠 돗자리	경상도에 30장이 분정됨
채화석(彩花席)	50張	채색으로 꽃무늬를 놓아서 짠 돗자리	경상도에 30장이 분정됨
화석(花席)	145張	꽃무늬를 놓아서 짠 돗자리	전라도·충청도에 각각 20장, 경상도에 3장이 분정됨
유선(油扇)	600柄	기름먹인 부채	경상도에 200자루, 전라도 400자루가 분정됨
칠선(漆扇)	100柄	옻칠한 부채	경상도·전라도에 각각 50자루씩 분정됨
백첩선(白貼扇)	30柄	큰부채	전라도에 30자루 분정됨
미선(尾扇)	20柄	단선(團扇)의 일종	전라도에 20자루 분정됨
색지(色紙)	217卷	색종이(五色紙)	경상도 100권, 전라도 15권이 분정됨
장계지(狀啓紙)	1卷	계본(啓本)에 쓰는 종이	경상도에 1권이 분정됨. 효종6년(1655)에는 경상도에 12권이 분정됨
장지(狀紙)	15卷	공문이나 편지를 쓰는 데 사용하는 종이	경상도에 12권이 분정되었으며 인조21년(1643)에는 5권이, 효종6년(1655)에는 분정되지 않음
백지(白紙)	410卷		경상도 50권, 전라도 90권, 충청도 60권이 분정됨
도련지(搗鍊紙)	5卷	종이의 가장자리를 잘 다듬은 종이	전라도 3권, 충청도 2권이 분정됨
초주지(草注紙)	30卷	초(草) 잡는 두루말이	전라도 20권, 충청도 10권이 분정됨
대유지(大油紙)	4卷	대(大) 기름종이	경상도에 4권이 분정됨

종류	수량	설명	각도의 분정
유지(油紙)	4卷 17張	기름종이	인조 21년(1643)부터 영조 40년(1764)까지의 통신사행에서는 각도 복정물목의 기록이 없음
좌면지(坐面紙)	30張	제상(祭床)위에 까는 종이	경상도 30장이 분정됨
6장부유둔(六張付油芚)	30部	6장 붙인 유둔	전라도・충청도에 각각 10부씩 분정됨
4장부유둔(四張付油芚)	67部	4장 붙인 유둔	경상도 20부, 전라도・충청도에 각각 10부씩 총 40부가 분정됨
호피(虎皮)	16張	호랑이 가죽	경상도 7장, 전라도 6장, 충청도 3장이 분정됨

〈표 7-2〉 조선통신사 일행에게 지급되는 路資를 위한 각도의 卜定에서 잡물(『萬機要覽』『增正交隣志』, 저자 작성의 표)

종류	수량	설명	각도의 분정
표피(豹皮)	8張	표범가죽	경상도・전라도에 각 3장, 충청도・강원도에 각 1장씩 분정됨
녹피(鹿皮)	3張	사슴가죽	전라도 2장, 경상도 1장이 분정됨
어피(魚皮)	180張	상어의 껍질	경상도에만 80장이 분정됨
중촉(重燭)	310柄	三兩重燭	전라도 60자루, 충청도 80자루, 강원도 100자루로 총 240자루만 분정됨
차일(遮日)	7浮	볕을 가리기 위하여 치는 포장	전라도 1부, 충청도 2부가 분정되었고, 대차일 1부, 소차일 3부는 경상도에 분정됨
장(帳)	7浮	장막	전라도 1부, 충청도에 3부가 분정됨
지의(地衣)	5部	가는 헝겊으로 꾸민 제사때 쓰는 돗자리	경상도에 3부 분정됨
면석(面席)	5部	가늘게 짠 돗자리	경상도에 3立이 분정됨
만화방석(滿花方席)	3坐	여러 떨기의 꽃무늬를 놓아서 짠 방석	경상도에 30장이 분정됨
독석(篤席)	3坐	두꺼운 돗자리	경상도에 3立이 분정됨
단석(單席)	6立	외겹으로 짠 돗자리	경상도에 3立이 분정됨

종류	수량	설명	각도의 분정
화문방석(花紋方席)	1竹	꽃무늬를 놓아서 짠 방석	전라도·충청도에 각각 20장, 경상도에 3장이 분정됨
소병풍(小屛風)	3坐		경상도에 분정
서안(書案)	3部	책을 얹는 책상	경상도에 분정
안식(案息)	3件	안석(案席)	경상도에 3件 분정
평교자(平轎子)	3件	종1품 이상 및 기로소 당상관이 타는 남여(藍輿)	경상도에 3件 분정
평연갑(平硯匣)	3件		경상도에 3件 분정
일산(日傘)	3件	흰 바탕에 푸른선을 두른 긴 양산	경상도에 3件 분정
청산(靑傘)	3件	푸른 일산	경상도에 3件 분정
우산(雨傘)	3件		경상도에 3件 분정
향동자(香童子)	3件	향꽂이	경상도에 3件 분정
관대피상(冠帶皮箱)	3件	관대(冠帶)를 넣는 가죽으로 만든 상자	경상도에 3件 분정
욕모부(褥毛浮)	3件		경상도에 3件 분정
대분토(大分土)	3件		경상도에 3件 분정
소분토(小分土)	3件		경상도에 3件 분정
타구(唾口)	3件		경상도에 3件 분정
대야(大也) 및 놋대야	각3件	鍮大也	경상도에 3件 분정

〈표 7-3〉 조선통신사 일행에게 지급되는 路資를 위한 각도의 卜定에서 잡물(『萬機要覽』『增正交隣志』, 저자 작성의 표)

종류	수량	설명	각도의 분정
요강	3件		경상도에 3件 분정
화자청구(靴子淸具)	3件		경상도에 3件 분정
수건(手巾)	3件		경상도에 3件 분정
휘건(揮巾)	3件	세수할 때나 식사할 때 앞에 두루는 큰 수건	경상도에 3件 분정
홍주견지(紅紬肩之)	3件		경상도에 3件 분정
촛대(燭臺)	4雙	촛대	인조21년(1643)에는 3쌍이 분정되었으나 효종6년(1655)이후로는 분정되지 않음

화연(花硯)	5面		경상도에 분정
도롱(塗籠)	15隻	종이나 헝겊으로 바른 농	경상도에 4바리(駄)분정됨
사령관대(使令冠帶)	10件		경상도에 분정
인가(印家)	1件	관인을 넣는 집, 도장집	경상도에 분정
관가(關家)	1件	관자(關子)를 넣는 집	경상도에 분정
안자제구(鞍子諸具)	1件		경상도에 분정
유피대(油皮岱)	4部	기름 먹인 피대(가죽주머니)	경상도에 분정
용정(龍亭)	2坐	龍亭子, 나라의 玉册·金寶 등 보배를 운반할 때 쓰는 견여(肩輿)	경상도에 분정
국서통(國書筩)	1坐	국서를 넣는 통	
형명(刑名)	4件		분정되지 않음
청도기(淸道旗)	3雙		분정되지 않음
조총(鳥銃)	3雙		분정되지 않음
순시기(巡視旗)	3雙		분정되지 않음
장창(長槍)	3雙		분정되지 않음
삼지창	3雙		분정되지 않음
언월도(偃月刀)	2雙		분정되지 않음
독(纛)	2件	군중(軍中)에 세우는 대기(大旗)	분정되지 않음
삼혈총(三穴銃)	3件		분정되지 않음
대표기(大標旗)	12件		분정되지 않음
홍주장(紅紬帳)	12件		분정되지 않음
저포대등(苧布大燈)	3柄	모시로 바른 큰 등	분정되지 않음
사중등(沙中燈)	6柄	사로 바른 중간치 등	분정되지 않음
상세사(上細簑)	3件	매우 가는 도롱이	경상도 3부 분정
상안적(上鞍赤)	3件	상등의 언치. 소나 말등에 까는 방석	경상도 3부 분정
백적현(白赤懸)	3件		경상도 3부 분정
적유삼(赤油衫)	3件		경상도 3부 분정
숙사(熟簑)	44部	(細簑)	
안적(鞍赤)	42部	언치	
초사(草簑)	45部		경상도 55부(효종6년에는 25부)가 분정됨

V. 일본의 조선통신사 접대

1) 막부(幕府)의 조선통신사 접대준비

통신사 내빙이 결정되면 접대의례·음식·향응·도로의 청소·객관(客館)의 개축과 보수·물품의 조달 등 막부는 각 번(藩)에게 엄격한 지시를 내리게 된다. 통신사 향응에 필요한 재정은 10만석 이상의 번인 경우 스스로 부담하였고, 그 이하의 번은 막부의 원조가 있었다. 명령을 전달 받은 각 번은 번운(藩運)이 결정되는 문제였기 때문에 번력(藩力)을 기울여 준비하였다. 1607년의 통신사 향응 접대지침을 기준으로 하여 마련된 막부 지침은 숙박하는 번과 통과하는 번을 중심으로 내린 것으로, 숙박하는 번은 향응을 준비하였다. 이 향응 준비는 일상식·향연·사사(寺社) 및 다옥(茶屋)에서의 숙박·물품조달 등에 이르는 모든 것을 망라하는 것이었다 (김. 127-135).

1711년 통신사 내빙 때에 막부 ⇨ 번 ⇨ 마을에로의 명령과 준비를 복산번(福山藩)의 예로 들어보기로 한다. 1711년은 통신사 빙례 비용이 100만냥에서 60만냥으로 감축된 해이다. 막부로부터의 명령은

> "보영 8년 3월 29일 막부. 福山城主 阿部와 대마수 正盛에게. 조선내빙사의 일행이 7월경 내조 예정. 領國의 鞆津에서 접대 향응 및 오사카에서의 川御座船 제공을 명령한다.
> 보영 8년 5월. 조선통신사 통과 시에 도로·역·다리·渡·인부·배·말 등의 준비와 여관에서의 여러 도구·미곡·반찬 준비 및

렴・막・병풍을 마련하고, 색견・緞子・금은의 병풍 장식은 금한다."

이다(池田. 40). 명령을 받은 福山藩에서는 우선 식사의 재료 조사부터 시작하여 꿩・학 등을 여러 마을로부터 갹출하도록 명령하지만, 지난번 통신사 내조 때에 돼지와 사슴 생포에서 겪은 어려움을 마을은 호소하고 있다(池田. 40).

安芸州에 속해있었던 가마가리〔蒲刈〕의 1711년 통신사 접대 기록에 의하면, 통신사 접대역・손님을 대접하는 사람・술 봉행・과자 봉행・랍촉 봉행・술안주 봉행・과일 봉행・기타 여러도구 봉행・통역・의사・요리인 등 759명이 통신사 일행을 위하여 동원되고 있고, 제송선(諸送船) 135척을 준비하고 있다. 가마가리의 도착은 9월이었으나, 정월에 대마에, 3월과 6월에 아이노시마・시모노세키・가미노세키로 다른 번의 접대 모습을 탐색하기 위하여 사자(使者)를 출발시킴으로서, 다른 번에 뒤지지 않는 이상적인 접대를 위하여 고심과 노력을 하고 있다. 정사・부사・종사관의 접대를 위하여 조석반(朝夕飯)은 753膳, 주반(晝飯)은 553膳을 준비하였고 이들 膳 뒤에는 3汁17菜 또는 3汁15菜를 내는, 천사(天使)를 접대하는 극진한 접대를 행하였다(柴村b. 74).

이렇게 마을 각처에서 준비하여 만든 요리도 비・바람 때문에 도착이 늦어지거나, 파도와 바람 사정이 좋아 상륙하지 않고 다음 기항지로 통과하기도 하는 경우에는 배로 음식을 가지고 가거나, 다음 기항지(寄港地)에로 향하는 배를 말로 추적하면서 까지 음식을 운반해 성의를 다 하였다. 막부의 명령에 의하여 이루어졌던 대단한 빙례 준비였다(柴村b. 82).

2) 조선통신사 접대 상차림

통신사 향응에 관한 일본 문헌은 통신사 일행을 선도한 대마번 宗家에 의한 『종가기록(宗家記錄)』에 1682년 이후의 것이 남아있다. 1682년 『宗家記錄』에 나타난, 7월 26일 오사카〔大阪〕에 도착하고 나서 8월 21일 시나가와〔品川〕에 이르러 낮 휴식을 취할 때까지 往行때 약 1개월까지의 상차림이 〈표 7〉이다. 삼사(三使)와 상상관(上上官)에게는 753膳, 553膳, 3汁15菜를 제공하고 있다.

에도(江戶)로부터 오사카〔大阪〕까지의 復行때에는 숙박지에서는 삼사와 상상관·상관(上官)에게 식품과 은을 제공하였다. 낮 휴식지에서는 조·석의 절반 정도 양에 달하는 식품을 제공하였다. 통신사 일행중에 있었던 도척(刀尺)과 숙수(熟手)가 막부에서 제공한 재료 및 통신사 일행이 가지고 온 식품 노자를 이용하여 조선식의 음식을 만들어 먹었으리라고 생각된다.

1636년부터 1811년까지의 三使와 上上官에게 제공된 753상차림을 문헌적 탐색에 의하여 제시된 것이 〈표 9〉이다(高正 1067)(『宗家記錄』)(『韓客過室津錄』)(『朝鮮人御饗應御獻立』)(『朝鮮人獻立』)(『朝鮮人來聘御饗應七五三御獻立寫』)(長谷 1-4)(石井 303-333)(『朝鮮人登城之節御饗應獻立』). 구례에 따르는 것을 관례로 하였기 때문에(김.131), 往復 行 때 및 에도 체류 중 상차림에서 비록 1607년·1616년·1624년·1636년·1719년이 누락되어 있다 하더라도, 1607년부터 1719년까지는 753膳·本膳·2膳·3膳이었으나, 1748년 이후는 753膳만으로 간략화 된 것이다(高正 1067).

〈표 8〉『宗家記錄』에 의한 1682년의 往行때의 상차림(高正, 1064).

	朝食	晝食	夕食
三使・上上官①	三汁十五菜	五五三膳	七五三膳・三汁十五菜
上官②	二汁十菜	二汁十菜	五五三膳
中官③	二汁七菜	二汁七菜	二汁八菜
下官④	一汁四菜	一汁五菜	一汁六菜

① 三使 : 正使・副使・從事官, 上上官 : 당상역관
② 上官 : 역관・군관
③ 中官 : 奴子이상
④ 下官 : 格軍이상

〈표 9〉三使와 上上官의 753膳 상차림

年代	왕복행 때 및 에도 체류중 상차림	국서 교환후 연회 상차림
1636		753膳 네번째膳 다섯번째膳
1643	753膳・本膳・2膳・3膳①	
1655	753膳・本膳・2膳・3膳	
1682	753膳・本膳・2膳・3膳	753膳 네번째膳 다섯번째膳
1711	753膳・本膳・2膳・3膳	753膳 네번째膳 다섯번째膳
1719		753膳 네번째膳 다섯번째膳
1748	753膳	753膳 네번째膳 다섯번째膳
1764	753膳	753膳 네번째膳 다섯번째膳
1811	753膳	753膳 네번째膳 다섯번째膳

① 膳은 일본에서는 상을 의미함.

에도〔江戶〕에서 국서 교환 후에 있었던 연회 상차림에서는 1636년부터 1811년까지 같으므로 구례에 따랐다면 1607년부터 1811년까지 변화없이 753膳・네번째膳・다섯번째膳으로 상차림이 이루어졌다고 볼 수 있다. 에도에서의 국서 교환 후에 있었던 상차림은 그 규모의 축소없이 1607년부터 1811년까지 계속되고 있지만, 往

復行 때 및 에도 체류 중 상차림이 1748년이후부터 축소된 것은, 전자는 막부의 체면 유지와 관계 있는 것이고, 후자는 1711년 新井白石의 재정 개혁과 관계가 있었던 것이다(高正. 1067).

조선통신사를 위한 향응 상차림에서의 753膳이란 무엇일까. 753膳은 상차림과 음식의 숫자가 모두 753이 되는 것이다. 무로마찌〔室町. 1338~1573〕시대에 완성된 본선요리(本膳料理)라고 지칭되고 있다. 7가지·5가지·3가지의 음식을 얹은 상〔膳〕이 차려지는데, 가장 화려한 경우에는 7개의 상이 차려지는 것이다(熊倉a. 188-189). 주군(主君)이 가신(家臣)을 방문하는 무가의례(武家儀禮)로서 정착하였던 무로마찌 막부에서의 향연인 어성(御成)에서의 (金a. 156) 753膳을 살펴보기로 한다.

우선 장군[50]이 도착하면 식3헌(式三獻)의 의식이 행해진다. 식3헌이란, 헤이안〔平安; 794~1192〕시대 후기에 궁중에서 행해졌던 의식 때 경호를 맡고 있었던 무사들이 3헌을 받았던 그 절차가 그대로 정착한 것이다. 이것이 본선요리에 편입되어 정형화 되었다(加藤 7). 이 식3헌에서는 초헌·2헌·3헌인 3회 술잔의 응수에 수반하여 안주로서 세 개의 상인 1台·2台·3台가 나오며, 식3헌 술잔은 3개가 포개진 것이 배대(杯台) 위에 얹혀져 나온다. 술잔이 나오면 우선 주군이 가장 위의 술잔을 집어 올려 술을 따라 받아 마신 다음(熊倉b. 60), 술잔을 하좌(下座)로 차례로 보내 마시는 것이다. 그 작법은 술잔에 요자(銚子, 술을 떠서 붓는 그릇)를 두 번 살짝 부딪치고 세 번째에 술을 붓는다(加藤. 7)(金a. 156).

---

50) 무로마찌〔室町; 1338~1573〕막부의 아시카가〔足利〕장군을 지칭함.

식3헌 이후 자리를 바꾸어 753膳이 나오게 되는데 이를 정리하면 〈표 10〉과 같다(熊倉a. 189).

조선 전기에 해당하는 일본의 무로마찌시대에 무가의례와 함께 발달한 본선요리(本膳料理)는 보이기 위한 간반(看盤)용 요리로서 지극히 의식화되기에 이른다. 의식화된 간반용 요리로서의 극단적인 발달은 아즈찌모모야마〔安土桃山; 1574~1602〕시대이며51)(熊倉c. 194-195), 이후 에도〔江戶; 1603~1867〕시대 때의 조선통신사 접대에도 채택되고 있다.

〈표 9〉에 제시되고 있는 753膳은 〈표 10〉의 식3헌(式三獻)에 해당되는 부분으로 3헌을 위한 안주용 상차림인 1台・2台・3台가 753膳으로 바뀐 것이다. 다시 말하면 조선 통신사 접대 때에 본격적인 향응에 앞서 술3헌이 있었으며 이 때 간반으로 753膳이 제공된 것이다. 에도〔江戶〕시대의 753膳은 다음과 같은 기록에 의하여 보다 성격이 분명해 진다.

"753膳은 에도시대 손님을 맞이하였을 때 최상으로 대접하는 요리로서 일정한 기준과 규정에 의하여 정해진 규칙하에서 만들어졌다. 따라서 江戶・名古屋・大阪・蒲刈・대마도 등 거의 전국이 똑같이 만들어져 나왔으며, 과일의 부분만 계절과 지방에 따라 재료 부분이 다른 정도이다. 일정한 기준과 규정에 의하여 만들어졌기 때문에 쉬워 보이지만 그 재료를 수집하기 위한 고생은 대단한 것이었다……. 753膳은 酒宴의 場에 나오는 다분히 의식적인 것으로서, 奈良臺의 위에 술잔을 押위에는 술안주를 올려놓고 술의 行酒가 이루어지며 이것이 끝나면 모든 것을 치운 후 3汁15菜가 나오는 소위 식사의

---

51) 安上桃山時代: 豊臣秀吉의 활약을 중심으로 한 시대.

부분이 되는 것이다"(柴村b. 78. 82).

〈표 10〉 무로마찌시대 御成에서의 本膳料理((熊倉a. 189)

연회 구성	酒의 數	상차림	찬 품	찬품의 종류
式三獻	초헌	1台		
	2헌	2台		
	3헌	3台		
753膳	1헌	本膳	절인연어・생선구이・해삼창자젓・어회・야채절임・어묵・도미조림	7
	2헌	2膳	문어・해파리・도미국・대형고동・염장숭어알①・새우・야채국	7
	3헌	3膳	小串・게・백조국・새・잉어국	5
		4膳	생선酒浸・貝鮑・건어초조림・고래국	4
		5膳	초밥・메추리・건오징어・鱓국	4
		6膳	鯛・赤貝・가오리국	3
		7膳	鱛・학・붕어	3
御菓子		御菓子	호두・밤・곶감・다시마튀김・薯蕷・苔・곤냐・밀가루튀김	8

※ 밑줄 친 음식은 상차림에서 한 가운데 차린 것.
① 숭어알을 염장하여 압착 건조 시킨 것.

    최고의 손님을 맞이하였을 때에 본격적인 식사 대접에 앞서 나오는, 술 접대를 위한 의식용으로서의 보이기 위한 요리 즉 간반(看盤)에 해당하는 753膳에 대한 명확한 설명이라고 볼 수 있다. 이 753膳은 전국 어디에서나 똑같다는 것이다.
    式三獻에 해당되는 753膳 이후 본격적인 식사대접으로서 3汁17菜 또는 3汁15菜 이외에 〈표 9〉에 제시되어 있는 本膳・二膳・三膳도 있었다. 이 본선・2선・3선은 〈표 10〉에 나타나 있는 식3헌 이후에 올려진 753膳과 같다. 〈표 10〉의 7개 膳중, 본선・2

선・3선이 이에 해당된다. 〈표 9〉의 간반 즉 式三獻의 753膳도 경우에 따라서는 본선・2선・3선이라고 표기하였다(荵木. 21). 즉 〈표 9〉와 〈표 10〉은 본질적으로 같은 것이며 간반(看盤)부분에서 식3헌이 753선으로, 식사부분에서 753선을 본선・2선・3선이라고 기록하고 있다. 〈표 9〉에 나타난 1643년 왕복 행 때 및 에도 체류 중 상차림에서 나타나고 있는 것을 예로 들면 753膳, 本膳・2膳・3膳은 753膳. 753膳으로도 표기하고 있고 전자는 看盤이면서 술3헌을 위한 의례용 상차림이고, 후자는 본격적인 식사 대접용 상차림이다.

식사 대접용 상차림에는 본선・2선・3선인 753선 이외에 3汁17菜・3汁15菜・2汁10菜 등으로 표기된 상차림이 있었다. 전자가 時系列型 상차림이라면, 후자는 空間展開型상차림이다. 本膳에서 7종류의 찬품이 2膳에서 5종류의 찬품이 3膳에서 3종류의 찬품이 상에 올라 점차적으로 내오는 것에 반하여, 3汁17菜는 3종류의 국과 17종류의 찬품이 하나의 상에 한꺼번에 차려져 나오는 형태이다. 보다 덜 의례화 된 일상식 상차림이라고 볼 수 있는 3汁15菜・2汁10菜와 같은 공간전개형 상차림은 에도시대 다이묘〔大名〕들의 일상식사를 위한 상차림이기도 하였다(熊倉d. 198). 에도시대 때인 1663년의 법령에 다이묘 경우 임시 연회에는 2汁7菜까지, 고급공무원 경우에는 2汁5菜까지 규정하였으며, 千石이상은 1汁3菜 안주 1종, 500石 이상은 1汁2菜 안주1종, 그밖에 고임음식・소면(素麪)・만두 등은 금하고 있고, 술은 3잔까지 과자는 1종으로 정해져 있었으며, 더욱이 국 속에는 다양한 재료를 넣어서 안된다고 명하고, 특히 생선과 새(鳥)로 만든 국은 금하고 있기 때문에(熊倉

d. 198-199), 조선 통신사 三使 및 上上官에게 제공된 3汁17菜 또는 3汁15菜는 실로 천사(天使)를 접대하는 지극 정성을 다한 것이라고 볼 수 있다.

　이상의 접대 상차림이 조선통신사에게는 어떻게 비쳐졌는가를 알아 보기로 한다. 1624년 부사로서 일본에 다녀온 강홍중(姜弘重)이 쓴 『동사록(東槎錄)』과 1636년 종사관으로서 일본에 다녀온 황호(黃㦿)가 쓴 『동사록(東槎錄)』에는 다음과 같이 기록하고 있다.

　　"무릇 성대한 연회에 있어서는 안주 위에 금·은의 가루를 뿌리고 반드시 물새를 잡아 우모(羽毛)를 그냥 두고 두 날개를 벌려 등 위에 금을 펴서 그 위에 안주를 놓았다. 또 산오리와 야학을 구하여 찬을 만드는데 만약 이 두 가지가 없으면 결례가 된다고 하였다. …… 존귀한 손님을 향연할 때에는 모두 백목기(白木器)와 생토기(生土器)를 쓰는데 금·은을 칠하였으며, 젓가락도 또한 白木으로 만들어 쓰고 한번 쓰고 나면 버리고 다시 쓰지 않았다. 잔을 돌려가며 수작할 때에는 반드시 전채(剪綵)·사화(絲花)·금대(金臺)를 썼다. 음식은 보낼 때에는 반드시 얇은 백목판으로 된 그릇에 담았다. 그 모양은 네모진 상자(方箱)와 같았는데 운족(雲足)을 조각한 것은 백절상(白折箱)이라 하고, 운족(雲足)을 조각하지 않고 금·은을 칠한 것은 화절상(花折箱)이라 하였다. 그밖에 존경하는 예절에는 모두 백반(白盤)을 사용하였다(강홍중, 『동사록』).

　　잔치 때에는 753제도가 있다. 처음에 7그릇이 담긴 반을 올리는데 물고기 또는 채소를 가늘게 썰어 높이 괸 것이 마치 우리나라의 과일반(盤)과 같다. 다음에 5그릇이 담긴 반을 올리고 다음에는 3그릇이 담긴 반을 올리는데, 물새를 잡아서 그 깃털을 그대로 둔 채 두 날개를 펴고 등에 금칠을 하며, 과실·물고기·고기 등에 모두 금박(金箔)을 올린다. 잔을 바치는 상에는 반드시 전채화(剪綵花, 깎아 만들어서 색칠한 꽃)를 쓰며, 혹 나무로 새겨서 만들기도 하는데 천연색 꽃과 아주 흡사하다 ……. 성대한 잔치에는 흰 목판 및 질그릇에 금·은을 칠한 것을 쓰는 데, 끝나면 정(淨)한 곳에 버리고 다시 쓰지 않는다. 금·은으로 생선·고기·국수·떡 위에 칠한다. 잔치 자리에 두루미·날기러기를 찬으로 하지 않으면 결례가 되는 것으로 여긴다. 물새를 잡아 그 깃털을 그대로 두고 양갓을 편채로 말려서 금·은을 칠하는데 성대한 잔치에 베푼다. 채색비단을 잘라서 꽃을 만들기도 하고, 더러는 칼로 나무를 깎아서 색칠하여 화초 모양을 만들어 잔치 자리에 놓는데 정교하기가 진짜에 가까워서 다섯 걸음 밖에서는 그 진위를 가릴 수 없다. 찬을 올리고 술을 돌릴 때마다 으레 소장(小將)을 시켜서 한다"(황호, 『동사록』).

성대한 연회 때에는 753제도가 있고, 금칠한 물새·산오리(백조로 사료됨)·야학이 753膳의 주요 요리가 되며, 7그릇이 담긴 반은 우리나라의 과일반과 같은데, 술잔을 받드는 반 위에는 전채화가 있고, 잔을 돌려가며 수작할 때에는 사화와 금대를 쓴다는 것이다. 연회용 그릇에 대하여는 백목(白木) 또는 토기에 금·은을 칠하기도 하고 그대로 백목기를 사용하고 있음도 말하고 있다.

앞서 753膳은 전국 어디에서나 공통의 찬품으로 일정한 규칙하에 차려졌음을 기록한 바 있다. 공통의 규격화된 753膳에 대하여 16세기말에 일본에 왔던 그리스도교 선교사는

"장중한 7개의 식대 즉 膳의 연회에서는 32가지의 요리가 나오고, 그 중에 8가지의 국이 있으며, 그 5가지는 魚이고 하나는 貝類, 두가지는 고기국이다. 그 고기국의 하나는 연회의 주요한 요리가 되는 학으로 만든 국이고 다른 하나는 백조로 만든 국이다. 일본에서 가장

귀한 학과 백조의 요리는…… 연회의 장중함을 높여준다"(熊倉a. 188).

라고 기록하고 있다. 존귀한 753膳 연회에서는 학과 백조로 만든 국이 반드시 첨부되고 있다.

　무로마찌시대의 本膳요리는 다시 에도시대에 들어와 다도(茶道)와 결합하면서 차를 끓이는 점다(点茶)를 중핵으로 한 변형된 연회가 되었다. 점다 전후에는 식사와 술이 준비되었다. 그 식사와 술은 포식을 위한 식사가 아니고 취하기 위한 술이 아니라 다도를 지탱하고 있는 유아한 정취의 이념과 미의식이 표현된 요리로서 특징 지워 간다. 식기도 白木이거나 蒔繪(まきえ, 금・은 가루로 칠기 표면에 무늬를 놓는 일본 특유의 미술 공예)로 되었고, 깨끗함을 귀히 여기는 다도의 표현으로 白木으로 만든 식기는 한번 사용하면 버렸다. 음식은 모두 고임으로 담아서 내었다(熊倉c, 194-195).

　이 茶道와 결합된 本膳요리에 대한 설명이 바로 강홍중(1624)과 황호(1636)가 쓴 전기한 기록으로서, 에도 시대 全期에 걸쳐서 이 753膳은 변함없이 일정한 규정에 의하여 손님접대 때에 차려졌다. 白木을 사용하여 한번 쓴 뒤에 깨뜨려 버리는 풍속은 통신사의 눈에도 상당히 이상하게 비쳐서 1607년 경섬은

　　　"거리는 사방이 반듯하고 여염이 즐비하며, 시전(市廛)에는 물화(物貨)가 수북이 쌓였다. 중국 및 남만(南蠻)・남반(南般)・유구(琉球) 등의 나라와 서로 무역하여 아무리 멀어도 통하지 않는 곳이 없다. 관동(關東)의 여러 주(州) 및 석견(石見)・단후(丹後)・장문(長門) 등의 주에는 금과 은이 많이 생산된다. 중국의 동전(銅錢)도 또한 시장에서 행용(行用)하므로, 장사꾼이 사방에서 모여든다. 나라

안의 부유층과 시전이나 점포는 제도가 중국과 같다. 손님을 끌어 관
(館)에 유숙케하고 술과 밥을 먹이고는 그 값을 받는다. 여행하는 자
는 싸 가지고 다니지 않고, 거주하는 자는 쌓아 둔 것이 있다. 음식
물은 정결케 하려 하며 나무 젓가락을 쓰고 숟가락은 없다. 기명(器
皿)은 칠목기(漆木器)를 쓰기도 하고 화사기(畵沙器)를 쓰기도 한다.
존귀한 손님을 대접할 때에는 반드시 흰 목상(木床)과 새 토기(土器)
를 쓰는데, 모두 금물과 은물을 입혔다. 그리고 한 번 쓴 뒤에는 깨
뜨려서 다시 쓰지 않음을 보임으로써 손님을 공경하는 예로 삼는다."

고 하였다(慶, 『해사록』).

〈그림 2〉 1682년 가마가리(蒲刈)에서 三使에게 朝・夕으로 제공한 753膳 중에서
일부분을 복원한 그림. 이들 중 奈良臺 위에는 술잔을. 押위에는 안주와
젓가락을 올려서 酬酌하였다. 奈良臺 위에는 剪綵가, 押위에는 絲花가
올려져 있다. 本膳料理와 茶道가 결합된 江戶시대의 대표적인 茶道風의
요리로서 看盤에 해당. 茶도 753膳에 포함되어 있다. 이 753膳은 日本
전국 어디에서나 똑 같은 규격화된 상차림이었다. 白木器에 白木箸, 그
리고 三膳에는 물새가 있고 그 위에 반찬이 올려져 있는 모습이 보이고
있다(柴村c, 12-13, 15).

〈그림 2〉와 〈그림 3〉은 1682년 가마가리〔蒲刈〕에서 조선 통신사인 정사·부사·종사관에게 베푼 7·5·3膳과 3汁15菜에 대한 복원도이다. 3使에게 朝夕飯은 7·5·3膳과 3汁15菜를, 주반(晝飯)은 5·5·3膳과 3汁15菜를 제공하였는데 이중 조석반인 7·5·3膳과 3汁15菜를 채택하여 복원한 것이다. 〈그림 2〉의 奈良臺위에는 술잔을, 押위에는 안주와 젓가락을 올려서 수작하였다. 奈良臺위에는 剪綵가 押위에는 絲花가 올려져 있고, 茶도 7·5·3선에 포함되어 있었다. 白木盤과 白木箸의 기용을 쓰는 茶道와 결합된 本膳요리이다. 전채(剪綵)·술잔이 올려져 있는 奈良臺 및 젓가락·안주·사화(絲花)가 올려있는 押이 잔을 돌려가며 수작할 때에 나왔음을 강홍중과 황호는 설명하고 있다.

3) 조선통신사를 위한 대마도에서의 연회

『증정교린지』에 의하면 일본에서 조선통신사 접대를 위한 큰 연회는 처음에 대마도에서 하선연(下船宴, 환영연)이 있고 에도〔江戶〕에 도착하여 별연(別宴)이 있으며, 대마도에 돌아와서 상선연(上船宴, 환송연)이 있는데 대개 대마도주의 집에서 베풀어졌다고 기록하고 있다.[52]

대마도주가 베푼 연회 모습은 "정사 이하 모두 공복(公服)을 갖추어 입고, 손님은 동쪽에 주인은 서쪽에 앉았다. 높이 배열되어 있는 상과 탁자들은 오로지 화려하고 사치스러우며, 그릇들은 모두

---

[52] 대마도주는 1년은 대마도에 있고 1년은 에도에 있는데 그 처자가 에도에 억류되어 있는 까닭에 에도 또한 그의 집이 있다. 오사카에도 그의 집이 있으므로 사행이 돌아올 때에 맞이하여 연회를 베푸는 예도 있었다.

금·은·유리를 사용하여 초목이나 날짐승과 길짐승이 날아 움직이는 형상으로 만들었다. 찬(饌)이 놓이면 먼저 술을 9잔하고 난 후에 밥을 내어 바친다. 식사를 마친 후 헐청(歇廳)으로 물러가 앉아 평상복으로 모두 갈아입고 나간다. 그러면 그 사이에 상을 모두 치우고 여러 화반(花盤)으로 작은 상을 배설하며, 혹은 광대(獻子)가 나와 흥을 돋군다."는 것이다(『증정교린지』).

〈그림 3〉 1682년 가마가리(蒲刈)에서 3使에게 朝·夕으로 제공한 3汁15菜에 대한 복원도. 이것은 753膳이 나온 이후에 본격적인 식사 대접을 위하여 제공된 상차림이다.

즉 1차연과 2차연이 있는데, 1차연 때에는 발 높은 상에 음식을 차려 놓고 9잔의 술을 마신 후에 밥을 먹었으며, 2차연 때에는 화반의 작은상에 음식을 차려 놓고 즐긴다는 내용으로 1차연이 공식적인 연회라면, 2차연은 덜 공식화된 연회이다. 대마도주 집에서 베푼 연회 기록에 대하여 그 뒷받침을 해 주는 것으로는 1607년·1624년·1636년·1643년·1655년의 사행(使行) 기록이 있다.

〈표 11〉 使行기록을 통해서 본 대마도주가 베푼 연회구성에서의 1차연

연도와 사행기록	1607년 (『해사록』)	1624년 (『동사록』)	1636년 (『동사록』)	1643년 (『계미동사일기』)	1655년 (『부상록』)
연회의 양식	우리나라의 잔치의 식과 흡사	과일상과 떡들은 우리나라 규모를 모방	상탁·기명·찬품은 모두 우리나라 제도를 모방		우리나라 제도와 비슷
발높은 상 看盤	북쪽에 구름을 조각한 상2개. 마치 阿架床과 같음. 假山·彩花·새·물고기등의 물건을 차려놓고 금과 은으로 도장하였음.	床花·금·은·유리 구비			높이 고인 상은 우리나라제도와 비슷함. 금·은·유리그릇·조화가 구비
개인 음식상	좌석앞에 떡·과일을 차리고 여기에 造花를 꽂았다. 茶啖床과 비슷하였다.			의자 앞에 미리 탁자를 놓았는데 음식과 그릇이 정결. 비단을 오려 꽃을 만들어서 떡이나 과일위에 꽂아 놓았다.	
좌석배치	의자(交椅)에 앉음 동서로 갈라 앉음	사신은 東壁에 현방(玄方)①이하는 西壁에 각각 의자(交椅)에 앉음		의자에 앉음	사신은 동벽에 의성(義成)②은 서벽에 각각 의자에 앉음
의복	公服		公服	公服	公服
酒數		술9순배		술9순배	술9순배
茶	有				
연회의 종류	전별연(餞別宴)	하선연	하선연	하선연	하선연

①②는 일본인으로서 사신을 접대하는 가장 고위급의 관리를 지칭함.

〈표 12〉 使行기록을 통해서 본 대마도주가 베푼 연회구성에서의 2차연

연도와 사행기록	의복	좌석배치	酒數	풍악	상차림
1607년 (『해사록』)	간편한 복장	동서로 갈라 平座함	제한이 없음	풍악·무희	
1624년 (『동사록』)			제한이 없음	풍악·무희	
1636년 (『동사록』)					
1643년 (『계미동사일기』)		동서로 갈라 平座함	제한이 없음	풍악(생황·비파)	새로 조그마한 상을 차림. 금으로 만든 소반에 오색빛이 영롱한 화초를 놓았는데 모두 금칠을 하여 살아있는 빛처럼 황홀함. 떡이나 과일 위에는 비단으로 만든 꽃을 꽂음
1655년 (『부상록』)	평복		술3순배		새로 조그마한 상을 차림. 1. 나무상에 잘게 썬 상어를 올림 2. 도금한 채색상에 6-7그릇의 가늘게 썬 어육을 담고 3. 물새위에 금을 발랐고, 조개·소라·게를 삶아 금칠을 하였다. 4. 花床에는 비단꽃인데 솔·국화·복숭아·귤·물풀로 만들어 담고 향을 올려 놓았다. 5. 금잔이 들여오고 술이 세 순배 6. 밥상, 붉고 검은 칠기 사용. 연달아 반찬이 들어옴 7. 과일상이 들어옴 ※ 이 뒤의 沿路에 모두 이 예로서 대접 받았음

이들은 한결같이 대마도에서의 연회가 우리 나라 제도를 모방하고 있다고 기록하고 있는데, 이것은 우리 나라 제도를 모방한 것이 아니라, 통신사를 위하여 특별히 준비된 조선식의 조선요리에 의한 향응이다(高正 1067). 1차연은 조선식의 접대로 공식적인 것이고, 2차연은 일본식의 접대로 사적인 연회였다.

〈표 11〉과 〈표 12〉는 대마도주가 베푼 연회의 성격이 보다 구체적으로 들어나는 바, 1차연은 조선식의 술 9순배 연회이고, 2차연은 일본식의 753膳이 등장하는 연회였던 것이다.

4) 조선통신사 접대를 위한 식품의 재료

일본에서 재정상의 이유로 단행된 1711년의 빙례 개혁 중, 그 하나는 5소로연(五所路宴)이었다. 조선통신사가 에도까지의 왕로(往路)에서는 시모노세키〔赤間關〕· 오사카〔大阪〕· 교토〔京都〕· 나고야〔名古屋〕· 駿府 5개소에서 연회를 하고, 복로(復路)에서는 駿府 · 나고야 · 교토 · 오사카 · 우시마도〔牛窓〕에서 연회를 열었다(高正 1066). 1719년에는 5소로연을 더욱 더 줄여 오사카 · 교토 2개소에서 만 연회를 베풀게 된다(『증정교린지』).

그러나 1711년 이전 해 즉 1600년대 통신사행에서는 각 숙박지에서 연회 하였으며, 숙박지 이외의 장소에서는 하정(下程)이라 하여 조리를 해서 먹을 수 있도록 식품 재료를 제공받았다.

숙박지에서의 연회는 왕로 때와 복로 때를 달리 하였다. 1682년 통신사행에 대한 『宗家記錄』에 의하면 왕로(往路)때에는 일본요리를 준비하여 향응하였으나, 복로(復路)때에는 숙박지에서 三使와

上上官 및 上官에게 음식을 만들어 먹을 수 있도록 식품 재료를 제공하고 또 비용으로서 은도 제공하였다. 낮 휴식지에서는 거의 밤 숙박지에서 제공되는 절반 정도의 양을 제공하고 있다(『宗家記錄』)(高正 1064).

하정(下程)은 5일하정(五日下程)이라 하여 5일에 한번 씩 지급되었는데, 쌀의 경우는 〈표 13〉과 같다.

〈표 13〉 조선통신사에게 지급된 쌀의 5日下程(『증정교린지』)

	三使 (정사·부사 ·종사관)	上上官 (당상역관)	上官 (역관·군관)	中官 (好子이상)	下官 (格軍이상)
대마도	5手斗①	3手斗	2手斗	1手斗半	1手斗
일기도	5手斗	4手斗	3手斗	2手斗	1手斗半
오사카	7手斗	5手斗	3手斗半	2手斗半	2手斗
교토	9手斗	7手斗	4手斗	3手斗	2手斗半
에도	26手斗	21手斗	9手斗	5手斗	4手斗

①1手斗는 조선의 2升7合(강홍중, 『동사록』, 1624)이라고도 하고, 3升(임광, 『병자일본일기』, 1636)이라고도 하며, 2升5合(남용익, 『부상록』, 1655)이라고도 하고 있다.

〈표 13〉의 쌀 하정은 일공(日供)하고도 남는 분량으로 특히 에도에서의 남는 쌀 분량은 상당히 많았다. 1636년에는 통신사가 돌아올 때 에도에서 사행의 日供하고 남은 쌀 수백섬으로 황금 170錠(1천수백냥에 달함)을 바꾸어 사신에게 주었으나 귀향길에 濱松의 금절하(今絶河)라는 강물에 군관과 역관을 시켜 던져 버리기도 하였다(황호 『동사록』).

쌀이외의 하정 식품은 술·간장을 제외하고는 역참마다 재료의 종류에 현격한 차이가 있어서 표준화된 식품 물목을 가려낸다는 것은 불가능하며, 또한 수량도 많고 적음이 심하였다(『증정교린지』). 그럼에도 불구하고 보편적인 식품 물목을 가려낸다면 술·감장(甘醬)·청장(淸醬)·소금·기름·닭·달걀·꿩·메추라기·방어·건고등어·생전복·돼지다리·서여(薯蕷)·표고버섯·건어·미역·미나리·마늘·파·生魚醬·줄(茋)·겨자(芥子)·묵회초(默會草)·대근초(大根草)·두부·고사리·산초(山椒)·초(醋)·과실·남초(南草, 담배)·차잎(茶葉)이었다(『증정교린지』).

예로서 1682년 히코네〔彦根〕에서 복로(復路) 때에 통신사 일행인 삼사(三使)·상상관(上上官)·상관(上官)의 석식(夕食)과 조식(朝食)을 위한 49人分의 하정(下程) 식품과 재료 및 분량을 보면 〈표 14〉와 같다(『宗家記錄』).

히코네에서는 종안사(宗安寺)를 숙박지로 하였다. 종안사는 절 정문으로 수육이 들어오는 것을 기피하였기 때문에 통신사에게 제공하는 돼지 등의 식품만이 들어오는 문을 따로 만들어 흑문(黑門)이라 부르고 운반해 들어오도록 하였다(高正 1605).

공식적인 하정(下程)이외에 별하정(別下程)도 있었다.

별하정은 개인 혹은 각 번(藩)에서 별도로 지급한 것으로 통신사 기록을 통하여 시대별로 별하정을 보면 주식류에서는 南蠻餅·국수·떡(1607년), 雪糕·雪餅·油餅·熟餅·麵·霜花·찰떡·떡(1624년), 霜花餅·풀잎에 싼 찹쌀밥(1643년), 節餅·素麵·풀잎에 싼 찹쌀밥(1655년), 국수·탕면·素麵·떡·갈분(1719년)(申, 『해유록』) 등이 있었고, 어육류에서는 소·돼지·닭·생선(1607년), 소·돼지·닭·꿩·오리·山猪肉·건어·생전복·소라·생선

(1624년), 멧돼지·돼지·고래고기·꿩·생선·생전복(1636년), 사슴·생선(1643년), 소·돼지·돼지족·닭·사슴·꿩·은어·방어·고등어·건고등어·건어·생전복·건전복·생선(1655년), 꿩·닭·달걀·생선·도미·가다랭이포(1719년)가 있었다.

〈표 14〉 1682년 히코네[彦根]에서 復路때에 통신사에게 제공된 三使·上上官·上官의 夕食과 朝食을 위한 49人分의 식품의 재료와 분량(『宗家記錄』)(高正. 1065)

식품군	식품 및 재료와 분량
곡류	백미(9斗8升) 밀가루(3升)
감자류	토란(6升)
유지류	기름(1斗2升4合)
종실류	밤(250개)
두류	팥(3升)·두부(30丁)·枝豆(3把)
어개류	선(鮮)도미(20枚)·선농어(3本)·선작은도미(30枚)·어묵(9枚)·선전복(30盃)·선고래(3本)·건해삼(9桁)·건가다랭이(15節)
수조류	오리(6羽)·닭(20羽)·꿩(2羽)·메추라기(20羽)·돼지족(3개)
야채류	말린박(9把)·우엉(4把)·무(120本)·파(30把)·생강잎(15把)·동아(6개)·가지(90)·채(菜15把)·장과(15盃)
과실류	배(100)·감(150)·포도(100房)·수박(15)
버섯류	송이버섯(100本)
기호음료	술(7斗3升5合)
조미료	된장(2斗9升)·간장(1斗4升2合5夕)·초(1斗1升9合)·소금(1斗1升6合)
향신료	후추(1斤)·겨자(1升5合)

채소류에서는 홍작약·백작약·죽순(1607년), 무·청우·토란·두부·생강(1624년), 무·오이·파·고사리·표고버섯·묵초·마늘·미나리·두부·장과·송이버섯(1655년), 파·미나리·무·백

합・나물・燒芋・두부(1719년) 등이 주요 품목이었으며, 당류에서는 천문동당・빙당・사탕(1607년)・화당・설탕・사탕(1624년)・정과(1655년), 求肥飴・사탕(1719년) 등이 있었다. 과일류에서는 황귤・귤・감귤(1607년)・청귤・감귤・배・橙子・향귤・비자・枕梨・枕果・용안・여지・감・곶감・귤・유자・밀감(1624년)・霜橘(1636년)・비파・복분자・참외・배・포도(1643년)・배・여지・참외・복숭아・수박・감・감자・포도・밤・건시・귤・밀감(1655년)・수박・배・숙매・밀우(蜜芋)・밀과(密果)・밀감・감자(柑子)・귤(1719년) 등이 주요 품목이었다.

이밖에 다시마와 미역이 1655년에 등장하고 있고, 조미료로서 후추가 1624년부터 나오고 있으며, 음청류에서는 庭實酒・五香酒・橙酒・소주・茶・梅花茶・귤차(1607년), 소주・白酒・茶(1624년), 忍冬酒53)・宇治茶(1643년), 諸白酒・忍冬酒・요아주(療疴酒)・복분주(覆盆酒)・天枝茶(1655년), 諸白酒・紫火酒・상매주(桑梅酒)・인동주・복분주・녹차・차(1719년) 등이 등장하고 있다. (慶『해사록』)(姜『동사록』)(黃『동사록』)(『계미동사일기』)(南『부상록』)(申『해유록』).

이상의 하정 이외에 753膳 즉 本膳料理인 연회 음식을 차릴 때에 사용된 재료는 신분이 높을수록 식품의 종류와 수량이 많이 사용되었고, 신분이 낮을수록 식품의 종류와 수량이 적어졌으며, 삼사와 상상관에게는 어개류와 그 가공품・달걀・학・기러기・오리・도요새・메추라기・종달새・고래고기의 사용이 많은데 반하여, 신

---

53) 인동주(忍冬酒): 인동과 인삼을 합쳐 빚어 만드는데 맛이 달고 몹시 독하다고 기록됨(『계미동사일기』).

분이 낮은 자에게는 야채류의 사용이 많았음을 보고하고 있다(荒木. 10).

VI. 후추·설탕·고구마·국수·은·찬합 論

조선 전기 일본 사신의 내왕에 의하여 유입된 주요 물자 가운데에는 후추·설탕·귤·국수·약재류·은·유황이 있었다.

1624년 강홍중이 쓴 『동사록』에는 사예물(私禮物)로서 증정 받은 물목중에 후추에 대하여 언급하고 후추가 거의 10여석에 이르름을 기록하고 있다. 여전히 후추는 조선 전기와 마찬가지로 조선에서는 귀중한 품목으로 간주되고 있었다. 한편 1607년 경섬이 쓴 『해사록』에는 천문동빙당(天門冬氷糖)을 선물 받았음이 기록되어 있고, 1624년의 『동사록』에도 선물 물목 중에 화당(花糖)과 설탕을 언급하면서 "호도·다목(丹木)·남초(南草)·설탕·공작우(孔雀羽) 등은 모두 일본의 천한 물건인데 또한 그 나라의 소산이 아니요, 모두 남만(南蠻)에서 나왔다. 그런데 남초(담배를 지칭)만은 토산물이 되었다 한다."라고 하고 있다. 1600년대 초 남만(南蠻) 여러 나라에서는 후추·사탕을 가지고 나가사키에 와서 무역하였으며 일본에서 후추·사탕은 모두 나가사키(長崎)에서 사 갔다(申『해유록』). 일본은 중국의 복건(福建)·유구(琉球) 등과의 활발한 무역으로 후추와 사탕은 이미 흔한 물자가 되어 있었다(慶『해사록』).

고구마는 16세기 말에 중국의 복건(福建)에 전해졌고, 일본에 전래된 시기는 1597년으로 구황작물로서 보급되었다(金b. 135). 1597

년에 전파된 고구마는 1624년에 이미 대마도 전역에서 재배되고 있을 정도로 널리 퍼져 있었다. 1624년 『동사록』에는 대마도의 토질이 '芋'를 심기에 가장 적합하다고 보고하고 있고, 1636년 황호가 쓴 『동사록』에는 대마도에서 산꼭대기까지 일구어 우(芋)를 심어 먹는다고 하였다. 1719년 신유한은 『해유록』에서 군고마〔燒芋〕를 먹었음을 기록하고 있는데, 여기에서 芋는 고구마이다. 이 고구마는 1764년에 통신사로 일본에 다녀온 조엄에 의하여 들어온 것으로 되어있다(趙. 『海槎日記』).

조선 전기부터 일본 사신에 의하여 유입된 일본 국수는, 1607년부터 줄곧 별하정으로 통신사에게 지급된 특별식이었다. 일본 국수는 그 당시 조선의 그것과는 상당히 차이가 나서, 1719년 신유한은 오사카〔大阪〕의 국수는 가늘기가 실과 같다고 시를 짓고 있다.

나가사키〔長崎〕 무역과 조선 무역에 의한 다량의 금・은・동의 국외 유출은 에도〔江戶〕막부 재정의 위기를 초래하는 원인이 될 정도로 일본의 은 유출은 에도 말기 심각한 것이었다(高正 1064). 이 은이 조선통신사 일행이 일본으로부터 받은 사예단(私禮單) 물목의 하나가 되어, 에도 全期에 걸쳐서 조선통신사 사행 기록에 꾸준히 등장하고 있다. 은자(銀子) 1매의 무게는 4냥3전에 해당되었는데, 1624년에 사예단으로 받은 은자만도 3650매에 달하고 있다(姜 『동사록』).

중국으로부터 건너온 식롱(食籠)으로 비롯된, 일본의 찬합(饌榼)은 원래 중상(重箱)으로 표기되고 있었다. 중상의 탄생은 安土桃山 시대로, 이후 에도시대 때에 발달하여 明治시대에 이르는 과정에서 벤토우(辨當; 도시락)가 되었다(前川久 122). 임진왜란 이후 조선에서 베푼 일본 사신을 위한 연회에서 중배례 때에 왜사가 동래부사에게 상찬(箱饌) 올리는 의례가 있는데, 이것도 중상을 뜻하는 것이다. 즉 찬합·중상·상찬·왜찬합은 같은 의미라고 볼 수 있다.

1655년 남용익이 쓴 『부상록』에는 節餠三重·과일三重饌榼·餠榼三重·饌榼二重·三重榼·三重饌榼·二重饌榼 등을 別下程으로 받았음을 기록하고 있다. 떡·과일·반찬 등을 2중·3중으로 된 찬합에 담아 손님 접대용으로 내놓았던 것이다. 이들 찬합문화는 조선 왕조말까지 궁중 연회 때에 "왜찬합(倭饌榼)"이라는 찬품으로 올려지는 음식의 하나가 되고 있다(金c. 293).

Ⅶ. 연회에서 좌석배열

대마도 도주 집에서 열렸던 공식적인 연회에서의 좌석 배열은 정사·부사·종사관은 동쪽, 대마도 도주는 서쪽이었다. 이번에는 에도〔江戶〕에서 관백의 宮에서 개최되었던 연회 때의 좌석배열을 보기로 한다. 〈그림 4〉는 관백의 궁 서협당에서 이루어졌던 연회 때의 배치도이다. 이것은 1607년을 기준으로 한 것으로 경섬은 다음과 같이 쓰고 있다.

"당(堂)은 3급(級)이 있는데, 높이가 각각 반 자(尺)쯤 되었다. 서협당(西俠堂) 上堂에는 비단요 하나를 깔고 관백이 앉았다. 사신은 中堂에 들어가서 예를 차린 뒤에 동쪽벽 마루 위에 앉고, 역관은 下

堂에 앉았다……. 좌도수 및 종의지는 영(楹) 안 서쪽 구석에 앉고, 그 외에 들어와 앉은 사람은 없었다……. 茶 마시기를 끝난 뒤에 동협당(東俠堂)에서 쉬었다."

 상당에 관백이, 중당에 정사·부사·종사관·좌도수·종의지가 각각 동·서로 나누어 앉고, 역관이 하당의 동쪽에 앉았음을 나타낸 것이다.
 이러한 좌석 배열은 조선에서 일본사신 영접 때의 좌석 배열 즉 일본사신은 서쪽에 앉게 한 것과는 다르다. 일본쪽에서 보다 조선사신을 예우했다고 보아야 할 것이다.

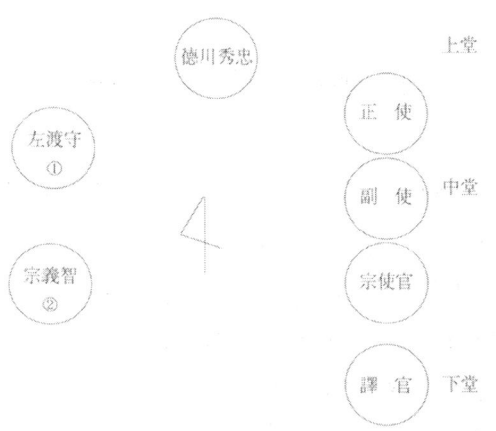

〈그림 4〉 1607년 관백의 宮·西俠堂에서의 연회 때 좌석배열. 전부 平座함(慶, 『해사록』)
  ① 左渡守 : 집정(執政)으로 정사를 거머쥐고 행하는 사람. 재상 등을 말함.
  ② 宗義知 : 대마도 도주.

Ⅷ. 맺음말

1400년대이후 아시카가(足利)의 3代 장군인 의만(義滿)에 의하여 취해진 명과 조선에 대한 우호 정책은 곧, 조선에도 반영되었다. 1419년 세종이 즉위함에 따라, 왜구의 금지가 일본의 중앙 정권의 손으로 보장된다면 가능한 한 우호적 관계를 갖고 싶다는 생각이 강해졌고, 대마도주인 宗氏와 조약을 체결하여 대마도가 왜구의 기지가 되지 않는 것을 보장하는 대신에 무역의 특권과, 일본선의 무역 도항 허가장 발급권 및 식량 부족으로 고심하는 대마도에게 매년 쌀과 콩을 주기로 결정하기에 이른다.

이 이후로 서로 친분을 교류하면서 한·일 양국의 평화적·우호적 선린 관계를 상징하는 명칭인 통신사(通信使)란 이름으로 1428년부터 1592년 임진왜란 전까지 약 7회 조선 사절이 파견되었다.

한·일간의 신의를 가진 선린 관계 성립은 豊臣秀吉의 무모한 출병으로 깨졌으나, 조선 무역과 조선으로부터의 식량조달에 의하여 경제를 유지해 왔던 대마도 宗氏의 노력에 의하여, 한·일관계는 다시 궤도에 올라 1607년부터 1811년까지 12회의 통신사가 일본에 사절로서 다녀왔다.

1607년부터 1811년까지는 일본은 에도 막부의 시대로, 정사·부사·종사관과 조리사인 도척(刀尺)을 위시한 약500명 정도의 통신사 일행은, 조선 정부로부터 지급 받은 노자(路資)인 식품류·약재류·기용류·기타·잡물을 각도로부터 복정(卜定)받아 부산을 출발하였는데, 인삼·꿀·청심원·전복·건대구·굴비·편포·호두·잣·곶감·약과·백미·참깨·녹말을 포함한 공예단(公禮單)과 사예단(私禮單)도 함께 배에 실었다.

  기선(騎船, 승선) 3척과 복선(卜船, 화물선) 3척에 분승하고 짐을 나누어 실은 다음 출발하여 대마도 부중(府中)인 이즈하라로 향한다. 이즈하라〔嚴原〕에서 하선연(下船宴; 환영연)을 받고 에도〔江戶〕로 향하게 되는데, 대마도에서 에도까지의 숙박지는 다음과 같다.

  이즈하라〔嚴原〕⇨ 이키〔壹岐〕⇨ 아이노시마〔藍島〕⇨ 시모노세키〔赤間關·下關〕⇨ 가미노세키〔上關〕⇨ 가마가리〔鎌刈·蒲刈〕⇨ 도모〔鞆〕⇨ 우시마도〔牛窓〕⇨ 무로쓰〔室津〕⇨ 효고〔兵庫·神戶〕⇨ 오사카〔大阪〕

이상 해로(海路)

  오사카〔大阪〕⇨ 요도〔淀〕⇨ 교토〔京都〕⇨ 모리야마〔守山〕⇨ 히코네〔彦根〕⇨ 오가키〔大垣〕⇨ 나고야〔名古屋〕⇨ 오카자키〔岡崎〕⇨ 요시다〔吉田〕⇨ 하마마쓰〔浜松〕⇨ 가케가와〔掛川〕⇨ 후지에다〔藤枝〕⇨ 에지리〔江尻〕⇨ 미시마〔三島〕⇨ 오다와라〔小田原〕⇨ 후지사와〔藤澤〕⇨ 시나가와〔品川〕⇨ 에도〔江戶〕

이상 육로(陸路)

  순탄한 항해 일정의 경우 이즈하라〔嚴原〕에서부터 오사카〔大阪〕까지 약 40일 정도의 항해 일정으로, 배로 오사카까지 온 다음 격군 등 약 100명의 인원을 배에 남겨 둔 채, 400명 정도의 통신사 일행은 천어좌선(川御座船)으로 갈아타고 요도〔淀〕까지 거슬러 올라 간 다음 요도에서부터 에도〔江戶〕까지 육로로 가는 것이다.

  이즈하라에서부터 에도까지의 往路에서 각 숙박지에서는 三使

(정사·부사·종사관)에게는 朝食·晝食·夕食이 숙공으로서 대접되었으며, 이중 夕食만을 보면 753膳과 3汁17菜의 음식이 제공되었는데, 753膳이란 상차림과 음식의 숫자가 모두 753이 되는 것으로 무로마찌〔室町; 1338~1573〕시대에 완성된 본선요리(本膳料理)라고 지칭되고 있다. 무로마찌 시대의 본선요리는 安土桃山(1574~1602)시대에 의식화된 간반(看盤)요리로서 극단적인 발달을 하게 되었고, 에도〔江戸; 1603~1867〕시대 때에는 통신사 접대 때에 채택되어져, 三使를 위한 석식의 753膳은 바로 본격적인 향응에 앞서 술 3헌을 올렸을 때 제공되었던 간반(看盤)이었다. 753膳은 간반으로서의 용도 외에 본격적인 향응을 위한 음식 대접용으로도 에도〔江戸〕에서는 채택하였다.

간반으로서의 753膳은 그 찬품이 전국 어디에서나 똑같은, 공통의 규격화된 상차림이다. 무로마찌 시대의 本膳요리가 에도시대에 들어와 다도(茶道)와 결합된, 점다(点茶)를 중핵으로한 유아한 정취의 이념과 미의식이 표현된 요리이다. 즉 茶道風의 요리이다.

간반으로서의 753膳이 時系列型 상차림이라면, 753膳 이후에 제공된 본격적인 향응 음식인 3汁17菜는 空間展開型 상차림이다. 공간전개형 상차림은 에도시대 다이묘〔大名〕들의 일상식을 위한 상차림이기도 하였다. 1663년 에도의 법령에 의하면, 다이묘의 경우 연회에서 2汁7菜까지 규정하고 있었기 때문에 三使에게 제공된 세 종류의 국과 17종류의 찬으로 이루어진 3汁17菜는 天使를 접대하는 지극 정성을 다 한 것이라고 볼 수 있다.

숙박지 이외의 장소와 復路 때에는 5日 하정(下程)이라 하여 5일에 한번씩 조리를 해서 먹을 수 있도록 식품 재료를 제공하였다.

대략 쌀·밀가루·토란·기름·팥·두부·도미·농어·어묵·전복·고래·건해삼·건가다랭이·오리·닭·꿩·메추라기·돼지족·말린박·우엉·무·파·생강잎·동아·가지·장과·채소·배·감·포도·수박·밤·송이버섯·술·간장·된장·초·소금·후추·겨자 등으로, 쌀 경우로만 예를 들면, 특히 에도〔江戶〕에서는 日供하고도 남는 쌀 분량이 상당히 많았다. 1636년에는 사행의 日供하고 남는 쌀 수백섬을 황금 170錠으로 바꾸어 사신에게 주었으나, 귀향길에 濱松의 今絶河라는 강물에 던져버리기도 하였다.

공식적인 下程 이외에 별하정도 있었다. 별하정은 개인 혹은 각 藩에서 별도로 지급된 것이다. 1607년부터 1719년까지의 통신사 기록을 통하여 검토한 바에 의하면, 素麵·떡·상화·갈분 등의 주식류, 돼지·山猪肉·소·닭·꿩·오리·고래고기·사슴 등의 수조류, 채소류, 천문동당·빙당·사탕 등의 당류, 귤·용안·여지·감·곶감·배 등의 과실류, 후추 등의 조미료, 정실주·오향주·등주·소주·백주·인동주·요아주·복분주·상매주 등의 주류, 茶·우지차·천지차·녹차 등의 차류, 은어·방어·고등어·전복·건어 등의 생선류가 별하정이 되고 있다.

조선통신사 1회의 내빙에 들어간 경비는 총액 100만냥, 동원된 사람은 33만명으로서, 현재의 금액으로 환산하면 약 500억엔(円)이 되어 막부의 재정이 위협받게 됨에 따라, 1711년에는 빙례 개혁을 단행하였고, 각 숙박지에서의 연회는 5소로연(五所路宴)으로 간소화되었으며, 1719년에는 5소로연을 더욱더 줄여 오사카〔大阪〕·교토〔京都〕에서만 연회를 베풀었다. 나가사키〔長崎〕 무역과 조선 무역에 의하여 대량의 금·은·동의 국외 유출이 일어났으며, 이는 막부의 재정에 위협이 될 정도로 일본의 은(銀) 유출은 심각한 것이었다.

나가사키를 통한 복건(福建)과 유구(琉球) 등과의 활발한 무역을 통하여 1600년대 초 일본은 이미 후추·사탕·호두·다목·남초(南草, 담배) 등은 흔한 물자가 되어있었다. 다분히 복건을 통하여 전해졌으리라고 보는 고구마도 1597년에 일본에 전해졌고 1624년에는 대마도 전역에서 고구마가 재배되고 있었다.

일본에서의 통신사 접대를 위한 큰 연회는 에도에서 국서 교환 후에 있었던 연회 이외에, 대마도에서 하선연(下船宴; 환영연)이 있고, 에도(江戶)에 도착하여 별연(別宴)이 있었으며, 대마도에 돌아와서 상선연(上船宴; 환송연)이 있었다. 이 하선연·별연·상선연은 대마도 도주의 집에서 개최되어, 공복(公服)을 갖추어 입고 통신사를 東쪽에 주인은 西쪽에 앉아 연회를 열었다. 1차연과 2차연으로 구성되어, 1차연은 발 높은 상에 음식을 차려놓고 의자에 앉아서 하는 公的인 연회로서, 북쪽에 발 높은 상인 간반(看盤)을 차려놓고, 동·서 양편의 의자 맞은 편에는 비단으로 오려 만든 조화(床花)를 꽂은 떡과 과일을 차렸으며, 술9순배·식사와 茶가 있었다.

1차연이 끝이 난 후 평상복으로 갈아입은 다음 동·서에 평좌하고 앉아 花盤인 753膳이 들어오고 술3순배를 마시면서 풍악을 즐겼다. 이 2차연은 私的인 연회였다. 1차연이 조선식의 접대로 공식적인 연회 성격을 갖고 있다면, 2차연은 일본식의 접대로 사적인 연회의 성격을 갖고 있었다. 조선통신사를 위한 일본에서의 접대는 조선식과 일본식을 겸비하여 준비하였던 것이다. 조선식의 연회 모습이 의자식·공간전개형인 발 높은 상의 看盤·床花로 장식된 개인 음식상·茶·술로 구성되었으면, 일본식의 연회 모습은 평좌식·시계열형인 753膳으로 이루어진 看盤·床花로 장식된 개인 음식상·茶·술로 구성되었으며, 한·일 양국의 연회에서의 차이점을 찾는다면 공간전개형인 발 높은 상에 차려진 看盤과 시계열형인 753膳으로 이루어진 간반 및 의자식과 평좌식이라고 볼 수 있다.

한·일 양국에서의 연회 때 공통점은 看盤·개인음식상·茶·술의 구성으로 특히 본격적인 향연을 위해 제공된 看盤用이 아닌 음식대접용 753膳인 本膳·2膳·3膳은 한번의 식사에 조선의 7첩반상·5첩반상·3첩반상과 비슷한 유형이 시계열형으로 올려진 상차림이다.

조선통신사 往路의 朝食에서 통신사에게 제공되었던 3汁17菜는, 일본사신을 조선정부가 접대했을 때 일상식으로 제공했던 車食五果床과 유사한 상차림의 형태이다. 이들은 다 공간전개형의 상차림인 점에서 양국의 상차림의 공통성을 찾을 수 있고 또한 3汁17菜가 3종류의 즙과 17종류의 채라면, 車食五果床 역시 3종류의 탕과 17종류의 찬품으로 구성된 점에서 공통성이 있다. 대마도 도주의 집에서 베푼 연회나, 에도〔江戶〕에서 국서 교환후에 이루어진 향응에서 통신사를 위한 좌석배열이, 한결같이 東쪽으로 배정됨으로서 조선정부가 일본사신 영접 때에 서쪽을 배정한 것과는 다르다. 일본정부는 통신사 접대에 만전을 기하고자 하였다.

「한국식생활문화학회지」 13집 5호, 한국식생활문화학회.

참고 문헌

작자미상,『癸未東槎日記』, 1643.

慶七松,『海槎錄』, 1607.

姜弘重,『東槎錄』, 1624.

南龍翼,『扶桑錄』, 1655.

金指南,『東槎錄』, 1682.

申濡,『海槎錄』, 1643.

黃㦿,『東槎錄』, 1636.

任絖,『丙子日本日記』, 1636.

申維翰,『海遊錄』, 1719.

趙曮,『海槎日記』, 1764.

民族文化推進會,『국역 海行摠載』.

『增正交隣志』.

하우봉·홍성덕 역,『국역증정교린지』, 민족문화추진회.

『通信使謄錄』.

『世宗實錄』.

『成宗實錄』.

『萬機要覽』.

『宗家記錄』, 慶應義塾大學圖書館藏.

『韓客過室津錄』, 賀茂神社舊藏.

『朝鮮人御饗應御獻立』, 靜嘉堂文庫藏.

『朝鮮人獻立』, 慶應義塾大學圖書館藏.

『朝鮮人來聘御饗應七五三御獻立寫』, 九州大學圖書館藏.

長谷川鑄太郎, 『料理大鑑 2』, 料理珍書刊行會, 東京, 1915.

石井治兵衛, 『日本料理法大全』, 新人物往來社, 東京, 1977.

『朝鮮人登城之節御饗應獻立』, 宮內廳書陵部藏.

熊倉功夫a, 「日本料理の基本の成立」, 『世界の食べもの12』, 朝日新聞社, 1984.

熊倉功夫b, 「食事の場と食事作法」, 『世界の食べもの12』, 朝日新聞社, 1984.

熊倉功夫c, 「合理的食事文化の發展」, 『世界の食べもの12』, 朝日新聞社, 1984.

熊倉功夫d, 「近世の食事」, 『世界の食べもの12』, 朝日新聞社, 1984.

柴村敬次郎a, 『朝鮮通信使船とその旅』, 下蒲刈町, 平成7年.

柴村敬次郎b, 『朝鮮通信使と食』, 『安芸蒲刈御馳走一番』, 下蒲刈町, 平成元年.

柴村敬次郎c, 『御馳走一番館』, 下蒲刈町, 平成6年.

苬木文代・伊藤直子, 『江戶幕府の饗應食について1682』, 女子榮養大學.

新村出 編, 『廣辭苑』, 岩波書店, 1992.

前川久太郎, 「辨當起源考」, 『世界の食べもの 12』, 朝日新聞社, 1984.

池田一彦, 「福山藩と朝鮮通信使」, 『朝鮮通信使と福山藩港鞆の津』, 福山市鞆の浦 歷史民俗資料館, 平成2年.

高正晴子, 「朝鮮通信使の饗應について」, 『日本家政學會誌』vol.46. No.11, 1995.

池田潔, 「朝鮮通信使と好み物」, 『淡交』, 淡交社, 平成4年.

辛基秀, 『わが町に來た 朝鮮通信使』, 明石書店, 1993.

金尙寶a, 「東アジアにおける儀禮的饗應」, 『國立民族學博物館研究報告』19卷, 1, 1994.

金尙寶b, 『한국의 음식생활문화사』, 광문각, 1997.

金尙寶c, 『朝鮮王朝宮中儀軌飮食文化』, 修學社, 1995.

加藤百一, 「飮酒と肴の歷史」, 『世界の食べもの12』, 朝日新聞社, 1984.

仲尾宏, 「朝鮮通信使の時代」, 『淡交』, 淡交社, 平成4年.

김세민・강대덕・유재춘・엄찬호 역, 三宅英利 저, 『조선통신사와 일본』, 지성의 샘, 1996.

단국대학교 동양학연구소, 『韓國漢字語辭典』, 단국대학교출판부, 1995.

이희승, 『국어대사전』, 민중서림, 1982.

18세기 한일문화 교류의 양상
-江關筆談을 중심으로-

김 태 준(동국대학교)

◀ 목 차 ▶

Ⅰ. 머리말
Ⅱ. 「江關筆談」 두 개의 異本
　1) 체제와 내용
　2) 任守幹 본의 서문
Ⅲ. 18세기 한일 외교문화의 양상
　1) 일본 외교의 두 주역, ① 新井白石
　2) 일본 외교의 두 주역, ② 雨森東
　3) 정치적 대립과 문화적 交歡
Ⅳ. 서양인식과 중화주의의 위기
Ⅴ. 한일 교류사에 대한 공동관심
Ⅵ. 18세기 통신사의 세계인식과 동시대의 연행사
Ⅶ. 문학적 자국주의의 허상과 실상

Ⅰ. 머리말

임진왜란 이후의 한일관계는 12번에 걸친 조선 통신사절의 일본 파견을 중심하여 살피는 것이 편리하다. 18세기에 들어서는 1711년(辛卯)·1719년(乙亥)·1748년(戊辰)·1764년(甲申) 등 네 차례의 통신사절이 일본에 오갔다. 이 시대는 세계적으로 외국여행이 잦아졌고, 이 여행의 체험들은 이 시대를 변혁시키고 있었다. 이러한 18세기의 시대상황 속에서 한일 교류의 양상을 특히 통신사의『江關筆談』을 중심으로 살피려는 것이 이 글의 목적이다.

임진란 이후 조선과 일본이 다시 送使 조약을 맺은 것은 전쟁이 끝나고 10년이 넘은 광해 원년(1609)의 일이다. 이로써 한일교류사상 가장 불행했던 임진왜란의 상처를 딛고, 전쟁의 뒷마무리를 짓기 시작한 것이다. 일본에 대한 조선인의 적개심은 이를 달랠 길이 없었다. 그러나 국교의 재개는 일본측의 성화만이 아니고, 조선의 안보를 확인받는 뜻에서도 공통의 관심사였다. 일본이 조선과 국교를 회복하는 일은 대마도의 경제적 사활의 문제였고, 신흥 덕천막부의 정권유지를 위한 대외적 보장책이기도 했다. 이에 조선으로서도 국교를 요청하는 정식 국서를 보낼 것과 전쟁 포로의 송환, 전쟁 중 왕릉 발굴범의 인도 등을 조건으로 일본의 요구에 응하게 되었다. 조선은 일본이 국서를 먼저 보내게 함으로써 전쟁에 대한 책임을 지우고, 포로의 송환과 왕릉 도굴범의 인수로 대의명분을 찾았다.[1]

이렇게 다시 회복된 한일 국교의 주역들은 조선 통신사절이었고, 이들의 일기가 해행문학을 이루고 있었다. 17세기에 일본을 오간 7번의 통신사절에 이어, 18세기 첫 번째 사절은 趙泰億 일행이었다.

---

1) 姜周鎭,『海行總載』해제 참조.

이 辛卯 사절의 외교와 한일 교류의 모습은 부사 任守幹의 『東槎日記』와 押物通事 金顯門의 『東槎錄』 등에 자세하다. 그중에도 특히 일본측 외교의 담당 주역이었던 新井白石과의 교류의 모습을 가장 잘 전해주는 기록으로는 『江關筆談』이 흥미롭다. 이것은 조선 사절과 白石이 하루 동안 필담한 내용을 정리한 것으로, 부사 임수간 이름으로 된 사본과 조태억 편집 사본의 두 가지가 전한다. 열서너 쪽에 지나지 않는 짧은 글이지만, 그때 한일 외교의 주역들의 생각과 교류의 모습을 잘 보여주는 자료이다.

필자는 『강관필담』을 중심한 한일 교류의 양상을 살피는 방법으로 우선 이 필담의 자료를 검토하고, 특히 두 가지 異本의 차이에서 발견되는 한일 교류의 미학에 주의하고자 한다. 이 자료의 검토 가운데서 일본 외교의 두 주역이었던 新井白石과 雨森東의 인물에 주의하고, 정치적 대립과 문화적 교환이라는 외교문화의 양상을 살피고자 한다. 또 이들 두 나라 외교관들의 필담 속에 두드러진 서양인식의 확대와 함께, 중화주의의 위기도 함께 다루게 될 것이다. 여기서는 중화문명과 서양의 물결 사이에서 변화를 겪는 한일 두 나라의 새로운 체험이 발견되리라고 믿는다.

18세기 조선 통신사의 세계인식의 한계는 서양을 직접 체험했던 일본측의 新井白石과 비교했을 때 두드러지게 들어난다. 이것은 같은 시대 중국을 여행한 연행사들의 경우와 삼자를 비교하면 좀 더 뚜렷한 모습을 볼 수 있다. 新井白石은 서양체험과 지리개념의 확대로 근대적 역사의식의 놀라운 자각을 보인 지식인이었다. 이런 자각된 역사의식은 변화하는 시대에 잘 적응하는 실학적 사고를 키워주었고, 외교에 있어서 또한 능동적 수완을 휘두를 수 있게 했다.

이런 자각된 세계인식과 역사의식은 오히려 같은 시대 중국을 연행한 실학파들에 비교될 수 있을 것이다.

이 소론에서 新井白石에 많은 관심을 기울인 것은 『강관필담』 자체가 그의 화제에 크게 주목하고 있기 때문이다. 조선 사절의 여러 문인이 白石 한 사람과 주로 필담했다는 이유 외에도, 이 외교에 있어 白石의 활동이 두드러진 데도 이유가 있다. 자국주의의 경향은 나라들 사이의 교류에서 피할 수 없다 하겠으나, 문학인들의 교류에 보이는 문학적 자국주의의 실상과 허상 또한 지나쳐 버릴 수 없는 화제라 생각한다.

Ⅱ. 『江關筆談』 두 개의 異本

1) 체재와 내용

『江關筆談』은 지금껏 두 개의 異本이 전한다. 1711년(辛卯) 조선 통신사와 일본 문인 정치가 新井白石의 필담을 내용으로 하면서도, 정리자에 따라 두 개의 이본이 생긴 것으로 보인다. 하나는 통신부사였던 任守幹의 『東槎日記』의 坤편 앞머리에 실려 전하고, 다른 하나는 정사 趙泰億의 이름과 함께 『新井白石全集』 등에 전한다.

임수간의 『江關筆談』은 그 자신의 통신사 일기 속에 들어 있을 뿐이 아니고, 여기에 간단한 서문을 붙여서 이를 정리한 때와 장소와 내력을 뚜렷이 밝히고 있다. 때는 임진년(1712) 중춘, 귀국길에

下關에서 풍랑을 만난 일과, 이때 무료함을 달래면서 이 글을 썼다는 것이다. 그리고 風本館에 머물면서 靑坪居士〔任守幹〕가 썼다는 서명도 뚜렷이 하고 있다.

이에 비하여 조태억이 정리했다는 『江關筆談』은 임수간의 서문은 없고, 다만 '通政大夫吏曹參議知製敎趙泰億輯'이란 서명만이 들어있다. 이것은 白石이 신묘 조선통신사 접대의 내력을 기록한 230여 쪽의 외교문서의 맨 뒤에 부록되어 있다. 이 외교문서에는 「朝鮮聘禮事」를 비롯하여, 「朝鮮信使進見儀注」 「朝鮮信使饗儀注」와 그밖에 조선 사신 접대의 자세한 논의가 정리되어 있다. 이 밖에도 白石이 燕樂을 즐기며 조선 사절과 더불어 필담한 『坐間筆語』가 『江關筆談』과 나란히 실려 전한다. 이렇게 『江關筆談』은 같은 필담 내용을 두 사람이 각각 정리하여, 두 개의 이본으로 전한 셈이다.

두 개의 이본은 다 같이 신묘년 11월 5일의 필담 내용을 중심으로 하면서도, 그 체재와 내용에서 다른 점이 적지 않다. 임수간의 『강관필담』은 11월 5일의 이 필담 앞에 간단한 서문을 붙이고, 맨 끝에는 23일에 받은 白石의 전별의 글을 부록하고 있다. 말하자면 3부 형식의 체재로 되어 있는 셈이다. 이에 비해서 조태억이 정리했다는 이본에는 본문에 해당하는 11월 5일의 필담 내용만을 담고 있다. 다음으로 필담 내용을 비교하더라도 서로 드나듦이 적지 않고, 어떤 부분에서는 아주 큰 차이를 보이고 있다. 이제 아래에 중요한 화제를 비교해 보이기로 한다.

〈任守幹本〉
 1. 新井白石이 조선사신을 館으로 예방함.
 2. 정사 平泉이 필담을 제의함.
 3. 白石이 정사와 담배피우지 않는 이유를 문답함.
 4. 종사관・부사・白石 사이에 중국 古書의 보관을 논함.
 5. 중국 古書를 보여줄 수 없다는 대답을 논함.
 6. (없음)
 7. 白石이 西洋 각국 사신과 만난 사실을 자랑함.
 8. 같음.
 9. 白石이 萬國全圖에 대해 설명함.
10. 같음.
11. 같음.
12. 같음.(이 부분 趙本이 훨씬 자세함)
13. 같음.(이 부분 趙本이 훨씬 자세함)
14. 같음.
15. 같음.
16. 같음.
17. 같음.(이 부분 趙本이 자세함)
18. (없음)
19. 같음.
20. (없음)
21. 같음.(아주 간략함)
22. (순서 바뀌고 내용 다름[→25])
23. (없음)
24. 조선 서기들의 자기소개가 이어짐.
25. 같음.(白石의 인사 중에 역대 조선사신의 이름과 이번 사신의 家系를 들어 경사라 함)

〈趙泰億本〉
 1. 같음.
 2. 같음.
 3. 없음.(白石의 「坐間筆談」에 나옴)
 4. 같음.
 5. 같음.(순서 바뀜)
 6. 白石이 중국의 예를 들어 책을 보여주지 못하는 이유를 강조함.
 7. 같음.
 8. 萬國全圖의 있고 없음과, 서양나라들의 위치에 대해 문답함.
 9. (없음)
10. 조선 부사가 琉球·중국 등과의 왕래를 묻고 문답함.
11. 조선 부사가 마데오리치에 대해 물음.
12. 종사관이 琉球의 복식과 문자 제도를 물음.
13. 白石이 조선의 복식제도를 묻고, 이쪽은 일본의 문교가 부흥함을 칭찬함.
14. 조선 부사가 일본의 武藝를 청한 일로부터 서로의 선린을 논함.
15. 조선정사가 일본의 諱하는 법을 묻고, 백석이 일본의 문자와 언어를 논함.
16. 정사가 일본국서를 정서하기 전에 보여주도록 청함.
17. 일본의 관혼상제가 『朱文公家禮』에 따르는가를 물음.
18. 白石이 다시 담배를 권하고 서로 號를 빗대어 여러 쪽에 달하는 긴 농담을 즐김.
19. 제술관과 세 명의 서기가 들어옴.
20. 이어서 다시 농담을 벌임.
21. 白石이 제술관과 서기들의 나이와 벼슬을 물음.
22. 鄭夢周의 후손인 정서기와 포은에 대한 이야기.
23. 雨森東이 들어오고, 그에 대한 화재가 이어짐.
24. (순서 바뀌고 내용 다름)
25. 이날의 사귐을 서로 아까와 하고, 白石이 오늘의 필담을 훗날

보내주도록 부탁함.

　이로 볼 때, 임수간 본은 사실에 충실하려 했다고 보이며, 조태억 본은 白石의 화제에 중점을 두고 정중한 표현에 힘썼다고 보인다. 조태억 본은 雨森東의 이야기를 이곳에서 뺐고, 담배피우는 이야기와 같은 일체의 농담조는 하나도 싣지 않았다.

　일본쪽 보고에 따르면, 內藤虎次郎이 1913년에 서울에서 개인소장의 조태억 편 『강관필담』을 보았다고 한다. 조태억의 집안에서 나온 것에 틀림없으리라고 하는 이 원본은 그 일부가 白石의 자필로 되어 있었다고 한다. 이로 보면 조태억이 펴낸 『강관필담』이 뒤에 白石全集에 들어가게 되었을 것이며,[2] 혹은 이 과정에서 백석의 손이 보태졌을 가능성도 충분히 상상할 수 있다.

　이 필담의 마지막에는 백석이 이날의 필담 사본을 뒷날 자기에게도 보내주도록 청한 부탁의 말이 실려 있다. 이 부탁에 따라 조태억의 편집 사본이 白石全集에 실리게 되었을 것이나, 조태억의 처음 정리본과 얼마큼 달라졌는지는 아직 확인할 길이 없다.

2) 任守幹 본의 서문

　임수간 본은 조태억 본에 없는 간단한 서문이 붙어있다. 이것은 靑平居士의 이름으로 임진년(1712) 중춘에 下關의 風本館에서 쓴 것으로 되어 있다. 이로써 이 「강관필담」이 임수간의 글인 점과 그 지은 연대며 장소를 알게 한다. 또한 雨森東의 소개로 白石時集

---

2) 宮崎道生, 「白石と 朝鮮使節」, 『新井白石の時代と世界』, 吉川弘文館.

을 대하게 된 인연과, 白石과의 필담을 정리하게 된 내력을 함께 전한다.

이 짧은 서문에서는 이 논문이 다루고자 하는 중요한 실마리를 모두 이바지해 주고 있다. 곧 일본의 18세기의 한일교류를 대표할 수 있는 新井白石과 雨森東의 인물이며, 또 한일간의 문학적, 외교적 교류의 모습이 잘 소개되고 있다. 일본의 寄閤大臣인 新井白石의 능동적 외교의 수완이 뚜렷이 보이고, 그들의 대담을 통한 세계인식의 실상을 엿볼 수 있게 해주고 있다.

이 서문은 특히 이 필담이 新井白石을 중심으로 이루어졌음을 뚜렷이 보여준다. 그것은 대마도 서기 雨森東이 사신들에게 白石詩集을 가지고 왔다는 데서 화제를 시작하고, 白石의 인물을 소개하는 데서 끝내고 있다. 이것은 본문에서 더욱 잘 확인되는 점이다. 본문은 白石이 조선 사신의 관사를 찾아온 데서 시작해서 그와 조선 사신들과의 필담을 다루고 있다. 이쪽에서는 정사와 부사, 종사관과 세 명의 서기가 참여하고, 저쪽은 白石이 주인이었다. 연행록과도 달라서, 이처럼 일본 문인이 중심이 된 글은 다른 통신사의 기록에도 보이지 않는 특징이다. 그만큼 白石은 당시 조선 사신들에게도 관심의 표적이 된 인물이었다고 생각된다.

이 서문은 필담하던 때의 교류의 분위기를 훌륭히 전해주는 글이다. 특히 '간혹 농담을 섞어 웃기도 한 것이 하루에 무릇 수십 백장'이 되었으며, 그 중에 '이따금 권할 만한 것'이 있었다. 이런 지적은 임수간의 『강관필담』의 성격을 스스로 지적하는 말이기도 하다. 과연 임수간의 『강관필담』은 조태억의 그것처럼 엄숙하지는 않다. 거기에는 간혹 농담을 섞어 웃었던 분위기를 그대로 전하기도 하고, 고대 중국의 복잡한 예의를 논하는 것과 같은 부분도 빼고 있다. 임수간이 이런 분위기를 '이따금 전할 만한 것' 속에 포함시켜 기록한 점은 흥미롭다. 이것은 아마도 그의 통신사 일기 『동사일기』에서도 통하는 보고의 방식이었을 것이다.

『강관필담』이란 이름도 임수간이 처음 붙인 것으로 증언해 주고 있다. 귀국길에 下關에서 풍랑에 막혀 여러 날 머물며, 무료한 심정을 달래면서 그는 이 글을 엮었다. 행랑 속의 낡은 종이 뭉치를 꺼내 필담한 글을 엮어 차례를 정하고, 그 이름을 『강관필담』이라 하였다. 통신사 일기나 연행사 일기 속에 보이는 외교적 필담은 대개 필담한 사람의 이름이나 장소를 앞에 붙여 제목을 정하는 게 보통이다. 『강관필담』이란 아마도 江關에서 필담한 글이란 이름일 것이다.

Ⅲ. 18세기 한일 외교문화의 양상

1) 일본 외교의 두 주역, ① 新井白石

18세기의 한일 외교는 1711년 辛卯 조선 통신사의 일본 파견으로 시작되었다. 이 사절 뒤로 1719년(乙亥)의 조선 통신사행은 申維翰의 『海游錄』으로 널리 알려졌고, 1748년(戊辰)의 洪啓禧, 1764년(甲申)의 趙曮의 사절이 이어졌다. 18세기의 한일 외교를 여는 신묘 조선통신사절 때에는 특히 일본 외교의 주역이었던 新井白石의 외교제도 개혁으로 한일 외교의 전환의 때이기도 했다. 이를 증거하는 글로써 조선 부사 任守幹의 『東槎日記』, 金顯門의 『東槎錄』이 있고, 新井白石의 여러 문서와 여기서 다루고자 하는 『江關筆談』이 있다.

임수간의 『강관필담』 서문에 보이듯이 新井白石은 이때 한일 외교의 일본측 주역이었다. 그리고 임수간은 한일 외교관들의 교류를 중거하는 이 필담에서 특히 이 주인공을 소개하기 위하여 이 서문을 쓴 듯하다. 임수간은 白石을 소개함에 있어서 세 가지 화제를 이끌고 있다. 첫 번째는 대마도 서기 雨森東이 가지고 온 白石의 詩集이 자못 볼만했다는 점, 둘째는 白石이 東武의 객관으로 찾아와 접대가 간곡했다는 점, 그리고 끝으로 白石의 벼슬과 나라의 총애에 대해 밝히고 있다.

여기서 白石의 이름은 筑後守源璵, 白石은 그의 호이고, 왕위에 오르기 전의 장군의 친구라 하였다. 조선 辛卯 사절을 만난 1711년 10월에 白石은 나이 55세로 從五位下의 筑後守가 되었고, 조선 사절을 맞은 것도 이 달이었다. 본명은 新井君美이고, 1657년 江戶에서 태어났다. 덕천막부의 文柄을 잡았던 林羅山(1583~1657)이 죽은 해에 그가 태어났다. 그리고는 儒學에 정진하여 당대의 名儒 木下順庵(1621~1698)의 문하에서 공부했다. '장군이 왕위에 오르기 전의 친구'라 한 것은 뒤에 장군 家宣이 된 甲府網豊에 출사한 일을 가리킨다. 白石 37살이던 1693년부터의 일이다.

또 '지금은 寄閣大巨이 되어 무상출입한다' 하였는데, 1709년 白石의 나이 53살 때에 家宣이 장군이 된 뒤로 조선 辛卯 사절을 맞기까지 3년 가까운 세월에 白石의 정치개혁은 정력적인 것이었다. 白石은 장군이 바뀜과 더불어 그 정치고문이 되었다. 그는 즉시로

皇子皇女出家 폐지책을 진언하며, 금은화의 改鑄 반대 건의, 長崎 무역 건의, 朝鮮 聘禮의 건의, 이탈리아 선교사 씨도치(Juan Bapista Sidotti)에 대한 4번에 걸친 취조, 씨도치 처분안 상정(이상 1709년) 武家諸法度 초안, 新令句解 상정, 사법관계 판결안의 진상(이상 1710년), 조선사절 응대법의 개정(1711년)을 담당했다.

임수간의 서문에서는 제일 첫머리에서, 雨森東을 통해 보내온 白石의 시가 자못 청고하고 볼만하다고 밝히고 있다. 조태억 등의 신묘 사절 이후로 白石의 이름이 그의 한시와 함께 조선 문단에 알려졌지만, 그는 그의 나이 26살이던 1682년에 조선 壬戌 사신들과 시로써 창화한 바 있었다. 이때 이름 있는 제술관 成琬, 서기관 李О齡, 부장 洪世泰 등과 창화했고, 성완이 그의 시집에 서문을 써 주었다. 이 사실이 그의 자서전 『折たく柴の記』에 자세히 전하는데,3) 白石은 이 일로 해서 木下順庵 선생의 제자가 되는 영예를 얻었다.

白石은 자신이 문학 수업에서 겪었던 고통을 뼈아프게 회상하고 있지만, 그의 명성은 시인으로서 가장 뛰어났다. 이 일은 白石의 장남 明卿의 증언만으로도 넉넉히 짐작할 수 있다.

　　　아버님은 학술로 聖代에 알려졌고, 또한 시로써 세상에 명성이 있었다. 세상 사람들이 아버님을 알기는 특히 시 때문이었다.

　　　父上は學術をもつて聖代に知られ、 そして詩をつて世間に名聲が

---

3) 『新井白石集』. 桑原武夫, 「新井白石の 先驅性」, 『日本の 思想』 13, 筑摩書房, p.210.

あつた. 世人が文上 を知つたのは. とくに詩によつてである.⁴⁾

특히 유학자로서 한시의 교양을 높이 샀던 조선 사신들에게 白石의 이 문학적 교양은 높이 평가되었다. 그리고 이런 외국인 사절의 평가야말로 그로 하여금 당대의 명성을 보장하였음은 물론이다. 조선 사신으로서 임수간이 白石을 평가하는 첫 번째 기준으로 한시의 교양을 든 것은 마땅한 일이었으리라.

신묘 조선 사절이 일본에 오기 2년 전에 네 차례나 白石에게 심문을 받은 바 있는 씨도치는 그가 400년에 한 번 나기 힘든 천재라고 칭찬했다고 한다. 과연 그는 명치 이전에 살았던 일본 최고의 박학자로, 역사가이며, 고전학자요, 서양학자·문학자·시인, 정치가와 외교관을 겸한 학자였다고 평가받고 있다.⁵⁾ 이러한 白石의 학식은 조선 사신들에게도 점차 알려졌고, 이런 白石과 조선 사신의 필담은 한일 교류의 새로운 시대를 증언해 준다고 생각된다.

白石은 신묘 조선 통신사가 일본에 오기 전부터 사신 접대의 간소화를 건의한 사람이었다. 그리고 조태억·임수간 등 사절 때에 이 간소화를 실행한 외교담당자였다. 이 문제로 한일간의 외교적 마찰이 적지 않았다. 또 일본의 유교와 한시의 교양을 대변한다면, 대대로 일본의 文柄을 잡아온 林羅山의 林家가 있었다. 그러나 이들의 직책과 명성이 모두 白石 앞에서 가리워지고, 그의 학식과 문학이 조선 사절에게 까지 인정되었다.

---

4) 『白石先生余稿緒言』.
5) 桑原武夫,「新井白石の 先驅性」,『新井白石集』.

2) 일본 외교의 두 주역, ② 雨森東

조선 사절을 가장 가까이 모시는 대마도 서기로 雨森東이 있었다. 그는 新井白石과는 木下順庵 문하의 동문이고, 그 학문과 시가 모두 뛰어난 인물이었다. 특히 조선어에 능통하며, 조선 사절을 대마도에서 맞아 다시 대마도에서 보낼 때까지 줄곧 수행하는 직책에 있었다.

임수간의 『강관필담』에는 우삼동의 이름이 두 차례 오르고 있다. 서문의 첫머리는 바로 대마도 사람 雨森東이 白石의 시집을 가지고 왔다는 기록으로 시작된다. 이때 雨森東은 白石의 시집을 가지고 와서 조선 사신들의 서문을 청했다. 아마도 대마도에 이르렀을 때의 일일 것이다. 두 번째로는 이 필담의 끝부분에서 필담 중에 雨森東이 들어온 사실을 적고 있다. 이 때에는 조선 사신이 白石에게 그의 벼슬을 높여 주도록 권고했다.

조태억의 『강관필담』에는 雨森東의 이름은 보이지 않는다. 그의 글에는 서문이 없으므로 임수간의 서문에 보이는 것과 같은 우삼동의 화제도 그 이름도 없다. 다음으로 두 이본의 필담 내용을 비교한 제23항에서도 보인 바와 같이 필담 중에 雨森東이 들어온 화제도 조태억본에서는 빠져 있다.

그러나 조태억이 雨森東에게 전혀 관심을 보이지 않았다고는 생각되지 않는다. 그것은 임수간본에 제23항에 보이는 우삼동의 화제가 바로 조태억의 발언으로 기록되어 있기 때문이다. 임수간본『강관필담』에 따르면, 조선 사신과 白石의 필담이 끝날 무렵에 우삼동이 들어와 알현한 것으로 되어 있다. 이때 조태억이 白石에게 이렇게 말하였다.

> 雨森君은 참으로 쉽게 얻지 못한 奇士인데, 어찌 빠뜨려 두어 불우하게 합니까? 값진 보배를 길가에 버리는 것은 옛사람도 애석히 여겼는데, 한번 불러서 하늘에 올려 보내지 않겠습니까?

이렇게 시작된 雨森東의 화제가 白石의 약속으로 이어지자, 조태억은 '돌부처도 머리를 꺼덕인다'는 옛말로 雨森東에게 축하를 보냈다.

白石도 우삼동의 장래를 약속하는 말에서 그의 재주를 칭찬하여 말했다. 이 사람이 자신과 함께 錦里木公〔木下順庵〕 아래 이름난 제자라는 것, 그리고 자신에게는 忘年畏友이며, 이 밝은 시대에 이런 재주 있는 이를 빠뜨릴 수 있겠는가고 되물었다. 白石은 조선 사신들이 지나친 염려들을 한다고 비꼬았지만 이 말 뒤에도 우삼동을 염려하는 조선측의 발언은 잠시 계속되었다. 제술관이었던 李礥〔東郭〕은 말하기를 우삼동이 조선국에 태어났다면 이렇게까지 냉대받지는 않았을 것이라 했다. 그리고 일본이 사람을 귀하게 여기지 않는 것이 하나의 결함된 정치라 하였다. 이 모두가 우삼동의 재주를 사랑하는 관심들이었을 것이다.

사실 우삼동은 대마도의 한낱 서기에 지나지 않았으나, 그 학문과 경륜은 白石과 함께 당대에 뛰어난 바 있었다. 1668년 사절의 제술관이었던 申維翰은 雨森의 말이 무겁고 마음속을 드러내지 않았다고 쓰고 있다.[6] 나이는 白石보다 12살 아래였지만 일찍이 18

---

6) 『海游錄』, 己亥 6월 24일.

세에 江戶로 나와 木下順庵 문하에 들었다. 白石과 거의 같은 해에 木下선생의 문하에 들어가 동문수학했다. 4년 뒤인 1689년에는 스승의 추천으로 대마도주 宗義眞의 서기가 되었고, 26살 때부터 대마도로 건너가 藩의 행정과 교육, 대조선외교를 담당했다. 그는 조선 사신들이 애써 그 인물을 추천할 만큼 유학과 한시에 능한 사람이었고, 통역 없이 조선 사신과 자유롭게 말할 수 있었다. 신유한은 雨森에게 특히 墨客다운 疎暢함이 없다고 했다. 그러나 그것은 오히려 그가 수세대 전까지 이어온 武家의 심성을 안으로 간직하고 있었던 데서 오는 인상이었을지도 모른다.[7]

雨森東은 白石의 장담에도 불구하고 결국 이후 63년간 대마도의 藩儒로 일생을 마쳤다. 그러나 中世 이래의 전통에 따라 德川幕府의 대조선무역과 외교를 독점적으로 담당했던 대마도 외교가 그의 손에 달려 있었다. 그가 직접 맞은 조선통신사는 1711년과 1719년의 두 차례뿐이었다. 이때 그는 대조선외교의 주역이었고, 「交隣提醒」 「朝鮮風俗考」와 「交隣須知」라는 어학교과서는 그의 손에서 지어졌다. 그가 비록 세습제도 아래 일본사회에서 높은 벼슬을 얻지 못했으나, 18세기 한일교류의 일본측 주역이었음을 이로써도 알 수 있다.

3) 정치적 대립과 문화적 交歡

나라 사이의 외교관계의 교섭에는 국가적 차원과 개인적 교류의 두 가지 면이 필연적으로 떠오른다. 이것을 조선 통신사절과 新井

---

7) 上垣外憲一, 「雨森芳州と韓國」, 제2차 韓日合同學術大會議 발표 논문.

白石의 관계에서 살필 때 공적 정치적 대립과 사적 문화적 교환으로 나누어 생각할 수 있을 것이다. 문학적으로는 주로 후자에 관심을 집중하게 되는 것이지만, 『강관필담』이나 『白石全集』에 전하는 「坐間筆語」 등은 한시의 창수와 함께 사적 문화적 교환의 기록을 대표한다. 그밖에 『白石全集』에 2백 수십 쪽으로 정리된 조선 사신 접대의 간소화 문서들이나 조선 사신들의 일기는 정치적 대립을 증거하고 있다. 白石은 사신 접대의 간소화와 國書復號 문제 등으로 공적을 표창받고, 조태억은 辱國의 죄를 받아야 했다. 그러면서도 개인적 문화적 필담과 창화와 웃음이 없을 수 없는 곳에 한일외교문화의 대표적 양상을 엿볼 수 있다.

임수간의 『동사일기』나 『白石日記』 등을 살펴보면, 백석은 모두 일곱 차례 조선 사신의 객관을 방문한 것으로 되어 있다. 『백석일기』에 따르면, 이 중 네 번은 백석이 조선 사신을 만나지 못했음이 드러난다. 곧 1711년 10월 17일 川崎驛에서 三使를 만난 뒤로, 20일, 21일, 28일, 11월 2일에는 모두 '三使에 不及對面'이라 쓰고 있다. 조선의 세 사신이 白石을 만나주지 않았던 것이다. 이른바 白石의 조선 사신 접대의 간소화란 것이 예의의 문제로 조선 사신들을 얼마나 분노하게 하였는지 짐작할 수 있다. 백석의 「坐間筆語」란 것이 11월 3일에야 이루어졌고, 『강관필담』이 이루어진 것도 11월 5일의 일이었다. 이른바 백석의 강한 민족주의가 조선 사신들과의 교류를 가로막고 있었던 셈이다. 따라서 정치적 대립 속에서 이 두 개의 사적 문화적 교환의 기록은 지극히 귀중한 것이다.

두 개의 필담이 이룩되기 전에 조선통신사와 白石 사이에는 일찍부터 사적 문화적 교섭이 이루어지고 있었다. 임수간의 『강관필담』서문에 보이듯이, 白石은 조선 사신이 대마도에 이르자마자 자신의 『白石詩集』을 읽어주도록 준비해 놓고 있었다. 그는 동문인 우삼동을 시켜 조선 사신들에게 자기 시집에 서문을 부탁했다. 여기서는 白石의 정치적 외교적 의도가 들어나고 있지만, 이로써 한일 문사간의 문화적 교류는 벌써 이루어지고 있었다.

먼저 제술관 李礥은 우삼동의 부탁으로 이 시집에 서문을 짓게 된 까닭을 밝혔고, 이어서 정사 조태억을 비롯한 세 사신이 서문을 붙였다. 이 글들을 통해서 조선 사신들은 白石이 木下順庵 문하의 재주 있는 문인임을 들고, 그의 시가 중국인의 기풍을 가졌다고 쓰고 있다. 이렇게 조선 사신과 白石 사이에는 개인적 문화적 교류가 이루어지고 있었다. 임수간도 그 서문에서 '白石의 시가 자못 淸高하고 볼만 하여' 세 사신이 각각 글을 지어 주었음을 밝히고, 백석이 관에 머무는 동안 자주 찾아오고 매우 간곡히 대했다고 쓰고 있다.

그런데 백석의 일기들에 반복해 보이는 이 '不及對面'이란 어떤 상황의 기록일까? 이야말로 나라 사이의 외교적 정치적 대립 양상의 단적인 표현이 아니고 무엇인가? 대마도까지 자기 시집을 보내 세 사신의 서문을 청했던 白石, 東京에서 30리 川崎까지 마중 나와 매우 간곡히 접대했던 白石의 외교적 음모가 '不及對面'에 이르게 한 것이다. 외교란 나라 사이의 예의의 만남이다. 그래서 예부가 이를 담당했고, 따라서 여기에는 서로가 납득할 만한 외교적 예의와 관례가 존중되기 마련이다. 그런데 이때 白石은 일본의 단독적 조치로써 조선 통신사 접대의 간소화를 단행한 것이다. 이는 조선통신사절로 하여금 심한 불평을 갖게 만들었다. 개인적 문화적 접촉에서 예의와 문화적 고상함으로 사귀기 시작했던 이들 사이에 국가적 대립이란 정치적 괴물이 끼어들고 있다.

　백석이 자기 시집을 미리 대마도로 보낸 것은 벌써부터 외교적 정치적으로 계산된 조치였다고 생각된다. 이것이 단순히 조선 사신들의 서문을 받기 위한 개인적 요구였다면, 이렇게 서둘러 대마도까지 보낼 필요가 있었을 것인가? 그는 먼저 文治主義 나라의 사신들에게 문학적 자신감으로 외교의 전초전을 시작하고 있었다. 그는 종래의 일본의 무력적 침략에 대해서 조선 사신들이 문화적 복수심을 가져왔다고 판단하고 있었다. 게다가 종래의 조선통신사에 대한 덕천막부의 예우가 너무 지나친 비용을 써왔다고 생각했다. 이런 생각들이 그의 문화적 전초전의 밑바닥에 깔려 있었다고 보인다. 일본의 白石 연구가는 이것을 가리켜 '조선 사절에 대한 문화상의 제1격'이라고 말한 바 있다.8) 이 말대로라면 백석의 이 개인적 문화적 발상에는 정치적 대립이 도사리고 있었다고 할 수 있다.

　물론 당시 일본 외교를 관장했던 白石의 자주외교의 자각이 고려되지 않으면 안 될 것이다. 덕천막부의 쇄국정책 속에서 조선과의 외교는 일본 국제관계의 통로였고, 조선통신사의 중요성은 막부의 권위를 상징하는 것이었다. 그럼에도 백석은 이 중대한 외교의 원칙으로 和平・對等・簡素를 표방했다. 대등이란 원칙 아래 막부 장군의 이른바 '復號'를 주장하고, 간소란 원칙 아래 조선통신사 접대의 예의를 크게 간소화하였다. 통신사 접대의 원칙으로 표방된 세 항목 중에 두 가지가 그 나름의 자주외교의 자각이었음을 지나쳐 버릴 수 없겠다.

---

8) 宮崎道生, 『新井白石の時代と世界』, 吉川弘文館, p.187.

'대등'이란 조목은 그에게 있어 가장 중요한 자각에 근거를 마련했다. 이것은 일본의 장군이 실질적 일본국왕이며, 이때 막부의 장군은 조선국왕과 대등하다는 발상이었다. 그러면 이것은 다시 일본천황과 황제가 대등하다는 논리로 소급한다. '復號'가 문제되는 것은 일본국왕이란 이름이 원래 조선에서 일본천황을 가리키는 이름이었기 때문이다. 그러다가 일본의 실권이 장군에게 있음을 알고 '일본대군'에게 국서를 보냈었다. 그런데 이 장군에게 다시 국왕의 이름을 써달라는 주장이었다. 조선 통신사 접대의 간소화 논리도 여기서 생겼다. 京都의 日皇의 칙사가 江戶의 장군에게서 받는 접대보다 조선통신사를 우대할 수는 없다는 논리였다.

사실 조선통신사를 맞이하는 데에 드는 일본측의 경비는 각 지방의 지공을 빼고도 막부의 지출만으로 백만 냥이었다고 한다. 그때 외국인으로 최우대되었던 이탈리아 선교사 씨도치의 1년 급료가 25냥이었다는 것과 비교하면 이 돈은 막부의 운명을 건 경비였다. 따라서 이 두 가지 외교적 원칙이란 막부 외교의 전권을 맡은 백석이 세계 속의 조선의 위치를 가늠한 계산이었다고 할 수 있다.[9] 한시로 창화하고 한문이란 공용문자로 필담하는 개인적 문화적 교환 속에 이런 정치적 대립의 발상이 도사리고 있었던 것이다.

---

[9] 김태준, 「동아시아 문학의 自國主義와 中華主義의 위기」, 『東國大 日本學』 제6호 참조.

Ⅳ. 서양 인식과 중화주의의 위기

　『강관필담』에 보이는 두 나라 문인들의 주요 화제에서는 서양에 대한 인식과 중화주의가 흥미를 끈다. 주목되는 점은 이 화제에서 두 나라 문인·학자들의 사고방식이 뚜렷이 구분되고 있다는 사실이다. 백석은 새로운 서양인식에서 화제를 주도하고, 조선 사신들은 아직도 예부터 가져온 중화주의에 깊이 집착하고 있었다. 그 지식에 있어서나 발상의 운용에 있어서 조선 사신들은 보수성에 얽매어 있었다는 느낌을 버릴 수 없다.

　서양에 대한 화제는 백석의 자신만만한 자기소개와 함께 유도되었다. 백석이 '不及對面'이라 기록한 긴장의 며칠이 지난 뒤에,『강관필담』의 서두에서 그는 이 화제를 이끌었다. 임수간의 일기에 따르면 백석은 "내가 불민한 사람이지만 스스로 다행한 사람으로 생각한다"고 스스로를 소개했다. 왜냐하면 자기는 대서양 구라파 지방의 이탈리아 사람과 화란·유구 또는 唐山 등 여러 나라 사람을 직접 보았고, 이제 조선의 여러분과 만나게 되었기 때문이라 했다. 이야말로 당당히 자랑할 만한 행운이었다. 화란인과의 본격적 만남은 1712년 이후의 일이지만, 이탈리아 선교사 씨도치를 네 번이나 심문한 사실로써 이는 서양에 대한 놀라운 체험을 얻고 있었다. 이 체험을 토대로 그의 서양지식은 만국지도와 함께 확대되어 있었다. 서양에 대한 그의 지식은 1715년에 쓴 방대한 『西洋紀聞』으로 잘 정리되어 있는데, 특히 서양 여러 나라의 지리에 대한 관심이 뛰어났음을 알 수 있다.

『서양기문』에 따르면 백석은 1709년 11월 22일부터 12월 4일까지 네 차례에 걸쳐 씨도치를 심문하였다. 이것은 조태억 등 조선통신사와 만나기 2년 전의 일이었다. 그는 씨도치 심문의 첫째 날로부터 셋째 날까지 주로 구라파 여러 나라를 중심한 세계지리를 묻고 있다. 둘째 날의 취조기사 중에는 「萬國圖」가 나오는데 이것은 요한 부라우(Joan Blaeu, ?~1680)의 「東西兩半球圖」였다. 이 세계지도는 호주 부분에 '1644년 발견'이란 표기가 들어있는 것으로 보아 이때로부터 그리 멀지 않은 시기에 제작된 것으로 보인다.[10] 그리고 넷째 날은 시도치가 일본에 숨어 들어온 경위와 함께 天主教法에 대해 소상하게 심문했다. 이것은 『西洋紀聞』下卷에서 당대 일본 최고의 天主教法 소개·비판서로 집대성되었다. 이런 서양 체험은 화란 관계의 저서들과 함께 白石으로 하여금 일본 제1의 서양학자로 자신에 넘치게 하였다. 이것이 바로 "제가 불민하지만 스스로 다행한 사람으로 생각합니다" 운운하는 임수간의 증언을 낳게 한 것이겠다.

이 말에 이어서 나온 임수간의 질문처럼 조선 사신은 구라파니 이탈리아니 화란이니 하는 나라가 어디 있는지조차 몰랐다. 이 질문에 대한 대답 대신 백석은 "귀국에는 萬國全圖가 없는가?"고 되물었다. 질문을 했던 조선 부사는 아마도 세계지도를 본 일도 없었던 것으로 보인다. 백석의 되물음에 종사관이 대답을 했다. 고본이 있기는 하나 이런 나라들이 다 기재되어 있지 않다는 것이었다. 그래서 백석은 인도를 기준으로 해서 여기서도 수천 리나 되며, 대서

---

10) 宮崎道生, 『新井白石の研究』 p.205 註2 참조.

양·소서양이 있으며, 이렇게 설명하기보다는 자기가 가진 세계지도를 보여주는 것이 어떻겠는가고 제의했다. 이처럼 조선 사신들의 서양지식이란 관심 밖이었고, 그 뒤에도 계속 발하는 질문이란 것이 유구가 여기서 몇 천리나 되는가, 福建과 長崎의 거리가 얼마이며, 해적은 어떤 것인가. 利瑪竇의 문적이 남아 전하는가 이런 정도였다. 이 화제에서 조선 사신들은 완패였고, 서양지식을 화제로 올린 백석의 의도는 주효했다.

세계지도에 대한 종사관의 대답도 전혀 정확성이 부족하다. 마테오리치가 제작한 「坤輿萬國全圖」가 조선에 전래된 것은 1603년의 일이었다. 선조는 李光庭을 사신으로 보내 이 지도를 사왔다. 이것은 조선조의 지리관에 일대 혁명을 일으킨 사실이었고, 중국을 중심한 세계관을 근본부터 뒤엎은 세계 개안이었다.[11] 부제학 李睟光은 이 지도를 보고 놀라움을 감추지 못하면서 서역지방이 특히 상세한 점과 구라파가 서역의 끝에 있어 중국으로부터 8만 리 밖에 있음을 자세히 밝혀 놓았다.[12]

두 번째로 1630년(인조 8년)에 중국에 갔던 진주사 鄭斗源 또한 예수교 선교사 로드리(Johannes Rodoriguez, 陸若漢)로부터 마테오리치 세계지도 여섯 폭을 선물로 받아왔다. 이때의 역관이었던 李榮後는 학식 있는 사람으로 이 지도를 보고 놀랐고, 로드리와 편지를 교환하여 그 놀라움을 후세에 전했다. 이 지도는 조선 사회에도 큰 관심을 불러 일으켰고, 많은 병풍도로 유행했다. 또한 昭顯世子와 친교를 맺었던 아담 샬(Johannes Adam Schall von Bell,

---

[11] 山口正之,「世界開眼」,『朝鮮キリスト教の文化史的 研究』.
[12] 李睟光,『芝峰類說』卷二.

湯若望)이 제작한 「乾象輿圖」도 전해졌다.

다음은 1674년 南懷仁(Ferdinand Verbiest)이 제작한 「坤輿全圖」 여덟 폭은 신형의 兩半球圖式 지도였다. 이것은 새로 발견된 호주가 기입된 것으로 조선조에는 성하게 수입되고 또 여러 번 중간되기까지 하였다. 이렇게 중국을 통해 전래된 각종 세계지도가 조선 근래의 세계 지식을 크게 확대하고 있었던 데 비하면 이때 조선 통신사신들의 세계지식은 한심한 상태였다.

다음으로 조선 사신이 자연스럽게 이끌고 간 화제는 유구 사절의 관복 문제로부터 중화문명론으로 이어졌다. 여기서 중심이 된 화제는 복식의 제도와 문무 논의였다. 예의를 존중하는 조선 지식인들에게 있어서 복식은 예법의 기준이었다. 어디를 가나 복식논의를 일삼는 조선 지식인들이 유구 사신의 복식을 화제에 올렸다. 아마도 사신들이 하늘 아래 조선만이 東周의 예법을 따르고, 大明의 제도를 따라 중화문명의 바른 전통을 이었다고 자랑하려는 것이었을 것이다. 이것은 청나라에 사신 가는 연행사들도 언제나 주화제로 삼는 자긍이었다. 게다가 일본도 함께 중화의 제도를 쓸 것을 권유하기까지했다.

그러나 백석은 단연 이를 거절했다. 청나라 자체가 중화의 제도를 버렸고, 자기 민족의 풍속으로 천하를 통일하고 있다. 이제 조선과 유구만이 명나라 제도를 벗어나지 못하고 있으니 무슨 이유인가고 따졌다. 여기에 석연한 합일점이 있을 수 없었다. 그리고 중화주의의 심각한 위기가 드러나고 있었다.

다음으로 두 나라 외교의 근본 문제와 관련하여 평화관계를 위한 文武文明이 화제에 올랐다. 조선 정사 조태억은 일본에서 文敎가

바야흐로 일어나는 것에 一變의 희망을 갖는다고 말했다. 부사 임수간은 일본이 총칼을 장기로 삼는다니 우리의 활 쏘고 말 타는 재주와 바꿔보도록 하자고 재삼 청하여 말했다. 두 나라의 평화를 위해서는 문교가 일어나야 한다는 주장이며, 한편으로는 문교를 떠난 총칼을 업신여기는 발언임에 틀림없었다. 양반의 나라라고는 하지만 조선조는 문을 숭상하는 인문주의적 사고가 절대적으로 지배하고 있었다. 그러나 백석은 중국의 역사를 보기로 들어 해명에 급급했다. 일본은 본래 武를 숭상하는 나라이다. 이것은 帝室의 덕이 쇠하여 무기의 분쟁이 잇달아 일어난 때문이다. 인후한 풍속을 한 번 변하여 勇武의 기풍을 높이게 된 것이다. 이것은 바로 어진 자의 용맹이요, 동방의 풍기가 그렇게 만든 것이다. 따라서 무예를 높이는 것이 문교와 떨어질 수 없는 일체인 것이다. 백석은 여기서 "착한 사람이 나라를 백 년 동안 다스리면 또한 잔악한 자를 이겨 내고 형벌을 제거할 수 있다"[13]고 한 공자의 말을 이끌었다. 이 말은 백석이 덕천막부 백년간의 문무 충효가 하나로 이룩되었음을 강조하려는 뜻에서 나온 것이었다.

이어서 이들의 필담을 일찍이 申叔舟가 성종에게 일본과의 친선을 잃지 말도록 간했다는 화제로 옮아갔다. 두 나라의 우호관계를 말할 때에는 언제나 인용되는 격언이지만 우호를 닦는 데는 예의와 풍속이 소소한 절목만은 아니었다. 백석은 조선 사신 접대의 예의를 간소화하면서 이를 소소한 절목이라 말하였다. 그러나 조선 사신으로서는 일본의 외교의 무성의와 무예를 높이는 풍속에 쉽게 수

---

13) 『論語』 子路篇. '善人爲邦百年 亦可以勝殘去殺.'

궁할 수 없었다. 국서의 회답하는 문자를 미리 보여주도록 요청한 것도 이런 생각이 앞섰기 때문이리라. 여기서 두 나라 외교관들의 화제는 복식 예의와 문물의 중화주의로 장황히 이어졌다. 그러나 이것이 두 나라의 우호증진을 위해서는 아무런 도움도 줄 수 없는 공허한 대담이었다. 면류관이니 深衣의 옛 제도를 어느 쪽이 더 잘 간직했는가 하는 논의는 벌써 빛바랜 중화주의의 허상에 지나지 않았다. 관혼상제에 朱子家禮를 쓰느니 안 쓰느니 하는 논의도 벌써 두 나라의 문화적 동질성이나 우호개선을 위해서는 아무런 도움도 줄 수 없는 공염불에 지나지 않았다.

임수간 사본에 따르면, 이때 조선 정사와 부사는 일본 문교의 흥· 성을 반복하여 치하하고 있는 것으로 되어있다. 특히 일본의 무예가 숭상된다는 말과 관련하여 이 말이 반복되고 있다는 점에 주의할 필요가 있다. 곧 문교가 흥성해야 나라 사이의 우호와 평화가 이룩될 수 있다는 주장이다. 임수간 본에 따르면, 부사가 일본인의 검술을 보고 싶다고 거듭 청했으나 백석이 이를 반기지 않는 기색이었다한다. 일본 문교의 흥성을 강조하는 곳에서 일본인의 무력적 침략의 역사를 되살리고 있었음을 알 수 있다. 일본이 문교를 숭상하면 무력으로 다시 침략하는 일은 없을 것이라 생각이니, 이것은 丁若鏞의 日本論에 그대로 이어지고 있다. 서양인식에서 크게 미치지 못했던 조선조의 학자들은 또한 文弱에 안주함으로써 중화주의적 발상 또한 설득력을 얻지 못하고 있었다. 漢詩의 교양과 옛 복식제도에서 우월성을 강조했던 중화주의는 벌써 위기에 직면하고 있었다.

『강관필담』이 이루어진 날은 끝내 시의 창화가 없었다. 이 날 저물녘에 조선 제술관 東郭은 한시의 창화를 제안했다. 조선 사신이며 백석공과 한 자리에서 나눈 기쁨이 천년의 기이한 사귐인데 시 한 수 없음이 유감이라 했다. 그러나 백석도 조선 정사도 또한 따로 시를 읊을 필요가 있겠느냐고 되물었다. 하루 동안에 서로 나눈 이야기가 10년 동안 글을 읽은 것과 같다고도 했다. 또 만년 읽은 것과 같다고도 말했다. 문인들의 외교에서 뺄 수 없었던 한시의 창화 대신에 실무적 관심사와 해학에 찬 농담이 만발하였다. 조선 서기 南岡의 말처럼 '창 밖에는 눈보라가 치는데 화로 옆에서 술항아리 여니 이 즐거움이야말로 山陰에서 삿대 놀리던 것보다 훨씬 나은' 흥이었다. 晉의 王子猷가 눈 내리는 밤에 흥을 일으켜 친구 戴安道를 찾아 退溪까지 배를 대었다는 「山陰夜雪」을 이른 말이다. 술자리에 음식은 풍성한 채 끝내 시의 창화는 없었던 필담의 모꼬지였다.

중화주의의 위기는 우삼동의 화제에서도 엿볼 수 있다. 이 날의 필담이 끝날 무렵 우삼동이 들어왔다. 조선 정사는 우삼동이 참으로 쉽게 얻지 못할 奇士인데 어찌 빠뜨려 불우하게 두느냐고 했고, 東郭은 이 사람이 만일 조선에 태어났다면 이렇게까지 냉대받지는 않았을 것이라 했다. 그는 일본의 정치가 사람을 귀하게 여기지 않는 결함된 것이라 하였다. 일본 당대의 문인이었던 우삼동의 불운이 科擧의 나라 조선 문인 정치가들에게는 문인을 냉대하는 일본 정치의 현실로 비쳤던 것이리라. 능력주의를 이상으로 하는 과거제도가 일본에는 발붙일 수 없었기 때문이다. 時文으로 조선 사신에게 칭찬을 받았던 三宅緝明의 화제도 간단히 끝나 버렸다. 백석에게서조차 漢詩 시대의 종말이 예견되고 있었다고 생각된다. 이것은 곧 中華主義의 위기를 말하는 것이기도 했다.

Ⅴ. 한일 교류사에 대한 공동관심

이들의 필담 가운데에서 지나쳐버릴 수 없는 화제가 한일 교류사에 대한 서로의 관심이었다. 이 관심은 외교와 문학적 교류에 걸쳐 있지만, 모두가 일본에 여행했던 조선통신사절의 이름과 관련되어 있다. 『강관필담』에서 화제에 오른 사절로는 申叔舟・鄭夢周・朴敦의 이름은 주로 한일간의 외교적 교류사의 관심으로 화제에 올랐음을 알 수 있다. 白石은 일본이 武를 숭상할 뿐이라는 조선 사신의 공격적 지적에 답하면서 먼저 申叔舟의 말을 이끌었다.

일찍이 신숙주가 일본을 논할 때에 성종이 하고 싶은 말이 무엇인가고 물었다. 신숙주는 대답하기를 부디 일본과의 친선을 잊지 말도록 당부했다.[14] 백석은 이 말을 이끌면서 이것이 참으로 대신으로서 나라를 걱정한 말이며, 지금 조선 사신들은 이 말처럼 마음을 쓴다면 두 나라를 위하여 큰 다행일 것이라 했다. 신숙주는 일찍이 세종 25년(1443)에 통신사절의 서장관으로 일본에 왕래했고, 이 사행의 체험으로 일본과의 친선을 당부했던 것이리라. 뒤에 그가 지은 『海東諸國記』는 한일교류관계의 규범으로 성종 임금의 명을 받아 지은 책이었다.[15] 특히 신숙주는 임진년 시절의 정사 조태억의 外祖上이었으므로 백석과의 사이에는 더욱 좋은 화제였다.

다음 鄭夢周 또한 이때의 선전관 鄭纘述의 11대조라는 데서 화

---

14) 「前後使行備考」, 『海行摠載』.
15) 『海行摠載』 중 해동제국기 해제 참조.

제에 올랐다. 정몽주는 고려 우왕 3년(1377)에 사신으로 일본에 가서 九州節度使 源了俊과 교린을 의논했다. 백석이 부사의 선전관 鄭纘述16)을 만나 그 11대조 정몽주의 사적을 말했는데, 源了俊과의 교류는 『해행총재』「鄭圃隱奉使時作」연보에도 기록되어 있다. 화제는 源了俊의 후손에게도 미쳤는데, 그 후손 源伊氏가 또한 근위소장으로 闕中受書官이 되어 조선 사신을 맞이하고 있었다. 백석의 「朝鮮信使進見儀注」연보에도 기록되어 있다. 화제는 源了俊의 후손에게도 미쳤는데, 그 후손 源伊氏가 또한 근위소장으로 闕中受書官이 되어 조선 사신을 맞이하고 있었다. 백석의 「朝鮮信使進見儀注」에 따르면, 十一月 朔日에 出仕한 인사들의 명단 중에 '高家'라 하여 맨 처음으로 '品川豊前守 源伊氏'란 이름이 보인다.17)

이날 受書官이 된 源伊氏는 國書 전달식장에서 中段에 무릎으로 걸어 조선국서갑을 열어 국서를 들고 다시 무릎으로 뒤로 물러 내려서 林太學頭에게 전해주었다는 기록이 보인다. 태학두가 국서를 읽은 뒤에는 源伊氏가 다시 같은 방식으로 서갑에 넣어 올리고 무릎으로 걸어 자리에 돌아갔다.18)

필담 중에 제술관 東郭 李礥과 서기 洪衍舞 등 세 명의 서기가 들어오자, 홍서기와 관련하여 洪世泰가 화제에 올랐다. 滄浪 홍세태(1659~1725)는 숙종 때의 이름 있는 문교으로, 壬戌(1682) 사절

---

16) 『新井白石全集』에는 鄭壽松.
17) 『국역 해행총재』에는 源伊 밑에 존칭으로 '씨'를 붙였으나, '源伊氏'까지를 이름으로 보아야 한다.
18) 『新井白石全集』, 「朝鮮聘札事」.

때의 부사의 자체 군관이었다. 어려서부터 經史를 통달하고 시에 능하였다. 일본에 사신 가서 그가 시묵으로 드날린 이름은 여러 곳에 전해지고 있다. 통신 사행 중에서 그의 이름이 申維翰과 함께 일컬어진 것은 그의 문명을 증거하는 일이었다. 영조 39년(1763)에 통신사가 되었던 趙曮(1719~1777)의 『海槎日記』「話」에서 임금이 제술관 南玉의 시문을 홍세태·신유한과 비겨 어떠했냐고 묻는 기록이 보인다. 홍세태는 일찍이 金昌緝·魚有鳳 등과 함께 金昌協의 문인으로 공부했고,[19] 그 스승의 가르침을 받아 한국 閭巷詩集인 『海東遺珠』를 편찬하였다. 그는 일찍이 金昌協에게서 우리나라 여항시인의 시가 인멸될 운명에 있다는 말을 듣고, 10년에 걸쳐 두루 모아 朴繼姜 이하 48인의 시 230수를 모아 이 책을 펴냈다.

  백석은 젊어서 임술 시절의 홍세태를 만났음을 다행했다 말하고, 이번의 洪舜衍이 친족인가고 물었다. 여기서 백석이 '다행히 객지에서 洪滄浪을 만났다'는 말에 주의할 필요가 있다. 백석의 자서전을 읽어보면, 홍세태 등 조선 문인을 만난 체험이 얼마나 그에게 다행스러운 것이었던가를 살필 수 있다.

    문학의 교양이 미숙해서 서적의 해석에 고생하고 있었기 때문에 학문하는 틈틈이 문장이나 詩賊 등도 공부하고 있었다. 그해 11월경에 「冬景卽事」라는 칠언율시를 지었다. 이것이 내가 지은 첫 번째 시이다. 어떤 사람이 내 시를 비판하는 것을 듣고 한동안 그 비웃음에 답하는 한문 한 편을 지었다. 이것이 또한 내가 지은 첫 번째 문장이다. 그러나 어려서 아버님이 친구와 아버님이 말씀하신 바가 있었으므로, 학문하는 일에 대하여는 어디까지나 아버지에게 감추고 있었

---

19) 朝鮮儒賢淵 源圖 참조

다. 또 책 같은 것을 살 방법도 없었기 때문에 아버님께만 자신의 학문할 뜻을 말씀드려 두었다.

　스물한 살이 되어 伊豫守家를 떠나게 되어, 이때 처음으로 같은 뜻을 가진 사람들과 알게 되고, 학문을 할 수 있게 되었다. 그러나 생각하는 바가 있어서 스승을 구하는 데까지는 이르지 않았다. 이즈음부터 對馬島의 유학자 阿比留라는 사람과 알게 되었다. 스물여섯 살 난 봄에 다시 벼슬길에 올랐다. 이 해의 가을에 조선의 사신이 왔다. 앞에 말한 阿比留를 통해서 평소에 써왔던 시 백 편을 베껴 세 사람의 조선 선비에게 비평을 구했다. 9월 1일에 객관으로 찾아가 통역관 成琬, 서기관 李聃齡, 副將 洪世泰라는 사람들과 만나 창화하였다. 그날 밤 성완이 내 시집에 서문을 써서 보내 주었다.[20]

이렇게 학문의 스승도 없고 문학의 교양이 모자라서 서적의 해석에 고생하고 있었던 그에게 조선 학자들과의 만남은 참으로 '다행한' 일이었다. 이들 조선 문인들은 백석의 시를 비평하며 학문의 길에 여러 충고를 주었을 것이다. 특히 이 조선 사신의 서문의 계기가 되어 그는 그 생애의 스승이었던 木下順庵 선생의 문하에 드는 행운을 만났다. 벌써 30년 전의 홍세태와의 만남을 이렇게 '다행하게' 되새기는 백석의 뜻이 여기 있었던 것이다.

백석의 첫 시집 『陶情詩集』에 홍세태는 跋語를 써서 그를 격려하였다.

　내가 여관에서 陶情詩集을 보니 清新雅麗하며 왕왕 모래를 헤쳐 금을 찾아내는 바가 있었다. 사람으로 하여금 놀라게 하니, 참으로 작자의 솜씨라 할 만하다. 그 사람을 만남에 이르니 그 시보다 훌륭

---

20) 新井白石, 『折たく柴の記』 上.

하여 이야말로 표리일체의 金玉君子였다. 취허 成伯圭씨가 수백 마디로 서문을 지어 이를 드러내어 나는 감히 덧붙일 것이 없어, 다만 그 경개만을 여기 적을 뿐이다.

余在館中見有陶程集 淸新雅麗往往有披消揀金處 令人刮目 眞作者手也. 及見其人勝於其詩 所謂表裡如一金玉君子也. 翠虛成伯圭氏作序發揮之縷縷數百言 余玆不敢贅只書其梗槩云爾.

위에서 '청신아려' 하다든가 '참으로 작자의 솜씨라 할 만하다'는 평가는 백석의 「與洪滄浪筆語」에서 벌써 썼던 구절이다. 名古屋의 新井家에 현전하는 이 「與洪滄浪筆語」에는 백석을 만난 洪世泰가 여관에서 『陶情集』을 본 소감을 '淸新奇妙眞是作者手也'란 말로 전제하고 있다. 그리고 이때 백석의 청을 받아들여 홍세태는 『陶情詩集』에 발문을 부쳐 이 말들을 다시 써서 이 글을 이루었다.

이처럼 홍세태가 화제에 올랐던 辛卯 사행 때에 홍세태는 제술관 李礥을 통해서 30년 전에 사귄 鶴山 人見友人에게 한 통의 편지를 보냈었다. 人見友元은 일본의 文柄을 잡은 林家 출신의 문인으로 南龍翼의 증언에 따르면 그는 林道春과 함께 日本文士로 일컫는 8명 중의 하나였다. 신묘에 홍세태가 만난 人見友元은 46살로 홍세태보다 16살이 위였으나, 두 사람이 사귐은 긴밀했다. 人見은 홍세태에게 狩野常信이 그린 「寒江釣雪圖」를 선물했다. 이 그림에 대해서 홍세태는 자기의 『柳下集』에 기록을 남기고 있는데, 홍세태 또한 문장뿐만 아니고 그림에도 당당한 一家를 이룬 문인화가였다.

이런 홍세태였으므로 人見과의 사귐은 30년 전의 우의를 새삼

되살아나게 하였던 것이리라. 애석하게도 이때 人見友元은 세상을 떠나고 편지는 그 아들과의 世交로 이어졌다.[21] 홍세태의 화제에는 그의 편지를 부탁받은 李礥이 함께 참여하고 있었던 것이니, 아마도 이 人見友元에 보내는 홍세태의 편지 또한 화제에 올랐을 것이다.

백석이 홍세태에 이어 成琬의 안부를 묻는 것도 같은 맥락에서 '다행한' 옛 기억을 되살리는 뜻이었을 것이다. 백석은 성완의 생존 여부를 묻고, 그가 그해 여름에 벌써 고인이 되었다는 대답을 듣고 애석해 했다. 이야말로 백석에게 있어 '겨우 해외에 친구를 얻었는가 했더니, 무덤 속의 사람을 조문하게 되어 가슴 아픈 일'이었다. 백석은 고인이 된 성완에게 두 아들이 있다고 듣고, 자신의 아픈 심정을 그들에게 전해주도록 부탁했다.

성완은 벼슬도 높지 않고 수명도 길지 않았으나, 역대 통신사절 가운데 문명을 드날린 제술관이었다. 그의 일본에서의 문명은 신유한의 『海游錄』 등에서도 잘 증거해 주고 있다. 특히나 백석에게 있어서 성완은 일찍이 그 첫 시집 『陶情集』에 서문을 주어 문학적 교양의 길을 열어 주었던 스승이었다. 백석이 그 자서전에서 말하고 있듯이, 조선 문인의 서문에서 성완은 백석의 시를 처음으로 본격적으로 비평해 주었었다. 성완은 「翠虛居士成伯圭筆序文」에서, 域內에 詩에 익숙한 자라 하더라도 백석과 그 文柄을 다툴 자가 없다고 칭찬했었다. 백석이야말로 능히 시를 배운 이라 이를 만하며, 시단 풍류 일세의 마루라고 격려하여 마지않았다.[22] 앞의 자서

---

21) 李元植, 『新井白石と朝鮮通信使』 참조.
22) 聲似古之候喜, 唯曰域內之老於詩者 局影袖手 莫有與白石公爭其文柄

전의 일절에서 보았듯이 문학적 교양이 없어 글의 해석에 고생하고 있었던 백석이었다. 이런 백석에게 이 성완의 서문이 준 감격을 그는 '다행한' 기억으로 되살리며, 이때 성완의 죽음을 안타까워했던 것이리라.

조태억본『강관필담』에는 종사관 李邦彦의 서기 南聖重이 을미 통신사의 종사관이었던 壺谷 南龍翼의 셋째 아들임을 밝히고 있다. 임수간 본에는 이 기록이 빠져 있다. 南聖重은 나이가 47살이고 동생이 있으며, 형은 경상도 관찰사라고 자기소개를 하고 있다.

남용익은 사행일기로『扶桑錄』3권을 남겼는데, 이 책은 역대 통신사들에게 널리 읽힌 책이다. 또한 그의 시에 차운한 시들이 적지 않을 만큼, 그의 사행 일기는 조선 사신들 사이에도 널리 읽혔다. 신유한의『해유록』에는, 정사 洪致中과 신유한이 남용익의 시에 차운하여 함께 시를 지은 이야기를 들었다. 갑신년(1764)에 사신이 되었던 趙曮 또한『海槎日記』에서 역대 사절들과 그 통신사 일기를 자세히 조사하여 적고 있다. 가끔『해동제국기』와 함께 조태억의 일기를 인용하고 또한 그 시에 차운하고 있다. 또한 林羅山과 남용익이 왕복한 편지를 읽은 사실도 적고 있다. 이런 남용익의 아들이 이 사절에 동행하고 있었으므로, 남성중의 화제는 적지 않았으리라 생각된다.

일본측의 인사로서 源了俊(1326~1420)의 화제는 鄭夢周의 후손 鄭纘述와 관련하여 앞에서 보인 바와 같다. 일찍이 鄭夢周가 고려 사신으로 일본에 갔을 때, 源了俊은 일본 九州 절도사의 직

白石其可謂能學詩者也. 白石公其可謂一世騷壇風流宗也.

에 있었다. 『백석전집』에 실린 『강관필담』에는 了俊의 이름이 源貞世(さだよ)로 되어 있다. 源姓은 今川라고 불렀고 원 이름은 貞世였다. 일본 南北朝 시대의 무장이며 歌學者로, 무로마찌 막부의 引付頭人으로 九州를 제압했다. 뒤에 駿河守護가 되었는데 노래의 창작과 연구에 뛰어나고 솔직하고 개성적이었으며, 이른 바 冷泉派의 추진자로 문학사에 이름 높은 사람이었다. 정몽주는 이 사람과 교류했고, 그 11대손이 辛卯사절의 무관이 되어 다시 了俊의 8대손의 영접을 받았던 것이다.

한편 조태억이 백석에게 그 인물됨을 물었던 三宅緝明은 대대로 조선사신의 접대를 맡은 館伴의 출신 문인이었다. 조태억은 三宅이 보내온 시문의 文辭가 자못 풍부하고 창달하다고 말하면서, 그의 인물됨을 백석에게 물었다. 백석은 그가 文翰을 맡은 儒曹의 관원이며, 문장에 매우 재주가 있는 사람이라고 대답했다. 임수간의 『동사일기』 가운데 「日記補」 11월 2일자에는 '유관 三宅緝明이 詩를 드렸는데, 그 文才를 볼만했다'고 쓰고 있다. 『동사일기』에 붙은 이 「일기보」는 '종사관의 기록에서 요점만을 뽑았다'고 되어 있는데, 李邦彦의 謄錄에서 보충한 것으로 보인다.

三宅이 대대로 조선 사신의 관반의 직책에 있었다는 점은 申維翰의 『해유록』에서 좀더 뚜렷한 증언을 발견할 수 있다. 1719년 9월 4일자의 『해유록』 기사에는 三宅緝明이 수백 자 되는 편지를 보내어 조선 사신들에게 그 문장을 인정받았음을 알 수 있다. 신유한은 그를 가리켜, 그 활발한 문장이 倭中의 巨擘이라고 쓰고 있다. 그리고 三宅은 萍水集 두어 권을 가지고 찾아와 자신을 소개하고 있었음을 보게 된다. 곧 그 할아버지 대로부터 詞翰 벼슬로 을

미년(1655) 이래 네 번이나 계속해서 조선 사신을 맞았다고 했다.
緝明 또한 그 아우 茂忠과 함께 신묘년(1711) 사신 때부터 조선 사신을 접대했고, 그 창화한 시문을 한 자도 빼지 않고 모아 萍水集 두어 권을 만들었다고 한다. 이것은 각분하여 후세에 전하려 한다하며, 서문을 청했다. 이때 申維翰은 서문을 짓고 成汝弼은 발문을 지어 주었다. 이 萍水集에는 여필의 백부 成琬의 시문이 들어 있어 그로 하여금 감개무량하게 하였다.

Ⅵ. 18세기 통신사의 세계인식과 동시대의 연행사

조선 사절이나 新井白石이나 이데올로기로서는 다같이 시종 순수한 주자학을 견지하고 있었다. 그럼에도 이들 사이에서는 세계인식의 뚜렷한 차이가 발견된다. 이것은 국가적 환경의 차이나 개인적 체험의 차이에 기인하는 것이겠다. 그러나 이를 다시 동시대의 조선의 연행사의 경우와 비교하면 좀 더 흥미로운 시대정신을 발견할 수 있을 것이다. 『강관필담』에 보이는 조선통신사절과 백석의 세계인식의 차이는 우선 그 역사인식의 차이로 설명할 수 있겠다.

백석은 18세기의 실학자답게 백과전서적 지식의 소유자였다. 그 중에서도 그는 역사학에 가장 두드러진 자각을 가진 학자였다. 백석은 明治 이전의 일본 최대의 역사학자로 평가되고 있다.[23] 백석은 戰圖時代史列傳으로 『蕃翰譜』(1701)를 비롯하여, 일본통사로

---

23) 『新井白石集』. 桑原武夫, 「新井白石の 先驅性」, 『日本の 思想』 13, 筑摩書房.

『讀史餘論』(1712), 『古史通』(1716), 『古史或問』(1716)과 자서전이며 동시대사인 『折たくく柴の記』 등의 역사책을 남기고 있다. 그는 역사를 연속적으로 발전하는 하나의 전체로 파악했다. 역사를 연대기로서가 아니라, 변화 발전하는 것으로 바라보고 있다. 그가 당대 德川幕府의 절대적 정책입안자로서 대외정책이나 조선 사절 접대의 간소화를 감행한 것도 이런 역사관과 무관하지 않다.

白石의 역사연구는 일찍부터 比較硏究의 방법적 자각을 보여주고 있다. 역사인식이 뚜렷한 학자에게 있어서 이것은 당연한 귀결이었을 것이다. 그는 유구·조선·중국 등 모든 외국 문헌을 이용해서, 이들과의 비교연구를 통해서 자국 역사를 뚜렷이 하려 하였다. 이것 또한 그가 서양세계를 호흡하고 자기나라 밖에도 세계 여러 나라의 존재를 실감하고 있었던 역사체험과 무관하지 않은 것이었다.

조태억이나 임수간 등 조선 사신과 외교관계를 맺었던 백석이 일본 근세사상 최대의 역사가였다는 사실은 하나의 우연일 수 있다. 그러나 백석의 경우와 비교하여 『강관필담』에서 이에 필적할 조선 사신의 자각적 역사의식을 발견하기는 어렵다고 생각된다. 그들은 아직도 전통적 중화주의나 한문학적 우월주의에 안주하고 있었다. 조선 사절들의 화제는 아직도 동아시아의 세계 밖에 미치지 못했고, 서양의 화제라야 겨우 마테오리치의 이름을 들먹이는 정도에 그쳤다. 그들이 보았다는 「만국전도」에는 구라파와 이태리·화란 등의 이름이 실리지 않았고, 이 나라들의 이름을 소개하기 위해서는 잔주를 따로 붙여야 했다. 지리 개념의 확대는 이 시대 사람들로 하여금 새로운 역사의식의 확대를 체험하게 하였다. 이런 점에서 조선 사신들과 백석의 역사의식과 세계인식의 차이는 바로 이

지리 개념의 차이와 비례했다고 할 수 있다.

조선 통신사들의 이런 세계인식의 한계는 이를 가령 동시대의 연행사들과 비교할 때 더욱 두드러진다. 辛卯 통신사절과 같은 시대에 중국에 여행했던 사람의 기록으로는 가령 金昌業의 『노가재연행록』을 보기로 들 수 있겠다. 『노가재연행록』의 세계 인식이 조태억 등 통신사절보다 얼마나 뛰어났던가는 쉽게 결론지어 말할 수 없다. 그러나 이 연행록을 여행안내서로 여행했던 洪大容의 『을병연행록』이나 박지원 등 북학파들의 여행일기에서는 이들 18세기 연행사들의 비판적이고 근대적 역사인식을 발견할 수 있다. 홍대용의 이른바 '域外 春秋論'과 같은 역사인식 세계인식은 白石을 능가하는 학문적 자각을 보여주고 있다. 통신사 일기에서는 1719년 申維翰의 『海游錄』이나 1764년 金仁謙의 『日東壯遊歌』 등에 이르러서도 연행록들에 비길 세계인식의 변화가 두드러져 보이지 않았다. 白石이나 동시에 조선 연행사들의 외국문물에 대한 관용의 정신이 통신사들의 일기에는 두드러져 보이지 않는다.

이러한 두 나라 문인 학자들 사이의 세계인식의 차이는 그들의 국가적 환경이나 세계체험의 차이에서 오는 것이라 생각할 수도 있을 것이다. 白石은 蘭學을 배우고 씨도치를 직접 심문한 것과 같은 직접 서양체험을 가졌다. 이에 비하면 조선 문인들은 중국을 거치고 한문으로 번역된 간접적 서양체험밖에는 갖지 못했다. 조선 연행사들이 북경 천주당에서 서양 선교사와 만났던 18세기에도, 이들은 한문 필담을 하는데 만족할 뿐이었다. 그들에게서는 서양어를 배우려는 노력을 확인할 수 없었다. 이것이 단순히 두 나라 사이의 국제적 환경의 차이였다고 만은 할 수 없다고 생각된다.

보기를 실학적 사고에서 들더라도 또한 두 나라 사이의 차이가 발견된다. 조선 사신들이 유교적 예의관의 전통에 사로잡혀 있었던 것에 비하면, 白石은 학문의 이상을 실용적 실학성에서 찾고 있었다. 백석은 30살이 넘어서야 처음으로 木下順庵의 문하에 들었다. 이때 학문의 이상을 묻는 스승의 질문에 대하여, 그는 '天下有用의 학문'이라고 대답했다고 한다. 이 때 '천하'란 말은 천하국가의 뜻일 것이다. 그러나 '실학'이란 점에서 생각할 때, '천하' 곧 세계의 실천의 장으로서 '국가'를 뜻하는 것으로 보아야 한다.[24]

이것을 아직도 백석이 직접적 체험을 가지기 이전의 일이다. 그러나 이 실학의 정신에서 벌써 자국주의적 사고를 확립하고 있었음을 말해준다. '자국주의'란 말은 곧 근대적 개념의 민족주의 혹은 민족자존의 개념이라 할 수 있다. 학문에 있어서도 중국 연구나 유학에 대하여는 중국책에 넘치도록 많이 논의되어 있다. 그런 점에서도 일본인인 자신은 자기문학과 역사연구에 여생을 보내지 않을 수 없다는 자각을 여기서 뚜렷이 하고 있다.[25] 자기 나라에 유익한 학문이라 사고가 곧 실학적 사고에 근거하는 것이다.

문학에 대해서도 마찬가지 차이를 발견할 수 있다. 일본이 문학적 교양 곧 漢詩의 교양을 두루 갖추지 못했다는 점에서 조선 사신들은 일본 지식인을 낮보았다. 또 학문을 올바로 읽지 못한다고 흉보아왔다. 그러나 백석은 말하기를, 이것은 조선 사람이 일본의 知歌를 지을 수 없는 것과 마찬가지라고 했다. 조선인이 知歌를 짓지 못하는 것은 후진국인 일본의 예술을 무시하는 의식이 있기

---

[24] 桑原茂夫 같은 글.
[25] 新井白石, 「佐久間洞巖宛 편지」, 1924.

때문이다. 같은 원리에서 일본인인 자기가 조선 사신을 놀라게 할 만한 시를 쓸 수 있었던 것은 자기가 그만큼 관심을 가지고 노력한 때문이다. 이런 뜻에서 『강관필담』 중에는 조선 사신이 한시의 창화를 몇 번이나 제의했는데도, 백석을 끝내 이에 응하지 않았던 것으로 보인다. 조선과 일본인이 만나 중국의 한시나 농하던 시대는 지나갔다는 문학적 자각이 작용하고 있었다고 할 수 있다.

역대의 조선 통신사절은 일본에 참된 유학이 없다고 비난해 왔다. 그것은 유학의 가장 중요한 문명성인 예악과 문학적 교양을 일본유학이 갖추지 못했다는 이유 때문이었다.[26] 중국에서도 유학은 수신·제가·치국·평천하를 목표로 하는 실천의 학문이었다. 이것은 과학을 결합한 서양 근대사상에서처럼 인식과 실천을 나누어 생각하지는 않는 학문관이었다.

그런데 일본에서는 그 실학적 특색이 한층 두드러졌고, 학문을 위한 학문이란 생각을 정립하지 않았다고 한다. 조선의 제술관 李礥은 이 날의 『강관필담』의 기쁨을 천년만의 기이한 일이라 하고, 그러나 시 한 수가 없는 것이 유감스럽다고 거듭 말했다. 그러나 백석은 대답하기를 오늘의 웃음과 기쁜 이야기는 비록 금석을 연주하더라도 이 이상 더할 수는 없을 것이라 했다. 조선 사절의 접대 문제나 奈寺院의 격식 논쟁에 정력을 허비하는 것은 학문을 위해서는 슬픈 일이라 생각할 수도 있다. 그러나 학문 또한 천하의 유용을 얻을 때 비로소 그 뜻을 이루는 것이라고 백석은 생각했다. 따라서 이러한 외교적 실랑이 속에서 그는 오히려 학문의 성취에

---

26) 졸고,「유교적 문명성과 문화적 교양」,『비교문학 비교문화』 2호, 1978.

만족하고 있었을 것이다.

조선 통신사나 연행사에게 있어서나 실학적 관심은 18세기 이후에 다 같이 뚜렷해진 것이 사실이다. 그러나 특히 종래의 문학적 관심보다 실학적 관심이 드러나게 뚜렷해진 것은 아무래도 연행사절쪽이었다. 18세기 실학파의 연행사들에게서는 이 실학적 관심이 문체의 혁명에까지 이어지지만, 이 점에서 통신사들의 외교문화는 시대적 한계성을 크게 들어내고 있었다고 생각된다.

Ⅶ. 문학적 자국주의의 허상과 실상

역대 조선통신사절 중에도 이 신묘 사절들이 창화한 시가 가장 많이 흩어져 있었던 것으로 보인다. 이것은 신묘 사절보다 8년 뒤, 기해(1719) 사절의 제술관이 되었던 申維翰의 증언에서도 확인된다.27) 과연 임수간의 『동사일기』를 읽더라도 백석과 雨森東은 물론, 林家의 官學派 문인들과 三宅緝明 등 많은 문인들과의 교류를 여러 곳에 전하고 있다. 백석과의 관계에 한정하더라도 그는 대마도로 자기 시집을 보내어 인사를 가름했고, 떠나보내는 날 다시 수십 수 시를 보내어 전별했다. 이들의 사귐은 시로 마중하고 시로 창화하고 시로써 배웅했다. 그리고 신유한의 증언처럼 이들이 창화한 시는 창화집으로 여러 곳에 흩어져 사랑받았다.

유교적 교양으로 다져진 이들 두 나라 외교관들 사이의 교류는

---

27) 『海維錄』 11월 4일 일기.

유교문화의 필수인 문학적 교양으로 매개되었다. 따라서 한시의 재주를 인정받는 일은 곧 이들의 교류에서 유리한 고지를 차지하는 요건이었다. 그리고 이 점은 두 나라에서 가장 신경을 썼던 교류상의 요건이었다. 자기의 시집을 대마도까지 보내서 조선 사신의 서문을 받게 한 백석의 행동에서 이 점은 가장 두드러지게 나타나고 있다. 조선측에서도 문학적 우월주의로 이에 응대했음은 물론이다. 백석이 서문을 청하여 비평을 요구한 것만으로 조선의 이 문학적 우월주의는 일본에도 양해되어 있음은 확인할 수 있다. 이 점에서 유교적 문명성으로서 한문학적 교양은 아직도 한일 지식인들 사이에 문학적 동질성을 확보하고 있었다.

그러나 이 한문학적 교양이 개인의 차원을 넘어 나라 사이에서 외교적으로 이용되기에 이르면서, 문학적 점차 자국주의의 허상을 대변하게 되었다고 생각된다. 조선사신이 대마도에 이르자마자 백석이 자신의 시집을 읽게 한 개인적 문화적 교류의 방법 속에는 벌써 그의 정치적 외교적 의도가 드러나고 있다. 백석은 조선인들의 문학적 우월주의가 임진왜란과 같은 일본의 무력주의에 대한 정신적 보복의 방식이라고 생각했다. 자신의 한문학적 교양으로 조선사신을 미리부터 놀라게 하겠다는 발상이 여기서 나왔을 것이다. 이것은 가령 朴趾源이 연행길에 오르면서 청나라의 굉걸한 선비를 애먹일 화제를 생각해냈던 것과 똑같은 외교적 발상이었다고 생각된다.[28]

한편 여기서는 자기 문학에 대한 자각적 실상이 싹트고 있었다고

---

28) 졸고, 「18세기 연행사의 사고와 자각」.

할 수 있다. 박지원이 자국의 새로운 천문학적 지식체계로 청나라의 굉걸한 선비들의 중화주의에 도전했듯이, 백석은 조선 사신들의 한문학적 우월주의에 정면으로 도전했다. 그는 한편으로 한시문학에 대한 자신감을 표현함으로써 이에 도전하였고, 다른 한편으로는 한시의 창화를 거부함으로써 이에 도전하였다. 역대 조선 통신사들의 필담에는 한시의 창화가 필수적이었다. 그러나 조선 사신들의 창화 제의에 백석은 『강관필담』에서 냉담한 태도를 보이고 있다. 백석은 반문하기를 우리의 교류가 10년 동안 글을 읽은 것과 같으니, 따로 또 시를 읊을 것이 있겠느냐고 했다. 이들 사이에는 그 개인적 교류에서 벌써 한시의 창화가 없어도 좋았다. 이 부분의 화제가 백석전집에 실린 『강관필담』에는 깡그리 빠져 있는데 한시문학이 필수였던 이들 유학자들 사이의 교류에서 중화주의가 이처럼 위기를 맞고 있는 것이다.

이 필담에 이어지는 말은 아니지만, 백석은 여러 곳에서 오히려 일본 전통 知歌의 중요성을 강조하고 있다. 그는 한시문학을 뽐내는 조선 문인들이 일본의 한시문학의 빈약함을 경멸하는 것은 그들이 일본 知歌를 지을 수 없는 것과 다를 것이 없다고 주장했다. 여기서는 백석의 國學的 자각이 실상으로 들어나고 있는 것이다. 조선 사신들의 한문학적 우월주의가 여기에서 허상을 들어내고 있지만, 이 점은 오히려 동시대의 연행사들의 실학적 자각에서 보충되고 있었다고 보인다.

논문집 18, 숭실대학교.

18세기 조선 지식인의 일본관
-申維翰의 『海游錄』을 중심으로-

정 응 수(남서울대학교)

◀ 목 차 ▶

I. 시작하는 말
II. 부국강병의 나라, 일본
 1) 빼어난 산천경개
 2) 경제적 번영
 3) 강력한 군사력
III. 알 수 없는 나라, 일본
 1) 세습제의 문제
 2) 의식과 제도의 문제
 3) 성 풍속의 문란
IV. 맺는 말

I. 시작하는 말

한국과 일본은 예로부터 一衣帶水의 나라라 불렸다. 이것은 물론 현해탄을 사이에 두고 존재하는 두 나라의 지리적 근접성을 가리키는 말이지만, 한편으로는 두 나라가 숙명적으로 밀접한 관계를 맺고 살 수밖에 없다는 말이기도 하다. 사실 두 나라는 선사시대부터 긴 교류의 역사를 가지고 있었으며 현대에 이르러서는 더욱더 긴밀한 관계를 유지하고 있다.

그러나 이러한 지리적 근접성은 또한 두 나라 사이에 불행한 관계를 만들기도 했다. 임진왜란과 식민지 지배라는 두 번에 걸친 일본의 침략이 그것인데, 이것이 한국인의 가슴에 커다란 상처를 남겼다. 이 상처는 일본을 바라보는 한국인의 눈을 흐리게 하여, 한국인으로 하여금 일본을 객관적으로 바라보기 어렵게 만들었으며, 일본에 대해 즉흥적이고 감정적인 대응을 하도록 만들었다. 이러한 상황은 물론 두 나라 모두에게 불행한 일로서, 이제부터는 일본을 좀더 냉정한 시선으로 바라보면서 우리를 되돌아보아야 할 필요가 있다. 그러기 위해서는 먼저 우리가 일본을 어떻게 인식했으며 일본은 우리를 어떻게 바라보았나 하는 문제, 즉 한일 양국간의 상호 이미지에 관한 연구가 필요하다고 생각된다.

여기서는 이러한 작업의 일환으로 18세기 조선 지식인의 일본관을 살펴보려고 한다. 18세기는, 범위를 한일관계에만 국한시켜 말한다면, 그전까지 유지되던 일본에 대한 조선의 문화적 우월주의가 역전되기 시작하는 시기로서, 그 전형적인 예를 6대 장군 도쿠가와 이에노부(德川家宣, 1662~1712)의 쇼군 습직을 축하하기 위한 1711년의 辛卯사절을 대하는 일본측의 태도에서 찾아볼 수 있다. 당시 바쿠후(幕府)의 실력자로서 대조선 외교업무도 담당하고 있던 아라이 하쿠세키(新井白石, 1657~1725)는 수많은 반대에 부딪히면서도 대조선 외교의 의례를 전면적으로 바꿨는데, 여기에는 조선의 문화적 우월주의에 대한 하쿠세키의 반발이 있었던 것이다. 그는 조선이 일본의 은혜를 입었음에도 불구하고 일본에 감사하기는 커녕 오히려 일본의 침략에 대한 원한, 특히 임진왜란의 원한을 잊지 못하고 언제나 일본에 복수할 기회만 노리고 있다고 생각했다. 그렇지만 군사적으로 도저히 일본에 이길 수 없음을 알게 되자 文으로 일본에 복수하려고 생각하여, 일본을 倭賊이니 蠻酋니 하고 부르며 문화적으로 야만시하고 있다고 했다1).

그러면 이처럼 한일관계가 역전되기 시작하는 18세기에 조선의 지식인은 일본을 어떻게 바라보고 있었을까? 여기서는 申維翰(1681~1752)의 눈을 통해 이 문제를 살펴보려고 한다. 그를 사례 연구의 대상으로 삼은 이유는 첫째 그가 당시 일본을 직접 체험한 얼마 되지 않는 조선 지식인 중의 하나이기 때문이다. 즉, 남에게 전해들은 이야기를 가지고 일본을 판단한 것이 아니라 자기가 직접 보고 겪은 사실을 토대로 하여 일본을 판단했다는 사실 때문이다. 그는 도쿠가와 요시무네(德川吉宗)의 8대 쇼군 습직을 축하하기 위한 사절인 1719년의 己亥사절단의 제술관으로 방일하여 1년여에 걸쳐 일본을 여행한 다음 『海游錄』이라는 일본 여행기를 썼는데, 이 책은 치밀한 관찰과 유려한 문장으로 인해 일본 기행문의 대표작으로 꼽히는 작품이다.

둘째는 그가 당시의 조선 정부를 대표하는 사절단의 일원이었다는 사실 때문이다. 이것은 일본에 대한 그의 판단이 단순히 한 개인의 차원을 넘어 조선 정부의 공식적인 판단과 연결되어 있다는

---

1) 졸고, 「『江關筆談』を讀む」, 『江戶の文事』, ぺりかん社, 2000.

것을 암시하고 있다.[2] 따라서 신유한의 일본인식을 살펴보는 것은 단지 한 개인의 일본관을 살펴본다는 의미를 넘어 당시 조선 정부의 입장과, 더 나아가서는 당시 지식인들이 일본에 대해 갖고 있던 보편적인 인식을 확인하는 작업이 될 것으로 생각되기 때문이다.

Ⅱ. 부국강병의 나라, 일본

1) 빼어난 산천경계

원래 제술관이란 사절단의 典禮와 문화교류를 담당하는 직책으로, 직위는 비록 三使 다음이었지만 그 책임이 막중한 자리였다. 왕명을 받들어 자국의 문화를 선양해야 했기 때문이다. 때문에 누구나 꺼려하는 직책이었고, 신유한도 어머니가 늙고 집이 가난하며 재주가 둔하고 겁이 많아 책임을 감당할 수 없다며 사양했다. 그렇지만 왕명이 지엄하여 결국 승낙하게 되자, '바다 밖의 오랑캐 땅(Ⅰ-379)'[3]으로 가 그들을 회유시켜 조정의 위엄을 떨치겠다고 각오

---

[2] 三宅英利는 『조선통신사와 일본』(김세민 외 번역, 지성의 샘, 1996)에서 조선인의 일본관을 조정 대신과 통신 사절, 그리고 실학자의 셋으로 나누어 설명하고 있는데, 조정 대신의 일본관은, 그 자신도 인정하고 있듯이, 많은 부분이 통신사들의 보고서에 의해 형성된 것이다. 따라서 이 둘의 일본관은 기본적으로 큰 차이가 없다고 할 수 있다. 다만 소위 민간학자라 할 수 있는 실학파들의 일본관은 이들과 차이를 보이고 있기 때문에 따로 구분할 필요가 있다고 생각된다.

[3] 텍스트는 민족문화문고간행회의 『해유록』(『해행총재』Ⅰ, Ⅱ, 1986)을 사용했는데, 텍스트의 인용은 'Ⅰ-379'처럼 『해행총재』의 권수와 페이지만을 인

를 새로이 한다.

이처럼 왕명을 받은 사절로서의 막중한 책임감을 안고 부산을 출발한 신유한이 일본에서 제일 먼저 발견한 것은 산천의 아름다움이었다. 그는 사절단이 가장 먼저 밟게 되는 일본 땅인 쓰시마(對馬)의 고후나고시(小船越, 해유록의 船頭港)[4] 주변 경치를 보고, 이것이 만약 중국 장안 근처에 있었다면 장안의 귀공자들이 너도나도 그 아름다움을 찬미하는 글을 지어 천하의 명소가 되었을 것인데 불행히도 이렇게 외딴 곳에 있어 이무기의 소굴이 되었다고 한탄하며, 그렇지만 다행히도 임금의 성덕으로 자기가 이 절경을 보게 되었으니 산수가 비로소 사람을 제대로 만난 것이라며 호기를 부렸다. 그리고는 당나라의 柳宗元이 「永州八記」에서 그 아름다움을 찬양한 鈷鉧潭이나 小邱도 이곳에 비하면 아무 것도 아니라고 하며 그 빼어난 경관에 감탄했다. 또한 쓰시마에서 이키(壹岐)를 거쳐 시모노세키(下關, 신유한의 赤間關)로 향하는 길목에 있는 아이노시마(相島, 해유록의 藍島)에서는 배를 탄 이후 처음으로 보는

용문 뒤에 기입하기로 한다.
4) 신성순・이근성의 『조선통신사』(중앙일보사, 1994, pp.35~36)에 의하면, 현재 100여 호 정도가 오징어잡이로 생계를 잇고 있는 고후나고시는 쓰시마의 남북을 잇는 가는 地峽의 북쪽에 있는 곳으로 원래 이름은 후나고시(船越)였다고 한다. 신라나 당나라로 가는 사신들이 본토의 난바(難波)에서 타고 온 배를 고후나고시의 동쪽에 댄 다음 걸어서 서쪽의 아소우(淺茅)만에 준비해 둔 원양항해용 대형선을 갈아탔기 때문에 이런 이름이 붙었던 것이다. 그러다가 1672년 지협 남쪽의 오후나고시(大船月)가 운하로 바뀌면서 고후나고시라 불리게 되었는데, 이곳은 또한 고려말 이후 해적의 소굴이기도 해서 1419년 조선의 이종무 장군이 227척의 병선을 이끌고 대대적으로 소탕작전을 벌이기도 한 곳이다.

신선경이라 감탄하면서, 동행하던 아메노모리 호슈(雨森芳洲)에게 조선 관동지방 최고의 명승지인 삼일포보다 이곳 경치가 더 뛰어나다고 했다.

뿐만 아니라 도모노우라(鞆浦, 해유록의 韜浦)를 보고는 "해안산(海岸山)이 높이 솟아 바다에 임하여 3면의 모든 산과 더불어 서로 당겨서 만(灣)이 되었고, 산밑이 바다에 침식된 곳에는 돌을 깎아 제방을 만들었는데 평평하고 정돈되어서 끊어놓은 것과 같았다. 소나무·삼목(杉木)·귤·유자 등 온갖 나무의 숲이 양쪽을 끼고 푸른 것이 사방에 둘러 있으면서 그림자가 물 속에 거꾸로 비추고 있으니, 사람들이 모두 여기에 이르러서는 제일의 경치라고 감탄한다(Ⅰ-466)"고 적고 있다.

사실 도모노우라는 일본 제일의 해상국립공원인 세토나이카이(瀬戸內海)에서도 아름다운 경치로 유명한 곳으로 조선사절에게도 널리 알려진 곳이었다. 1655년 乙未사절의 종사관이었던 南龍翼이 "勝地를 찾으매 徐市이 왔던 것을 알겠고 / 너른 것을 비교하면 마땅히 동정호와 함께 논하리(探勝定知徐市到/ 較雄當與洞庭論)"라며 이곳 경치의 아름다움을 동정호에 비유한 시를 지은 이래, 이곳은 사절단이 반드시 거치는 코스가 되었다. 신유한 일행의 바로 직전 사절이었던 辛卯사절도 이곳에 들러 그 아름다움을 시로 남겼으며, 종사관인 李邦彥은 사절단의 숙소였던 후쿠젠사(福禪寺) 對潮樓에 '日東第一形勝'이란 예서 편액을 써서 선물하기도 했다. 그리고 1748년 戊辰사절의 정사였던 洪啓禧의 아들 洪景海도 이 절에 대조루란 현판을 써 주었는데, 이 편액과 현판은 지금도 후쿠젠사의 대조루에 걸려있다고 한다.[5]

신유한도 또한 「도모노우라의 경치를 그리는 6언 절구」를 8수 지어 그 절경을 찬미했는데, 그 중에는 "높디높은 백 척의 겹 언덕이요 / 역력히 일천 숲 속에 맑은 시내로다 / 어찌하면 그림 잘 그리는 묘한 솜씨 얻어서 / 오랑캐 개(浦)의 그윽한 경치 묘사할꼬?(高高百尺疊堤 / 歷歷千林淨谿 / 安得龍眠妙手 / 寫來蠻浦幽樓)(Ⅰ-467~8)"와 같이 도모노우라의 절경을 제대로 그려내지 못하는 자기의 재주를 아쉬워하는 시도 들어 있다.

이처럼 일본으로 들어가는 첫 관문인 쓰시마에서부터 수려한 경관에 취한 신유한은 『해유록』의 곳곳에서 일본 산수의 아름다움을 기록하고 있다. 그러면서도 한편으로는 "해상의 절승한 땅이 그릇되어 푸른 수건 쓴 아이와 이빨에 검정물 들인 계집이 짝지어 앉은 자리가 되는 데에 짓밟히고 말았으니, 이것이 조물주(造物主)의 무슨 뜻인가?(Ⅰ-452~3)"라며, 이처럼 아름다운 자연이 일본에 있는 것에 대해 조물주를 원망하기도 했다.

2) 경제적 번영

일본 자연의 수려함에 감탄하며, 또 그것이 일본에 있는 것을 아쉬워하던 신유한은 일본의 물질적 풍요에도 놀랐다.

> 이에 이르자 여러 왜인이 배를 가지고 왔는데 배의 제작이 찬란하고 교묘하였다. 배 위에는 층루(層樓)를 세웠으되 나무로 기와의 형상을 조각(雕刻)하여 푸른 칠을 하였고, 지붕 이하는 전체가 검은 색

---

5) 강재언, 「朝鮮通信使와 鞆浦」, 『旅行과 體驗의 文學』 일본편, 소재영·김태준 편, 민족문화문고간행회, 1985, pp.231~234.

인데 미끄럽고 밝아서 사람의 얼굴을 비쳐볼 수 있을 정도였고, 추녀·난간·기둥은 황금을 입혔고, 창과 문도 또한 그와 같아서 사람이 앉고 누우면 의복에 금빛이 빛났다. 붉은 비단으로 장막을 만들어 사면을 두르고 장막의 귀퉁이마다 큰 붉은 유소(流蘇, 기나 교자 등에 다는 술)를 달아서 길이가 45척이나 되는데 봉황의 꼬리를 만들었다. 난간 위에는 붉은 발(簾)을 설치하였는데 가늘기가 실과 같았고, 그 빛깔이 찬란하였으며 아래로 강물에서 한 자쯤 위에까지 드리웠다. 배의 꼬리에는 색이 아롱진 끈이 한 발 남짓한 데다 황금방울 두 개를 달아서 그 소리로서 배의 키를 돌리는 완급을 삼았다. 선복(船腹)이 물에 잠기는 부분에도 또한 금을 칠해서 금과 물결이 서로 그림자를 지어 일렁거렸다(I -474).

사신들이 오사카(大阪)에 들어가려면 요도(淀, 신유한의 浪華)강의 지류인 시리나시(尻無)강 하구 앞 바다에서 바닥이 평평한 일본의 平底船으로 갈아타야 한다. 오사카까지 연결된 요도강은 수심이 얕아 사신들이 타고 온 배로는 거슬러 올라 갈 수 없기 때문이다. 따라서 사절단이 오사카 앞 바다에 도착하면 일본 배들이 사절단을 태우러 마중 나오는데, 위에 인용한 것이 바로 마중 나온 일본 배를 묘사한 부분이다.

배의 호화로운 모습에 놀란 정사 홍치중이 이 배가 만약 쇼군(將軍, 신유한의 關白)의 배라면 감히 탈 수 없다고 하자, 쓰시마 도주가 당황하여 통신사를 위해 특별히 만든 배라고 하며 승선하기를 권한다. 이에 사신들이 배에 오르고 배는 요도강을 거슬러 오르는데, 강 양쪽에 늘어선 집들을 보고는 그 화려함과 정결함에 다시 한 번 놀란다. 뿐만 아니라 오사카에 도착하여 사신들이 묵을 미도스지(御堂筋)에 있는 니시혼간사(西本願寺)를 향해 가면서 길 양쪽에 있는 집들을 보고는 "길 양쪽의 장랑(長廊)이 층계집 아닌 것이 없었으니, 이것은 백화(百貨)의 점포였다. 구경하는 사람이 (길을) 가득 메웠고 화려함이 강 언덕을 볼 때마다 배나 눈이 부셨다. 이에 이르러 정신이 또 현란하여 몇 거리와 시가를 지나갔는지 알 수가 없었다(Ⅰ-478)"고 하며, 오사카의 화려한 모습에 넋을 잃었다.[6]

1583년 도요토미 히데요시(豊臣秀吉)가 일본을 통일하면서 말 그대로 일본의 중심이 된 오사카는 당시 일본을 대표하는 도시였다. 문화의 중심이 가미가타(上方)에서 에도(江戸)로 이동하기 시작하는 것이 교호(享保, 1716~1735)년간이므로, 신유한이 오사카를 방문한 1719년에는 아직 교(京)와 오사카가 일본 문화의 중심지로서 그 화려함을 자랑하고 있을 때였다.

신유한도 오사카에 온갖 서적이 넘쳐나는 것을 보고 천하의 장관이라 했으며, 쓰시마에서 필담·창화한 시편이 귀로의 오사카에서 이미 출판된 것을 보고는 그 신속함에 놀라기도 했다. 그러나 그것만이 아니었다. 당시 사무라이 계급이나 부유한 상인들이 즐겨 사용하던 견직물이나 도검류를 비롯한 금속제품들도 가미가타에서 생산된 것을 최고급으로 치고 있었다. 가미가타에서 온 물건이란 뜻의 '구다리모노(下り物)'란 말이 '고도의 기술로 만든 진짜나 고급품'이란 뜻으로 쓰이는 것도 바로 이 때문이고, 가미가타에서 오지 않은 물건이란 뜻의 '구다라누모노(下らぬ物)'가 '조악하고 싼 물건'

---

[6] 이진희는 『江戸時代の朝鮮通信使』(講談社, 1987)에서 사절단이 시리나시 강 하구에서 일본배로 갈아타고 요도강을 거슬러 올라가는 부분에 관해 자세하게 고증하고 있는데, 그에 의하면 신유한의 기록이 사실과 일치한다고 한다. 『해유록』의 정확성을 다시 한번 확인할 수 있는 대목이다.

이란 뜻으로 쓰이게 된 것도 이와 관련이 있다고 한다.[7] 이처럼 신유한이 방문한 오사카는 그 때까지도 '천하의 부엌(天下の台所)'이란 말처럼 전국의 물류를 관장하는 일본 제일의 항구도시로서 그 경제적 부를 자랑하고 있었다.

물론 당시의 실질적 수도였던 에도의 경우도 마찬가지였다. 1603년 도쿠가와 이에야스(德川家康)가 에도 바쿠후를 창설한 이래 끊임없이 발전을 거듭해온 에도는 17세기 후반에 인구가 이미 80만을 넘어섰고, 18세기 전반인 1733년에는 100만을 넘는 세계적인 대도시로 발전하였다[8]. 18세기 후반인 정조 말년의 한양 인구가 20만 내외[9]였던 것과 비교해보면 당시 에도가 얼마나 큰 도시였던지 짐작할 수 있을 것이다. 게다가 그 인구의 절반에 해당하는 50만이 생업에 종사하지 않는 사무라이였으니, 에도는 말 그대로 전국 각지에서 모인 온갖 물산들이 소비되는 거대한 소비도시였다.

일례를 들면 1801년 한 해 동안 에도에서 소비된 청주가 4말들이 통으로 90만 통 이상이나 되었다고 한다[10]. 4말들이 통이란 지금도

---

7) 北原進의 『百萬都市 江戸の生活』(角川書店, 1991, pp.113~115)에 의하면 일반적으로 '下り物'란 교에서 지방으로 수송되는 화물을 가리키지만, 에도에서는 교와 오사카 방면에서 온 상품을 모두 '下り物'나 '下り荷'라 불렀다 한다. 그리고 에도 근처나 간토(關東) 각지에서 입하되는 상품은 '지마와리모노(地廻り物)'라 불렀는데, 이들은 주로 농·어민에 의한 1차 생산물이 많아 가공 기술을 그다지 필요로 하지 않는 상품이었으므로, '下り物'가 아닌 것은 粗製品이나 싸구려란 의미가 붙어 '下らぬ物'란 말이 생겼다 한다.
8) 北原進, 위의 책. p.18.
9) 정석종, 「홍경래난」, 『창작과 비평』 제7권 3호, 1972년 가을호.
10) 北原進, 앞의 책. p.95. 참고로 이것을 당시 에도 인구 100만으로 나누면

국회의원의 당선을 축하할 때 사용하는 대형의 통을 가리키는데, 한 통에 72리터니까 이것을 리터로 환산하면, 무려 64억 8천만 리터나 된다. 당시 에도인이 얼마나 술을 많이 마셨는지 알 수 있는 한편 에도가 얼마나 활발한 경제활동이 이루어진 도시였는지도 알게 해준다.

신유한도 에도성으로 들어가는 연도의 풍경을 보고는 "길옆에 있는 장랑(長廊)은 모두 상점이었다. 시(市)에는 정(町)이 있고 정에는 문이 있고 거리는 사면으로 통하여 편편하고 곧기가 활줄과 같았다. 분칠한 다락과 아로새긴 담장은 3층과 2층이 되었고, 서로 연한 지붕은 비단을 짜놓은 것 같았다. 구경하는 남녀가 거리를 메웠는데 수놓은 듯한 집들의 마루와 창을 우러러보매, 여러 사람의 눈이 빽빽하여 한 치의 빈틈도 없고 옷자락에는 꽃이 넘치고 주렴 장막은 해에 빛남(Ⅰ-522)"이 오사카보다 3배나 더하다고 했다. 그리고 나가사키(長崎)나 오사카 등 바쿠후의 직할지에서 거둬들인 세금으로 인해 금은보화가 산더미처럼 쌓이고 창고가 가득 찼다고 할 만큼 풍요로운 도시였다. 신유한이 바라본 일본은 이처럼 경제적으로도 풍족한 곳이었다.

3) 강력한 군사력

이처럼 일본의 경제적 번영에 놀란 신유한이 이번에는 일본군의 용맹함을 보고는 간담이 서늘해졌다. 쓰시마의 이즈하라(嚴原, 해

한 사람 당 1년에 64.8리터가 되니, 매일 0.17리터 즉, 1홉씩 마신 셈이 된다. 물론 이것은 여자나 어린 아이도 포함시킨 단순 계산이므로, 실제로 성인 남자가 마신 양은 훨씬 많았을 것이다.

유록의 府中)에서 바람을 기다리던 사신 일행이 무료함을 달래기 위해 배를 나누어 타고 경치 좋은 곳으로 놀러간 일이 있었다. 하루 종일 즐겁게 놀다가 저녁 무렵에 돌아올 때 우연히 신유한이 어느 배가 가장 빨리 갈 수 있냐고 묻자 배들이 서로 경쟁을 하여 눈 깜빡할 사이에 항구에 도착했다. 이에 조선 사절들이 천천히 구경하면서 돌아오고 싶었는데 뱃사공들이 서둘러 좋은 놀이를 제대로 끝내지 못했다고 웃으며 말하자, 일본인 통역이 그들이 본래 배를 빨리 모는 것을 재주로 삼는데 어느 배가 제일 빠르냐는 말을 듣자 서로 경쟁심이 생겨 그렇게 된 것이라고 변명했다. 그렇지만 신유한은 "일본 풍속은 대개 남 이기기를 힘써 이기지 못하면 죽엄이 있을 뿐이다. 우연히 물은 것도 오히려 이러하였거늘, 하물며 큰 군함을 가지고 성낸 이무기나 달리는 고래가 되는 것이겠는가? 노량싸움에서 우리 군사가 한 번 이긴 것은 요행한 일(Ⅰ-419)"이라며, 일본 수군의 용맹함에 놀라 임진왜란 때 이순신이 노량해전에서 승리한 것도 운이 좋아 그렇게 된 것이라고 생각했다.

　게다가 쓰시마에서 이키의 가쓰모토(勝本, 해유록의 風本)까지 반나절만에 도착한 것을 보고는 "대마도에서 여기까지가 480리로서 부산에서 좌포(佐浦)까지의 거리와 같은데 4시간을 소비하는데 불과하였으니, 생각하면 아슬아슬(Ⅰ-424)"하다고 하여, 일본이 너무 가까운 곳에 있음을 걱정하고 있다. 이처럼 용맹한 일본군이 반나절밖에 떨어지지 않은 곳에 존재하는데도 조선 수군의 노 젓는 소리는 느릿느릿하여 도무지 용맹을 자랑하려는 뜻이 없기 때문에, 일본인 통사도 조선 사람들의 노 젖는 소리가 왜 이렇게 느리냐며 비웃는다고 한탄하고 있다.

실제로 그는 「문견잡록」에서 일본의 제도 중 군제가 가장 精强하다고 쓰고 있다. 각 지역의 다이묘(大名, 해유록의 太守)가 모두 무관인데다 세금을 전부 군사 양성에 쓰기 때문이라는 것이다. 게다가 과중한 세금으로 인해 백성들이 모두 군인이 되려 하고, 또 한 번 비겁자라고 낙인이 찍히면 배척을 당하게 되므로, 적병을 보면 등불에 달려드는 불나방같이 덤벼드니 비록 장수가 용렬해도 그 군대가 강할 수밖에 없다고 했다. 그러나 일본군이 이처럼 용감한 것은 주군에 대한 의리를 지키거나 천성이 용감해서가 아니고, 단지 먹고살기 위해 그렇게 된 것이라 하여 대의의 그늘에 감추어져 있는 무가사회의 심층심리를 지적[11]하는 한편으로, 그렇지만 바로 그 때문에 유사시에 적을 향해 용감하게 돌진하게 되니 이것이 바로 강한 군대를 만드는 비결이라고 평가하고 있다.

이처럼 신유한은 일본군의 용맹함을 목격하고 조선과의 거리가 너무 가까움을 걱정하면서도, 그렇지만 일본이 조선을 침략할 일은 없을 것이라 했다. 다음의 인용을 보기로 하자.

> 그들이 가강(家康) 이후로 국토가 완전하고 군사가 정강(精强)하여 국중에 변란이 없어 인구의 많음과 국고의 풍부함이 근일보다 더 융성한 적이 없으므로 비록 젖내나는 작은 아이라도 태연히 높은 지위에 있어 높고 화려한 궁궐과 비단 장막, 좋은 음식의 안일함을 대대로 전하여 끊이지 아니하여 그 마음이 안락한 생활에 익어서 혹 사변이 있을 것만 두려워하는데, 무슨 다른 계책을 도모하랴? 나로서 추측하건대, 인간에 액운이 닥쳐서 수길·청정과 같은 적이 다시 그 땅에 나지 아니한다면 우리 국가의 변방의 걱정은 만(萬)에 하나도 없

---

11) 三宅英利, 앞의 책, p.229.

을 것이다(II-102).

　임진왜란 이후에 일본과 국교를 재개하면서 조선정부는 '경계하면서 사귄다'는 외교방침을 정했다[12]. 신유한이 일본 수군의 용맹함을 보고 바로 임진왜란의 기억을 떠올린 것처럼, 7년간에 걸쳐 일본과 전쟁을 치른 조선으로서는 당연한 일이었다. 그래서 사절단의 임무에는 일본이 다시 침략할 의사가 있는지를 살피는 것도 포함되어 있었고, 이 때문에 사절단의 보고서에는 반드시 이에 관한 사항이 기재되어 있었다. 신유한도 마찬가지였다. 그런데 그는 경제라는 기준을 가지고 일본의 침략 여부를 판단하고 있다. 즉, 일본이 태평성대를 누리며 경제 또한 사상 유래 없이 발전하고 있기 때문에, 그 안락함에 젖어 조선을 다시 침략할 의사가 없을 것이라는 것이다. 너무 안이한 판단이라는 느낌도 들지만, 당시 대다수의 조선 지식인들이 일본의 침략 여부를 학문의 발달로 가늠하고 있었다는 사실을 상기하면, 매우 흥미로운 지적이라고 할 수 있다.
　이처럼 일본의 수려한 자연과 경제력, 그리고 군사력에 놀란 신유한은 이 밖에도 일본의 장점이라 생각되는 것을 여러 가지 나열하고 있는데, 예를 들면 거리가 매우 청결하여 여름에도 파리나 모기가 드물고, 집을 지을 때의 척도가 정확하여 초가집도 40~50년은 유지되며, 서적의 간행과 수입이 활발하고, 사람들이 질서를 잘 지킨다는 점 등이 그것이다. 그런데 이렇게 일본의 장점을 관찰하고 그것에 관해 자세히 기록하고 있음에도 불구하고, 그는 또한 일본이 이처럼 부국강병의 장구한 낙을 누리는 이유를 알 수 없다고

---

12) 李進熙, 앞의 책, pp.255~256.

도 했다. 그것은 왜일까? 다음 장에서 이에 대해 살펴보기로 하자.

Ⅲ. 알 수 없는 나라, 일본

1) 세습제의 문제

> 궁중에서 연회할 때에, 좌우의 청벽(廳壁)에 발을 드리우고 보는 자와 구멍 틈으로 엿보는 자가 있었으니 이들은 반드시 관백의 희첩(姬妾)의 무리일 것이며 들으니 관백도 또한 그 가운데에 있었다 한다. 규모가 이와 같고 사람을 등용함이 이와 같고 의식(儀式)과 제도가 이와 같은데도, 능히 부국강병(富國强兵)의 장구한 낙을 누리니 실로 알 수 없는 일이다(Ⅰ-534).

에도성에서 국서 전달 의식이 끝나면 쇼군이 베푸는 연회가 열리는데, 1719년 사절의 경우도 에도성 혼마루(本丸)의 마츠노마(松の間)에서 연회가 열렸다. 이 연회는 물론 쇼군을 대신하여 고산케(御三家, 쇼군 승계권을 가지고 있는 쇼군 문중인 紀伊·水戶·尾張의 세 집안)가 주재하는데, 그 연회 중에 보고 느낀 것을 적은 글이다. 연회에 참석하지 못하는 쇼군이나 처첩들이 발 사이로 연회를 엿보는 모습을 묘사한 다음, 일본의 인재 등용 방식이나 제도 등에 많은 문제가 있는데도 불구하고 오랫동안 부국강병을 누리니 그 이유를 알 수 없다고 한다. 이제부터 신유한이 지적한 일본의 문제에 관해 조금 더 자세히 살펴보기로 하자.

신유한은 먼저 세습제의 문제점을 지적하고 있다. 그는 에도에서 당시 大學頭로서 바쿠후의 학문을 관장하고 있던 하야시 노부아츠(林信篤)와 필담을 한 다음, 용모는 長者의 풍모가 있고 담화의 내용도 謹厚하고 老成하지만 문필은 졸하고 소박하여 모양을 갖추지 못했는데도 이런 사람이 높은 자리에 있으니 가소로운 일이라고 했다. 그리고 이처럼 재주 없는 사람이 높은 자리에 오른 것은 일본이 과거로 인재를 뽑지 않고 벼슬을 세습하기 때문인데, 그 때문에 뛰어난 재주를 가졌어도 일생을 불우하게 보낸 사람이 많다고 하며 야나가와 신타쿠(柳川震澤, 해유록의 柳鋼)의 예를 들고 있다.

신타쿠는 기노시타 준안(木下順庵)의 제자로 하쿠세키나 호슈와 동문이었는데, 특히 시에 뛰어난 재능을 보여 1682년의 임술사절단이 방일했을 때 스승인 준안과 함께 조선 사절을 방문하여 筆談·唱和를 한 적이 있었다. 그리고 신유한은 이때의 창화집인 『壬戌使華集』을 서기 成汝弼(임술사절단의 제술관이었던 成琬의 조카)을 통해 구해 보았는데, 신타쿠의 시를 보고 그를 문장이 호한하고 웅건하여 일본인 중에서 가장 걸물이라고 평한 다음, 그렇지만 신분이 낮아 한(藩)의 서기도 되지 못하고 하인으로 일생을 마쳤다고 하며 애석해하고 있다.

고려시대부터 과거제도를 통해 인재를 선발하는 문화 속에서 성장한 조선 지식인으로서는, 이러한 상황이 불공평한 것으로 보였을 것이다. 사실 과거제도는, 조선의 경우는 양반에게만 허용되었다는 제한이 있었지만, 개인의 능력을 위주로 하여 선발한다는 점에서 매우 민주적인 인재 선발 방식이었다. 민주주의의 원산지라 할 수 있는 서양에서도 관리를 시험으로 뽑기 시작한 것은 19세기 후반의 일인데, 이것도 과거제도의 영향으로 시작된 것이라는 설이 유력하다13). 오늘날 우리들이 서양에서 도입해 시행하고 있는 시험이라는 제도도, 그 원류는 과거제도에 있었던 것이다.

그렇지만 과거제도에는 폐해도 있었는데, 신유한도 이러한 폐단을 알고 있었다. 일본인들과 필담·창화를 하면서 그들이 고전에 정통한 것을 발견한 신유한은, 일본은 산수가 수려하여 사람들이 총명한데다가 과거를 보기 위해 표절하는 폐단이 없기 때문에 사람들의 소견이 정확하다고 지적하여, 과거제도가 지닌 문제점을 간접적으로 비판했다. 과거를 통해 관리가 된 신유한이 이런 주장을 했다는 것이 꽤 흥미로운데, 그가 승진이 엄격히 제한된 서얼출신이었기 때문일까? 실제로 그는 당대의 대학자인 金昌翕과 어깨를 나란히 할 정도로 시문에 능했는데도 불구하고 '限品敍用'이란 규정 때문에 벼슬이 종4품인 奉常寺 僉正에 머무를 수밖에 없었으며, 『해유록』에도 그가 이러한 자기 신세를 한탄하는 대목이 여러 번 나온다. 그가 벼슬을 한 적도 없고, 더구나 만나본 적도 없는 신타쿠에게 관심을 보인 것도 이러한 자기 처지와 관련이 있었기 때문이리라.

그러나 과거제도의 보다 큰 폐해는 사고의 다양성을 인정하지 않는 점에 있을 것이다. 과거 답안지에 쓸 모범답안만을 공부하던 머리는 이내 다른 생각을 용납하지 않게 되어, 양명학 같은 다른 학파의 설은 이단시되었고, 주자학 중에서도 자기들과 해석이 다르면 '斯文亂賊'으로 매도했다. 과거를 보기 위한 공부 때문에 선비들이 참다운 학문을 하지 못한다는 실학자들의 지적은 이런 점에서 매우 정확하다고 할 수 있다. 이에 반해 일본은 주자학이 관학이었지만

---

13) 宮崎市定, 『科擧』, 中央公論社, 1987, p.223.

과거제도가 없었기 때문에 여러 가지 다양한 생각들이 존재할 수 있었다. 게다가 지방분권적인 봉건제도 덕분에 자기 지역을 부강하게 만들 수 있는 것이라면 무엇이든지 받아들이는 유연성을 가질 수 있었기 때문에, 아시아의 어떤 나라보다도 부드럽게 근대화로 나아갈 수 있었던 것이다.14) 그러나 신유한은 과거가 표절하는 폐단을 낳는다고 하면서도 여기까지 생각이 미치지 못했던 것 같다.

2) 의식과 제도의 문제

신유한은 일본의 의식이나 제도의 문제점도 지적하고 있는데, 그 중에서도 관복제도나 의전 문제 등에 특별한 관심을 기울여 「문견잡록」에서 이에 대해 자세히 서술하고 나름대로 그에 대한 비판을 하고 있다. 예를 들어 관리나 승려들은 관이 있는데도 불구하고 예식 때에만 쓰고 평소에는 쓰지 않으니 우습다고 했으며, 일본인이 무릎을 꿇고 앉는 정좌의 습관도 말로는 상대에게 예의를 갖추기 위해서라고 하지만, 사실은 옷이 이상하여 아래를 가리기 어려우므로 그렇게 앉는 것이라 했다. 또한 나가바카마(長袴)도 윗사람을 공경하기 위한 것이라고 말하지만, 사실은 일본인의 풍속이 경망하고 사람 찌르는 데 용감하므로, 그 윗사람 된 자가 혹 무슨 변이 있을까 염려하여 그들로 하여금 행보하기에 불편하게 만들어 만약의 사태에 대비하기 위한 것이라 했다.

뿐만 아니라 국서를 전달하는 의식에서 쇼군 요시무네가 입은 관복을 보고는 "또 들으니, 관백이 쓴 모자는 곧 집정 등이 쓰는 모

---

14) 李進熙, 앞의 책, p.252.

자요, 천담포(淺淡袍)는 목면으로 만든 포(袍)라 한다. 왜인의 관(冠)은 본시 임금 신하의 구별이 없고 평소에 검소함을 숭상하여 목면 옷 입기를 좋아한다지만 정청(政廳)에 앉아서, 이웃 나라를 만나는 예식이 얼마나 중대한 일이라고, 역시 예복이 아닌 옷과 신분에 당치 않은 관을 쓰고서 손을 대하는 영광이라고 생각하니, 그 사람이 이상하고 특별한 행동을 좋아하여 풍속을 바꾸려 하는 것인가?(Ⅰ-534~5)"라며 비판하고 있다. 다른 곳에서 그의 선정을 칭찬하고, 또한 "비단 옷을 입고 입시하는 신하가 있으면 길종이 문득 그 옷의 값을 묻고는 곧 말하기를 '내가 입은 목면(木棉) 옷도 족히 몸을 덮을 수 있다' 하니 이 뒤에는 모시는 신하가 감히 비단을 입지 못하였다(Ⅰ-526~7)"고 하며 그 검소함을 칭찬한 신유한이지만, 외교 의식을 거행하는 자리에서까지 목면 옷을 입은 것을 보고는 격식에 맞지 않는다고 비판하고 있다.

또한 의전문제도 그가 많은 신경을 쓴 부분으로, 이미 쓰시마에서 이와 관련된 문제로 일본측과 논쟁을 벌인 적이 있었다. 쓰시마 도주를 접견할 때의 예법을 둘러싼 논쟁이었는데, 그 전말은 다음과 같다.

사절단이 이즈하라에 도착한지 3일째 되던 날, 도주가 쓰시마의 문인들과 필담・창화를 시키려고 연회를 열어 제술관을 부른 일이 있었다. 그런데 도주를 만날 때 제술관이 도주 앞으로 나아가 절을 하면 도주는 앉은 채 소매만 든다고 하는 말을 듣고 신유한이 거절하려고 했지만, 세 사신이 참석을 권하고 또 초청한 측의 호의도 무시할 수 없어 연회에 가서 따지기로 하고 참석했다. 참석자들과 필담을 나누다가 도주가 곧 도착할 것이라는 말을 듣자, 신유한이

정색을 하고 도주를 접견할 때에 종래의 예절을 따를 수 없다고 하였다. 이에 호슈가 전례가 그렇다고 하자, 신유한은 그렇지 않다고 한 다음 조선에서는 국서를 모신 京官이 외지에 나가면 그 지위의 고하를 막론하고 藩臣과 한 자리에서 경의를 표하는데, 쓰시마 도주는 대대로 조선으로부터 圖書와 녹을 받는 受圖書人15)이고 대소사에 관해 조선으로부터 명령을 받고 있으니 조선의 번신에 해당하므로 도주와 한 자리에서 예를 주고받아야 한다고 했다. 그리고 이어서 "지금 내가 문신(文臣)으로 저작랑(著作郞)의 직함을 띠고 왔다. 설령 사신의 아래이어서 도주와는 약간 분별이 있다고 하더라도 우선 빈주(賓主)의 자리를 피하여 도주는 남으로 향하여 서고 나는 앞에 나아가 서로 마주서서 나는 두 번 읍하고 도주는 한 번 읍하기로 한다면 이것이 비록 도주에게 편중(偏重)되는 혐의가 있으나 특히 사신인 것을 위하여 억지로 한 등을 낮추는 것이 되거니와, 만약 끝끝내도 도주는 앉고 나는 절하는 예대로 하려고 한다면 이것은 우리 임금이 보낸 제술관으로 하여금 번신에게 체모를 잃게 하는 것이다(Ⅰ-408~9)"라며 자기의 지론을 굽히지 않았다.

그리고 역관에게 이것은 조정의 기강에 관계되는 일이니 일본측

---

15) 조선 입국에 필요한 圖書(銅印)를 받은 사람을 가리키는데 受圖書倭人이라고도 한다. 조선은 왜구의 금지와 통교자 통제를 위해 일본측 협력자에게 도서를 주고 그 도장이 찍힌 서계를 가진 통교자만을 우대했다. 특히 쓰시마 도주는 이러한 역할을 하며 여러 가지 권익을 얻었는데, 그 하나가 매년 지급되는 歲賜米豆였다. 이러한 권익은 임진왜란으로 중단되었다가 도쿠가와 바쿠후와 국교가 회복되면서 쓰시마에서 간절히 원해 1609년 기유조약에 의해 그 권익의 일부가 회복되었는데, 이 때 세사미두는 100석으로 정해졌다.

에 잘 설명하여 조정과 국가의 수치가 되지 않게 하라고 했다. 이 일은 결국 도주가 연회에 참석하지 않는 것으로 결말이 났고, 이후로는 제술관이 사사로이 도주의 초청을 받고 선물을 받는 일이 폐지되었는데, 그가 의전문제에 얼마나 민감했는지를 보여주는 대목이다.

국가간의 외교에서 의전이란 상대국에 대한 예우를 형식적으로 표현하는 것이므로 현대에서도 매우 중요하게 취급되는 사안이다. 의전의 격이 맞지 않으면 단순히 한 개인의 문제로 끝나는 것이 아니라 국가의 체면과 관계되기 때문이다. 더구나 당시 조선은 禮를 매우 중시하던 나라였다.

한국에 예가 언제 전래되었는지 확실하지는 않지만 國學의 교수과목에 『禮記』가 들어 있었던 것으로 보아 삼국시대에 이미 들어왔던 것으로 보인다. 그러나 이것이 본격적으로 수용된 것은 고려 말에 『朱子家禮』가 도입되고 조선의 지배이념이 성리학이 되면서부터이다. 이후 조선 중기에 여러 차례 典禮論爭을 거치면서 학문적인 연구가 본격적으로 이루어지는데 학파에 따라 禮論이나 禮說에서 차이를 보이게 되고, 이러한 차이가 17세기의 禮訟으로 이어져 급기야 1680년의 庚申大黜陟으로 발전하게 된다. 南人계열의 학자가 대량으로 죽임을 당해 西人이 정권을 잡는 계기가 된 이 사건은, 원래 효종의 母后인 趙大妃의 服喪 문제(1차 예송)를 놓고 宋時烈을 중심으로 한 서인 계열과 尹鑴를 중심으로 한 남인 계열 사이의 禮學論爭에서 발단된 것이었다.16) 즉 궁중의례를 둘

---

16) 裵相賢, 『朝鮮朝 畿湖學派의 禮學思想에 關한 硏究』, 고려대학교 민족문화연구소, 1996. pp.360~385.

러싼 논란이 대규모 옥사를 불러 올만큼 당시 조선에서는 예가 중요하게 다루어졌던 것이다. 따라서 사절단의 전례를 담당하고 있던 신유한이 쇼군의 관복이나 의전 문제에 민감하게 반응한 것은 당연한 일일 것이다.

3) 성 풍속의 문란

신유한은 또한 일본인의 성 풍속이 문란한 점도 지적하고 있다.17) 그는 「문견잡록」에서 일본인은 사촌남매끼리 결혼하고 형수나 제수가 과부가 되면 데리고 사는 등, 그 행실이 음탕하고 더러워 금수와 같다고 하여 근친결혼의 문제를 지적하기도 하고, 집집마다 반드시 목욕탕이 있는데 남녀가 함께 벗고 목욕한다고 하며 혼욕의 풍속을 비판하기도 했다.

그렇지만 이러한 비판은 역대 통신사들이 공통적으로 지적하는 것으로서 그다지 특이할 것이 없다. 신유한의 진면목이 드러나는 부분은 역시 일본의 유곽을 기술한 대목이다. 에도를 향해가던 신유한 일행은 오사카에서 5일간 머무르게 되었는데, 이 때 신유한은 오사카의 유곽을 보게 된다. 당시 신마치(新町)에 있던 오사카의 유곽은 교(京)의 시마바라(島原), 에도의 요시와라(吉原)와 함께 일본 3대 유곽의 하나로 불렸는데, 모두 막부로부터 정식으로 허가를 받아 영업을 하는 공창이었다.

이를 보고 신유한은 일본의 "풍속에 각 지방에 노래하고 춤추는

---

17) 이 절은 졸고 「조선 유학자가 본 일본의 성문화-申維翰의 『海游錄』을 중심으로」(『日本文化學報』 第7輯, 韓國日本文化學會, 1999. 8.)에서 상당 부분을 발췌했다.

기생을 설치하는 법이 없으므로 부상(富商)의 여행하는 자들이 모두 지내는 곳마다 사사로이 창녀(娼女)를 접하므로 이름난 도시의 큰 객점(客店)에는 모두 창루(娼樓)가 있(II-93)"다고 하여 일본은 官妓제도가 없어서 유곽이 발달했다고 한다. 그리고 또한 남녀간에 있어 상등의 풍류란 돈에 구애받지 않고 서로 사랑하는 것인데, 일본의 유녀는 돈만 지불하면 아무에게나 좋다고 애교를 바치니 이것은 하등의 풍류에 속한다고 했다. 매춘이 돈을 매개로 이루어진다는 사실을 간과한 발언이지만, 공창제도 없이 고려시대부터 확립된 관기제도를 운영해오던 조선의 지식인다운 발상이라고 할 수 있다.

뿐만 아니라 그는 유곽의 풍습을 오언절구로도 읊었는데 9월 9일자 일기에 실려있는 「浪華女兒曲」 30수가 그것이다. 일본의 일반적인 생활 풍속을 묘사한 시는 정몽주 이래 통신사들의 기행록에 광범위하게 존재하지만, 신유한처럼 유곽의 풍속을 악부시 형태의 시로 남긴 사람은 없다.[18] 이것은 그가 일본의 유곽에 얼마나 많은 관심을 가지고 있었는지 말해주는 것이다. 사실 일본의 유곽이나 풍속에 관한 묘사는 역대 통신사들의 기록 중에서 『해유록』이 가장 자세하다. 그렇지만 그가 아무리 일본의 유녀에 깊은 관심을 갖고 있었다 해도, 당시에 이를 소재로 시를 짓기는 힘들었을 것이다. 그가 「낭화여아곡」 서문에서, 공자가 淫詩가 많은 鄭나라의 노래를 멀리하라고 했으면서도 정작 시경을 편찬할 때에는 鄭과 衛 두 나라의 노래를 채록하여 후세의 경계로 삼았다는 사실을 예로 든 것은 바로 이 때문이었을 것이다.

---

18) 이혜순, 『조선 통신사의 문학』, 이화여자대학교 출판부, 1996, p.204.

그는 또한 男色을 소재로 한 시도 지었는데, 「낭화여아곡」 바로 뒤에 실린 「男娼詞」란 칠언절구 10수가 그것이다. 그가 서문에서 "이것은 정욕(情慾) 중에도 특이한 경지로서 정·위(鄭衛)의 세상에서도 듣지 못하던 것이니, 한(漢)나라 애제(哀帝)가 동현(董賢)에게 하던 짓을 역사에 나무란 것이 곧 이것이던가?(Ⅰ-492~3)"라고 하여 그 충격을 전하고 있는 것처럼, 아마도 일본인의 성 풍속 중에서 신유한을 가장 놀라게 한 것은 바로 이것이었을 것이다. 그가 특별히 이 문제에 관해 호슈에게 확인한 것도 그 때문이었으리라. 즉, 신유한이 호슈의 글에 나오는 '왼쪽에는 붉은 치마요, 오른쪽에는 어여쁜 총각이다'라는 글귀를 가리키며 이것이 남창을 말하는 것이냐고 묻자, 호슈가 그렇다고 대답했다고 한다. 이에 신유한이 "귀국의 풍속이 괴이하다 할 수 있습니다. 남녀의 정욕은 본래 천지 음양의 이치에서 나온 것이니, 천하가 동일한 바이나 오히려 음(淫)하고 혹(惑)하는 것을 경계하는데 어찌 양(陽)만 있고 음(陰)은 없이 서로 느끼고 좋아할 수 있다는 말이요?(Ⅱ-94)"하고 반문하자, 호슈가 웃으며 당신은 남색의 즐거움을 모르는 모양이라고 대답했다고 한다.

호슈는 당시 쓰시마의 서기로 대조선 외교의 실무를 담당하고 있었는데, 3년이나 부산에서 유학한 적이 있는 조선통으로 조선 사절들도 인정하는 학자였다. 그런 그가 이런 대답을 했으니 신유한으로서는 매우 당황했을 것이다. 그가 "우삼 동의 말하는 것도 오히려 그와 같으니, 그 나라 풍속의 미혹(迷惑)함을 알 수 있다(Ⅱ-94)"고 한 것도 그래서였을 것이다.

이처럼 신유한은 조선의 유학자답게 일본인의 성 풍속에 관해 신랄하게 비판하면서도 한편으로는 호기심어린 눈으로 세밀하게 관찰하고 있는데, 여기서 남색에 기울인 그의 관심의 일단을 엿보기 위해 「남창사」의 시를 1수 살펴보면서 본론을 맺기로 하자.

   구슬 발 비단 장막 유구 자리로,   珠簾繡帳琉球席
   그대를 가장 좋은 집에 고이 간직하네. 珍重藏君最好家
   허리에 찬 3자 칼로,   自擬腰間三尺水
   미친 나비 봄꽃에 가까이 못하게 한다네. 不敎狂蝶傍春花

 류큐(琉球)에서 만든 자리를 깔고 아름답게 꾸민 저택에 미소년을 들여앉혀 놓고 다른 사람이 유혹하지 못하게 허리에 칼을 차고 지킨다고 한다. 男女(여기서는 물론 男男이지만) 사이를 나비와 꽃에 비유하는 것은 기발할 것도 없는 상투적인 비유이지만, 허리에 칼을 차고 꽃을 지킨다는 부분은 일본의 사무라이가 언제나 허리에 칼을 차고 있다는 사실에 착안해 생각해낸 묘미 있는 표현이다.

 그런데 이 표현은 단순히 문학적인 수사에서 끝나는 것이 아니라, 당시의 실제 상황을 나타낸 것이기도 하다. 일본에서 남색이 성행한 것은 14세기 이후 절에서부터였지만 17세기에 들어와서는 무사는 말할 것도 없고 승려나 서민까지도 경쟁적으로 미소년을 편애하고 잠자리를 같이 하게 되었다. 특히 3대 쇼군 이에미쓰(德川家光)가 남색을 애호했기 때문에 이 풍조는 더욱 확산되어, 너도나도 미소년을 차지하려고 혈안이 되었고 그런 와중에 목숨을 잃는 사태까지 발생했다고 한다.[19] 신유한도 이 시에 붙인 주에서 "왜인들은

---

19) 志摩芳次郞, 『江戸の遊里』, 大陸書房, 1976, p.42.

자기들의 처에게는 질투하지 아니하면서도, 남창에게는 질투하여 사람을 죽이는 자까지 있다(Ⅰ-494)"고 했다.

Ⅳ. 맺는 말

이상에서 신유한이 일본을 어떻게 바라보았나 살펴보았는데, 그가 관찰한 일본은 우선 뛰어난 자연 경관을 가진 부국강병의 나라였다. 그는 『해유록』의 곳곳에서 일본 산수의 아름다움을 칭찬하고 이를 신선경에 비유했으며, 한편으로는 이러한 절경이 일본에 있는 것을 아쉬워하기도 했다. 그리고 대도시의 화려함과 물질적 풍요에 부러움을 표시하기도 했다. 그가 일본이 다시 조선을 침략하지는 않을 것이라 생각하게 된 것도 이러한 일본의 경제적 번영을 목격했기 때문이었다. 즉 일본의 경제가 대단히 발전하여 태평성대를 누리고 있기 때문에, 그 안락함에 젖어 조선을 다시 침략하는 일은 없을 것이라는 것이다. 그렇지만 일본의 군사력은 여전히 위협적이었다. 쓰시마에서 일본 수군의 용맹함을 경험하고는 이순신의 승리가 요행이었다고 생각했을 정도로 일본은 군사적으로도 막강한 나라였던 것이다. 게다가 위정자는 검소하고 국민들은 청결하며 높은 시민의식을 갖춘, 요즘 말로 하면 그야말로 선진국이었던 것이다.

그렇지만 그가 바라본 일본은 또한 여러 가지 문제점을 지닌 나라이기도 했다. 의식과 제도가 정비되어 있지 않았기 때문에 외교사절을 만나는 공식적인 자리에 쇼군이 목면옷을 입고 나타나는 등, 격식에 맞지 않는 일이 벌어진다는 것이다. 또한 성 풍속이 난

잡하여 근친결혼이나 남녀혼욕이 일상화되어 있고 매춘이 합법화되어 있으며 심지어 남색까지도 즐기는 나라라는 것이다. 게다가 과거로 인재를 등용하지 않고 신분을 세습하기 때문에, 재주 있는 사람이 불우하게 지내고 능력 없는 인물이 높은 자리에 오르는 일이 생긴다는 것이다. 그 대표적인 인물이 당시 大學頭였던 노부아츠인데 그가 문필이 졸하고 소박하여 모양을 갖추지 못했는데도 높은 자리에 있으니 가소로운 일이라고 했다. 그런데 여기서 신유한이 문필의 능력으로 사람을 판단하고 있는 점이 흥미롭다.

사실 조선은 유교적 제도나 학문의 발달 정도를 가지고 문명을 평가하고 있었다. 청나라를 오랑캐라 부르며 조선만이 중화의 문명을 간직하고 있다고 생각하는 '소중화' 의식도 바로 이런 기준에서 나온 것이다. 이런 점에서 보면 분명히 일본은 야만의 나라였다. 따라서 일본은 조선이 중화의 문명, 즉 유교 문명으로 교화시켜야 하는 나라였던 것이다. 신유한이 출발에 앞서 崔昌大에게 전별시를 청하자, 그가 서가에서 하쿠세키의 『白石詩草』를 꺼내 보여주면서, 자네 정도라면 하쿠세키를 한 팔로도 대적할 수 있겠지만 일본이 땅이 넓고 그 산수가 곱다 하니, 반드시 재주가 높고 눈이 넓은 사람이 있을 것이니 매사를 신중히 하여 그들을 심복시켜야 한다고 당부한 일도, 이러한 조선 지식인의 생각을 여실히 보여주는 일화이다. 조선 최고의 실학자라 불리는 정약용이 불과 50년 후에 있을 일본의 침략을 예견하지 못하고, 일본의 학문이 발전했으므로 다시는 조선을 침략하지 않을 것이라 판단한 것도 바로 이러한 생각 때문이었다.

그런 점에서 신유한은 매우 곤혹스러웠을 것이다. 조선의 교화를 받아야 할 야만의 나라 일본이 조선보다 더 부강하다는 사실을 목격했으니. 그가 앞에서 열거한 일본의 장점들을 파악하고 있었음에도 불구하고, 이런 나라가 부국강병의 장구한 낙을 누리는 이유를 모르겠다고 한 것도 바로 이 때문이었을 것이다. 즉 신유한은 당시로서는 드물게 일본을 직접 체험했으면서도, 조선의 문화적 우월주의라는 안경 때문에 일본의 실상을 제대로 파악하지 못했던 것이다. 그리고 신유한의 이러한 태도는 현대의 우리들에게도 일정 부분 이어지고 있는 것은 아닐까? 다시 말해 오늘날 우리가 일본이 경제적으로나 군사적으로 강대국인 것을 알고 있으면서도 애써 문화적으로 그들을 멸시하고 있는 것이, 정신사적으로 보면 300여 년 전의 신유한과 같은 맥락에 놓여있는 것은 아닐까?[20]

「일본문화학보」, 한국일본문화학회.

---

20) 이와 더불어 오늘날 점차 힘을 얻고 있는 일본 우익들의 과거사에 대한 태도가 300여 년 전 하쿠세키의 그것과 정신사적으로 같은 맥락에 있다는 사실을 상기하면, 외국을 바라보는 눈이란 것이 그렇게 쉽게 변하는 것이 아니란 생각이 든다. 이에 관해서는 졸고 「『江關筆談』を讀む」(『江戸の文事』, ぺりかん社, 2000)를 참조할 것.

참고 문헌

石井良助, 『吉原』, 中央公論社, 1967.

李進熙, 『李朝の通信使』, 講談社, 1979.

_____, 『江戸時代の朝鮮通信使』, 講談社, 1987.

上垣外憲一, 『雨森芳洲』, 中央公論社, 1989.

北原進, 『百萬都市江戸の生活』, 角川書店, 1991.

志摩芳次郎, 『江戸の遊里』, 大陸書房, 1976.

宮崎道生, 『新井白石の硏究』, 吉川弘文館, 1969.

三宅英利, 『近世日朝關係史の硏究』, 文獻出版, 1986.

_____, 『역사적으로 본 일본인의 한국관』, 하우봉 옮김, 풀빛, 1990.

_____, 『近世日本과 朝鮮通信使』, 景仁文化社, 1994.

_____, 『조선통신사와 일본』, 김세민 외 옮김, 지성의 샘, 1996.

宮崎市定, 『科擧』, 中央公論社, 1987.

旗田 巍, 『日本人의 韓國觀』, 一潮閣, 1983.

姜萬吉外, 『丁茶山과 그 時代』, 民音社, 1986.

裵相賢, 『朝鮮朝 畿湖學派의 禮學思想에 關한 硏究』, 고려대학교 민족문화연구소, 1996.

소재영·김태준, 『旅行과 體驗의 文學』 일본편, 민족문화문고간행회, 1985.

손승철 편, 『근세 한일관계사』, 강원대학교 출판부, 1987.

신성순·이근성,『조선통신사』, 중앙일보사, 1994.

신유한,『해유록』,『해행총재』제1·2권, 민족문화문고간행회, 1986.

이혜순,『조선통신사의 문학』, 이화여자대학교 출판부, 1996.

河宇鳳,『朝鮮後期實學者의 日本觀研究』, 一志社, 1989.

김태준,「18세기 한일문화교류의 양상」,『論文集』제18집, 숭실대학교, 1988.

이혜순,「申維翰의 海遊錄 研究」,『論文集』제18집, 숭실대학교, 1988.

정응수,「18세기 동아시아 주변문화권의 문화적 자각과 중화사상의 쇠퇴」,『일본문화 학보』제3집, 한국일본문화학회, 1997년.

_____,「조선 유학자가 본 일본의 성문화」,『일본문화학보』제7집, 한국일본문화학회, 1999.

_____,「『江關筆談』을 讀む」,『江戶の文事』, ぺりかん社, 2000.

〔海行摠載〕소재 使行錄에 반영된 일본의 通過儀禮와 사행원의 인식

한 태 문(부산대학교)

```
◀ 목 차 ▶
Ⅰ. 들어가기
Ⅱ. 일본 통과의례의 양상과 사행원의 인식
   1) 冠禮
   2) 婚禮
   3) 喪禮
   4) 祭禮
Ⅲ. 사행원이 지닌 對日 認識觀의 基底
Ⅳ. 마무리
```

Ⅰ. 들어가기

 흔히 한국과 일본의 관계를 일컬어 '가깝고도 먼 나라'라고들 한다. 지리적 근접성과 감정적 거리감이 뒤섞인 양국관계를 이처럼 극명하게 대변하고 있는 담론도 없을 것이다. 실제로 두 나라는 화해와 공존을 지향하는 21세기에 들어선 이 순간에도 여전히 각종 현안을 사이에 두고 대립과 갈등을 거듭하고 있다. 심지어 양국 문화의 진정한 이해를 도모한다는 취지에서 이루어진 각종 연구들조차 저변에는 상대국에 대한 무지와 부정적 선입견이 게재되어 오히려 오해를 불러일으킨 경우가 허다하다. 따라서 양국 선린의 새로운 관계 구축을 위해서는 기층문화와 같은, 상대에 대한 보다 근원적이고 진솔한 이해가 그 어느 때보다 필요한 시점이다. 기층문화는 오랜 역사과정을 통해 형성되어 무엇보다 그 민족의 의식과 습성을 잘 반영하고 있기 때문이다. 그 중 특히 통과의례는 일생을 경과하면서 마디가 되는 인생의 고비에서 거행되는 의례로, 어느 나라, 어느 민족이든지 공유하는 의례란 점에서 가히 기층문화의 중심이라 일컬을 만하다. 따라서 한일 양국 기층문화 이해의 첩경이 될 수 있다. 일본의 통과의례에 대한 우리 先人들의 생각을 엿볼 수 있는 자료로는 〔海行摠載〕가 있다.

〔海行摠載〕[1]는 우리 민족의 일본체험을 집대성한 책으로, 鄭夢周(1337~1392)의 使行詩를 모은 『鄭圃隱奉使時作』을 제외하면 모두 조선조의 기록들이다. 그 내용은 왕명을 수행하는 使行체험이 대부분이고, 자신의 의지와 상관없는 捕虜체험과 漂流체험도 다수 수록되어 있다.[2] 또 조선조의 사행체험이라 해도 壬亂 전의 사행

---

1) 〔海行摠載〕는 1914년 朝鮮古書刊行會에서 총 20편의 기록들을 모아 『朝鮮群書大系續編』 4책으로 간행한 이래, 1974년 민족문화추진회에서 12편을 더 발굴하여 고전국역총서로 발간되었다. 본 연구는 민족문화추진회 편, 〔해행총재〕를 텍스트로 삼았다. 〔해행총재〕의 발간경위에 대하여는 姜周鎭: 「〔海行摠載〕에 대하여」, 『여행과 체험의 문학・일본편』(소재영・김태준 편, 민족문화문고간행회, 1985), pp.30~31을 참조.
2) 포로체험기로는 姜沆의 『看羊錄』・鄭希得의 『海上錄』・魯認의 『錦溪日

기록과, 임란 중의 사행, 그리고 소위 通信使로 일컬어지는 임란 후의 사행 및 修信使・紳士遊覽團 등으로 대표되는 개화기 사행에 이르기까지3) 시대적으로 조선조 전체를 아우르고 있다. 따라서 일본 통과의례에 대한 조선인들의 사고를 가장 잘 반영하고 있는 대표적인 텍스트라 할 수 있다. 실제로 三宅英利는 申叔舟(1417~1475)의 『海東諸國記』 속에 일본의 풍속을 관찰한 「國俗」의 내용이 '한국인의 일본관을 잘 반영하고 있을 뿐만 아니라, 예리한 비판까지 곁들여져 오히려 일본인이 당시의 풍속을 연구하려 할 때 큰 도움을 얻을 수 있는 정도'4)라고 평가하고 있다.

본 연구는 〔海行摠載〕소재 對日使行錄에 반영된 일본 통과의례의 양상과 이에 대한 당시 조선사행원의 인식을 살피기로 한다.5)

記』가, 표류체험기로는 李志恒의 『漂舟錄』이 실려 있다.
3) ① 임란 전 사행기록으로는 申叔舟의 『海東諸國記』・金誠一의 『海槎錄』・宋希慶의 『日本行錄』이, ② 임란 중의 기록으로는 黃愼의 『日本往還記』가 있다. ③ 임란 후 통신사행기로는 申維翰의 『海游錄』・慶暹의 『海槎錄』・吳允謙의 『東槎上日錄』・李景稷의 『扶桑錄』・姜弘重의 『東槎錄』・任絖의 『丙子日本日記』・金世濂의 『海槎錄』・黃㦿의 『東槎錄』・趙絅의 『東槎錄』・申濡의 『海槎錄』・작자미상의 『癸未東槎日記』・南龍翼의 『扶桑錄』・洪禹載의 『東槎錄』・金指南의 『東槎日錄』・趙曮의 『海槎日記』・任守幹의 『東槎日記』・曹命采의 『奉使日本時聞見錄』・柳相弼의 『東槎錄』이 있다. 그리고 ④ 개화기 사행으로는 金綺秀의 『日東記游』・李헌永의 『日槎集略』・朴泳孝의 『使和記略』・朴戴陽의 『東槎漫錄』이 있다.
4) 三宅英利 저・하우봉 역 : 『역사적으로 본 일본인의 한국관』(풀빛, 1990), p.53을 참조
5) 필자는 일찍이 「通信使行錄에 반영된 對日民俗觀」(『艸田張珆鎭敎授定年紀念國文學論叢』, 간행위원회, 1995)이라는 논문을 통해 의식주・세시

포로와 표류체험기록들을 논외로 한 것은 유교사회에 있어 捕虜와 漂流가 지니는 의미가 자랑이나 자부심을 띠는 체험이 아닌 까닭에 귀환 후의 입지를 고려해 사행체험과는 달리 다분히 감정적인 서술이 되고 있기 때문이다.6) 하지만 보다 궁극적으로는 통신사 사행문학에 대한 연구에 이어 개화기 사행문학 연구를 거쳐 조선조 對日사행문학의 총괄적 검토를 계획하고 있는 연구자의 일관된 연구방향 때문이기도 하다.

Ⅱ. 일본 통과의례의 양상과 사행원의 인식

통과의례(rites of passage)는 프랑스 민속학자 Van Gennep(1872~1957)이 명명한 것으로, 사람이 일생을 살아가면서 마디가 되는, 곧 출생·성년·혼인·회갑·죽음 등에서 거행하는 의례인데, '四禮' 또는 '家禮'라고도 부르는 우리의 冠婚喪祭와 비슷하다. 물론 Gennep이 말하는 통과의례와 우리의 四禮는 약간의 차이가 있다. 통과의례에 있는 출생의례는 四禮에 없고, 사례에 있는 祭禮는 통과의례에 포함되어 있지 않다. 이 때문에 우리 민속학에서는 사람의 일생을 확대 해석하여 祈子俗부터 祭禮까지를 통과의례로 보기

풍속·기타 雜俗과 더불어 통과의례를 살핀 적이 있으나, 개략적인 검토에 그쳤다. 본 연구는 이를 확장한 것으로 사행록에 반영된 일본의 통과의례에 대한 본격적인 연구임을 밝혀 둔다.
6) 韓泰文:『朝鮮後期 通信使 使行文學 硏究』(부산대, 박사학위논문, 1995), pp.139~140.

도 한다.⁷⁾ 하지만 朱子學의 禮治를 존숭하는 조선의 사행원들은 출생의례와 회갑례 등은 도외시하고 오로지 禮治의 방법인 관혼상제의 시행 여부만 주목하고 있어, 이에 대한 기록만을 살필 수밖에 없다.

禮의 實踐者로서의 자부심을 지닌 사행원들에게 일본의 冠婚喪祭는 어떻게 반영되었는가를 살펴보기로 한다.

1) 冠禮

冠禮는 笄禮와 함께 남녀가 출생하여 성인이 되면 올리는 예절이다. 일정한 연령(15세~20세)에 이른 소년소녀가 어른으로 진입하는 사회적 의미를 띠기 때문에 흔히 '成人式', 또는 '入社式'으로도 불리워지는 '성년의례'이다. 곧 관례는 다음 세대를 낳고, 육성하며, 선조에게 제사를 올릴 수 있는 능력과 자격을 구비하였음을 사회적으로 인정하는 의례인 셈이다. 『禮記』에서도 "관을 쓴 뒤에라야 의복이 갖추어지고 의복이 갖추어진 뒤에야 몸이 바르게 되고 얼굴빛이 바로 잡아지며 말씨가 순하게 된다."하여 관례를 禮의 시작⁸⁾으로 보았다. 관례에 관한 우리의 문헌기록으로는 '광종 16년(965) 봄 2월에 태자 伷에게 元服을 가하였다'⁹⁾는 『고려사』의 내

---

7) 김용덕 : 「一生儀禮」, 『한국민속학의 이해』(문학아카데미, 1994), p.169. 김용덕은 서구적 용어인 '통과의례'가 生涯分岐儀禮(life-crisis rites)로, 태어나기 전의 祈子의례와 죽은 후의 제례는 포함되지 않기 때문에 관혼상제와 대치될 수 없고, 따라서 우리의 전통의례인 기자의례와 제례까지 포함하는 의례를 '일생의례'라 부를 것을 제언하고 있다.

8) 『禮記』, 第41, 「冠義」. 冠而后服備 服備而后 容體正 顔色齊 辭令順 故曰 冠者禮之始也.

용이 최초이다. 물론 「단군신화」의 '웅녀'나 「혁거세신화」의 '알영' 등에서 보이는 祭儀的 행위를 우리 관례의 원형(Archetype)으로 간주할 수도 있겠다. 관례는 토착적, 민중적 문화가 아닌 유교의 도입과 더불어 중시된 일종의 상층문화로, 조선시대에 이르러선 중류 이상에서 보편화되다가, 조선말기의 早婚 풍습과 개화기의 斷髮令(1898)을 계기로 점차 자취를 감추게 된다.10)

다음은 〔海行摠載〕 소재 사행록에 반영된 일본 관례의 모습이다.

① 倭皇의 적자가 관례를 올릴 때에는 대신이나 장인이 이발을 하여 주고, 관백의 적자가 관례할 때는 執政이 이발을 하여 주고, 공경대부의 아들이 관례할 때는 귀족들이 이발을 하여준다. 처음에는 折烏모자를 쓰고, 庶人이면 작은 절오모자를 쓰는데 이

---

9) 『高麗史』, 卷第二, 光宗, 乙丑16年. 春二月加子伷元服.
10) 실제로 관례의 경우 상층에게 국한되었다고 보는 것이 옳겠다. 장철수는 1475년에 완성된 『國朝五禮儀』 등의 '冠禮'에 庶人에 대한 규정이 없고, 文武官의 관례만을 규정한 것을 들어 '관례가 양반계층에게만 의미 있고, 피지배계층에겐 전혀 불필요한 의례로 여겨졌을 수도 있다'(『한국전통사회의 관혼상제』, 한국정신문화연구원, 1984, p.13)고 추정하고 있다. 또 관례가 점차 사라진 이유로 '지배계층의 몰락에 따른 의미 상실'(「급변하는 사회에서의 한국문화의 전통성-관혼상제분야」, 『문화인류학』6호, 한국문화인류학회, 1975, p.113)을 들고 있다. 일찍이 李瀷(1681~1763)은 『星湖僿說』, 第26卷, 經史門, 笄條에서 '옛날부터 禮가 庶人에게 내려가지 않는 법으로 관례 역시 士의 관례는 있어도 庶人의 관례는 존재하지 않았다'(古者 禮不下庶人…冠禮亦然 有士冠禮 而無庶人冠禮)고 밝히고 있으며, 또 일본 민속학자 秋葉隆 역시 관례를 찾아보기 어려운 이유로 '오래 전부터 그 중요성이 약해진 까닭'(『朝鮮民俗誌』, 동문선, 1993, p.120)으로 파악하고 있다. 이들은 모두 관례가 민간의 보편적인 풍습이 아니었음을 보여주는 대표적인 연구가 된다.

를 '元服'이라고 통칭한다.(남용익,『聞見別錄』, VI·81)11)
② 나라 가운데 관혼상제의 예법이 없었다. 남자로 장가들지 아니한 자는 다만 중앙의 머리털을 깎아버리고 정수리 앞과 머리 뒤의 털만 남긴다. 그리고 장가를 든 뒤에 정수리의 앞의 털까지 깎아버리고 머리 뒤의 한 줌의 털만을 길이 네 치쯤 남겨서 종이끈으로 묶어서 구부려 위로 올리니, 이것이 결혼한 자의 표지다. 여자가 머리를 튼 것은 중국의 제도와 같다. 정수리 위에 가리마도 가르지 아니하고 바로 머리 뒤에 틀어서 세 송이로 접어서 구불구불하게 아래로 드리우고 흰 실로써 매어 그 쪽을 늦추었고 정수리에는 대모빗을 꽂았다.(신유한,『海游錄』, II·58)
③ 여자는 어려서는 머리털을 좌우로 나누어 묶어서 뒤통수에 붙이고 비녀를 꽂는다. 시집 가면 이것을 하나로 합쳐서 역시 뒤통수에 붙이고 비녀나 빗을 꽂는다.(이헌영,『日槎集略』, XI·314)

①은 이발의식을 중심으로 한 상층인의 관례로, 귀족이나 上流武家, 더 나아가 神職의 禮式服에 한정되었던 '烏帽子 쓰는 축하식'12)의 모습을 반영하고 있다. 그리고 ②와 ③은 딱히 관례라고

---

11) 이는 본 연구의 텍스트인 민족문화추진회 편,〔해행총재〕의 VI권 81페이지에 수록된 남용익의 『聞見別錄』에서 발췌한 것임을 보이는 약칭이다. 이하의 글들은 모두 이에 따르기로 한다.
12) 고대에서 중세에 걸쳐 일본의 귀족들 사이에선 성인식을 마치고 처음 갓을 쓰는 것을 '初冠', 남자가 생후 처음으로 상투를 트는 것을 '初元結い'라고 불렀다. 중세에 이르러선 귀족이나 무사가 쓰던 모자의 일종인 烏帽子를 머리에 씌우는 것이 일반화되었고, 그리하여 성년식을 '烏帽子 쓰는 축하식'이라 하였는데, 중세말기부터는 烏帽子를 쓰지 않고 이마 위의 앞머리를 면도질하여 없애버리는 것만의 모습인 소위 靈頂이 일반화되었다. 이에 대해서는 황성규·한태호 편,『일본·일본인론』(교학연구사, 1984), pp.52~53을 참조.

보기에는 무리가 있지만 그나마 관례로 치부할 수 있는 서민 남녀의 일반적인 모습을 그리고 있다. 그러나 대체로 관혼상제의 예법이 없고, 남자는 머리 뒤의 한 줌의 털만을 길이 네 치쯤 남겨서 종이끈으로 묶어 구부려 위로 올리고, 여자는 정수리에 대모빗을 꽂고 가리마 없이 머리를 뒤로 틀어 세 송이로 접어 아래로 드리워 흰실로 매는 정도에 그칠 뿐이다. 그나마 冠禮의 흔적으로 찾을 수 있는 것마저도 婚禮와 결부되어 있다. 상투를 틀고 망건에 緇冠을 쓰며 어른의 평상복을 입는 '初加禮' · 갓을 쓰고 출입복을 입는 '再加禮' · 어른의 禮服을 입고 幞頭를 쓰는 '三加禮'의 세 단계를 마친 후, 酒道를 가르치는 '醮禮'와 字를 지어주는 '賓字冠者禮'까지 곁들이는 우리의 冠禮와는 비교도 할 수 없을 정도이다.

물론 일본에도 남자의 경우에는 훈도시의 착용 · 聖地 참배 · 담력시험 · 들돌놀이13)가, 여자의 경우에는 첫 월경이 시작될 때 이를 축하하는 팥밥을 지어먹고, 긴 천의 속옷인 腰卷을 허리에 두르며, 또 일곱 종류의 곡식으로 죽을 쑤어 먹고, 그 죽을 쑬 때 사용한 막대기로 젊은 여자아이의 엉덩이를 때려 懷妊을 기원하는 '嫁叩き'와14) 같은 다양한 成年俗이 존재한다. 하지만 짧은 사행기간동안 관찰자의 입장에 서 있는데다 성리학에 경도된 대부분의 사행원들에게 『朱子家禮』에 언급조차 되지 않는 타국의 일반 민간풍속에까지 세밀한 관찰을 기대한다는 것은 무리다.

---

13) 편무영 : 「일본인의 인생의례」, 『日本 民俗의 理解』(시사일본어사, 1997), pp.163~165.
14) 이에 대해서는 편무영, 앞의 책, pp.151~164와, 金文學 · 金明學 편저, 『일본문화의 수수께끼』(우석, 1998), p.41을 참조.

이처럼 사행록에 반영된 일본의 관례속은 다른 의례에 비해 상대적으로 빈약한 편에 속한다.15) 그것은 앞서 언급한 것처럼 관례가 공적 권리와 의무의 사회적 승인의식이기도 하지만, 결혼이 가능한 인간으로서의 의미도 공유하므로 흔히 혼례속에 섞여 행해지고 있기 때문이다. 이는 일본만의 풍속이 아니라 우리에게도 그대로 적용되는 것임을 다음과 같은 기록이 잘 보여준다.

> 여자가 혼인을 정하면 계례를 행한다. 이때는 그 어머니가 주장이 된다. 3일전에 주례를 청한다. 채비를 차리고 나서 당일 날이 밝으면 의복을 준비해 내놓는다. 차례대로 서 있다가 차례가 오면 主婦가 맞아서 방으로 들어온다. 주례가 비녀를 꽂아주면 방으로 가서 背子를 입는다. 이에 제사를 지내고 字를 지어 부르고 나서 주인이 데리고 사당에 가서 참배시킨다. 그러고서야 비로소 손님들을 대접한다.16)

여성의 성인의례인 계례는 쪽을 짓고(合髮), 비녀를 꽂고(加筓), 술마시는 예(醮禮)를 행하는 비교적 간단한 절차이다. 이 계례가

---

15) 김웅모는 현대국어 중 관혼상제에 관련된 자동사 어휘가 지니고 있는 개개의 낱말들이 하나의 낱말밭 속에서 차지하고 있는 위치가치(Stellenwert)를 우리 민족의 세계관과 관련지어 연구한 바 있다. 이에 의하면, 관례에 관련된 자동사 어휘(10개)가 혼례(199개), 상례(255개), 제례(173) 등과 비교해 현저히 작은 이유를, 계례는 전통혼례에, 관례는 성인식에 흡수되어 死語化했기 때문이라고 밝히고 있다. 이에 대하여는 김웅모 : 『韓國語 宗敎 冠婚喪祭 自動詞 낱말밭』(박이정, 1995), pp.429~430을 참조.
16) 李衡祥 : 『四禮便覽』,「冠禮」・筓. 女子許嫁筓 母爲主. 前期三日 筓 賓. 陳設 厥明陳服 序立 賓至 主婦 迎入升堂 賓爲將筓者 加冠筓 適房服背子. 乃醮 乃字 主人以筓者 見于祠堂 乃禮賓.

다름 아닌 定婚을 기점으로 혼례식과 함께 맞물려 행해지고 있는 것이다.

2) 婚禮

혼례는 관례와 계례를 통하여 성인이 된 남녀가 부부로 결합하는 의례로, 이를 통해 가정을 이루고 家業을 계승하며 자녀를 많이 낳아 집안을 번성케 한다. 따라서 혼례는 三綱의 근본이자 인륜의 시초로 여겨진 까닭에[17] 다른 어떤 의례보다도 중요한 의미를 지닌다. 결혼도 못한 채 죽은 총각과 처녀의 영혼을 불러 거행하는 '虛婚'이나 '死後婚'의 풍속이 한일 양국에서 행해지고, 오늘날에도 유지되고 있다[18]는 것은 양국이 혼례를 얼마나 중대사로 인식하였는지를 보여주는 좋은 예가 된다. 對日사행록에 반영된 일본의 혼속은 冠禮에 비해 비교적 풍부하다.

> ① (천황의) 맏아들은 장가들어 뒤를 이으나 다른 아들들은 장가들지 않고 중이 되어 각기 큰절에 가서 장로가 된다. 딸은 모조리 여자 중이 되게 하는데 대개 그 존귀함이 상대가 없어 백성들에게 시집보낼 수 없기 때문이다.(김세렴, 『海槎錄』, Ⅳ·337)

---

17) 李肯翊 : 『練藜室記述』, 別集, 第12卷, 政敎典故, 婚禮. 婚禮 三綱之本 正始之道.
18) '虛婚'이나 '死後婚'에 관한 연구로는 ① 崔吉城 :「死後結婚의 意味」(『比較民俗學』1, 비교민속학회, 1985), ② 竹田旦의 「死後結婚의 比較民俗學的 硏究」(『月山 任東權博士 頌壽紀念論文集』·민속학편, 집문당, 1986)와 「全南 珍島에 있어서의 死後婚」(『의식주·관혼상제·민속이론』, 민속학회, 교문사, 1990) 등이 있다.

② 혼인하는 예절은 여자가 남자에게 먼저 찾아가는데, 불을 타 넘어 문으로 들어가서 서로 만난다.(경섬, 『海槎錄』, Ⅱ·337)
③ 이미 시집간 여자는 이에다 물을 들이고 시집가지 않은 사람과 과부 및 창녀는 모두 이를 물들이지 않는다.(조엄, 『海槎日記』, Ⅶ·56)
④ 대개 사람들이 혼인할 때는 대략 媒妁·涓吉·納幣의 예절이 있다. 혼례 하루 전에 신부집에서 먼저 의복과 음식 장만한 것을 신랑집에 보내고 그 다음날 신부 될 사람이 가마를 타고 신랑집으로 간다. 신랑집에서도 燈燭과 음식을 차려 놓고 신부를 맞아들이고 兩家의 친척들이 많이 모여 잔치를 베풀어 혼례를 이룬다.(남용익, 『扶桑錄』, Ⅴ·81-82)
⑤ 혼인에 있어서는 同姓을 기피하지 않아 사촌남매끼리 부부가 된다. 아우의 아내를 형이 취하지는 않으나 형이 죽고 후손이 없으면 아우가 형수를 데리고 살아 아들을 낳아 제사를 받들게 하니 이것이 그 나라의 풍속이었다. 禽獸의 행동은 더러워서 차마 들을 수도 없는데, 習俗이 이미 젖어 괴상하게 여기지 않았다.(강홍중, 『東槎錄』, Ⅲ·283-284)

글 ①은 장남만 代를 잇고 나머지 자녀들은 모두 중이 되는 천황 집안의 혼인풍속을, 그리고 나머지는 일반 서민의 혼인의 절차와 예법을 그리고 있다. 사행원들에게 있어 일본의 혼례는 ④의 '대략' 이라는 표현에서 알 수 있듯 예법이 완전한 체계를 갖춘 것이 아니다. 일반적으로 우리의 혼례는 중매인의 개입에 의한 양가의 혼인 결정 및 문서교환까지의 과정인 '議婚'과, 신랑이 신부집에서 치르는 '大禮', 그리고 신부가 집을 떠난 후부터 신랑집에서 행하는 '後禮'등으로 이루어진다. 『朱子家禮』의 六禮에 준하여 혼례 당일에 치르는 大禮만 해도 奠雁禮·醮禮(交拜禮와 巹拜禮)·合宮禮로 나누어 행해지는 우리의 예식과는 비교가 되지 않을 정도로 엉성하다. 물론 1811년 사행에 참여한 柳相弼 같은 이는 '결혼은 중매인을 보내어 擇日과 納幣를 하고 여자가 먼저 남자의 집으로 가고, 그 다음날에 남자가 여자의 집으로 가니 이를 結親이라 한다'[19])라고 하여 일본의 혼속을 자세히 기술하고 있다. 하지만 대부분의 사행원들은 아예 일본에는 仲媒나 納幣의 의식이 없는 것으로 간주해 버린다.

게다가 혼례식마저 신랑이 신부집에 가서 예식을 올리는 '신랑맞이'가 아니라 신부가 신랑의 집에 가서 예식을 올리는 '신부맞이'가 되고 있다. 물론 일본의 결혼형태는 남편을 따라 시집가는 '신부맞이(嫁入婚)'만이 있는 것이 아니라, 처가에 데릴사위로 들어가 결혼하는 壻入婚도 있다. 하지만 江戶시대는 무가사회였다. 원래 일본의 결혼은 '신랑맞이'였지만, 1192년 武家支配體制期를 전후하여 자신이 다스리는 영지를 떠나기 어려운 武家의 특성상 무사집안의 남자들은 '嫁入婚'을 선호할 수밖에 없었다. 그 결과 武家의 禮法으로 정해진 풍속이 자연스럽게 서민사회에 수용되었던 것이다.[20])
『朱子家禮』를 존숭한 상층에 의해 '親迎'이 강요되었음에도 불구

---

19) 柳相弼 : 『東槎錄』, Ⅹ·296. 婚嫁也 送媒擇日納采 女先往男家 翌日 男往女家 結親云耳.
20) 江守五夫 : 「日本의 婚姻成立儀禮의 史的 變遷과 民俗-한국과의 대비에 있어서」, 『日本學』1집(동국대 일본학 연구소. 1981), pp.40~44. 일본의 결혼형태는 처가에 데릴사위로 들어가 결혼하는 '壻入婚'과 남편을 따라 시집가는 '嫁入婚'으로 나뉜다. 황성규·한태호도 일본의 '신부맞이' 婚俗이 근세이후에 무가사회에서 발달한 '嫁入婚'이 서민사이에 수용된 결과로 파악하였다. 앞의 책, p.60을 참조.

하고, '半親迎'의 형태를 취하면서까지 오랫동안 男歸女家의 혼인 풍속을 유지해 왔던 우리의 婚俗[21]과 정반대의 모습을 취하게 되니 우리 사행원들이 이질감을 드러낼 수밖에 없었던 것이다.

글 ③에서 보이는 '染齒(이빨 물들이기)'는 사행원들에게 가장 강렬한 인상을 남긴 일본의 婚俗으로 반영된다. 이는 'お齒黑(御齒黑)' 또는 '鐵漿付け'라 불리우는 것으로 쇳조각을 차나 식초에 넣어 죽, 술, 엿 등을 뒤섞어 산화시킨 후 부착성을 높이기 위해 등나무 가루를 섞어 이 표면에 바른 것이다. 이를 성인의례로 보기도 하지만, 사행이 집중된 江戶시대에는 결혼한 여성이 갖추어야 할 몸가짐, 또는 멋의 일종으로 'お齒黑(御齒黑)'가 유행했다는 점[22]을 고려하면 婚俗의 하나로 인정할 수 있을 것이다. 甲申政變(1884)의 뒷수습을 위해 파견되었던 종사관 朴戴陽이 『東槎漫錄』에 "누 아래에 이르니 漆齒한 여인이 꿇어앉아 맞이하고 일어나서 인도하였다."[23]는 기록을 남기고 있는 것으로 보아 적어도 19세기 말까지는 이 습속이 유지된 것으로 보인다.

'染齒'에 대한 우리 사행원들의 반응은 대체로 두 갈래로 나뉜다.

---

21) 한국고문서학회 : 『조선시대 생활사』(역사비평사, 1996), pp.40~41. 秋葉隆도 조선의 장가가는 풍속이 주위 민족인 중국의 '親迎', 일본의 '嫁入婚'과는 달리 완강하게 옛습속을 보존하고 있는 것을 신기한 일로 여기고 있다. 이에 대해서는 秋葉隆 : 앞의 책, p.103을 참조.

22) 전자의 주장을 편 이는 황성규·한태호로 'お齒黑'를 13세에서 17세 사이에 행해지는 성녀식(앞의 책, p.56)으로 간주하였다. 후자의 주장을 편 金文學·金明學은 '染齒'가 江戶시대 더 이전에는 상류여성과 궁중남성들에게까지 유행했다(앞의 책, pp.72~73)고 밝히고 있다.

23) 朴戴陽 : 「東槎記俗」, 『東槎漫錄』, XI·414. 抵樓下 有漆齒一女子 跪迎起導.

먼저 "남녀가 얼굴을 꾸미는 자는 모두 그 이빨을 검게 물들였다."24)고 기록하고 있는 申叔舟와, "이것은 漆이 아니고 鐵汁의 쓴 것을 입에 머금어 남편에게 두 가지 마음이 없음을 맹세한 것"25)이라고 적어 일본여성의 '烈'을 강조한 金綺秀(1832~?)의 기록처럼 타국의 풍속을 객관적 관점에서 담담하게 관찰하는 태도를 보이는 것이다. 신숙주와 김기수는 각각 1442년 서장관 및 제1차 수신사(1876)로 對日사행에 참여한 이들로, 모두 壬亂전과 개화기에 행해진 사행이란 점이 특징이다. 또 하나는 주관적 감정을 실어 평가하고 있는 것으로 임란 후에 행해진 사행에서 두드러진다. 우선 詩에서는 일본을 "오디와 올빼미 먹는 漆齒, 文身들"26)과 "黑齒의 족속과 백중"27)이 사는 나라로 묘사하거나, 黑齒를 들어 "중국 남방의 오랑캐인 荊蠻의 자식들과 같다"28)고 폄하한다. 또 산문기록에서도 "그 남편을 위하여 마음을 맹세한 것"으로 다소 긍정적인 시선을 보이는 듯 하다가 음란하고 외설한 풍속이 금수와 다름이 없어 "지극히 추잡한 일"29)이라는 부정적인 평가를 내리고 만다. 곧 우리 사행원들에게 있어 '染齒'는 成人으로서의 표징이라든가, 치아의

---

24) 申叔舟:『海東諸國記』, Ⅰ·98. 男女冶容者 皆黑染其齒.
25) 金綺秀:『日東記游』卷3, 人物十二則, Ⅹ·443. 此非漆也 乃口含鐵汁之苦 示夫不二心者.
26) 趙絅:「五月二日留對馬島」,『東槎錄』, Ⅴ·41. 漆齒文身食葚梟.
27) 金世濂:「赤間關次從事韻」,『槎上錄』, Ⅳ·255. 黑齒與伯仲.
28) 南龍翼:「效秋潭藥名體題彌陀寺仍述客懷二十二韻」,『扶桑錄』, Ⅴ·432. 漆齒同荊子.
29) 趙曦:『海槎日記』, Ⅶ·56. 聞染齒之法 爲其夫誓心者 而姚瀆之風 無異禽獸云 極可醜也.

산화를 방지하고 충치를 예방한다는 건강상의 의미30)와 관계없이 지극히 추잡한 일로 여겨지고 만 것이다.

특히 글 ⑤는 일본의 婚俗이 蠻俗에 가까운 것임을 확인하게 되는 결정적 계기가 된다. 同姓을 기피하지 않아 사촌남매끼리 부부가 되고, 상고시대에나 존재했던 兄死娶嫂마저 공공연히 행해지고 있는 것이다. 소탈한 성격의 金仁謙조차 "형수를 계집 삼아 / 데리고 살게 되면 / 착하다고 기리지만 / 제 아운 길렀다고 / 弟嫂는 못한다네 / 예법이 바히 없어 / 금수와 일반일다"라고 비웃는다. 그리고 洪禹載와 曺命采(1700~1736)도 "얼굴은 비록 사람이나 그 행동은 개돼지와 같다."31)거나 "예를 모르는 나라와 같아 말하고 싶지 않다."32)라고 하여 극도의 불쾌감을 보인다. 同姓同本은 물론이고 동성동본이 아닌 성씨라 하더라도 한 조상에게서 分派했다고 보일 때, 또는 기존의 혼인결과가 좋지 않거나, 심지어 교통불편 등의 이유까지 不婚의 조건이 되었던33) 우리와는 엄청난 차이다. 사행원들에게 있어 가장 부정적으로 비쳐진 풍속이 다름 아닌 일본의 婚俗이었던 셈이다.

그나마 긍정적인 것을 든다면 신부가 신랑을 만날 때 불을 타고 넘는 일본의 婚俗이다. 일본의 신부는 시댁에 발을 들여놓으면서 몇 가지 주술적인 행사를 거친다. 곧 문가에 불을 피워 신부가 건

---

30) 金文學・金明學 : 앞의 책, p.73.
31) 洪禹載 :『東槎錄』, Ⅵ・190. 面目雖人 行若狗.
32) 曺命采 :『奉使日本時聞見錄』, Ⅹ・268-269. 便同裸壤 不欲俱道.
33) 閔濟 :「婚禮」,『韓國民俗大觀』1권(高大民族文化硏究所, 1982), pp.584~585.

너가게 하고, 솔가지에 불을 피워 그 밑을 빠져 나오게 하며, 또는 신부에게 삿갓이나 도롱이, 냄비 따위를 머리에 쓰게 하거나, 친정에서 가져온 물과 시댁의 물을 섞어 마시게 하는 것 등이다. 이들은 모두 외부의 사람을 새 식구로 맞이하면서 부정의 제거를 통한 정화와, 신랑 집안으로의 완전한 습합을 희구하는 주술적인 의미를 담고 있다34). 이는 신부가 시가의 대문을 들어설 때 문턱에 놓은 짚불과 가마니를 넘어가게 함으로써35) 雜神의 근접을 막고, 친정과의 관계절연 및 시가집단으로의 순결한 입사를 상징하던36) 우리의 婚俗과 많이 닮아 있다.

그러나 일본 婚俗에 대한 부정적인 인식을 가지는 결정적 계기가 된 族內婚과 村內婚은, 혈연을 지역적으로 확대해서 네트워크를 만들어 가는 우리와는 달리 지역을 통해서 혈연을 확대해 가려는 일본인들이 지닌 의식의 소산일 뿐이다.37) 실제 황실의 족내혼은 왕의 신격화를 위해 피의 순수성을 지키려는 의도에서 지속된 것으로, 이를 '아름다운 近親婚'으로 명명하는 연구자38)도 있다.

---

34) 편무영 : 앞의 책, p.172.
35) 『두구동의 기층문화』(부산대학교 한국문화연구소, 1993), pp.76~80.
36) 한태문 : 「통과의례에 반영된 한국인의 의식」, 『한국인의 삶과 미의식』(부산대학교출판부, 1996), p.66.
37) 崔吉城 : 『日本學 入門』(계명대학교출판부, 1984), pp.82~83.
38) 김용운 : 『한국인과 일본인』1(한길사, 1994), p.47. 우리도 근친혼을 금하기 시작한 것은 고려 10대 왕인 端宗 이후의 일이고, 그 이전에는 근친혼이 많이 행해졌다. 동성불혼이 철저하게 지켜지기는 유학을 국시로 하는 조선시대에 들어와서의 일이다. 이에 대해서는 이광규 : 「동성동본불혼의 사적고찰」, 『한국문화인류학』8집(한국문화인류학회, 1976), pp.23~28을 참조.

兄死娶嫂制, 또는 嫂婚制 역시 유목민족인 흉노족이 지녔던 풍속의 산물로서 젊은 사람이 손위 사람의 유족을 보호해야 한다는 목적에서 시작된 것이기에, 보기에 따라선 미풍양속일 수 있는 것이다. 이처럼 우리 사행원들의 일본 혼속에 대한 부정적인 시각은 그들의 문화에 대한 전반적인 이해 부족에서 비롯된 것임을 알 수 있다.

3) 喪禮

상례는 亡者가 숨이 끊어져서 죽는 순간부터 시체를 매장해 封墳을 조성하고 가까운 친척들이 상복을 입는 동안 치르는 각종 의례를 말한다. '喪은 亡이라는 뜻으로 죽는 것을 喪이라 하는 것은 죽어서 다시는 볼 수 없음을 말하는 것'[39]이라고 班固(23~92)가 정의한 것처럼, 상례는 한 개인으로서는 삶과 죽음을 가르는 통과의례이면서 공동체의 구성원으로서는 산 자와 죽은 자가 영원히 이별하는 분리의례이다. 이는 본인이 아닌 다른 생존자들에 의하여 진행되는 의례이고, 양국 모두 전통적인 관습이 가장 잘 보존되어 있는 것이 특징이다.

① 關白 이하로 茶毘의 법을 전적으로 써서 죽은 다음 날이나 혹은 3일만에 시체를 가져다가 나무통 가운데 가부좌로 앉히고 나무를 쌓아 화장하여 절 옆에 파묻고 돌을 쌓아 구덩이를 만든다. 또 나무를 세워 標木을 만들고 '나무아미타불'이라는 여섯 글자를 써 놓는다. 부자나 귀한 사람들은 따로 한 칸의 집을 짓거나 또는 돌문을 만들어 樹木을 키우는데, 그 자손들이 지

---

39) 班固 : 『白虎通義』. 喪者亡也 人死謂之喪 言其亡不可不得見也.

나갈 적에는 물을 준다. 오직 倭皇만은 시체를 완전한 채로 장사를 지낸다. (남용익, 『扶桑錄』, VI・82)

② 그들 나라에서 벼슬이 높고 약간 부유한 자는, 죽으면 유리 항아리 속에 넣고 수은으로 채우는데, 밖에서 보면 얼굴이 생시와 다름이 없고 몸뚱이도 썩지 않으며 혹 여러 대를 집안에 두기도 한다 하니 그 말이 매우 괴탄하다.(조명채, 『奉使日本時聞見錄』, X・262)

③ 해변에는 우뚝우뚝 돌을 포개어 쌓은 데가 많았고 목판을 세워 표지를 하였는데, 통사의 말이 이것은 모두 옛사람들의 무덤이라는 것이다. 왜인들은 흙을 쌓아 봉분 하지 않고 또한 산에다 묘자리를 가리는 법도 없으며 바로 물밑이나 길가에 돌을 쌓아 해골을 매장하는데, 귀한 사람은 돌을 깎아 구덩이를 만들어 관으로 그 속에 넣고 깎은 돌로 덮으며 비석을 세우고 사방에 난간을 설치하여 사람들의 출입을 방지하는데 이 무덤들은 가난하고 천한 사람들이기 때문에 목판만 세운 것이라 했다.(신유한, 『海游錄』, II・467)

④ 대개 사람이 죽으려 하면 강제로 일으켜 앉히고는 숨이 끊어지기를 기다려 衣衾으로 염습, 나무통에 넣어 땅 속에 매장하였으니 면적을 넓게 차지하지 않은 것은 실로 이 때문이다.(김기수, 『日東記游』, X・382)

시신의 처리 및 매장 풍속을 묘사하고 있다. 글 글①・②가 왕을 위시한 상층민의 매장속이라면, 글③은 하층민들의 매장속을 살핀 것이다. 상층의 경우 跏趺坐를 하여 앉힌 뒤 火葬을 하여 묻고, 비석이나 표목을 세우고 사방에 난간이나 집을 만든다. 그리고 하층에서는 시체를 묻고 돌을 수북히 쌓은 다음 표시가 될 만한 큰돌을 세워두는 土葬이나, 시체를 바닷가나 동굴 등에 방치한 후 뼈만을 골라 다시 매장하는 風葬이 행해지고 있다.40) 그런데 그 매장이란 것도 흙을 쌓아 封墳하지도 않고, 묘자리도 가리지 않으며, 단지 집 울타리 옆 공지에 구덩이를 파고 묻는 정도인 데다 佛經의 구절을 적은 나무판자인 '卒塔婆'나 글자 없는 비석을 문 앞에 세워 두는 것이다.

'집 울타리 옆 공지의 구덩이 무덤'은 아마도 일본의 空墓를 말하는 것 같다. 일본인들은 일반적으로 死體를 매장하는 墓와 死靈을 공양하는 空墓 등 兩墓制를 지닌다. 死體를 모신 墓는 마을 경계나 계곡의 특정장소에 거의 방치하는 대신 영혼을 모신 空墓는 자택이나 절 뒤에 꾸며 忌日 때마다 공양을 하는 것이다.41) 이를 두고 申維翰은 "집안에 사는 사람의 기거와 음식이 무덤 속 사람과 서로 접해 있는 것이어서 보기에 매우 해괴하다."고 비판하고, 그 감상을 "동쪽 집 울밑에 옛 무덤이요 / 서쪽집 문 앞에 글자 없는 비석이네 / 백골이 골목에 널려 있는데 / 젊은 청년이 앉아 난

---

40) 일본에서 死者의 遺體처리 방법은 크게 土葬, 火葬, 風葬 등 3가지로 나누는데, 일반적으로 풍장이 가장 앞선다. 그것은 일본어 '매장하다(葬る)'가 'ハフル(放)'라 하여 산에 버리는 것을 의미하고, '墓地(ハカ)'는 시신의 물기(汁)가 빠진 것을 의미하는 'ハカス'에서 유래된 데서도 알 수 있다. 다음으로 토장, 화장의 순인데, 화장은 보통 불교의 도래와 함께 肉食帶妻를 긍정하고 無戒律불교를 주창하면서 자신의 시신을 무덤에 묻지 말고 물에 흘려 보내달라고 했던 親鸞(1173~1262)의 영향이 특히 컸다고 여겨진다. 이에 대하여는 ① 황성규・한태호의 앞의책, p.74, ② 편무영의 앞의 논문, pp.185~186, 그리고 ③ 구견서, 『현대 일본문화론』(시사일본어사, 2000), pp.71~73을 참조.
41) 堀一郎 :「불안과 희망」, 『日本人』(柳田國男 編・이용덕 역, 을유문화사, 1991), pp.240~241.

간을 대했네"라고 한 수의 시로 읊고 있다.42) 일찍이 癸未사행(1643)에 副使로 참여한 趙絅(1586~1669) 역시 일본의 대표적인 유학자 林羅山(1583~1657)을 상대로 일본은 유학의 근본바탕부터 어그러져 있다고 힐난한 바가 있는데, 그 비난의 근거가 다름 아닌 일본 땅을 지나오면서 封墳을 발견할 수 없다는 것이었다.43)

특히 글 ④에서처럼 무덤의 면적을 줄이기 위해 채 죽지도 않은 자를 강제로 일으켜 앉혀 숨이 끊어지기를 기다려 염습하고 매장하는 데에 이르러선 '죽은 이 섬기기를 산 사람 섬기듯이 하라(事死如事生)'는 『중용』의 가르침과도 배치되어 죽음에 대한 어떤 경외감도 묻어 나지 않는다. 회생의 가망이 없다고 여겨질 때 행하는 遷居正寢으로부터 임종한 뒤 바로 이어지는 屬纊-收屍-皐復-發喪-奠-訃告까지를 포함하는 '初終', 시신을 깨끗하게 씻는 襲으로부터 襲奠-飯含-小殮-大殮으로 이어지는 '習殮'과, '成服祭', 그리고 묘지선택의 擇地에서 묘를 만드는 성분까지를 포함하는 '治葬'으로 매듭지어지는 우리의 엄숙, 비장한 埋葬俗과 너무도 현격한 차이를 보인다.44) 治葬 이후의 풍습 역시 괴이하게 반영된다.

---

42) 申維翰 : 「鞱浦寫景六言絶句八」, 『海游錄』, Ⅰ・467-468. 東家籬底古塚 西舍門前冷碑 白骨交輸閭巷 朱顔坐對軒楣.
43) 趙絅 : 「重答林道春書」, 『東槎錄』, Ⅴ・15-16. 吾所聞 吾儒之學 必有根本田地 其所謂根本田地 實在於人倫五常之中 …… 未見有二處 若晉京漢阡 若斧若堂而封者. 이에 대한 자세한 논의는 한태문: 「『東槎錄』 소재 書簡에 반영된 한일 문사의 교류양상 연구」, 『한국문학논총』23집(한국문학회, 1998.6) pp.184~185를 참조.
44) 사람이 죽으면 영혼은 불국토로 가버리므로 그 시신은 茶毘에 붙여 매장도 간소히 하고, 묘소 역시 亡者의 영혼이 없다고 보는 것이 佛葬 본래의 모습이므로, 일본의 墳墓輕視觀은 불교도래로부터 비롯되었다고 보는 견

⑤ 임금이나 아비의 상에도 슬픈 정을 표하거나 상복 입는 절차가 없이 다만 50일간의 素食으로 끝을 내고 만다. 유식한 사람은 혹 1년간 마음으로 복을 입는 자가 있다고 하지만 믿을 수 없는 일이었다.(임수간, 『東槎日記』, IX·279)

⑥ 그들의 이른바 「服制圖」를 얻어 보니 "부모의 상과 남편의 상에는 13일을 입고, 조부모의 상에는 1백 5십일을 입는다."하고, 어떤 사람은 "그 부모의 상에는 1백일을 입고서 벗고, 관백·태수의 상에는 50일 만에 벗는다."하니 어느 말이 옳은지 모르겠다.(조명채, 『봉사일본시문견록』, X·264)

⑦ 대개 조선이 喪禮를 중히 여기는 것은 저도 또한 들은 바이므로 부끄러운 줄 알아서 타고난 양심에서 문득 이맛살을 찌푸리게 되는 것인데, 정치를 하는 자가 어찌 백성들로 하여금 이 본심을 상실하게 하는가? 언어와 음식이 평시와 똑 같다. 다만 뒤꼭지의 머리털을 한 줌 깎아 喪事가 있다는 것을 표시할 뿐이다.(신유한, 『海游錄』, II·59)

글 ⑤와 ⑥은 일본의 服制에 대해, 글 ⑦은 자신을 수행하던 對馬島 通事가 어머니의 별세로 자리를 비웠다가 奔喪을 허락하지 않는 일본의 例에 따라 며칠만에 평상시와 같은 푸른 무늬의 옷을 입고 나자 자신의 감상을 적은 것이다. 복제에 관하여는 말하는 이마다 다 다르니 일상적으로 행해졌다고 보기 어렵고, 따라서 믿을 수가 없다. 게다가 喪中인 日本通事의 언어와 음식, 의복이 평상시와 조금도 차이가 없고 단지 뒤꼭지의 머리털을 한 줌 깎은 것이 유일한 喪事의 표징이 되고 있을 뿐이니, "爲政者가 사람의 본심

해도 있다. 이에 대해서는 이유환 저·양인석 역 : 『한국에서 본 일본문화』, 이문출판사, 1991, p.37을 참조.

을 잃게 한다"고 개탄할 수밖에 없는 것이다.

　물론 우리 사행원들이 일본에도 부모의 喪을 '重服'이라 하고 그 외 친족의 喪을 '輕服'이라 하여 벼슬에서 물러 나와 1년 동안 집에 있게 하는 규범이 엄연히 『大寶令』에 존재하고,[45] 유교의 삼년상을 실행한 赤松廣通 같은 이와[46], 어버이 喪事에 30일의 服을 입는 유식한 자[47]들이 있음을 알 턱이 없다. 또 사사로운 가정사와 외교사행의 접대라는 공적업무의 수행 중 공적인 업무를 택할 수밖에 없는 일본 通事의 소명의식과 책임감을 이해할 순 없었을 것이다. 그러나 大殮을 한 후에 죽은 사람과 가깝고 먼 촌수에 따라 각각 斬衰・齋衰・大功・小功・媤麻로 나누어 3개월에서 길게는 3년간을 服을 입고, '心喪三年'이라는 말처럼 스승의 사망시에도 마음으로 베옷을 입고 애도를 표하는 우리의 엄숙한 儀式과[48] 비교할 수조차 없는 실정이니, 일본의 상례속은 蠻俗이 될 수밖에 없었던 것이다.

---

45) 森末義彰・日野西資孝 編 : 『風俗辭典』(東京堂出版, 1985), p.625.
46) 姜沆 : 『看羊錄』, Ⅱ・185. 赤松廣通은 姜沆으로부터 훈도 받아 일본유학의 개조가 된 藤原惺窩의 제자로 但馬 竹田의 성주이다. 강항이 귀국할 때 寺澤志摩의 手書를 구하여 관문의 譏察을 피할 수 있게 했다. 일찍이 藤原惺窩는 "일본이 본시 喪禮가 없었는데 廣通만이 홀로 삼년상을 실행하였다.(日本素無喪禮 而廣通獨行三年喪)"고 하여 廣通을 강항에게 소개한 바가 있다.
47) 鄭希得 : 『海上錄』, Ⅷ・238. 有識者服 親喪三十日.
48) 권영한 : 『사진으로 배우는 관혼상제』(전원문화사, 1999), p.165. 그러나 실제 일본의 전통 상례는 한국의 招魂에 해당하는 '魂呼び'로부터 北枕, 訃告, 湯灌, 入棺, 穴掘り, 그리고 脫喪을 위한 49齋의 형식을 띤 '忌明げ'까지 다양하게 전개된다.

4) 祭禮

　제례는 상례와 더불어 죽은 자의 영혼을 위로하고 숭모하는 대표적인 의례이다. 상례가 비록 주검의 상태로나마 당사자가 존재하는 데서 행해지는 의식이라면, 제례는 예외적으로 후손이 先代를 위하여 당사자 없이 지내는 禮이다. 따라서 필연적으로 禮의 대상은 조상이 되고, 조상에 대한 예는 곧 조상숭배로 연결된다. 여기서 조상은 '생존시에 일정한 系譜관계로 맺어진 자손이 있는 死者'를, 조상숭배는 '그 조상에 대한 일련의 신념과 의례'를 지칭하게 된다.[49] 따라서 가족과 門中에서 행해지는 종교의례인 관계로 통과의례로 다루기 보다 민간신앙의 차원에서 다루는 경우가 많은데,[50] 여기서는 당시 일본 풍속에 대한 사행원들의 관심이 『朱子家禮』에 준한 四禮의 준수 여부에 있었으므로 함께 살피기로 한다.

　먼저 사행록에 반영된 일본 제례속이다.

> ① 제례는 쌀을 흩으며 술로 땅을 적시는 데 지나지 아니하고, 또 年忌·月忌·日忌라는 說이 있어서, 만약 사람이 정월 초하루에 죽었을 때에는 11일·21일을 다 忌라 하고, 매년 정월 및 매년 초하룻날도 또한 그와 같이 한다. 중을 청하여 齋를 올리고 공양을 잘하니, 중들이 그 때문에 살아간다 한다.(신유한, 『海游錄』, II·58)
> ② 일본사람은 부모가 죽은 뒤 칠칠일에 齋를 올리고 해마다 기일이 되면 또한 재를 올려 13년에 이르러 그친다.(송희경, 『日本

---

49) 崔吉城:「韓國 祖上崇拜의 觀念과 構造」,『石宙善博士 古稀記念論叢』(간행위원회, 1982), p.282.
50) 李光奎:『韓國傳統文化의 構造的 理解』(서울대학교출판부, 1995), p.62.

行錄』, Ⅷ·84)
③ 年忌에는 제사를 지내고 月忌에는 분향만 한다고 한다.(강홍중, 『東槎錄』, Ⅲ·22)
④ 文士의 집에도 혹 神主와 影像이 있어 그 집에서 제사를 지내지만 그 나머지는 아무리 대관이라도 모두 절에 가서 재를 지내는데, 절의 승려들이 月忌의 재만 가지고도 넉넉히 살아간다. (남용익, 『聞見別錄』, Ⅵ·82)

　禮法이라곤 고작 쌀을 땅에 흩고 술로 땅을 적시는 데 불과하다. 그렇지만 일본인들이 제사에 쏟는 정성은 첫째로 '年忌·月忌·日忌'로 대표되는 '忌日'이 엄청나게 많은 데서 짐작할 수 있다. 통신사행이 집중적으로 이루어진 江戶시대의 경우 '忌日'이 되면 아예 문을 닫고, 魚肉이나 술을 먹고 마시지 않으며, 武士의 성묘시 家紋을 넣은 예복을 입고 머리에는 一字形 菅笠을 쓰는 등51) 그 예식이 자못 엄중한 편이었다. 일본인들이 '忌日'을 소중히 하는 이유는 死者의 영혼이 땅에서 떠나지 않고 고향에 머물러 자손의 번영을 지켜본다고 하는 확고한 믿음 때문이었다.52) 따라서 그 어떤 공무보다도 우선 고려되었다.
　실례로 癸未通信使(1763) 趙曮(1719~1777)은 손님을 초청해 놓은 입장임에도 불구하고 關白이 모친의 忌日을 핑계로 만나주지 않는 바람에 거의 한 달여 동안이나 공무를 수행하지 못했다. 조엄은 장례는 소홀히 하면서 제례를 핑계로 외교행사까지 뒤로 미루는

---

51) 森末義彰·日野西資孝 編 : 앞의 책, p.625
52) 柳田國男 : 「魂の行くへ」, 『定本柳田國男集』 第15卷(東京 筑摩書房, 1963), p.561.

이들의 행태를 "3년의 服制는 이미 행하지 않고서 엿새동안 忌祭에 致齋하는 일은 이미 輕重의 분수를 잃은 것이며, 또 모친의 忌祭를 지내려 하면서 먼저 절에 법사를 행하는 짓은 더욱 蠻夷의 풍속"53)이라고 호되게 비판한다.

또 '중이 연명하는 것이 제사 때문'이라는 말에서 알 수 있듯 일본의 제례는 철저히 불교의 영향하에 놓여 있는 것으로 파악된다.

> 倭俗에서 부처를 숭상함은 예나 지금이나 같다. 관백은 한나라의 군장으로서 그의 조부를 절 뒤에 있는 거친 산 가운데 모시고도 조금이나마 부끄럽게 여기기는커녕 도리어 이웃나라의 세 사신에게 자랑하려 하니 그의 어리석고 무식함에는 나무랄 수조차 없는 것들이 있었다.(임광, 『丙子日本日記』, Ⅲ·369-370)

丙子使行(1636)에 正使로 참여한 任絖(1579~1644)이 日人 접대관들의 인도에 따라 德川家康의 願堂인 日光山 東照宮에 가서 참배한 후54) 그 소감을 기록한 것이다. 관백이 한 나라의 우두머리로서 절에 조상을 모시고도 사신에게 자랑하는 것을 두고 "어리석

---

53) 趙曮 : 『海槎日記』, Ⅶ·193. 既不行三年之制 六日致齋於忌祭者 已失輕重之分 且將祀母忌而先 行法事於佛宇者 尤是蠻夷之風也.

54) 丙子使行은 소위 '柳川一件'(1634)으로 불려지는 國書改作事件을 계기로 일본과 교린체제의 회복·확립기로 들어선 시대에 행해진 첫 사행이다. 이때 조선은 '刷還使'가 아닌 '通信使'의 명칭을 회복함으로써 幕藩外交體制의 쇄신을 직접 확인하는 계기로 삼는 한편, 淸과의 관계를 염두를 두고 德川家康의 願堂인 日光山 東照宮에까지 참배하는 등 적극적인 對日관계로 나서게 된다. 명실공히 이 시기는 朝日관계의 和解·안정기라 할 수 있다. 이에 대하여는 三宅英利 : 『근세 한일관계사 연구』(이론과실천, 1991), pp.172~185를 참조.

고 무식하여 나무랄 수도 없다"고 조소하고 있다. 이는 朴戴陽의 기록에서도 그대로 이어진다.

> 태정대신 이하 서민에 이르기까지 다 家廟에서 조상을 제사하는 예도가 없고 오직 집안에 한 神堂이 있어서 매일 아침에 밥 한 숟가락이나 혹은 과자 따위를 그 앞에 차려 놓고 손바닥을 치고 머리를 조아리면 그만이다. 그나마 근간에는 개화 이후로 이 풍속을 실행하는 자도 또한 몇 사람 되지 않는다고 한다.(『東槎漫錄』, Ⅺ·455)

일본인들이 神壇이나 佛壇에 음식을 바치는 관습을 반영하고 있다. 밥과 과자류를 진설하고 있는 것으로 보아 佛壇인 것을 짐작할 수 있는데,55) 惑世誣民의 이단으로 배척받아 마땅한 불교가 일본의 제례와 결부되어 있으니 일본 풍속에 대한 인식이 부정적일 수밖에 없다. 일본인들의 제례가 불교와 밀접한 관련을 지니고 있는 것은 죽은 사람과 부처를 동일하게 '호토케(佛)'라는 말로 표현56)하는 데서도 알 수 있다. 곧 사람이 죽으면 부처가 된다고 믿고 실제로 사람이 죽었을 경우 그 위패를 바로 불단에 함께 모시는 것이

---

55) 神壇과 佛壇을 갖춘 일본인들은 식사를 神靈과 함께 한다는 의식이 강하다. 神道에서는 '닛쿠(日供)'라 하여 술과 밥과 소금을, 불교에서는 '붓반(佛飯)'이라 하여 밥과 국, 소금, 과자를 공양물을 올린다. 이에 대해서는 긴자키 노리다케 저, 김석희 역 : 『습관으로 본 일본인 일본문화』(청년사, 2000,4), pp.88~89을 참조.
56) 구견서는 천황제와 소천황제, 일본종교의 神人合一과 함께 이 현상을 일본문화의 한 특징인 '자기만족형 문화'의 전형으로 파악하면서, 그 성격을 "비합리적이고 감정적"이라고 규정하고 있다. 이에 대해서는 구견서, 앞의 책, p.111을 참조.

다. 그들은 육체는 땅속에 묻히는 유한한 것인데 비해, 영혼은 육체를 떠나 영원히 남아 돌아다니면서 자신들을 돌보고 있다고 여긴다. 그리고 그 영혼은 7월15일에 행해지는 'お盆'과 같은 특정한 기회에 마을로 돌아오기에, 이승과 단절된 저승이란 애당초 존재하지 않는 것이다. 일본인들이 장례 때 눈물을 보이지 않는 것도 武家의 금욕적 윤리관이나, 일본적 법도주의 때문이 아니라, 오히려 이런 死生觀에 기인한 것으로 파악하는 것이 타당성이 있다. 따라서 葬禮보다 신격으로 좌정된 조상에 대한 祭禮에 더 심혈을 기울이는 것이다.[57]

일반적으로 朝日 양국은 모두 조상숭배에 있어 불교와 유교의 영향을 많이 받았다. 하지만 조선은 유교의 영향을, 일본은 불교의 영향을 더 많이 받았다고 할 수 있다. 그 결과 儒家的 禮의 실현을 중시했던 우리 사행원들에게 있어 일본의 제례는 이단의 학설을 좇는 일정한 예법도 없는 蠻俗으로 비추어질 수밖에 없었던 것이다.

---

[57] 그러나 장례와 제례에 불교가 개입된 것은 보다 근원적으로 에도시대의 종교정책에 기인한 것으로 봄이 옳다. 곧 이 시기 江戶幕府는 백성들을 일정한 절에 속하게 해서 절의 재정을 돕는 '壇家'제도를 확립하여 강제로 소속시켰고, 마침내 불교종파는 조상숭배와 관련되어 장례불교의 성격을 띠게 되었던 것이다. 이에 대해서는 구견서, 같은 책, p.70을 참조.

Ⅲ. 사행원이 지닌 對日 認識觀의 基底

〔해행총재〕 소재 사행록에는 일본의 출생의례와 회갑례 등에 대한 언급이 없고, 관혼상제에 대한 관찰도 그리 적확한 기록이 되지 못한다. 게다가 그 평가에 있어서도 대체로 부정적이어서 일본은 그야말로 '禽獸의 행동'과 '蠻夷의 풍속'을 향유하는 나라로 인식되고 있다. 물론 짧은 사행기간동안 관찰자의 입장에 서 있는 사행원들에게 일반 민간풍속에까지 세밀한 관찰을 기대한다는 것은 무리라 할 수 있다. 일본의 관혼상제를 바라보는 우리 사행원들의 관찰이 이처럼 부정적이고, 세밀하지 못한 데에는 다음과 같은 요소가 작용한 것으로 여겨진다.

첫째, 壬亂의 충격으로 인한 對日 敵愾心의 표출이다.

> 삼천리 강산이 묵은 수치를 씻지 못하고 二陵의 松栢이 아직 깊은 통분을 머금고 있다. 그러므로 충성되고 뜻 있는 선비들이 일본에 사신으로 가는 이는 분개하지 않는 이가 없었다.(이경직 : 「扶桑錄序」, 『扶桑錄』, Ⅴ·324)

壬亂 때 倭兵들에 의해 成宗과 中宗의 무덤인 宣陵·靖陵이 파헤쳐졌기에, 미물인 무덤 주위의 소나무와 잣나무조차 통분을 머금어 가지를 채 뻗지도 않는 상태에서, 묵은 수치의 설욕은커녕 교린사절로 가게 됨을 당시 사행원들은 모두 분하게 여겼다는 것이다. 그러기에 申維翰은 자신이 제술관으로 뽑히자 "五鬼가 자신을

따라 다니기 때문"58)이라고 한탄할 수밖에 없었다. 게다가 사행길에서 칼의 시험을 위해 시체를 亂刺하고 肉醬을 만들어 내는 모습59)과 조선포로들의 코와 귀를 잘라 만든 京都 大佛寺의 '耳塚 鼻塚'을 목도함에 이르러선 일본국의 호전성을 재삼 확인하게 되고, 결국 "마음속의 생각은 매양 원수인 적"60)의 나라로 각인되고 만다. 이는 武力尊崇의 세계관에 대한 부정적 시각을 한층 공고히 하는데 기여하였을 것으로 짐작된다. 그것은 申炅(1613~1653)・洪汝河(1621~1678)・許穆(1595~1682) 등 實學者들조차 일본을 '鯨鯢'・'介鱗'・'犬羊'이라 지칭하는 등 감정적 敵愾心을 여과하지 않은 채 표출하였다61)는 데서도 당시 일본에 대한 적개심이 보편적인 민족정서였음을 알 수 있다.

둘째, 조선을 지배한 유가적 禮思想과 對日本 문화우월의식의 반영이다.

조선은 유교를 국교로 삼고 天理에 근본을 두면서 인간행위의 준칙으로서의 禮를 절대시하고, 더불어 禮의 실천을 통한 天人合一의 경지를 도모하고자 했다. 특히 통신사행이 본격적으로 전개된 17세기 이후는 倭亂과 胡亂 및 明의 몰락 등으로 피폐해진 사회를 보수적인 집권층이 개혁으로 이끌기보다 禮를 통해 안정시키는데 급급했던 시기였다. 한마디로 사대부 중심의 禮가 일반서민의 가정

---

58) 申維翰 : 『海游錄』, Ⅰ・366. 驅之於死生溟海之役 此皆坐五鬼未去耳 尙誰怨尤
59) 姜弘重 : 「聞見總錄」, 『東槎錄』, Ⅲ・283. 其試劍之倭爭聚屍所 亂斫以爲肉醬 少無惻隱之心 盖其習性然也.
60) 李景稷 : 『扶桑錄』, Ⅲ・30. 中心一念 每在讐敵.
61) 河宇鳳 : 『朝鮮後期 實學者의 日本觀 硏究』(一志社, 1992), pp.49~53.

에까지 확대 적용되어 광범위하게 전통사회를 지배하는 규범으로서 존재하게 된 것이다.

그런데 일본은 이단인 불교의 영향이 너무 짙게 드리워져 있다. 일찍이 癸未使行(1643)의 副使 趙絅(1586~1669)은 일본의 대표적인 유학자이자 江戸文化의 開祖라 칭송받는 林羅山을, 자식들이 모두 삭발하고, 자신 역시 天理에서 우러난 절차인 관혼상제마저 실천하지 못한다는 이유로 '근본이 없는 田地의 학문'이라고 비난했던 적이 있다.62) 또 역대 통신사 중에서 고구마를 전파하고, 수행화가에게 水車를 비롯한 발달한 문물을 그림으로 그리게 함으로써 가장 實事求是的인 면모를 보였던 趙曮도 "거의 다 절이고 神堂이니 일본의 이름난 경치는 모두 부처를 위하는 곳에 있다고 하겠다. 그리고 그 풍속·법제·의복·음식 등을 보건대 한결같이 불교에서 나왔으니 어떻게 夷狄, 禽獸가 됨을 면하겠는가?"63)라고 일본의 풍속을 통렬히 비판한다. 결국 사행원들은 法制·衣服·飮食 등이 한결같이 佛敎에서 나와 儒家的 禮思想에 위배되고 있는 그들의 풍속이, 夷狄이나 禽獸와 다를 바가 없다고 여긴 것이다.

또 文化施惠國으로서의 자부심과 우월감 또한 그들 민속에 대한

---

62) 이에 대해서는 韓泰文 : 「『東槎錄』所載 書簡에 반영된 韓日 文士의 교류양상 연구」, 『韓國文學論叢』23집(한국문학회, 1998), pp.181~186을 참조.

63) 趙曮 :『海槎日記』, Ⅶ·178. 幾皆是佛宇神堂 日本名區可謂盡歸於寂滅之地矣. 且見其風俗法制衣服飮食 一是佛敎中出來 其安得免夷狄禽獸之歸耶. 신사유람단의 이헌영은 일본의 이단 숭배 실태를 "신사는 17만 9천여개가 되고, 사찰은 7만 2천이나 된다.(神社爲十七萬九千餘 寺院爲七萬二千)"고『日槎集略』(Ⅺ·24)에 구체적으로 밝히고 있다.

부정적 견해에 일조한 것으로 보인다. 이는 사행록 전반에 보이는 그들의 文字運用 능력의 不在가 단적인 例가 된다.

> 그들의 시는 밥을 먹다가 뿜을 정도여서 책상에 가득한 것이 말할 거리도 못되었다. 그 사람들은 모두 林鳳岡의 문도로서 강호에서 녹을 먹는 자들이라 한다.(신유한, 『海游錄』, Ⅰ·536)

林鳳岡(1644~1732)은 林羅山의 손자이자 국립대학격인 昌平黌을 설립한 大學頭로 일본을 대표하는 학자이지만, 그 문하생이란 자들의 시가 "뱃속에 가득 쌓인 것이 글"[64]인 자신들과는 달리 "밥을 먹다가 뿜을 정도"의 수준이다. 게다가 詩文 한 편을 얻기 위해 배를 타고 오다 배가 顚覆의 위기에까지 이르게 되거나[65], 벽에 써 둔 절구 2수가 다음날 도려내어지고, 일본인 사이에 200냥에 거래되는 사건[66]까지 발생하게 된다. 시문창화를 '다른 나라와의 소통을 원활히 하고 아울러 자신의 문명을 드날리는 유일한 기예'로 인식한 사행원들에게 있어, 병적일 정도로 贈詩에 집착하는 日本人들의 문화적 욕구는 상대적 우월감을 조장하기에 충분했던 것이다.

셋째, 짧은 사행노정으로 인한 불완전한 견문과 일본 문화에 대한 전반적인 이해 부족 때문이다. 풍속은 민간의 습속인 관계로 긴

---

64) 申維翰:「舟伯馬島謌」,『海游錄』, Ⅰ·399. 腹中磊磊五千言.
65) 趙曮:『海槎日記』, Ⅶ·140. 乞書之倭小船 來近我船 忽入於騎船外欄之下 而風利船疾 不得拔出 幾乎傾覆.
66) 金世濂:『海槎錄』, Ⅳ·135-136. 見昨日壁上 無所題詩…遂割藏其詩 塗壁依舊.

역사와 전통이 그 핵심이다. 따라서 실제 그 지역이나 나라에 살고 있는 사람일지라도 자신의 풍속에 대해 깊은 애정과 관심을 갖지 않으면 이해할 수 없는 경우가 많다. 그런데 통신사의 경우 對馬島로부터 江戶까지 무려 20여 주 50여 개의 도시를 수개월 또는 1년여에 왕복하다보니 어느 지역이든 잠시 머물고 지나갈 수밖에 없어 완전한 見聞은 사실상 불가능했다. 따라서 깊이 있는 관찰이 될 수 없고, 결국 피상적인 관찰에 머무르고 만다. 이는 江戶까지 가서 국서를 전달하던 이전 사행과는 달리, 양국의 중간지점인 對馬島에서 사행임무를 수행한-이른바 '易地通信'-辛未使行(1811)에서는 대마도에 대한 집중적인 견문이 세밀히 이루어지고 있는 데서 확인할 수 있다.

넷째, 앞선 사행기록의 참고로 인한 모방과 답습의 폐해 때문이다.

일반적으로 사행원들은 출발에 앞서, 이전의 사행록을 참고자료로 숙지하고, 사행도중에서는 이를 적극 활용하는 것이 일반적인 통례로 되어 있었던 것 같다.

① 혹 지도를 상고하고 혹 주문을 주워 모으고, 혹은 직접 목격한 것으로 이 기록을 쓰는데 『상고일기』중에 빠뜨려지고 잘못된 곳이 많으므로 보충하고 고쳐서 더욱 상세하게 하였다. 그러나 이것 역시 대략에 지나지 않는다.(강홍중, 『東槎錄』, Ⅲ · 293)
② 일기는 애초에 자세히 적으려 하였으나, 때로 『息波錄』과 『槎上記』를 보았더니, 앞사람들이 이미 다 말하였으므로 거듭할 필요가 없고, 또 내가 병들고 게을러서 빠뜨린 것이 더러 많다.(조엄, 『海槎日記』, Ⅶ · 94)

글 ①은 甲子사행(1624)에 부사로 수행한 姜弘重이 바로 직접 사행인 丁巳사행(1617)에 종사관으로 참여한 李景稷의 『扶桑錄』을 참고로 했음을, 그리고 글②는 癸未사행(1763)의 정사 趙曮이 직전사행인 戊辰使行(1748)의 正使 洪啓禧(1703~1771)의 『해행총재』를 徐命膺이 翻謄하여 새로 이름한 『息波錄』과 부사 南泰耆(1699~1763)의 『槎上記』를 현지에서 참고하고, 이를 토대로 사행록을 작성한 것임을 보여 준다. 문제는 이전의 기록과 현지에서의 견문을 비교하여 빠지고 잘못된 것을 보충하여 더욱 상세하게 기록했다지만, 자신의 기록 역시 "대략에 지나지 않는다"고 강홍중이 이미 밝히고 있는 것처럼, 자신의 견문에 대한 불완전함 뿐만 아니라 대부분이 앞의 사행록의 체제를 그대로 모방하고 심지어는 내용까지 탁본처럼 답습하는 경향이 있다는 점이다. 실제로 사행록 사이에는 내용과 문체마저도 흡사한 사행록이 많이 보인다.

이처럼 조선후기 사행원들의 일본 통과의례에 대한 인식은 壬亂의 충격으로 인한 對日적개심과 당시 조선을 지배한 유가적 禮사상과 對日本 문화우월의식, 그리고 짧은 사행노정으로 인한 불완전한 견문과 일본문화에 대한 전반적인 이해 부족 및 앞선 사행기록의 참고로 인한 모방과 답습의 폐해를 바탕으로 형성된 것임을 알 수 있다. 따라서 당시 통신사행이 미친 국가, 사회적 파장을 고려한다면, 이는 결국 조선후기 부정적인 對日觀을 형성하는 데 일조를 하였을 가능성이 크다고 하겠다.

Ⅳ. 마무리

이상으로〔海行摠載〕소재 對日使行錄에 반영된 일본의 통과의례와 조선 사행원들의 인식에 대해 살펴보았다. 그 결과를 요약하면 다음과 같다.

첫째,〔해행총재〕소재 對日사행록은 출생의례와 회갑례보다는 朱子學의 禮治를 존숭하는 조선의 사행원답게 冠婚喪祭의 시행여부에만 주목하여 개략적으로 기술되고 있고, 관혼상제에 대한 기록마저도 대체로 '禽獸의 행동'과 '蠻夷의 풍속'을 향유하는 나라로 부정적으로 기술되고 있었다.

둘째, 조선 사행원들의 부정적 對日觀의 기저에는 壬亂의 충격으로 인한 對日적개심과 당시 조선을 지배한 유가적 禮사상 및 對日本 문화우월의식, 그리고 짧은 사행노정으로 인한 불완전한 견문과 일본문화에 대한 전반적인 이해 부족 및 앞선 사행기록의 참고로 인한 모방과 답습의 폐해가 근간으로 작용하고 있었다.

이처럼〔海行摠載〕소재 사행록은 일본의 문화, 특히 그 중에서도 관혼상제에 대한 이해가 주관적이거나 감정적 잣대에 의한 편향적인 시각을 고수하고 있는 점이 한계로 지적된다. 그러나 이를 통하여 타국 문화의 수용에 있어서는 주관적이고 자의적인 해석보다, 객관적이고 분석적인 시각이 필요하다는 진리를 재삼 확인하게 된다. 나아가 새로운 21세기에 있어 양국의 문화교류에 대한 상호인식과 방향에 대해 시사하는 바가 크다는 점에서 그 의의 또한 한계에 못지 않게 크다 하겠다. 특히 "대저 이웃나라와 수호 통문하고 풍속이 다른 나라 사람을 안무 접대할 때는 반드시 그 실정을 알아야만 그 예절을 다할 수 있고, 그 예절을 다해야만 그 마음을 다할 수 있다."67)고 한 통신사 申叔舟와, "양국 교류는 조선의 인정과 풍속 등을 이해하는 데에서 출발해야 하고 그것이 결여된 채 일본의 논리를 주장하면 오히려 양국의 우호를 저해하게 된다."68)는 일본의 접대관이자 對馬島 儒臣인 雨森芳洲(1668~1755)의 견해는 21세기 양국이 지향해야할 문화교류관으로 손색이 없을 것이다.

본 연구는 〔海行摠載〕 소재 對日사행록에 기록된 일본 통과의례에 대한 조선사행원들의 인식만을 살핌으로써 양국인의 상호인식으로 나아갈 수 없었음은 한계로 지적된다. 하지만 이는 한국의 부산시 機張郡과 일본 山口縣 萩市의 현장조사를 통해 '한일 양국 통과의례의 유사성과 이질성'을 고찰하려는 다음 연구에서 극복되리라 여겨진다.

「한국문학논총」 26집, 한국문학회.

---

67) 申叔舟 :「海東諸國記序」,『海東諸國記』, Ⅰ·61. 夫交隣聘問撫接殊俗 必知其情然後 可以盡其禮 盡其禮然後 可以盡其心矣..
68) 미야케히데토시 저·하우봉 역 : 앞의 책, p.105 참조.

참고 문헌

〔海行摠載〕 소재 각종 사행록.

江守五夫,「日本의 婚姻成立儀禮의 史的 變遷과 民俗-한국과의 대비에 있어서」,『日本學』1집, 동국대 일본학 연구소, 1981.

강주진,「〔海行摠載〕에 대하여」,『여행과 체험의 문학·일본편』, 소재영·김태준 편, 민족문화문고간행회, 1985.

구견서,『현대 일본문화론』, 시사일본어사, 2000.

堀一郎,「불안과 희망」,『日本人』, 柳田國男 編·이용덕 역, 을유문화사, 1991.

金文學·金明學 편저,『일본문화의 수수께끼』, 우석, 1998.

긴자키 노리다케 저·김석희 역,『습관으로 본 일본인 일본문화』, 청년사, 2000.

김용덕,「一生儀禮」,『한국민속학의 이해』, 문학아카데미, 1994.

김용운,『한국인과 일본인』1, 한길사, 1994.

김웅모,『韓國語 宗敎 冠婚喪祭 自動詞 낱말밭』, 박이정, 1995.

森末義彰·日野西資孝 編,『風俗辭典』, 東京堂出版, 1985.

三宅英利 저·하우봉 역,『역사적으로 본 일본인의 한국관』, 풀빛, 1990.

柳田國男,「魂の行くへ」,『定本柳田國男集』第15卷, 東京 筑摩書房, 1963.

이광규,「동성동본불혼의 사적고찰」,『한국문화인류학』8집, 한국문화인류학회, 1976.

이광규,『韓國傳統文化의 構造的 理解』, 서울대학교출판부, 1995.

이유환 저·양인석 역,『한국에서 본 일본문화』, 이문출판사, 1991.

장철수,「급변하는 사회에서의 한국문화의 전통성-관혼상제분야」,『문화인류학』6호, 한국문화인류학회, 1975.

장철수,『한국전통사회의 관혼상제』, 한국정신문화연구원, 1984.

竹田旦,「死後結婚의 比較民俗學的 研究」,『月山任東權博士頌壽紀念論文集』·민속학편, 집문당, 1986.

최길성,「死後結婚의 意味」,『比較民俗學』1, 비교민속학회, 1985.

최길성,『日本學 入門』, 계명대학교출판부, 1984.

秋葉隆,『朝鮮民俗誌』, 동문선, 1993.

편무영,「일본인의 인생의례」,『日本 民俗의 理解』, 시사일본어사, 1997.

하우봉,『朝鮮後期 實學者의 日本觀 研究』, 一志社, 1992.

한국고문서학회,『조선시대 생활사』, 역사비평사, 1996.

한태문,「〈東槎錄〉 소재 書簡에 반영된 한일 문사의 교류양상 연구」,『한국문학논총』23집, 한국문학회, 1998.

한태문,「통과의례에 반영된 한국인의 의식」,『한국인의 삶과 미의식』, 부산대학교출판부, 1996.

한태문,『朝鮮後期 通信使 使行文學 研究』, 부산대, 박사학위논문, 1995.

황성규·한태호 편,『일본·일본인론』, 교학연구사, 1984.

회 화

朝鮮通信使 隨行畵員이 日本에 남긴 繪畵의 特性

이 정 은(경성대학교)

◀ 목 차 ▶

Ⅰ. 머리말
Ⅱ. 畵風의 배경
  1) 家系와 인맥
  2) 남긴 작품
Ⅲ. 회화적 특성
  1) 禪畵(1636~1655)
  2) 山水畵(1682~1719)
  3) 記錄畵(1748~1764)
Ⅳ. 맺음말

1. 머리말

본 발표에서는 조선통신사 수행화원들의 화풍을 중심으로 고찰하고자 한다. 조선통신사 사절단에는 반드시 화원이 동행을 하였는데, 이러한 사실은 통신사 수행원이 남긴 필적과 그림을 통해서 확인되고 있다. 지금까지 알려진 바에 의하면, 화원들은 공식, 비공식 화원을 모두 포함하여 15명[1]으로 알려져 있지만, 그러나 아직 그에 대한 구체적 연구가 되어지지 않은 현 상황에서 볼 때, 정확히는 알 수 없으나 아마도 수행화원에 대한 기록이 미비하기 때문이 아닌가 생각되어진다. 따라서 이러한 측면에서 볼 때 조선통신사의 수행화원에 대한 연구는 이제부터가 시작이라 할 수가 있을 것이다.

조선통신사의 수행화원에 대한 본격적 연구는 홍선표에 의해 시작이 되었다. 그의 연구에 따르면, 매회 1명 혹은 2명의 수행화원이 선발되었고 나이, 집안, 경력 등이 고려되었음을 밝히고 있다. 또 기록적 작품들에 대한 언급도 놓치지 않고 있다. 좀 더 폭 넓은 시각에서 조·일 회화교류사를 정리한 안휘준은 「한·일 회화교류 1500년」라는 논문에서 고려 말부터 시작된 양국의 회화교류사를 쓰고 있다. 그는 임진왜란 때 일본으로 흘러들어간 불화의 예를 들어 일본과 조선의 회화사를 출발하고 있다. 당시 남종화가 유행하였던 조선 화단에서는 임진왜란 등으로 인한 일본화단에 미친 조선회화를 언급하고 있다. 그 영향 속엔 조선통신사 수행화원이 중심에 있음을 강조하고 있다. 수행화원별 연구에서는 김명국에 대한 연구가 활발히 이루어지고 있으며 또 김유성과 이성린에 대한 연구도 진행이 되고 있다. 이중 최전광은 이성린과 大岡春卜의 교류를 중점으로 다루고 있는데, 여기에서 최전광은 이성린과 大岡春卜의 첫 만남을 중점적으로 다루고 있다.

최근 조선통신사 수행화원에 대한 이색적인 관점이 발표되어 주목이 된다. 김선화가 발표한 논문에서는 통신사와 일본 사신의 왕래로 인하여 조선 민화가 일본의 우끼요에(浮世畵) 판화에 영향을

---

1) 1811년 방일한 쇠문은 노회서 출신 화원 혹은 조선시대 화가 활동 기록이 전무하여 이 논문에서는 제외한다.

주었다는 주장이 그것이다. 그는 민화와 우끼요에 판화에 대하여 중첩. 병치, 조감을 색채적인 측면에서 영향을 주었다고 주장하고 있다.

그러나 선행 연구에서는 화원의 이론적 행적과 활동은 연구되었으나, 수행화원의 회화 그 자체를 비교, 분석한 연구는 전무한 상태이다. 이부분 수행회문을 연구하는 연구자로서 각성이 필요한 부분이다. 본 발표에서는 조선 통신사 수행화원의 선발요인과 이들이 일본에 남긴 유작을 정리한 후 화풍의 변화양상을 분석해 보고자 한다.

Ⅱ. 畵風의 배경

1) 家系와 인맥관계

통신사의 1차 수행화원이었던 이홍규[2]는 중조부 이명수, 조부 이정근, 아버지 이수형 그리고 이홍규의 아들 이기룡에 이르기까지 5대째 화원의 집안이다. 이중 1차 이홍규, 5차 이기룡이 수행화원

---

[2] (1차 수행화원, 1607년 丁未使行) 李泓虯 家系圖

李明修(曾祖父, 화원) → 李正根(祖父, 화원) → 李壽亨(父, 화원) →

이홍규(1차 수행화원, 1607년 丁未使行) →

이기룡(子, 5차 수행화원, 1643년 癸未使行)

5대를 화원화가로 지내고 아들 이기룡 또한 계미사행때 통신사 수행화원이었다.

으로 선발되었는데, 여기에서는 이홍규와 함께 방일한 수행원과의 우호적 관계를 생각해 볼 수 있다. 이런 관계 성립은 수행원들 간에는 빈번하였던 것으로 사료된다. 별다른 인맥이 보이지 않는 2차 수행화원 유성업[3]은 화원 이류 등의 아들이다. 3차 수행화원 이언홍[4]의 경우는 본인 집안보다 사돈 장정립 집안 영향이다. 장정립을 시으로 장후감, 장후순을 잇는 역관집안이다. 장후감은 이언홍의 사위이자 함제건의 매부이다. 장정립의 집안엔 화원출신도 대거 있다. 장충명, 장자욱, 장득만, 장수주, 장경주, 장편, 장한종 등이 그들이다. 6회 수행화원 한시각[5]은 정3품의 통정을 지낸 화원 한선국

---

3) (2차 수행화원, 1617년 丁巳使行)　柳成業 家系圖

　　李柳邅（父, 화원） → 유성업(2차 수행화원, 1617년 丁巳使行)

4) (3차 수행화원, 1624년 甲子使行)　李彦弘 家系圖
　　이언홍의 경우는 집안보다 사돈 장정립 집안의 영향력을 직계를 통해 알 수 있다.

　　張梴立(역관) → 張後堪(역관) → 張後巡(역관)

　　장후감은 이언홍의 사위이자 함제건의 매부이다.
　　장정립 집안의 화원들

　　張忠明(화원) → 張子旭(화원) → 張得萬(화원) → 張帥周(화원)

　　張敬周(화원) → 張編(화원) → 張漢宗 (화원)

5) (6회 수행화원, 1655년 을미사행)　한시각 家系圖

　　한선국(부, 화원이며, 정3품 통정을 지냄) →

　　한제국(큰삼촌, 화원) → 한신국(작은삼촌,화원)
　　↓
　　한시각(6회 수행화원, 1655년 을미사행) →

　　한시진(한시각 동생, 화원)

의 아들이다. 그의 집안은 큰아버지 한제국, 작은 아버지 한신국 그리고 한시각의 동생 한시진이 있다. 조선시대 작품을 논할 때 한시각은 언급되지 않지만 그의 사위 이명욱은 조선 회화의 한 자리를 차지하고 있다. 한시각의 조부 한상국은 역관으로 4회(1636, 병자사행)·5회(1643, 계미사행)에 방일하였다. 한상국은 김명국과 4, 5회 함께 수행원으로서 방일한 것이다. 또한 한시각이 방일하게 된 내막엔 김명국이란 대가가 영향을 끼친 것으로 사료된다.6)

한시각이 1655년 방일하기 4년 전인 1651년 김명국과 한시각 등은 함께 현종 혼례에 사용할 도화제작에 참여하였다. 두 번의 방일(1636년-인삼 불법매매, 1643년-본인 작품 불법매매)에서 불명예를 입은 김명국이 1651년 현종 혼례도화에 선발된 것으로 봐선 그 영향력을 짐작할 수 있다. 이 세 사람의 친분이 한시각을 수행화원으로 방일하게 한 것이다. 7회 수행화원 함제건7)은 화원으론 좀처럼 찾아보기 힘든 정3품인 조부와 종2품으로 차정된 아버지의 영향이 뚜렷이 보인다. 1682년 함제건을 출발로 함세휘, 사돈관계인 김효경, 아들 김두량, 아들 김덕하가 1748년 肅宗御眞 모사에 참가한 화원인 것으로 보아 화업을 대물림한 집안임을 알 수 있다. 이는 그의 조부와 아버지가 이미 탄탄대로를 닦아 놓은 이유도 있다.

함제건은 화원과 역관집안으로 화려한 이력을 자랑하고 있다. 이

↓

| 이명욱 (한시각의 사위, 화원) |

6) 이는 조선시대 역관의 영향력을 바탕으로 제기한 것이다. 역관과 화원의 관계에 대한 연구가 필요한 부분이다.
7) (7회 수행화원, 1682년 壬戌使行) 咸悌健 家系圖

는 사돈관계인 장정립 집안의 영향력도 생각할 수 있는 부분이다. 7회 함제건 본인과 9회 수행화원 함세휘(1719년 기해사행), 10회 수행화원 이성린(1748년 무진사행)12회 비공식화원 이수민까지 방일하였다. 12회 공식화원인 이의양8)은 역관 출신인 큰아버지 이학원과 아버지 이학수, 형들 모두 역관출신이다. 이는 방일한 수행원 간의 관계와 역관의 영향력을 말해준다.

2) 남긴 작품

조선통신사에 있어서의 화원은 파견당시는 물론이고 그 이전에도 두 가지의 커다란 목적을 띠고 있다. 그 첫째는, 파견되는 나라의 지형이나 자연경관을 그리는 것이다. 이것은 생활풍습을 묘사하는 기록적인 성격의 역할이며, 국가적인 행사와 국방적인 대비에 목적을 둔 것이다. 둘째는 파견된 나라의 문화적인 수요에 응하고 나아가 조선의 문화적 역량 과시이다. 통신사에 파견된 수행화원의 임무는 전기에는 전자를, 중·후기에는 후자의 측면에 중점을 두었다.

전자에 해당되는 1회부터 3회까지 화원에 대한 기록적 언급은 소략하다. 이 시기까진 조선 통신사에서 화원의 비중과 역할이 크지 않음을 내비치는 것이기도 하다. 화원의 회화양식이나 일본에서 요청하는 남화풍의 그림보다 기록적인 그림들을 그렸다.9) 그러므로 어떤 화법이나 기법보단 사물에 가깝게 묘사되었다. 17세기엔 약 10년 내외로 방일되었다. 이는 최소한 3회 수행화원인 이홍규의 화

---

8) (12회 수행화원, 1811년 辛未使行) 李義養 家系圖
9) 1회에서 3회까지는 문화사절단의 임무보단 외교적 탐색이다. 그러므로 이 시기 화원의 역학은 기록화를 그렸다 볼 수 있다.

풍을 짐작할 수 있는 여지를 주는 것이다. 기록이 남아 있지 않는 이언홍의 화풍은 그 당시 유행했던 절파계 화풍일 가능성을 제시해 본다. 절파계 화풍임을 추측해볼 수 있는 이유는 다음과 같다.

　이시기 조선에서 유행한 화풍중 하나인 것과 시원한 선화를 선호한 일본의 취양을 들 수 있다. 또 하나의 결정적 이유는 1636년 수행화원 김명국 작품이 이를 잘 대변해준다. 굳세고 거친 필치와 흑백대비가 심한 묵법, 날카롭게 깎아진 윤곽선 등이 특징이다. 김명국의 필선은 사물의 외양에 묶어 있기보다 오히려 형태를 능동적으로 이끌고 나가는 창조적인 힘을 보여주고 있다. 이런 그의 화법은 〈達磨圖〉와 같은 선화에 고스란히 함축되어 나타난다. 조선후기 미술평론가 南泰膺은 그의 〈聽竹畵史〉에서 '김명국 앞에도 없고 김명국 뒤에도 없는 오직 김명국 한사람이 있을 따름이다.'[10] 라고 평한바 있다. 두 번의 방일로 인해 그 나마 많은 작품이 전해지고 있다. 일본 내 회화작품으로 〈達磨圖〉·〈壽老圖〉·〈達磨·梅·竹圖〉·〈鷺圖〉·〈神仙圖〉 등이 있다.

　1643년 李起龍(1600~?)은 일본에서 〈松巖飛羽圖〉를 그렸다고 전하며 이 그림에 金義信이 "한 마리는 날고 한 마리는 서서 天機가 自在하다(一飛一立天機自在)."라는 畵題를 썼다.[11] 그의 작품으로 1629년에 그린 〈南池耆老會圖〉가 전해올 뿐 현존하는 유작이 드물어 화풍을 잘 파악할 수 없다. 〈남지기로회도〉는 耆老宴을

---

10) 南泰膺 『聽竹漫錄』(8권) 「聽竹畵史」 별지 『聽竹別識』, p.157(유홍준, 『조선후기화론연구』, 학고재, 1998, p.98 재인용).
11) 洪善杓, 「17·18世紀의 韓日間 繪畵交涉」, 槿域書畵徵, 『考古美術』 pp.143~144, 1979.

그린 記念畵로서 城樓와 성곽 너머 보이는 연못과 건물 안에 12명의 연회장면을 담았는데, 주변을 안개로 감싸서 정리하였으며 연못 좌우의 버드나무와 건물 뒤편의 숲을 표현한 필치에서 조선 중기의 기로연도의 격식을 알 수 있다. 일본에 전해지는 작품은 〈野馬圖〉 등이 있다.

1655년 한시각(1621~?)은 인물과 산수 모두 능하였으며, 인물과 건물의 묘사가 정확하고 활달하여 그의 사실력을 엿볼 수 있다. 특히 渡日怜員이었던 김명국과 마찬가지로 17세기 화단에 減筆法으로 그려진 禪宗怜를 남겼다. 일본 내 활동한 작품으론 〈布袋圖〉·〈人物圖〉·〈墨竹圖〉 등이 있다. 화려한 집안내력을 자랑하는 함제건(1682, 戊辰使行)의 그림은 거의 전하지 않는다. 현재 〈墨竹圖〉가 전하며, 그의 화풍을 논하기는 어렵다.

조선에선 18세기 화단을 화려하게 장식하던 화가들이 대거 있었다. 박동보가 선발되지 않았다면, 三齋[12]로 불리는 恭齋 尹斗緖(1668~1715)나 謙齋 鄭敾(1676~1759)이 방일했을 가능성도 있다. 이런 당대 최고의 화가를 제치고 방일한 박동보는 어떤 인물이었을까. 조선통신사 수행화원으로 방일한 박동보는 도화서로서 이름을 알린 화원이다. 그의 이름이 뚜렷이 남아있는 〈耆社契帖〉, 이는 숙종이 1719년 59세 때 耆老所에 들어간 것을 기념하기 위해 제작되었다.

궁중행사도의 제작 화원이 누구인지 명료하게 밝혀진 예는 매우

---

12) 조선시대의 유명한 화가 세 사람의 통칭한다.(恭齋 尹斗緖를 포함시키기도 한다.) 謙齋 鄭敾, 玄齋 沈師正, 觀我齋 趙榮석이다. 雅號의 끝자가 모두 齋이므로 세 사람을 통틀어 말할 때 이렇게 부른다.

드물다. 이 『기사계첩』은 예외적으로 계첩의 마지막에 金振汝・張泰興・박동보・張得萬・許叔이라는 제작 화원의 명단이 분명하게 밝혀져 있다. 모두 어용도사에 참가한 경험이 있는 인물화 및 초상화가이다. 1711년이면 조선통신사의 문화가 최절정을 이룬 시기이다. 이를 보아 궁중화원으로 이름이 난 화원 박동보가 방일하게 된 듯하다. 그러나 남화풍 선화를 선호하던 일본에 인물화가인 그를 보낸 것이 의문을 자아낸다. 일본 내 작품은 〈梅圖〉 등이 있다.

1719년 9회 조선통신사 수행원으로 방일한 함세휘는 함제건의 아들이다. 아버지의 영향력도 큰 버팀목이 되었을 것이다. 방일에 앞서 함세휘는 1718년 〈景宗宣懿后嘉禮儀軌圖〉, 1733년 박동보・梁箕星과 함께 〈英祖御眞圖〉에 참여하였으며, 1744년 이성린 등과 함께 〈莊祖獻敬后嘉禮儀軌圖〉를 제작하였다. 1728년 『揚武原從功臣』의 훈호를 받았다. 이러한 업적으로 봐선 9회 수행화원으로 방일하기에 충분했다 보여 진다. 그의 그림은 『古怜備考』에 그가 일본에 갔을 때 그렸던 〈芙蓉峰圖〉가 19세기까지 일본에 유전하였음을 기록하고 있으나 지금은 전하지 않고 있다. 현재 일본의 실경을 그린 〈富士山圖〉와 浙派風의 〈高士策杖圖〉가 전하고 있다.[13]

1748년엔 沈師正(47세), 姜世晃(35세), 李麟祥(38세) 등 당대 최고란 찬사로도 아쉬운 대가들이 있다. 이런 대가들 속에서 30세의 나이로 이성린(1718~1777)이 방일했다. 소나무와 대나무를 잘 그렸다고 전하며, 산수와 道釋人物도 잘 그렸다. 그의 작품들은 대

---

13) 『英祖實錄』, 古怜備考, 槿域書畵徵

부분 일본에 전하는데 묵죽과 묵매, 도석인물은 怜譜風으로 다루어졌으며 산수화는 정형화된 남종화풍을 따랐다.14)

일본 내 작품은 〈槎路勝區圖〉·〈墨梅圖〉·〈墨竹圖〉·〈山水圖〉·〈人物圖〉·〈月梅圖〉 등이 전한다. 이때 의례적으로 비공식 화원이 동행했다. 비공식 화원 자격으로 崔北(1712~1786)이 방일했다. 그는 시·서·화를 겸비한 최초의 직업화가로 그림을 팔아 생계를 유지한 화가이다. 비공식 화원이긴 하나 직업화가 신분으로 방일했음이 그의 위상을 말해준다. 사의적인 남종 문인화풍을 본격적으로 구사하는 등 직업화가의 文士化에 선구적 구실을 하였다. 그는 산수화에 능해 최 산수라 불리기도 했다. 그의 화풍은 김명국과 같이 시원하고 대담한 減筆法으로 그의 인생과 조화를 이룬다. 이런 그가 조선통신사 수행화원으로 일본에 간 것은 상당히 의외의 행동이다. 일본에서 활동한 작품으로는 〈月夜山水圖〉·〈墨菊圖〉·〈山水圖〉 등이 전한다.

1764년 유일하게 종4품의 높은 관직에 차정된 金有聲(1725~?)이 39세에 방일하였다. 沈師正의 영향을 받아 조선 후기 남종화풍과 1763년 통신사행의 수행 화원으로 도일하여 일본 남화의 발달에 기여하였다. 사행 중에 일본 남화의 대가인 池大雅로부터 그림 그리는 법에 대한 질문의 편지를 받기도 했다. 유작은 현재 국내에 10여 점, 일본에 8~9점 전하고 있는데, 일본에 남아있는 작품들의 격조가 보다 높은 편이다.15) 일본 내 작품으론 淸見寺에 그려 놓

---

14) 『槿域書畵徵』, 古怜備考, 『朝鮮通信使』 東京國立博物館, 1985.
15) 『海行摠載』, 槿域書畵徵, 『韓國의 美 12-山水畵』 下, 安輝濬 監修, 中央日報社, 1982.

고 온 〈金剛山圖〉와 〈洛山寺圖〉 그리고 〈山水花鳥圖〉·〈山水圖〉·〈壽老圖〉 등이 있다. 김유성과 함께 비공식 화원으로 방일한 변박은 당시 나이를 정확히 알 수 없다. 변박에 대한 상세한 사적연구는 연구자 김동철에 의해서이다.

변박은 부산출신 화원으로 변박의 생몰 연대는 정확하게 알 수 없다. 다만 일본인이 쓴『한객인상필화』라는 책에 1764년 당시 23세라고 되어 있으므로 1741~1742년경에 태어난 것으로 연구자 김동철은 주장하고 있다. 작품으로는 〈松下虎圖〉·〈柳下馬圖〉가 일본에 남아 있다. 1811년 마지막 통신사는 대마도에서 교류 후 조선으로 돌아왔다. 공식적 통신사 임무수행을 한 수행화원 이의양(1768~?)은 산수화와 松虎圖를 잘 그렸다. 화풍은 대체로 南宗畵風을 따르고 있으나 경직되고 딱딱한 필법과 墨法을 보이고 있다. 이의양의 그림을 보고 있으면 조선통신사준비가 예전과 같지 않음이 보여 진다. 일본 내 작품은 〈산수화〉 등이 전한다. 이의양과 동행한 비공식화원 이수민은 ≪松下人物圖≫를 남겼다. 19세기 초면 조선 안에선 조선회화가 우뚝 서 있을 때이다. 그러나 일본에선 조선회화를 예전처럼 보물을 여기지 않은 듯하다. 이는 서양문화를 수용한 일본의 사회적 영향으로 인해 조선에서도 수행원 선발에 소홀했을 것이다.

Ⅲ. 회화적 특성

1) 禪畵(1636~1655)

　조·일 양국의 정치 외교적 안정기와 화원들의 활발한 활동이 전개된 시기가 일치됨이 흥미롭다. 활발한 활동의 출발은 김명국이다. 왜냐하면, 1636년 인조14년 조선통신사 수행화원 연담 김명국의 방일로 조선 회화에 대한 그들의 관심이 집중되었기 때문이다. 그 당시 조선은 국교가 유교이므로 남종화풍의 종교화가 성행하지 않았다. 조선은 진경산수, 풍속화, 춘화, 민화의 열기가 시작될 때였다.

　그러나 수행화원에게 관심이 모였던 1636년 김명국은 홀로 쇄도하는 묵화요청을 수용하기 위해 상당한 고민에 빠졌을 것이라 생각된다. 그는 강하면서 속도감 있는 거친 먹 선으로 인물의 특징을 간략하게 단순화하여 그려냈다. 그만의 화법은 일본인들을 매료시키기에 충분하였다. 일본은 이시기 우끼요에와 함께 남화가 유행하던 시기이다. 어떻게 보면, 김명국의 선화는 이들의 구미에 딱 맞아 떨어지는 묵화였다.

　　　"大阪에 도착한 이후부터 序文書畵를 청하는 대관들이 몰려들어 학관. 사자. 화원들이 응수하기에 겨를 이 없다."[16]

---

16) 황호「東槎錄」, 丙子年 十日月十三日 癸丑,『海行摠載』Ⅳ, p.358.

이같이 황호의 『東槎錄』엔 기록하고 있다. 일본인들의 조선서화에 대한 관심을 잘 보여주는 부분이다.

"글씨와 그림을 청하는 일본인이 밤낮으로 모여들어 사자관들은 잠시 쉴 틈도 없었을 뿐 아니라 밤잠조차 제대로 자지 못하고 새는 경우가 많아서 김명국 같은 화원들은 그 고통을 참지 못하고 울려고 까지 했을 정도였다."17)

7년 후 1643년에 화원이 2명으로 늘어난 것이 이를 잘 대변하고 있다. 이는 일본 측에서 對馬島主를 통해 작성해오는 『通信使節目』에 의한 것이다. 여기에는 김명국의 이름을 거론하며 그와 같은 자를 택하여 보내주길 간청하기도 했다. 이는 김명국의 재방문을 요청한 것이고, 조선은 이를 받아들인 듯하다. 또한 화원의 수가 적으니 1,2명씩 더 방일하길 바란다는 내용이다. 이렇게 일본의 요청으로 2명의 화원이 선발되었고 그중 김명국이 포함되었다. 이는 화원의 비중이 커졌음을 보여주는 것이다.

"명국, 통신사를 따라 일본에 가다. 거국적으로 그의 그림을 원했으며, 작은 그림하나는 얻어도 큰 옥을 받은 것처럼 기뻐했다."18)

---

17) 金世濂, 「海槎錄」, 丙子年 十一月十四日, 『海行摠載』 IV, p.72.
18) 南泰膺, 『聽竹漫錄』 전 8권의 별책 「聽竹別識」의 마지막 부분인 「聽竹畵史」에 들어 있는 화평이다. 이 청죽화사는 이름 그대로 청죽 남태응이 쓴 조선시대 회화사로서 국초의 안견에서부터 겸재 그리고 현재의 초년 그림에 이르기까지 명 화가를 논한 것이다.

1636년 일본에서 인삼 밀매 혐의로 처벌받았던 김명국을 1643년 제차 선발했던 것으로 보아 일본 내에서 그의 그림에 대한 인기를 짐작할 수 있다. 그런데 1643년 화원으로 방일한 김명국은 또 다시 물자를 탐하여 대관들의 서화요청에 불응하고 서화를 비싸게 값을 매겨 상인들에게 매매하였다. 일본측은 이런 김명국을 비난했고, 귀국 후 조선에서 엄한 훈벌을 받기도 했다. 이런 이유 때문이지 수행화원은 종래대로 다시 1명으로 규정되었다.

　그러나 일본에서 김명국의 인기는 여전히 상종가였다. 1655년 수행화원인 한시각의 그림이 이를 잘 말해주고 있다. 김명국의 묵화를 잊지 못한 일본은 1662년(헌종3년) 동래부사를 통해 김명국의 재 방일을 요청해오기도 했다. 조선에선 김명국의 노환을 이유 들어 방일의 어려움을 알렸다. 방일 대신 김명국의 그림을 보내주겠다 했으나 일본 측에선 그의 방일을 재차 요청했다.

⇧ 김명국의 달마도

이유인즉, 김명국이 조선통신사 수행화원으로 방일시 대필하여 그림을 그린 점을 지적하였다. 이는 조선에서 보내는 김명국 그림을 믿을 수 없는 뜻이기도 했다. 결국 조선에선 김명국 그림의 제작 연월과 '朝鮮人 金明國師'란 관서를 쓰고 도인을 찍게 해 보냈다.

⇧ 김명국의 풍백도

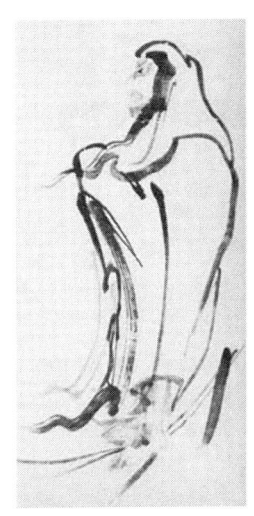
⇧ 달마절로도강도

2) 山水畵(1682~1719)

27년 후인 1682년 임술사행 수행화원으로 함제건이 보내졌다. 장기간의 공백과 1643년 김명국 서화 불응 문제로 인해 藩主들의 권한이 규정화되어진 듯하다. 이렇다보니 藩主들을 화원과 사자관의 서화와 시문을 자신을 통해 받을 수 있게 하였다. 한번은 대마도 부중에서 막부에서 조선 외교업무를 감찰하기 위해 이정함에게 보낸 승려들이 화원에게 서화를 간청한 것이 있었다. 승려들은 서화 구청에 적극적이었고 對馬藩主의 횡포의 대상이었다. 사자관, 화원 초빙을 둘러싼 권한에 대해 번주들의 횡포가 극에 달하였다.

"왜인들이 우리나라 서화를 구하는 자가 몹시 많으나, 對馬島主는 이를 일체 금하여 써주지 못하게 한다. 이것은 서화를 얻으려는 사람이 도주에게 청하면 도주가 상사에게 청하여 자기 생색을 내자는 까닭이다. 이것으로 보면 우리나라 글이 저들에게 소중히 여겨진다는 것을 대개 알 수가 있다." 19)

"때로 저들의 標旗에 쓴 글씨나 站上의 병풍에 쓴 글씨나 혹 單子物件에 가늘게 쓴 것이나 문사들의 詩軸에 唱和 한 것을 보면, 필법이 혹은 기묘하였다. 그런데도 그들은 우리나라 사람의 필적만 얻으면 楷書이건 草書이건 우열을 막론하고 기뻐서 날뛰었다. 그리하여 글씨를 구하는 자가 연속 끊어지지 않았으니 사자관 뿐 만이 아니라 일행 중의 조금만 글씨 쓸 줄 아는 이는 그 간절한 요청에 견디기가 어려웠다. 심지어는 배를 탄 뒤에도 뒤따라와서 손 모아 애걸하므로 글씨 쓰는 자가 揮灑(붓을 휘두르고 먹을 종이에 뿌림)할 겨를이 없었다. 그리하여 사이에서 소개를 하는 대마도의 통역들이 뇌물까지 받는다고 하니, 그들의 뜻을 참으로 이해하기가 어렵다. 혹자는 말하기를 조선 사람의 필적을 얻어서 간직해 주면 많은 福利가 있다 한다. 그러나 이는 이치가 없는 말이며, 혹시 조선은 예의의 나라이므로 존귀하게 여겨서 그 사람을 사랑하는 것만으로는 부족하여 그 필적까지 사랑하게 된 것이지 또한 알 수가 없다."20)

---

19) 金指南,「東槎日錄」, 壬戌年 七月十三日,『海行摠載』 VI, p.278.
20) 趙曮,「海槎日記3」, 甲申年 正月十一日,『海行摠載』 VII, pp.137~138.

일본인들이 조선서화를 보물로 여겨, 1682년 임술사행 때 번주들의 서화에 대한 간섭과 통제가 노골화되기 시작한 것이다. 이러한 폐단이 수행화원으로 하여금 다작을 할 수 있는 선화에서 산수에 시선을 돌리게 했다. 이러한 이유로 예전보단 여유를 갖게 된 수행화원들은 느낌이 좋은 산수화를 그려냈고, 그러다 보니 1682년 이후부터 조선통신사 수행화원의 그림에 변화가 생기기 시작했다. 선화가 주였던 4회~6회(1636, 1643, 1655)와 달리 1682년부터 산수화, 인물화를 남기고 있다.

　1711년 수행화원 박동보가 방일한 이 시기는 조선인의 서화를 얻고자 하는 사람은 대마도 역원을 통해야 함을 규정화하였다.[21] 이렇다보니 대마번의 권한으로 조선의 서화 구청에 대한 알선과 대가로써 뇌물을 받는 등 알선, 매매 등의 각종 비리와 폐단이 야기되었다. 1719년 수행화원 함세휘는 일본에서 활동한 작품이 전해오지 않고 있다.[22] 〈芙蓉圖〉는 가로로 된 명주 천에 그린 것으로 江戶성에 배치하고 있었는데 그림에는 '朝鮮國 咸世輝 國師'라는 낙관이 있었다한다. 화원의 신분과 계급은 1711년까지는 2방 혹은 3방 소속으로 부사나 종사관의 2선, 3선에 승선했다. 1719년에 이르면 화원의 비중을 높이 평가해 1방으로 소속되고 정사선인 1선에 승선하게 되었다.

---

21) 李元植, 『朝鮮通信使』, 민음사, 1999, p.59.
22) 서론에서 작자미상의 조선회화작품을 논한바 있다. 수많은 작품을 남겼고 또 남겼다 추정되므로 단정하여 말하기는 어렵다. 단, 현재로는 전해지는 작품은 없다.

⇧ 김유성, 山水花鳥圖屛風, 지본묵화, 1764

⇧ 김유성, 山水花鳥圖屛風, 지본묵화, 1764

⇧ 이성린, 산수화, 平壤美術館소장, 紙本淡彩, 1748

⇧ 이성린, 산수화, 일본개
인소장, 지본담채, 1748

⇧ 이의양, 산수도, 지
본묵화, 1811

격상된 신분으로 방일한 함세휘는 8회까지의 화원들과 달리 엄격한 규정으로 인해 서화요청이 예전 같지 않았다. 1748년 무진사행 수행화원인 이성린은 활약에 비해 현대에서 조명이 적은 화원이다. 이에 비해 비공식화원으로 동행한 최북은 조선시대 회화를 대표하는 인물로 기록되고 있다. 이 둘은 쌍폭의 산수도를 전하고 있다. 이성린의 작품은 〈逍遙圖〉와 〈山水圖〉가 전해지고 있고 일본의 〈古畵備考〉에는 그것과 다른 작품인 〈松竹圖〉와 〈墨梅圖〉가 기재되어 있다. 최북은 호를 毫生館이라 하여 붓으로 생활한다는 뜻을 담고 있다. 김명국과 마찬가지로 술을 좋아하고 고집이 센 인물로 독특한 墨畵法을 사용한 인물이다. 최북은 중기 화가 김명국, 말기 화가 장승업과 함께 괴팍한 3인조를 이루는 화가이다. 조선시대를 대표하는 화가이기도 한 최북은 산수화에 능해 최산수라 불려졌다. 그와 함께 방일한 공식화원 이성린의 작품 〈攊路勝區圖〉은 그 가치에 대한 언급이 시작된 단계다. 이는 단순한 모사나 일본인들의 비유를 맞춘 선화와는 다른 그림이기 때문이다.

3) 記錄畵(1748~1764)

정확한 기록화는 1748년 수행화원 이성린의 〈사로승구도〉로서, 이 작품은 1607년 신유한의 『海遊錄』과 1748년 조명채의 『奉使日本時聞見錄』 그리고 1764년 조엄의 『海槎日記』 구체적으로 언급된 일본의 모습을 담고 있다.

"바다를 막아 성을 만들어 성의 길이가 10리쯤 되었는데, 粉堞이 玲瓏하고 그 가운데 5층 門樓를 지었는데 푸른 기와 채색 들보가 구름 밖에서 찬란하였다. 바닷물을 끌어 당겨 만들고, 호 위에는 돌기둥으로 된 긴 다리를 놓았는데 단청이 아련하여 마치 채색 무지개가 엎드려 물결을 마시는 것이 같았고, 다리가 水門 옆에 있어서, 또 밝은 달이 바다에서 나오는 것과 같다. …..우리 뱃머리를 돌려서 저 무지개다리에 대어 주어 나로 하여금 2-3일 저 높은 누각에 앉게 하여 다오."23)

"늦게 출발하여 조수를 타고, 천천히 행하였다. 50리를 가서 북쪽을 바라보며, 粉堞이 눈과 같고 성의 趾臺가 바다에 뻗쳐 있고, 水門이 달과 같이(걸려 있고) 층층의 다락과 굽은 난간이 그 위에 어른어른하는 것이 곧 小倉이나 三原의 등류였는데, 구름 연기가 희미하게 가리어 있어서, 그 앞을 스치고 지나가서 그 아름다움을 자세히 볼 수 없었다."24)

"小倉은 서남간에 있는데 흰 칠을 한 집의 높은 담이 그림처럼 벌여 잇달았고, 흰 모래와 푸른 숲이 10리 사이에 평평히 깔려있다. 5층 누각이 숲의 나무 끝에 높게 나와 있는데. 곧 太守가 유람하는 곳이라 한다." 25)

"한 곳의 각자에 이르니 그것을 북원이라 하는데 맑은 시대 한 줄기가 콸콸 뜰 앞을 꿰어서 지나가고 기이한 바위와 괴상한 돌들이 시냇가에 여기저기 흩어져서 솟아있다. 물고기와 자라가 그 사이에서 헤엄을 치며 꽃다운 갈매나무가 울타리처럼 빙 둘러 섰고, 진기한 나무들이 그늘을 이어 있어서, 경계가 맑고도 그윽하니 결코 저자 거리

---

23) 申維翰,「海遊錄」, 己亥年 八月十八日『海行摠載』Ⅰ, p.452.
24) 申維翰,「海遊錄」, 辛未年 九月二日『海行摠載』Ⅰ, p.471.
25) 曺命采,「奉使日本時聞見錄」, 戊辰年 四月五日,『海行摠載』Ⅹ, p.79.

가운데에는 있을 수 있는 것이 아니다."26)

"산새가 구불구불하여, 남쪽 이동에서부터 적간관까지 거의 5백에서 6백 리나 되는데 …… 왜선 백 여척이 적간관으로 부터 바람을 받아 불룩한 돛을 앞으로 내밀고 잠깐 사이에 수 백리를 지나가는데, 그때 저녁놀이 산으로 돌아가고 바닷물은 거울처럼 맑아 또한 한 경치를 더 보탠다. 화사로 하여금 그리게 하였는데 과연 이 진경을 그려 낼 수 있을지 모르겠다. 설사 진경을 그려낸다 하더라도 내 마음의 사원한 곳에 이르러는 아마 반분도 그려내지 못 할 것이다."27)

이러한 풍경을 기록화로 제작하는데, 정사 조엄은 적극적이었다. 1764년 조선통신사 수행화원으로 김유성과 비공식화원으로 동행한 동래부 화원 변박이 있다. 대부분 수행화원과 도화서는 종9품의 최하위 관직이다. 그에 비해 김유성은 종4품의 높은 관직인 첨정을 지낸 인물이다. 그의 작품으로는 〈金剛山圖〉·〈花鳥圖〉·〈梅鳥圖〉·〈落山寺圖〉의 네 개가 병풍으로 만들어져 남아있다. 여기서 재미있는 것은 금강산도를 방일시 그렸다는 것이다. 당시 조선에선 금강산을 진경산수로 담아내는 화풍이 유행한 시기이기도 하다. 그의 『금강산도』는 일본인을 위해 금강산 봉우리마다 일일이 이름을 적은 것으로 생각된다. 일본의 후지산(富士山)처럼 조선의 명산이기에 주문이 분명 있었을 것이다. 조선에서 한참 유행인 금강산을 일본에서 그리는 색다른 기분에 사로잡혔을 것이다. 금강산을 일본에서 그렸다는 것은 금강산 화본을 가지고 갔거나 자주 그려 속속히 그려낼 수 있었다 생각된다.

---

26) 曺命采,「奉使日本時聞見錄」, 戊辰年 五月三日,『海行摠載』X, p.120.
27) 趙曮,「海槎日記 2」, 癸未年 十二月二十一日,『海行摠載』Ⅶ, p.120.

일본지도를 그려 가져오기도 한 김유성은 서화구청에 시달리기보단 일본의 모습을 담은 기록화를 남기고 있다. 이는 이시기 일본에 서양문화가 홍수처럼 쏟아지기 시작하여 더 이상 일본인들이 조선의 서화에 큰 매력을 보이지 않았기 때문이라 생각된다. 1811년 신미년 이의양이 통신사 수행화원으로 선발되어 갔으나 에도가 아닌 대마도에서 돌아온 것이 이를 잘 증명해준다. 수행화원이 꽃핀 시기는 3회 방일한 김명국을 시작으로 11회 방일한 김유성과 변박에 의해 매듭지어졌다. 수행화원으로 동행한 김유성과 비공식화원 변박은 정사 조엄의 지시에 따라 기록화를 남기고 있다. 조엄은 김유성보단 변박을 더 신임한 듯하다. 왜냐하면, 조엄이 남긴 기록에 상세히 변박에 대한 생각을 기록했기 때문이다.

"일본지도 기정본을 얻어 김유성으로 하여금 그리게 하였다. 소위 〈大地圖〉라고 하는 것은 너무나 번잡하기 때문에 그만두었다. 三騎將 변박이 그림을 잘 그리므로 都訓導와 교대시켜 강호를 수행하게 하였다."[28]

"대마도의 지도와 인쇄된 일본지도를 구득하여 변박으로 하여금 모사하게 하였다. 변박은 동래사람으로 문자에 능하고 그림을 잘 그리어 기선장의 선장으로 데리고 온 사람이다."[29]

1764년 조엄의 『해사일기』에선 더욱 구체적으로 언급하고 있다. 別破陣 許圭와 都訓 변박[30]을 시켜 수차의 제도와 모양을 관찰

---

28) 趙曮, 「海書日記 3」, 甲申年 正月二十四日, 『海行摠載』 Ⅶ, p.155.
29) 趙曮, 「海書日記 2」, 癸未年 十二月十日, 『海行摠載』 Ⅶ, p.57.
30) 1760년에 〈釜山鎭殉節圖〉와 〈東萊府殉節圖〉를 그렸던 변박은 당시 사

하게 하고, 변박에게 수차를 모사케 했다. 1811년엔 1748년 수행화원인 이성린의 손자 이수민이 비공식화원으로 이의양과 동행했다. 일본에서의 조선통신사 행렬은 축제분위기가 점차 가라앉는 시기였다. 그래서인지 일본 측도 조선 측도 통신사 준비에 소홀해졌다. 19세기가 되면서 조선시대 회화가 정점에 있을 시기임에 불구하고 필선이 미약한 이의양을 조선의 대표로 선발한 점 등은 양국 간 교류의 인식이 변하였음을 보여주는 것이다. 이런 회화의 왕국시대에 필선이 미약한 이의양을 조선 대표로 선발한 점 또한, 1764년 때까지의 화원들과 이의양의 묵화실력이 상당한 차이를 보이고 있다.

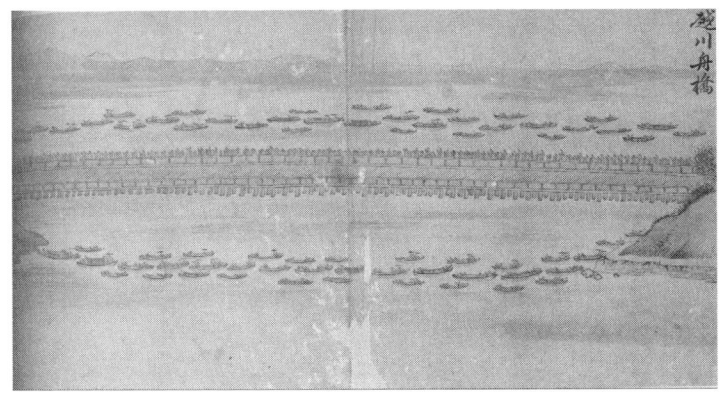

⇧ 수로구승도

행정사였던 조엄이 동래부사로 있었을 때 신임했던 동래부 화원출신이다. 1764년 갑신년 정사 조엄과 비공식 화원으로 동행해 방일중 수차모양의 물레방아를 비롯하여 대마도지도와 일본의 지리도형을 모사하였다.

⇧ 수로구승도-1

⇧ 수로구승도-대마도

⇧ 수로구승도-부산산설

⇧ 수로구승도-부산

⇧ 수로구승도-적간

⇧ 수로구승도-청견사

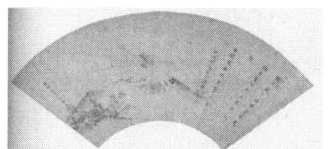

⇧ 함세휘 〈부사산설〉

Ⅳ. 맺음말

　조선시대 회화는 유교적 이념 압박 속에서도 건국 이래 가장 뛰어난 회화를 산출시켰다. 그들이 조선통신사 수행화원으로서 그린 작품의 의의는 크다고 할 것이다. 공식 수행화원 12명과 비공식 화원3명, 총15명으로 선발된 수행화원은 능화자로 구성되었고, 이러한 까닭에 통신사화원에 대한 일본인의 관심은 대단하였다. 이 때문에 조선통신사의 파견이 있을 때마다 일본인들은 수행화원과의 만남을 이루어 서화와 필담 등을 얻으려고 노력하였다. 그것은 조선회화에 지대한 관심을 말해주는 것이다.

　1회부터 3회까지 화원에 대한 기록적 언급이 거의 남아있지 않다. 이 시기까진 조선 통신사에서 화원의 비중과 역할이 크지 않음을 보여주는 것이다. 그런데 4회부터는 수행화원의 비중이 높아지는데, 감필법을 사용한 김명국의 화풍이 일본인의 정서에 부합했기 때문이다. 방일하면서이다. 그의 화법은 달마도와 같은 선화에 고스란히 함축되어 나타난다. 이는 6차 방일한 한시각 그림에서 설명되고 있다. 우대를 받던 화원들의 그림에서 변화가 생기기 시작한 것은 7차 수행화원 함제건부터다. 서화구청의 비리와 폐단으로 간략한 선화에서 조금은 여유로운 산수화로 화풍이 변화되었다. 이러한 이유로 선화가 주였던 4차~6차와 달리 7회부터는 조금 더 다양한 화풍을 전개시킨 산수화, 인물화를 수묵담채화로 그렸다. 특히 10~11차엔 기록적 성격의 산수화, 정밀화를 그렸다. 이는 일본의 정세파악과 부분적으로 일본문화를 수용하는 그림들이다.

12회엔 앞의 수행화원과 달리 筆이 약한 이의양이 방일하게 되었다. 이의양이 방일한 점을 미루어 수행원의 선발, 역할, 활동에 있어 이미 조선회화에 대한 그 열기가 점차 식어가는 시기임을 알 수 있다.

이상을 통해 조·일 문화교류와 조선수행화원이 일본에 남긴 회화적 특성에 대해 개략적으로 살펴보았다. 아직까지 조선통신사의 수행화원과 당시 일본 화단의 연관 관계에 대한 증명은 부족하다. 본 연구자는 이후 이러한 문제점에 대해 고찰을 통해 양국문화 교류의 단초를 살펴보고자 한다.

「전남사학」 제25집, 전남사학회.

참고 문헌

김세렴, 「해사록(海槎錄)」, 『해행총재(海行摠載)』 Ⅳ.

남태응(南泰膺) 『청죽만록(聽竹漫錄)』(8권) 「청죽화사(聽竹畵史)」 별지 『청죽별지(聽竹別識)』 ; 유홍준, 『조선후기화론연구』, 학고재, 1998.

신유한(申維翰), 「海遊錄」, 『海行摠載』 Ⅰ.

안휘준(安輝濬), 『朝鮮時代 通信使』, 국립중앙박물관, 삼화출판사, 서울, 1985.

_____, 『韓國의 美 12-山水畵』 下, 中央日報社, 1982.

오세창, 『근역서화징(槿域書畵徵)』, 계명구락부(啓明俱樂部), 1928; 『국역 근역서화징』, 상·하, 동양고전학회 국역, 시공사, 1998.

이원식(李元植), 『江戶時代における朝鮮通信使の遺墨について』, 朝鮮學報 88, 1978.

_____, 『朝鮮通信使』, 민음사, 1999.

조명채(曺命采), 「奉使日本時聞見錄」, 『海行摠載』 Ⅹ.

조엄(趙曮), 「海槎日記 2」, 『海行摠載』 Ⅶ.

황호, 「해사록(東槎錄)」, 『해행총재(海行摠載)』 Ⅳ.

홍선표(洪善杓), 「17·18世紀의 韓日間 繪畵交涉」, 홍익대학교 석사학위 논문, 1979.

에도〔江戶〕시대의 조선화 열기
-일본 통신사행을 중심으로-

홍 선 표 (이화여자대학교)

◀ 목 차 ▶

Ⅰ. 머리말
Ⅱ. 에도시대의 조선화 유입과 수집열기
Ⅲ. 조선화의 수집 의도

Ⅰ. 머리말

지리적 근린관계에 의해 형성된 동아시아는 고대 이후로 한문학과 유학 등의 중세적 문명을 통해 공통의 문화적·知的 관습과, 유대감 및 일체감을 조성하였다. 이러한 '天下同文'의 보편성을 공유하면서 권역 내에서의 상호간 대립을 해소하고 우호를 증진하는 등, 공존과 번영을 위하여 동아시아 국제사회의 주역이었던 한·중·일 세 나라는 '事大'와 '交隣'의 관계를 통해 문화 교류를 추진했었다.

조선왕조와 도쿠가와〔德川〕막부의 '교린'관계에 기반을 두고 2세기에 걸쳐 진행되었던 한일 간의 회화교류도 이와 같은 맥락에서 이루어졌다. 17, 18세기를 통해 12차례 일본을 왕래했던 통신사행을 중심으로 전개된 이 시기의 두 나라 회화교류는 장기간의 공식적인 지속을 통해 제도의 '常例'화를 이룩함으로써, 근대기 전 단계에 있어서 동아시아의 국가간 미술유통의 전형을 수립했던 것으로 생각된다.

2세기에 걸친 통신사절단의 일본 왕래에서 隨行畵員과 別畵員들에 의해 제작된 작품을 비롯해 두 나라 사이를 오고 간 畵蹟은 상당량에 이른다.[1] 당시 한일간 회화교류의 소산물이었던 이러한 화적들은 양국 그림에 대한 상호인식과 관계를 증진시킨 매체로도 각별한 의의를 지닌다. 특히 도쿠가와막부의 쇄국정책에 의해 異文化로부터의 자극이 제한되었던 에도시대를 통해 400명이 넘는 대규모 조선인 통신사절단의 방문은 근세 일본인들에게 문화적 자극과 함께 지대한 관심을 불러 일으켰다. 이에 따라 조선화 또한 크게 인기를 끌면서 에도시대 문화의 에네르기나 일본 문인화의 자기보강 또는 재구축 시도에 일정한 기여를 했던 것으로 생각된다.

이 글에서는 에도시대의 외래미술 수용에 있어서 지금 까지 주목받지 못했던 '조선통신사'행을 중심으로 이루어진 조선화의 유입 양태와 당시 일본인들의 조선화에 대한 수집 열기 및 그 의도에 대해 다루어 보고자 한다.[2]

---

1) 홍선표, 「조선후기 韓日間 畵蹟의 교류」『미술사연구』11, 1997. 12
2) 이 글은 2004년 1월 20일 東京國立文化財硏究所 美術部의 대형 연구과제인 '일본의 외국미술 수용' 연구회에서 초청 발표한 것을 논문화한 것으로, 홍선표, 위의 논문과 「조선후기 통신사 수행화원의 회화활동」『美術史論壇』6(1998. 3); 「조선후기 한일 회화교류와 상호인식」『學藝硏究』2(2001. 2) 등에서의 성과를 토대로 에도시대의 조선화 유입 양상과 그 열기 및 의도를 조명한다는 측면에서 집필한 것이다.

Ⅱ. 에도시대의 조선화 유입과 수집열기

에도시대에 있어서 조선화의 유입은 조선왕조와 도쿠가와막부와의 밀접했던 '교린'관계를 통해 이루어졌다. 그 중에서도 대종을 이루었던 것은 에도시대의 한일 간 외교관계에 따라 국가를 넘어 12차례 왕래했던 통신사절단의 회화활동에 따라 산출된 화적이었다. 특히 통신사의 수행화원과 별화원들이 5개월 내지 8개월의 방일 기간 중 현지에서 제작한 작품이, 인물화의 경우 하루 3~4本씩이었다고 보고되었던 사실로 미루어 보아,[3] 다른 종류의 그림들까지 고려해 보면 최소한 한 차례의 사행에서 500여점 이상을 그렸을 것으로 추정된다. 12차례의 제작품을 종합해 보면 이들이 그린 그림은 적어도 5,000점이 넘는 방대한 작품군을 이루었던 것으로 생각된다.

이와 같이 현지에서 제작한 '卽席品' 이외에도 통신사절단이 방일시 선물로 증정하기 위해 예물로 가져간 '齎去品'과 대마도와의 교역을 통해 건너간 '求貿品'을 포함하면 더 많은 조선그림이 에도시대에 유입되었을 것이다. 또한 이들 조선화 중 일부는 일본인들의 열기에 부응하여 화보나 서적의 삽화로 복제되어 널리 유통되기도 했다.

에도시대의 조선화 유입은 이러한 통신사절단의 '즉석품'과 '재거품' 그리고 '구무품'을 중심으로 이루어졌던 것으로 보인다. '즉석품' 조선화는 문헌상의 기록과 유작을 통해서 볼 때, 正使 趙泰億

---

[3] 홍선표, 「조선후기 通信使 隨行畵員의 파견과 역할」, 『美術史學硏究』 205, 1995.3. 5~7쪽 참조.

(1711)을 비롯해 從事官 李邦彦(1711), 漢學 宋禮修(1682), 書記 成大中(1764), 子弟軍官 趙日章(1764), 李重叔(1764), 裨將 洪世泰(1682), 譯官 李彦瑱(1764), 裵東益(1811), 李儀龍(1811), 卞文圭(1811) 등, 시서화를 겸비했던 사행원들이 그린 것도 있다. 그러나 대부분은 李泓虯(1607)와 柳成業(1617), 李彦弘(1624), 金明國(1636, 1643), 李起龍(1643), 韓時覺(1655), 咸悌健(1682), 朴東普(1711), 咸世輝(1719), 李聖麟(1748), 金有聲(1764), 李義養(1811) 등의 수행화원과 崔北(1748), 卞璞(1764)과 같은 별화원이 제작한 것이다.

조선왕조에서 일본으로 파견하는 사절단의 수행화원 제도는 1590년의 경인사행때 책정되었으며, 조선후기의 통신사행을 통해 定例化되었다.[4] 이들 수행화원은 '能畵者極擇'의 원칙 아래 엄선되었는데, 도화서의 전·현직 일급 요원이면서, 방일 경력이 있는 화원 집안이거나 역관 가문과 혈연적 관계가 있는 인물들이었다. 그리고 비공식적으로 사절단의 그림업무를 지원하기 위해 별화원으로 차출된 최북은 시서화에 뛰어난 여항문인화가였으며, 변박은 東萊府 소속의 지방 감영 화원이었다.

이와 같이 '最爲精熟者'로 선발했던 것에 대해 조선후기의 대표적인 실학자였던 朴趾源(1737~1805)은 "일본의 關白이 새로 들어서면…… 우리나라에 마치 上國의 소명을 기다리듯 공손하게 사신을 파견해 주기를 청했으며, 이에 조정에서는 3품 이하의 문신 중에서 極擇한 三使와 함께 수행원들을 모두 나라 안의 내노라는 宏辭

---

[4] 홍선표, 「조선후기 通信使 隨行畵員의 파견과 역할」, 『美術史學硏究』 205, 1995. 3, 5~7쪽 참조.

와 博識者로 뽑았는데, ……그 중에서도 일본인들이 조선 작품을 얻기 위해 식량 없이 천리 길을 가도 좋다는 풍조였기 때문에 詞章과 서화를 가장 중시하지 않을 수 없다"고 했다.[5] 이러한 양상과 인식은 동아시아 기존 체제와의 유대 관계를 통해 정치적 안정을 꾀하고 대륙 문화에 대한 욕구를 충족시키고자 했던 일본 측의 요청에 응하면서, 문화적 '小中華'로서의 자부심을 확산하는 한편, 일본을 중화적 문화체계 및 질서로 편입시켜 평화 상태를 존속시키고자 한 조선왕조의 현실 대응적 대일 정책의 일환으로 이해된다.

에도시대에 있어서 '즉석품' 조선화 제작의 주역이었던 별화원을 포함한 통신사 수행화원의 회화활동은 초기의 국교회복기를 지나 문화사절단의 성격이 짙어지는 1636년의 4회 병자사행 때부터 좀 더 두드러지게 나타나기 시작했다. 이들 수행화원의 현지 제작에 의해 전개된 에도시대의 '즉석품' 조선화 유입은 막부 장군을 비롯한 통신사 접대에 관련된 大名 및 고관들이 초대한 장소와 통신사의 숙소인 각 지역의 客館과 휴식처, 그리고 연도에서 이루어졌다.

수행화원의 초대는 통신사 江戶 왕래의 총책이었던 對馬藩主의 본거지인 府中에서부터였다. 府中에서는 2~3주 가량 머물게 되는데, 이곳에 도착한지 일주일 정도 지난 뒤 열리는 下船宴 이전에 번주의 요청으로 제술학사와 사자관과 화원의 시·서·화 기량과 馬上才 및 騎射와 樂工, 舞童의 재주를 함께 또는 따로 가서 선보였다. 1655년 을미사행의 종사관이었던 南龍翼은 7월 3일에 있었

---

[5] 朴趾源, 『燕巖集』 권8, 「虞裳傳」 "日本關白新立……請使於我 若待命策之爲者 朝廷極擇文臣三品以下 備三价以送之 其幕佐賓客 皆宏博識……最重詞章書畵 得朝鮮一字 不齎糧而適千里"

던 府中에서의 시·서·화 試才 초청행사를 『扶桑錄』을 통해 다음과 같이 전하고 있다.

> 대마번주 義成이 서화인과 學士를 보내주기를 청하였다. 오후에 제술관 李明彬과 사자관 金義信. 鄭琛과 화원 韓時覺을 보냈더니 병풍과 족자를 많이 내놓고 혹은 글씨를 쓰게 하고 혹은 그림을 그리게 하고 또 찬을 짓게 하고는 매우 칭찬하며 완상하더라 한다.6)

당시 을미사행의 정사 趙珩의 『扶桑日記』에 의하면 7월 3일 뿐 아니라, 7월 4일과 20일에도 대마번주의 요청으로 사자관과 화원을 보내주었다고 한다. 이들의 초청은 대마번주 뿐 아니라, 막부에서 조선 관계 외교업무를 감찰하고 사절단을 응접하기 위해 보낸 接伴僧들도 적극적이었으나, 주도권 문제 때문에 島主의 방해를 받기도 했다. 서화인 초빙을 둘러싼 이러한 알력에 대해 조선측에서는 "혹은 양측의 관계가 좋지 않기 때문이라 하고, 혹은 그들이 우리나라의 서화를 절보로 삼기 때문에 그 보배를 독차지하기 위해서라고 하니, 어느 말이 옳은지 알지 못하겠다"고 토로한 바 있다.7)

대마번주와 접반승에 의한 통신사행원의 서화를 구하기 위한 주도권 다툼은 초빙이나 방문·주문 의뢰 등을 불문하고 시문의 경우

---

6) 南龍翼, 『扶桑錄』상, 을미 7월 3일조, "義成 請送書畵人及學士 午後送 讀祝官李明彬寫字官金義信鄭琛畵員韓時覺 則多士屛簇或書或畵仍令題贊 極口稱玩云"
7) 南龍翼, 위의 책, 7월 1일조, "中達請送書畵人甚懇 義成潛言于譯輩 使之勿送 其意不可知也 或云兩間有隙故也 或云渠等以我國書畵爲絶寶 欲專其寶故也 未知孰是"

1682년의 임술사행 때부터 대마번의 儒官인 眞文役을 통해서 하도록 했으며, 서화는 1711년의 신묘사행부터 대마번의 役員을 통해야 함을 명문화시킴으로써 대마번의 승리로 돌아가게 되었다.8) 그리고 대마번이 일본인의 서화 구청을 조정 또는 통제하면서 조직적으로 개입하게 되는 데는 1643년의 수행화원 김명국이 大官들의 서화요청에 불응하고 멋대로 상인배들에게 비싼 값으로 그림을 팔았던 것이 문제되기도 했기 때문이다.9) 이와 같이 통신사행원들의 서화를 구하기 위한 중개를 대마번이 거의 독점하게 되면서 이들이 알선 명목으로 뇌물을 받기도 하고 또 자신들이 얻어내어 비싼 값에 팔거나, 사자관과 화원에게 주라는 서화 수응값인 潤筆料의 일부를 착복하는 등의 폐단이 생기기도 했다.10)

이러한 府中에서의 시재 행사는 왕로 뿐 아니라, 에도[江戶]에 갔다 돌아오는 귀로에는 더 빈번해져 대마도 宗家의 1643년도 『信使記錄』에 의하면, 9월 30일과 10월 1일, 3일, 4일, 5일, 6일에 '繪書兩人召寄'했었다. 그리고 을미사행 때는 대마번주의 아들인 義眞도 제술학사와 서화인을 초청한 바 있다. 이후 이러한 수행화원의 '請送', '願送', '請觀', '請見'은 '前例' 또는 '舊例' 등의 명목으로 관례화되었던 것이다.11) 대마번주의 집으로 초대받아간 시·서·화인들은 1711년 무진사행의 정사 洪啓禧의 차남이며 자제군관으

---

8) 李元植, 『朝鮮通信使』, 民音社, 1991, 59쪽 참조.
9) 洪善杓, 「金明國の行跡と創作世界」 『大和文華』99, 1998. 3, 4~5쪽 참조.
10) 趙曮, 『海槎日記』 갑신 1월 11일조; 曺命采, 『奉使日本時聞見錄』 무진 4월 6일, 6월 12일조 참조.
11) 홍선표, 「조선후기 통신사 수행화원의 회화활동」 188~190쪽 참조.

로 동행했던 洪景海의 『隨槎日錄』에 의하면, 관복 대신 '儒依儒冠' 차림으로 별당에 안내되어 재능을 발휘했으며, 수행화원 이성린의 경우 '我國楮紙' 즉 조선 종이에 4폭을 그려 모두 잘 그렸다는 칭찬을 듣고 윤필료로 銀子 1枚를 받았다고 한다.12)

대마도 府中을 떠난 사절단의 사자관과 화원은 숙박지 마다 해당 지역의 번주를 위한다는 명분을 내세워 대마번주가 초빙하는 자리에 나가서 '즉석품'을 제작했던 것 같다. 1643년 福岡市 앞바다에 있는 壹岐島에서 "(대마도주)義成이 (肥前州의) 平戶守를 위해 사자관과 화원을 요청하므로 金義信과 한시각을 보내주었는데, 이로부터 가는 곳마다 이들을 보내주기를 요청하여 도주가 생색을 내었다"고 했던 것으로 보아, 숙박지가 바뀔 때마다 이러한 시재 행사는 하나의 관례가 되어 사행기간 내내 수행화원의 주요 일정을 이루었던 것으로 파악된다.13)

이러한 수행화원의 사행중 숙박지에서의 초청은 왕로와 귀로 합해 2주가량 체류하는 大阪에서는, 관례화된 대마번주 주선에 의한

---

12) 洪景海, 『隨槎日錄』상, 무진 3월 7일조, "島主請觀書畵馬上才 故許之 例也……. 儒依儒冠入 島主別堂 我國楮紙畵則四幅 皆善稱……. 島主送銀子各一枚於書畵"

13) 한시각의 경우, 풍랑 때문에 赤間關에서 9일간 체류하면서 대마번주가 매일 서화인을 초청하는 자리에 나가 밤을 새우기까지 했을 뿐 아니라, 8월 27일에는 室律에 머물면서 幡摩번주를 위해 마련한 서화시재 행사에 사자관과 함께 참석하고, 저녁에는 大雲寺에서 대마번주가 준비한 饗會에 가서 제술관 李明彬이 칠언율시를 짓는 옆에서 그림을 그리는 등 바쁜 일정을 보낸바 있다. 남용익, 앞의 책, 8월 10일과 27일조 참조. 『韓客過室律』八月二十七日, "大雲寺邀義成而饗會 學士石湖李明彬從來卽景賦七言律詩…..畵工雪灘(韓時覺)同來書畵"

시재 행사 이외에 막부에서 임명한 통신사 접대관인 館伴이 직접 청하여 보기도 했다. 관반의 서화인 초빙은 1655년의 을미사행때부터였으며, 1711년의 신묘사행의 경우, 9월 19일과 20일 두차례 이루어졌고, 1748년의 무진사행때는 "館伴 美濃守가 사자관과 화원을 초청하여 글씨와 그림을 많이 받고 비단과 무늬 있는 종이를 선물했다"고 한다.14)

평균 20여일 정도 체류하는 통신사행의 최종 목적지인 에도에서는 대마도주와 관반이 주최하는 서화인 초청행사가 각각 2~3회 정도 열렸다. 이밖에 통신사 방일의 막부 총지휘자이며 최고위 老中과, 도주의 아들도 따로 서화인을 초빙한 바 있다. 도주의 경우 자신의 에도 저택에 執政과 大名들을 초대하여 대규모 연회를 베풀고 여기에 화원. 사자관과 마상재를 불러 재능을 구경시키고, 밤이 깊어 객관으로 돌려보내면서 초대인들이 너무 많아 서화를 얻지 못한 번주들을 위해 다음날 다시 보내줄 것을 요청하기도 했다.15) 신묘사행의 수행화원 박동보는 老中 土屋政直의 초청으로 사자관들과 함께 '二汁五菜'의 요리로 야식을 대접받으며 5폭을 그리고 '小刀'와 '中鏡' '朱竿烟器' 등을 선물로 받은 바 있다.16)

그러나 에도에서 뿐 아니라, 방일중의 수행화원이 가장 정성을 기울여 '즉석품'을 제작해야 했던 행사는 막부의 장군이 참관하는 에도성에서의 시재였을 것이다. 사자관과 화원의 서화시재 행사는

---

14) 趙珩,『扶桑日記』癸未 9월 9일조와 金顯門,『東槎錄』辛卯 9월 19일. 20일조, 曺命采,『奉使日本時聞見錄』戊辰 4월 24일조 참조.
15) 김현문, 위의 책, 10월 29일조 참조.
16) 宗家記錄,『正德信使記錄』138册, 11월 13일. 16일조 참조.

마상재와는 별도로 말을 타고 달리면서 활을 쏘는 騎射 시범이 있는 날 이루어졌던 것 같다. 이 시재에 대한 윤필료로 장군은 화원과 사자관에게 銀子 3枚에서 5枚씩을 주었는데, 신묘사행과 1719년의 기해사행 때는 화원에게 3매, 사자관에게 2매씩을 주었으며, 1682년 임술사행의 수행화원이었던 함제건도 사자관보다 5金이 많은 30金을 받은 적이 있다.17) 그리고 1764년의 갑신사행 때는 별화원 변박이 수행화원 김유성과 나란히 장군으로부터 각각 銀子 5매를 받았던 것으로 보아 함께 시재에 참석했음을 알 수 있다.18)

방일 수행화원의 '즉석품' 조선그림은 지금까지 살펴 본 초청에 의해 제작된 것 못지 않게 사절단의 숙소인 각지의 객관에서도 매우 활발하게 그려졌다. 조선의 서화를 구하기 위한 일본인들의 수행화원 숙소로의 방문은 壹岐島에서부터 본격화되었던 것 같다. 남용익의 『부상록』에 의하면, 이곳에서부터 "서화를 구하는 사람들이 밤낮으로 찾아와서 서화인들이 그 괴로움을 견디지 못할 정도이라"고 했다. 藍島에서는 어린아이들까지 와서 화려한 종이를 바치며 시화를 청한다고 하였다. 이 두 섬은 대마도보다 비교적 육지와 가깝지만, 본토에 상륙하기도 전에 이미 인근 九州지방에서 온 것으로 추정

---

17) 기해. 신미사행은 『朝鮮信史來聘一件記錄』二. 雜部,「被下銀」條, 임술사행은 洪禹載,『東槎錄』9월 11일조 참조.
18) 조엄, 앞의 책,「各處書契」'騎射書畵時分銀記' 참조. 이와 같이 수행화원들이 장군으로부터 받는 윤필료는 당시 狩野探幽와 같은 막부의 일급 어용화사들이 障壁畵 제작시 1평당 받았던 畵料나 町繪師들이 통신사행렬회권 제작에 동원되어 받았던 하루 평균 임금에 비하면 파격적인 것이었다. 田代化生,「朝鮮通信使行列繪卷の硏究」,『朝鮮學報』137(1993) 34쪽 참조.

되는 서화 요청자들이 쇄도함으로써 화원과 사자관은 잠시 쉴 틈도 없는 바쁜 일정을 행로 초기부터 보내게 되었던 것이다.

이와 같이 숙소로 찾아오는 여러 고을의 일반 요청자는 上關 이후 더욱 많아져 "구름처럼 몰려오고" "끊임없이 이어진다"고 했으며, '목마른 자가 물을 구하듯' 간청했다고 한다.[19] 이러한 혼잡 현상에 대해 '館中雜沓'이라며 비판하는 여론도 높았지만, 大阪에서 수행화원 김명국은 밤낮으로 청탁에 응하느라 잠시 쉬고 잘 틈도 제대로 없어 그 괴로움을 견디지 못하고 울려고까지 했을 정도로 과열 현상은 계속되었다.[20] 이들이 가지고 온 종이는 모두 배첩된 生面紙나 彩唐紙와 宮箋紙로, 서화를 얻게 되면 두 손을 들었다 땅에 대고 엎드려 절하며 영광으로 여겼다고 하며, "보물처럼 간직하거나 비싼 값으로 매매한다"고도 했다.[21]

大阪의 통신사 객관이었던 西本願寺에서는 1748년 무진사행의 귀로시에 수행화원 이성린과 이 지역의 대표급 화사였던 大岡春朴과 그의 제자 江阿彌가 만나 畵會를 열은 적이 있다. 이 모임은 大岡春朴이 통신사 객관에서 식사접대 일을 맡고 있던 源直救에게 이성린을 만날 수 있도록 부탁하여 이루어진 것이다. 통신사 화원의 그림을 구해달라는 청탁을 주위로부터 많이 받은 바 있는 源直救는 이 문제를 대마번 役人에게 의뢰했고, 역인의 알선을 이성린이 승낙함으로써 같이 모여 그림을 그리고 작품을 서로 교환하게 되었던 것

---

19) 홍선표, 「조선후기 통신사 수행화원의 회화활동」191~192쪽 참조.
20) 홍선표, 「17·18세기 한일간 회화교섭연구」『考古美術』 143~144, 1979, 20~37쪽 참조.
21) 洪景海, 『隨使日錄』上, 戊辰 4월 8일조 참조.

이다. 이 때 이성린은 「梅月」과 「福祿壽」를 그렸고 大岡春朴은 「野馬」와 「山水」, 「梅花」, 「蘆雁」, 「張果老」 등을 그렸다.22)

1764년에는 大阪의 저명한 문사로 장서가이며 서화 수집가이고 서화에도 능했던 木村蒹葭堂이 混沌社의 문인들과 함께 통신사절단의 왕래시 객관을 방문했으며,23) 수행화원 김유성과의 접촉도 이루어졌던 것으로 보인다. 최근에 발견된 일본 개인소장의 김유성 산수화와 당시 서기였던 成大中의 글씨로 이룩된 합벽첩을 통해서도 이러한 관계가 짐작된다. 이 화첩은 관기의 내용으로 보아 '갑신 暮春' 즉 1764년 음력 3월, 귀로 때 大阪에서 蒹葭堂에게 그려 준 것을 알 수 있으며, 여기에 찍혀 있는 圖印도 蒹葭堂이 성대 중에게 새겨준 것이다. 이들 그림과 글씨가 성첩된 것은 3개월 후인 음력 6월이었다.

京都에서는 1719년의 기해사행 때부터 '江戶의 禁令'에 의해 일반인의 출입을 허락하지 않아 종래와 같은 혼잡은 없었던 모양이다. 이러한 변화에 대해 무진사행의 종사관 曺命采는 막부의 西京인 京都에 대한 견제책으로 파악하기도 했다. 그러나 이와 같은 규제에도 불구하고 1748년 5월 2일 京都의 통신사 객관이었던 本國寺에서는 이 지역의 문인들과 사행원들 간의 詩文唱和가 이루어졌고, 이 자리에는 장차 南畵家로 크게 성공하게 될 池大雅가 후배인 皆川淇園 등과 함께 참석하여 書作을 칭찬 받은 바 있다.24) 당

---

22) 이 화회에 대한 전말은 小森信友 編, 『桑韓畵會家彪集』에 수록되어 있다. 李元植, 앞의 책, 197~201쪽 참조.

23) 大澤硏一, 「朝鮮にも名を知られた蒹葭堂」, 大阪歷史博物館 編, 『木村蒹葭堂』, 思文閣, 2003, 29쪽 참조.

시 池大雅는 京都에서 大津까지의 통신사 접대를 책임진 郡山蕃의 藩主 松平美濃守의 重臣으로 馳走役을 맡았던 柳澤淇園의 지도하에 있었기 때문에 동석할 수 있었던 것이다.25) 에도시대의 대표적인 남화가로 손꼽히는 池大雅는 다음 회인 갑신사행 때도 통신사 일행과 접촉이 있었으며, 특히 수행화원 김유성을 만나 그의 '즉석품' 제작 장면을 옆에서 지켜본 적이 있다.

통신사 왕로의 후반부 路程인 京都에서 에도까지는 大津에서 品川 등을 거치는 東海道를 통과하게 되는데, 대개 2주일 조금 더 소요되었다. 이 행로에서도 수행화원은 사자관과 함께 숙박처에서 일본의 각지로부터 온 구청자들의 서화 요청으로 쉴 수 없는 '無暇'의 일정을 보내야 했다. 유학자 天野源藏의 제자인 朝日重章은 1711년의 신묘사절단이 名古屋에 도착해 객관인 性高院에 묵게 되었을 때, 詩文唱酬와 서화를 얻기 위해 모여든 인파로 대혼잡을 이루는 광경에 대해 언술한 바 있다. 그는 이러한 북새통 속에서 칭찬할만한 끈기를 발휘하여 드디어 염원했던 그림과 글씨를 얻어 가는 모습들에 대해 말하면서 자신도 감시역 50명의 눈을 피해 새벽녘이 되어서야 그림 4매를 입수했는데 그 중 하나는 인물이 거꾸로 그려져 있다고 했다.

에도에서는 1682년 임술사행의 역관이었던 金指南의 『東槎日記』에 의하면 "使館에 도착하자 館伴에서 심부름하는 倭人, 儒者와 승려 등 호사하는 무리들에 이르기까지 종이와 벼루와 먹을 가지고 와서 간절히 요구한다"고 했듯이 이곳에서의 조선인 서화를 얻기

---

24) 松下英磨, 『大雅の書』, 中央公論美術出版, 1970, 19쪽 참조.
25) 小林忠, 『江戶繪畵史論』, 瑠璃書房, 1983, 187~188쪽 참조.

위한 요청 열기 또한 대단하였다. 특히 에도에서는 통신사 수행화원과 막부의 어용화사인 狩野派의 일급 화가들과의 접촉이 이루어지기도 했다는 점에서 주목을 요한다.

1643년 8월 3일에 수행화원 김명국, 이기룡과 당시 가노파 최고의 화가였던 狩野探幽 등이 만나 繪事를 했으며, 探幽는 여러 차례 통신사 객관에 와서 수행화원의 시재 장면을 보고 그 사실력에 탄복하기도 했다.26) 1682년의 임술사행때는 人見鶴山과 水野忠泰, 內藤義槪 등의 유자들이 객관에 연일 찾아와 洪世泰 등과 필담창화를 나누었는데, 이 자리에 수행화원 함제건도 배석해 수묵화를 그린 적이 있다.27) 당시 狩野常信도 여러 번 내관했기 때문에 함제건과 접촉했을 가능성이 높다. 常信이 함제건의 '繪四枚'를 수장할 수 있었던 것도 이러한 관계를 통해서였을 것이다.28)

常信은 다음회인 1711년의 신묘사행 때도 아들과 손자를 비롯해 제자 10여명을 데리고 객관에 와서 막부의 그림업무를 수행했기 때문에 당시 수행화원 박동보와도 접촉이 있었을 것으로 생각된다. 이와 같은 통신사 수행화원과 막부 어용화사와의 만남은 단순히 업무적이고 의례적인 차원을 넘어 같은 전문직에 종사하는 동류의식에 기초한 뜨겁고 인간적인 정을 나누는 교류의 장이 되기도 했던 것 같다. 曺命采의 『奉使日本時聞見錄』에 의하면, 무진사행때는 통신

---

26) 淺井不舊, 『扶桑名公畵譜』 '狩野探幽'條, "信使留館之間 屢往走筆彼畵工 見其寫生 傳神逼眞 無不歎服"
27) 人見鶴山, 『天和來聘韓使手口錄』 八月 二十四日. 九月 四日條 참조.
28) 宗家記錄. 『天和信使記錄』 171冊, 「御屛風獻上之覺書附諸方書畵御誂覺書」 참조.

사절단이 에도를 떠나는 날 "일본의 의원과 화사들이 행중의 화원과 의원들을 찾아와 작별하면서 모두 눈물을 줄줄 흘렸다"고 한다.

통신사 수행화원의 '즉석품' 제작은 이밖에도 행로의 중간 휴식처인 兵站 등에서도 이루어졌으며, 英一蝶의 「馬上揮毫圖」에서도 알 수 있듯이 이동 중의 연도에서도 실행되었던 것으로 보인다. 瀨戶內海를 항해중에는 船團 가까이까지 배를 타고 와 "목마른 자가 물을 구하듯" 墨蹟을 간청한다고 했다. 그래서 사자관과 화원은 물론 수행노자까지 '操筆' 즉 붓을 쥐고 잠시도 쉴 틈이 없었던 모양이다. 이와 같이 일본인들의 과열된 서화 구청 때문에 수행화원 등은 무리한 일정임에도 불구하고 나라를 빛내고 재주를 자랑한다는 '華國夸才'의 자세로 응대했던 것 같다. 이에 따라 앞서도 언급했듯이 12회의 통신사행을 통해 5,000점이 넘는 '즉석품'을 제작했던 것으로 생각된다.29)

---

29) 수행화원이 일본에서 그린 것으로 문헌상에 기재되어 알려진 '즉석품'은 인물화와 산수화, 화조화와 사군자화의 순으로 많이 보인다. 산수화와 사군자화는 탈속적이고 문사적인 취향이 주류를 이루었으며, 인물화와 화조화는 길상. 송축적 성격을 지닌 것이 대종을 이루었다. 특히 인물화에서는 '布袋', '達磨', '壽星', '福祿壽' 등, 일본에서 칠복신으로 인기있는 길상적인 도석화가 주로 다루어졌다. 이와 같은 현상은 괘축의 경우 조선에서 그 유례를 찾아볼 수 없는 3폭이 대련을 이루는 '三幅對' 형식을 제작했던 것과 함께 구청자인 일본 측의 기호와 취향에 맞추어 응대했던 것에 기인된 것으로 생각된다. 이러한 '즉석품' 조선화들은 다양한 종류의 종이나 비단에 '水墨' 또는 '淡彩'나 '中彩色'으로 그려졌는데, 종이의 경우 막부의 장군가에 헌상되는 것은 신묘사행의 수행화원 박동보의 사례를 통해서도 알 수 있듯이, '唐紙'를 사용하였다. 그리고 비단은 박동보가 公儀의 헌상용으로 청탁받았던 삼폭대를 비롯해 함세휘와 이성린의 絹本畵들이 '御物'로 수장되었던 것으로 보아 특별한 贈禮物 제작시 주로 쓰인 것 같

에도시대에 있어서 조선화 유입은 지금 까지 살펴 본 수행화원에 의한 '즉석품' 이외에 통신사절단이 방일중 예물로 사용하기 위해 가져간 '齋去品'(일본 측에서는 '齋來品'으로 지칭했음)에 의해 이루지기도 했다. 이러한 조선화는 1643년 계미사행때 大君과 그 아들인 若君을 위해 많은 수의 '屛簇古畵'를 가지고 왔으면 하는 일본측의 요청에 따라 齋送되기도 했는데,『通信使謄錄』에 이에 관한 기록이 다음과 같이 수록되어 있다.

　　大君과 若君 앞으로 보내는 사신의 예단으로 사용하기 위해 屛簇古畵들을 찾아 많이 가지고 가도록 한다. 그러나 屛簇들이 兵火(병자호란)로 거의 없어졌는데, 李澄이 그린 屛簇이 민간에 있는 것 같으니 해당 기관에 令을 내려 속히 4~5件 구해 보내도록 하고, 혹시 추가되는 그림은 보상하거나 값을 쳐주도록 한다.30)

다. 그림의 규모나 형식은 수량의 단위를 '枚'로 기록한 경우 화첩이나 扇面과 같은 소품으로 생각되며, '幅'으로 되어 있는 것은 족자식의 쾌축을 나타낸 것으로 보인다. 쾌축의 크기는『正德信使記錄』에 의하면, 횡폭의 크기가 대략 50~60㎝ 가량으로 비교적 큰 그림이었을 것으로 파악된다. 그러나 수행화원들이 일본 체류 중 현지 제작한 '즉석품' 그림 가운데 현재 존재하고 있는 것으로 알려진 작품은 극히 적어서 최근 발견된 김유성의 작품 10점을 포함해서 모두 80점 정도이다. 그 중에서도 13점이 이모작 내지는 위작으로 판단된다. 홍선표,「조선후기 통신사 수행화원의 회화활동」참조.

30)『通信使謄錄』1册, 癸未 二月十 一日, "屛簇古畵等物 覓得優數齋去 以爲大君若君前 使臣禮單之用爲可亦 爲白有昆 屛簇等物 兵火之後 絶無存者 惟李澄所畵屛簇 民間或有之 令諧曹速爲求得四五件以送 而或追畵 以償或給価 爲白齊"

將軍家의 예물로 사용하기 위한 '齋去品'으로 당시 '國手'로 지칭되던 최고의 화원화가 李澄의 작품이 선택되었음을 알 수 있다. 이와 같이 장군을 비롯해 각처로 보내는 예물로 그림의 齋送을 허가한 것은 선례에 의거한 것으로 보인다. 현재 동경국립박물관 소장의 『寬永元年朝鮮通信使來聘江戶往來日帳』에 의하면, 1624년의 甲子사행때 대마도에 도착한 후, 豊前守를 비롯해 各處로 보낸 예물 가운데 「連貼大葡萄繪」 12폭과 「墨竹」 8폭, 「人物山水繪」 12폭, 「蘭蕙繪」 8폭 등의 화적이 상당수 포함되어 있음을 알 수 있다. 이들 화적이 누구의 작품인지는 명시되어 있지 않아 알 수 없지만, 일급 화원들의 그림이었을 것으로 추정된다. 그리고 당시의 조선 화단에서 문인화목으로 유행하던 포도그림과 연폭 12첩 등의 대형 병풍들이 주종을 이루고 있다는 점에서 주목된다.

그러나 통신사를 통해 장군을 비롯한 각처로 보내는 書契別幅의 예단 물목이 정착되는 1655년의 을미사행부터는 公禮單과 서계별폭 이외에 따로 보내는 私禮單 어디에도 屛簇物은 보이지 않는다. 아마도 을미사행 이후로 수행화원이 현지에서 제작한 작품으로 공식화된 각처 예물의 수요도 충족시키게 되었던 것은 아닌지 모르겠다.

그런데 1811년 신미사행 때 정사 金履僑가 막부의 大學頭 林述齋에게 당시 휴대해 왔던 것으로 추측되는 조선 篆書의 명수 兪漢之의 작품을 선사했던 것으로 보아,[31] 朝廷 차원에서 마련하는 공식적인 각처의 예단에는 병족물이 제외되었지만, 사신들의 증정용 예물로 사용하기 위해 서화를 지참해 갔음을 알 수 있다.

---

31) 藤塚鄰, 『淸朝文化東傳の硏究』, 國書刊行會, 1975, 175쪽 참조.

이와 같이 사신들이 증정예물 등으로 사용하기 위해 휴대해 간 '齎去品' 화적으로는 "朝鮮國蕙園寫 辛未信行"이란 款記와 신미사행의 사자관으로 방일했던 皮宗鼎의 제시가 각각 적혀 있는 申潤福의 「騎馬折柳圖」와 「西園雅集圖」, 「唐玄宗賞馬圖」 등 3폭을 꼽을 수 있을 것이다.

에도시대의 조선화 유입은 통신사절단을 매개로 이루어지기도 했지만, 동래부와 대마번 사이의 공무역과 동래부 왜관의 開市에서의 사무역 등을 통해 일본측의 요구에 의한 '求貿品'의 상태로 건너간 화적들에 의해 실행된 사례도 있다. 그리고 일본측의 동래부에서의 조선화 수집은 막부의 對조선 외교 관계를 지원하기 위해 대마번 以酊庵에 파견된 京都 相國寺 승려들에 의해서도 이루어졌던 것 같다.32)

먼저 '求貿品'으로는 막부 장군의 요청이라고 하면서 김명국과 함제건의 작품이 지명된 바 있다.

김명국의 경우, 1643년 두 번째 방일에서 귀국한 후 거의 20년이 지난 1662년에 대마번에서 동래부사를 통해 "關白의 소망이라"하면서 그의 작품을 구했는데, 계미사행시 매번 다른 사람(동행화원 李起龍)에게 대필시켰기 때문에 다시 代畵해서 보낼지 모르니 '目前起畵' 즉 직접 그리는 것을 눈앞에서 반드시 봐야한다고 동래로 내려보내 줄 것을 요구했었다.33) 그러나 조정에서는 김명국이 늙고

---

32) 大阪의 문인화가 蒹葭堂은 친교하던 相國寺의 선승 大典이 대마도 以酊庵으로 파견되자 그를 통해 조선화를 입수하고자 했고, 大典은 동래로 차견되는 以酊庵 승려에게 조선화 구입을 의뢰하고자 했던 것으로 미루어 보아 짐작된다. 大阪歷史博物館 編, 『木村蒹葭堂』, 23쪽 참조.

병든 상태임을 내세워 하송은 허락하지 않고, 그의 '眞彩色 探女之畵' 8폭과 '淡彩色 八仙之畵' 8폭, '眞彩色 四時大山水之畵'와 '人物之畵' 8폭을 보내기로 했으며, 그림에는 제작 연월과 '朝鮮人 金明國寫'란 款署를 쓰고 도인을 찍도록 하였다.

함제건은 1682년 임술사행의 수행화원으로 방일했다가 귀국한 직후, 일본측의 요청으로 장군에게 보낼 병풍 2쌍을 '各別精畵'해서 그리고, 三使의 제찬을 써 넣으라는 지시를 받고 제작했었다.[34] 이 병풍은 대마도주를 통해 儒者인 人見友元과 執政인 筑前守의 內見을 거쳐 近侍인 備後守의 주선으로 헌상되었으며, 다음 해에 또 한 차례 함제건이 그린 병풍 2쌍이 같은 과정을 통해 전해져 장군이 열람했었다고 한다.

이와 같이 통신사 수행화원으로 이미 그 명성이 일본 내에 알려진 작가의 작품이 '求貿品'으로 지명되어 건너간 사례는 종종 있었던 모양이다. 갑신사행 때 수행화원 김유성과 함께 별화원으로 참여하여 에도 성의 시재 행사에 참여했던 변박도 일본에서 돌아온 지 15년이 지난 1779년에 '己亥初夏'란 간지와 '東華述齋寫'란 관서를 적은 「柳馬圖」를 '구무품'으로 제작했었다.

정조 연간 최고의 화원인 金弘道와 역관 출신의 여항문인화가로 묵죽에 뛰어난 林熙之가 합작으로 그린 「竹虎圖」도 이러한 '구무

---

33) 『倭人求請謄錄』 2冊, 壬寅 二月二十五日, 三月十三日條, 「畵員金明國」 請來事 참조.
34) 『通信使謄錄』 四冊 壬戌 十一月二十日, "書契回答及 屛風書送事 已爲覆啓蒙允矣 同屛風上來後依其言 以畵員咸悌健各別精畵 令使臣送事"; 『天和信使記錄』 「御屛風獻上之覺書附諸方書畵御誂之覺書」 閏五月十日, 二十七日, 六月十六日書狀 참조.

품'으로 제작된 것이 아닌가 싶다. 대나무와 바위절벽을 배경으로 出山虎의 모습을 그린 이 「죽호도」는 화면상단에 '朝鮮西湖散人 畵虎水月翁畵竹'이란 화기가 적혀 있는데, 김홍도와 임희지의 활동 년대로 보아 통신사의 '재거품'이기보다 '구무품'이었을 가능성이 높다. 그리고 작가의 지명도나 작품의 수준으로 보아 일본 지배층의 수요에 부응해 그린 것 같다.

그런데 이러한 호랑이 그림은 매 그림과 함께 1800년 전후하여 '구무품'으로 인기가 높았던 것으로 보인다. 대한제국 이전에 제작된 것으로 '조선'이란 국호를 관지로 사용한 작품 중 '구무품'으로 추정되는 40여점의 상당수가 호랑이와 매를 그린 것으로 파악된다. 이러한 양상에 대해서는 19세기 후반에 역관으로 대마도를 왕래한 金奭準이 『紅葉樓詩初集』에 쓴 다음과 같은 기록이 주목된다. 즉, "일본에는 본래 매와 호랑이가 없어 우리나라의 매와 호랑이 그린 것을 해마다 구한다"고 했다.[35]

趙熙龍이 1844년에 찬술한 『壺山外記』에 "일본인이 東萊館에서 李在寬의 영모화를 구입하는데 허세를 부리지 않았다"고 쓴 기사도 이러한 매와 호랑이그림 구무 사실을 말해주는 사례가 아닌가 싶다. 매와 호랑이의 산지에서 그려진 虎圖와 鷹圖가 벽사용으로 더 효험이 있다는 믿음 때문이었는지는 몰라도, 19세기에 제작된 것으로 추정된 것으로 추정되는 '구무품' 가운데 이런 종류의 그림이 주종을 이루었던 것은 일본측의 수요 때문이었음을 알 수 있다.

이와 같이 '구무품'으로 에도시대의 일본에 건너 간 것으로 생각

---

35) 金奭準, 『紅葉樓詩集初』 「和國竹枝詞」 十二, "本無鷹虎 求我國畵鷹虎 年年不虛"

되는 것 중에는 李壽民과 申潤福 처럼 유명한 화원이나 화가의 작품도 있지만, 대부분은 '조선'이란 국명 아래 별호만이 적혀있는 무명작가의 화적이다. 이들 중 姓名印으로 도인을 사용한 '槐園'과 '松水館' '松菴'의 경우 불분명하지만 '尹持漢'과 '金達皇' '李時訥'로 각각 판독해 볼 수 있으나, 역시 이러한 화가명은 알려져 있지 않다. 이러한 무명작가의 '구무품'은 민화풍이거나 낮은 수준을 보여준다.36) 1833년 찬술된 『嵩鶴畵談』에서 찬술자인 櫻井崇鶴이 김명국의 작품을 "近時의 韓畵에 비해 크게 뛰어나다"고 평했을 때, '近時의 韓畵'는 바로 이러한 무명작가들의 형식화되고 기량이 떨어지는 화적을 지칭한 것은 아닌지 모르겠다.

 18세기말이나 19세기에 이르러 이와 같이 화가로서의 존재가 잘 알려지지 않은 무명작가들의 화적이 '구무품'으로 일본에 상당수 건너갔던 것은 1764년의 갑신사행을 마지막으로 본토를 왕래하는 통신사행이 더 이상 이루어지지 않은데서 기인한 일반 서민들의 조선화에 대한 수요 때문이 아니었나 싶다. 그리고 尹持漢으로 추정되는 槐園의 그림은 현재 10여점 가량 남아 있는 것으로 파악되는데, 그의 존재도 19세기말에 부산. 인천. 원산 등의 개항장에서 외국인을 상대로 인습화된 필치로 풍속화와 산수화 등을 수출화로 상당량 그렸지만, 중앙화단에는 그 존재가 알려지지 않았던 箕山(金俊根)처럼 동래를 무대로 이런 '구무품'을 주로 제작하며 활동했던 지방화가가 아니었는지 모르겠다. 특히 동래에는 460~750명의 일본인이 상주하던 왜관이 있었고, 또 일년에 평균 80여척에 이르는 배가

---

36) 홍선표, 「조선후기 한일간 畵蹟의 교류」 참조.

몇 달간을 이곳에 정박하면서 공적. 사적인 교역을 하는 등, 양국 교류의 교두보와 같은 곳이었기 때문에 이를 배경으로 활동하던 일군의 화가들이 존재했을 것으로 생각된다.

Ⅲ. 조선화의 수집 의도

그러면 왜 이렇게 에도시대의 일본인들이 조선그림을 얻기 위해 지나칠 정도로 열의를 보였던 것일까. 이와 같은 에도시대의 조선화 수집에 대한 과열현상에는 막부의 지배층과 일반 민중들, 儒者 및 文士와 南畵家 등의 신지식인들의 관심과 의도가 각기 다르게 작용되었던 것으로 생각된다.

먼저 막부의 지배층은 장군의 위광 선전과 권력의 위세 과시를 통해 새로운 정치질서를 안정시킬 목적으로 통신사를 조공을 위해 해외에서 온 '來朝'사절단으로 중요시했기 때문에 사행원들의 화적을 그 증거물로서 수집하고자 했던 것 같다. 말하자면 조선화를 지배층의 권위를 보증하는 도구로서 사용했던 것이 아닌가 싶다.

그러나 일반 민중들은 南蠻人에 이어 새로운 異人으로 방일한 통신사절단의 일본내 왕환 행사를 거국적인 축제의 하나로 여기고, 조선인들의 筆跡, 즉 서화나 시문을 간직하고 있으면, 행운과 복이 온다는 속설을 신봉했던 것 같다. 이에 관해 갑신사행의 정사 趙曮은 일본인들의 求得熱에 대해 "그들이 조선인의 필적을 얻어서 간직해 두면 福利가 있다고 한다"고 했다. 그리고 역관 吳大齡은 일본인들이 조선인의 필적을 구해 벽에 붙이면 '災消福來'한다고 믿고 있다고 했으며, 成大中은 "그 습속에 조선인의 手迹을 반드시 구하고자 하는 것은 남녀의 결혼을 성취하게 하거나 질병을 낫게하고 아이를 순산하게 한다는 믿음때문이며, 그래서 천인에 이르기까지 보는 안목이 없는 자들도 마음을 다해 얻고자 한다"고 언술했었다.[37]

무진사행의 자제군관이었던 洪景海가 "끊이질 않고 몰려드는 구청자들이 조선인 필적을 얻는 것을 영광으로 삼았지 그 잘 그리고 못 그린 것에 대해서는 처음부터 염두에 두지 않았다"고 말했듯이, 작품성이나 심미성 보다 효용성 또는 효험성에 전적으로 의존했던 일반인들의 간절한 수집 의도는 바로 이러한 기복적이고 벽사적인 욕구와 결부되었던 것으로 파악된다. 통신사행이 지나가는 연도에 구경 나온 군중들 가운데 행렬을 향해 손을 모으고 머리를 숙여 빌거나 입으로 축원하는 듯한 소리를 내는 광경에 대한 목격담이 사행록에 종종 기술되어 있는데, 이러한 행위들도 주술적 믿음에서 기인된 것으로 보인다. 아마도 통신사절단을 '마레비토', 즉 客人신앙과 결부하여 마을에 찾아와 세속의 복을 안겨준다는 신성한 존재로 보았던 것은 아닌지 모르겠다.

조선통신사행렬도 가운데, 船團 장면을 그린 船繪馬가 神社 등에 농민과 村人, 상인들의 소망과 함께 봉납되었던 것도 이와 같은 풍조를 반영한 좋은 예라 하겠다.[38] 그리고 앞서 언급했던 동래에서 제작된 것으로 보이는 무명작가들의 호랑이그림이나 매 그림과 같은 '구무품' 조선화도 이러한 수집 의도와 결부되어 이루어졌던

---

37) 홍선표, 「조선후기 한일 회화교류와 상호인식」, 221쪽 참조.
38) 辛基秀, 「朝鮮通信使の新しい資料」, 『韓國文化』 70, 1985, 21~23쪽 참조

것으로 생각된다. 그러나 일반 민중들을 상대로 제작된 이들 화적은 대부분 下手品이었으며, 이처럼 기량이 떨어지는 그림들이 상당량 유통되면서 심미적으로는 조선화에 대한 부정적 인식을 낳게 되었던 것이 아닌가 싶다.

이들과는 달리 에도시대의 儒者 및 문사와 남화가 등의 신지식층은 조선화를 '漢土의 遺風'을 지닌 '唐繪' 또는 중화문물의 대용품으로 간주했던 것 같다. 특히 德川幕府는 明과의 책봉관계 수립을 위해 중화체제로의 공식적인 편입을 시도했으나 실패하자, 자립의 길을 걸으면서 官學으로 새롭게 대두된 유학을 비롯한 중화문화를 통신사행 등에 따른 조선과의 접촉을 통해 대륙문화에 대한 갈증을 부분적으로 해소하고자 했던 것으로 보인다.

西川如見의 『華夷通商考』에 의하면 일본 지식인들은 조선에 대하여, 儒道를 숭상하는 풍조가 중화보다 높고 儒의 古法이 중화에서 끊어진 것도 이 나라에는 남아 있는 것으로 인식했음을 알 수 있다. 그리고 대마번 儒官이었던 雨森芳洲는 일본인들이 통신사행원을 '唐人'이라 부르고 그 筆帖에 '唐人筆跡'이라 쓰는 것에 대한 신유한의 질문에 "귀국의 문물이 중화와 같다고 보기 때문에 당인이라 칭하며, 이것은 사모하는 의미에서 나온 것입니다"고 답변했었다. 특히 남화가인 中山高陽은 그의 「畫潭鷄肋」에서, "조선인이 來日時 書畫詩人 題名 위에 東華 혹은 小華라 쓰는데 이는 淸을 夷人視하고 중화가 조선이라는 의미"라 하면서 '華稱'하는 이유에 대해 언급하기도 했다. 무진사행의 조명채도 일본인 문사들이 문답하고 창화할 때 사신행차를 '皇華'라 부르는 것에 대해 사모하여 따르는 마음을 알만하다고 하여 이러한 풍조에 대한 조선측의 인식을 보여주었다.

이와 같은 측면에서 에도시대 신지식인들의 조선화에 대한 인식은 상당히 호의적이었으며, 구득 도 이러한 관점에서 실행했던 것으로 보인다. 京都의 儒者인 魯堂은 갑신사행의 正使伴人 趙東觀과의 필담에서 조선의 산수화를 높은 아취를 지닌 것으로 평가했고, 櫻井雪館은 최북의 산수화에 원나라 그림의 풍골이 있다고 했다.39) 大阪의 大岡春朴이 "韓客의 筆意를 엿보고 漢士 명화의 유풍을 취해 도움을 받으려는 생각"으로, 앞서 언급했듯이 1748년 통신사 수행화원 이성린이 유숙하고 있던 西本願寺를 방문하여 화회를 열고 그의 작품을 오랫동안 간직할 것을 다짐했던 것도 이러한 관심과 의도를 말해주는 좋은 예라 하겠다. 이 때 이성린이 제작했던 작품에 대해 文潛은 "정묘함이 말로 형용할 수 없다"고 하면서 "하늘의 솜씨와 같은 조화에 사람을 놀라게 한다"며 찬탄해 마지않았다.40)

그리고 池大雅는 갑신사행의 수행화원 김유성의 작화 장면을 지켜 본 다음, "高論을 듣지 못하고 작품을 얻지 못한 것을 안타깝게 생각"하고 富士山 眞景圖를 그릴 때 董源과 巨然의 畵法을 구사할 경우 어떠한 法을 사용해야하는지에 대한 질문과 함께 서화 구득의 소망을 담은 다음과 같은 내용의 편지를 그에게 보냈다.41)

---

39) 櫻井雪館,「畵側」,『日本繪畵論大系』Ⅰ(名著普及會, 1980) 89쪽 참조.
40) 小森信友 編 『桑韓畵會家彪集』 "文潛, 法眼春卜與韓畵員 李蘇齋揮毫 對畵精妙不可言 韓人以爲所不及大称歎焉"
41) 山內長三,「池大雅から金有聲への手紙」,『韓國文化』24(1981) 참조.

곁에서 선생의 훌륭한 묘기를 직접 볼 수 있었던 것은 다시없는 행복으로 생각하고 있습니다. 神業이라 생각되는 채색이 이루어져가는 순서는 더욱이 저의 눈 속을 쏘는 것처럼 인상 깊게 남게 되었으며, 이밖에도 훌륭한 인상이 마음 가운데 남아 있습니다.

池大雅의 이 글은 에도시대의 새로운 문인화풍을 주도했던 남화가들의 조선화에 대한 관심과 그구득 의도를 대변하고 있을 뿐 아니라, 종래의 화적 위주의 관심에서 화가에 대한 관심으로 심화되는 양상을 보여주고 있다는 점에서 각별한 의의를 지닌다고 하겠다. 그리고 大岡春卜과 池大雅에게 그림을 배웠던 大阪의 문인화가 木村蒹葭堂도 김유성이 일본에 와서 조화의 공력을 보였다고들 모두 말한다고 하면서 "봄 구름을 묘사하여 나타내니 산천이 빼어나고 그림을 끝내니 흥을 알겠노라"고 읊은 바 있다.[42]

또한 中山高陽은 통신사 수행화원들의 화법이 董源, 倪瓚, 沈周 등을 배웠다고 하는 것을 들었는데, 풍토가 다르듯이 서화 모두 그 지역의 '流風'이 있다고 하여 조선화의 특징에 대한 인식을 하기도 했다. 이러한 인식이 『古畵備考』소재의 「朝鮮書畵傳」으로 계승되어, 진경산수화로 생각되는 화적에 '新朝鮮山水畵'로 명기해 놓았는가 하면, 조선화의 특징을 '朝鮮風也', '朝鮮臭氣', '韓臭氣' 등으로 표현했던 것으로 생각된다. 그러나 19세기 후반이후로 조선화의 이러한 특징은 征韓論의 확산과 식민주의 사관의 팽배 등과 결부되어 '나뿐 냄새' 또는 '좋지 않은 習氣'로 비하되면서 매도되기에 이른다. 자국 중시의 국가주의와 제국주의와 같은 근대적 이

---

[42] 大阪歷史博物館 編, 『木村蒹葭堂』 27쪽 도판 31의 '蒹葭堂甲申稿' 참조.

데올로기에 의해 조선화에 대한 왜곡과 편견이 만들어지게 된 것이다.

「한국문화연구」 제8호, 이화여자대학교 한국문화연구원.

참고 문헌

『海行總載』,『通信使謄錄』,『對馬島宗家日記』
大澤研一,「朝鮮にも名を知られた蒹葭堂」, 大阪歷史博物館 編,『木村
　　　蒹葭堂』, 思文閣, 2003.
藤塚鄰,『淸朝文化東傳の硏究』, 國書刊行會, 1975.
朴趾源,『燕巖集』권8.
小林忠,『江戶繪畫史論』, 瑠璃書房, 1983.
松下英麿,『大雅の書』, 中央公論美術出版, 1970.
辛基秀,「朝鮮通信使の新しい資料」,『韓國文化』70, 1985.
李元植,『朝鮮通信使』, 民音社, 1991.
홍선표,「17~18세기 한일간 회화교섭연구」『考古美術』143~144, 1979.
홍선표,「조선후기 通信使 隨行畵員의 파견과 역할」,『美術史學硏究』
　　　205, 1995.3.
홍선표,「조선후기 韓日間 畵蹟의 교류」『미술사연구』11, 1997.12.
洪善杓,「金明國の行跡と創作世界」『大和文華』99, 1998.3.

찾아보기

가마가리〔鎌刈·蒲刈〕 163, 218
가마가리〔蒲刈〕 193, 204
가미가타(上方) 279
가미노세키〔上關〕 163, 218
가배량 50
가선(家宣) 237
가케가와〔掛川〕 164, 218
갑신사행 380, 389, 391, 392, 395
갑신정변(甲申政變) 313
갑자(甲子)사행 333, 387
강관필담(江關筆談) 228, 229, 230, 231, 234, 235, 236, 237, 240, 243, 247, 252, 254, 260, 262, 263, 266, 269
강세황(姜世晃) 349
강아미(江阿彌) 381
강안전(康安殿) 8
강원도 169
강호(江戶) 197, 237, 242, 246, 312, 313, 332, 357, 375
강홍중(姜弘重) 200, 202, 204, 209, 213, 311, 324, 332, 333
개천기원(皆川淇園) 382
거제도 50
겐소오〔玄蘇〕 107, 108
겸가당(蒹葭堂) 382

경도(京都) 382, 383, 395
경상도 168, 169, 170
경섬 20, 25, 202, 213, 311
경성 66, 73, 77, 92, 101, 106
경인사행 374
경주 162
계미동사일기 25, 37, 212
계미사행(癸未使行) 320, 330, 333, 345, 386, 388
계미통신사(癸未通信使) 324
계해약조 50, 51, 64, 65, 100, 101, 105, 148
고려 5, 8, 12, 13, 15, 17, 18, 28, 29, 31, 34, 38, 40, 48, 49, 64, 65, 100, 165, 260, 286, 291, 293
고려사 12, 305
고려사절요 7, 8, 12, 13, 28, 30, 31, 34, 38
고사기(古事記) 64
고사통(古史通) 263
고사혹문(古史或問) 263
고영비고(古怜備考) 349
고종 28, 39, 64
고화비고(古畵備考) 396
공민왕 31, 38, 48
공자 251, 293
관반(館伴) 379
관백(關白) 20, 106, 107, 216,

278, 306, 317, 321, 324
관영원년조선통신사내빙강호왕래일장(寬永元年朝鮮通信使來聘江戶往來日帳) 387
광엄 32
광종 305
광해군 107, 108, 112, 141, 142, 147, 148
구라파 248, 249, 263
구어 162
구주절도사 63, 66
국조오례의(國朝五禮儀) 89, 94, 146
근사록(近思錄) 117
금강산 362
금강산도 362
금나라 30
금리목공(錦里木公) 241
금절하(今絶河) 209, 220
금창집(金昌緝) 256
기내(畿內) 61
기노시타 준안(木下順庵) 286
기사계첩 349
기해사행 346, 380, 382
김건서(金健瑞) 125
김기수(金綺秀) 314, 318
김덕하 345
김두량 345

김명국 342, 345, 347, 348, 350, 352, 353, 354, 355, 360, 363, 368, 377, 381, 384, 388, 391
김명국(金明國) 374
김석준(金奭準) 390
김세렴 310
김유성(金有聲) 342, 350, 351, 362, 363, 380, 382, 383, 389, 395, 396
김의신(金義信) 347, 376, 378
김이교(金履僑) 387
김인겸(金仁謙) 264, 315
김준근(金俊根) 391
김지남(金指南) 383
김진여(金振汝) 349
김창업(金昌業) 264
김창협(金昌協) 256
김창흡(金昌翕) 287
김현문(金顯門) 229, 237
김홍도(金弘道) 389, 390
김효경 345

나가사키〔長崎〕 160, 213, 214, 220, 221, 281
나고야〔名古屋〕 164, 208, 218

나라(奈良)시대　60
남강(南岡)　253
남만(南蠻)　60, 61, 202
남반(南般)　202
남성중(南聖重)　260
남용익(南龍翼)　209, 215, 258, 260, 276, 307, 311, 318, 324, 375, 380
남창사(男娼詞)　294
남태기(南泰耆)　333
남태응(南泰鷹)　347
낭화여아곡(浪華女兒曲)　293
내등의개(內藤義槪)　384
내등호차랑(內藤虎次郎)　234
내이포　49, 100, 103, 148
네덜란드　160
노가재연행록　264
노당(魯堂)　395
노량해　282
노부아츠　297
논어(論語)　251
뉴기니아　60, 101
능등주　62
니시혼간사(西本願寺)　278

당나라　275
당산(唐山)　247
대강춘박(大岡春朴)　381, 382, 395
대강춘복(大岡春卜)　342, 396
대마도(對馬島)　36, 39, 49, 50, 51, 58, 60, 63, 66, 74, 81, 104, 106, 157, 158, 160, 161, 163, 164, 197, 204, 208, 209, 214, 217, 221, 235, 237, 240, 241, 242, 244, 257, 267, 268, 282, 332, 335, 363, 373, 378, 380, 387, 390
대마도 도주(島主)　107, 110, 112
대마도 만호　64
대마도주(對馬島主)　37, 50, 60, 63, 66, 120, 204, 356, 379, 389
대마번　377, 388
대마번주(對馬藩主)　356, 375, 376, 377, 378
대보령(大寶令)　322
대부사(大府寺)　13
대안도(戴安道)　253
대진(大津)　383
대판(大阪)　197, 352, 378, 381, 382, 395, 396
대학두(大學頭)　331
대한제국　390
덕천가강(德川家康)　325

찾아보기 _ 403

덕천막부(德川幕府) 64, 228, 242, 245, 251, 263
도모〔鞆〕 163, 218
도요토미 히데요시〔豊臣秀吉〕 48, 105, 148, 158, 279
도정시집(陶情詩集) 257, 258
도정집(陶情集) 258, 259
도쿠가와 요시무네(德川吉宗) 273
도쿠가와 이에노부(德川家宣) 272
도쿠가와〔德川〕막부 371, 372, 373
도쿠가와 이에야스〔德川家康〕 158, 280
독사여론(讀史餘論) 262
동곽(東郭) 252, 253
동래 162, 391, 393
동래관(東萊館) 390
동래부 112, 148, 388
동래부사(東來府使) 141, 143, 144, 146, 147, 152, 215, 354, 388
동사록(東槎錄) 6, 21, 23, 37, 162, 165, 200, 201, 209, 212, 213, 214
동사일기 236, 243, 261, 267
동의보감(東醫寶鑑) 116
동인도 55
동조궁(東照宮) 325
동사록(東槎錄) 229, 237, 311, 324, 332, 353

동사만록(東槎漫錄) 313, 326
동사일기(東槎日記) 229, 230, 237, 321, 383
동현(董賢) 294
등영정(藤永正) 108, 124

로드리(Johannes Rodoriguez) 249

마감칠(馬勘七) 108
마의서(馬醫書) 116
마테오리치 249, 263
만병회춘(萬病回春) 116
만주 85
말레이 54, 56, 59
명(明) 28, 49, 61, 63, 72, 84, 89, 92, 100, 119, 135, 156, 250, 394
명고옥(名古屋) 197
명종 12, 13, 30, 34, 105
명종실록 105
명치 유신 64
모량 162
모리야마〔守山〕 164, 218
목촌겸가당(木村蒹葭堂) 382, 396

목하순암(木下順庵) 237, 238, 240, 241, 242, 244, 257, 265
몰러카즈제도 53
몽고 53
무극 161
무로마찌(室町) 막부 5, 17, 18, 22, 27, 40, 48, 63, 261
무로쓰〔室津〕 218
무장주 62
무진사행(戊辰使行) 333, 346, 360, 377, 379, 381, 382, 384, 393, 394
무충(茂忠) 262
문견별록(聞見別錄) 307, 324
문견잡록 283, 288, 292
문경 161
미나모토노요리토모〔源賴朝〕 63
미농수(美濃守) 379
미농주 61
미시마〔三島〕 164, 218
미작주(美作州) 62
미장주(美張州) 62

박대양(朴戴陽) 313, 326
박돈(朴敦) 254

박동보 348, 349, 357, 379, 384
박지원(朴趾源) 264, 268, 374
반고(班固) 317
배동익(裵東益) 374
백석시집(白石詩集) 244
백석시초(白石詩草) 297
백석일기(白石日記) 243
법왕사(法王寺) 8, 10, 11
변문규(卞文圭) 374
변박(卞璞) 351, 362, 363, 374
병자사행(丙子使行) 325, 345, 375
병자일본일기(丙子日本日記) 209, 325
병진(鞆津) 192
보르네오 54
복강시(福岡市) 378
복건(福建) 213, 221
복견(伏見) 158
복제도(服制圖) 321
본국사(本國寺) 382
봉사일본시문견록(奉使日本時聞見錄) 318, 321, 360, 384
봉은사(奉恩寺) 8, 10
부산 106, 119, 142, 145, 149, 162, 282, 294, 391
부산시사 105, 110
부산첨사(釜山僉使) 141, 143, 144, 146, 147

찾아보기 _ 405

부산포 49, 100, 103, 105, 106
부상록(扶桑錄) 37, 163, 165, 209,
  212, 215, 260, 311, 318, 328,
  333, 376, 380
부상일기(扶桑日記) 376
비전주(肥前州) 62, 63, 378
비중주 62
비탄주 61
비후수(備後守) 389
비후주 62, 63
빈송(濱松) 220

사량진왜변 105
사서대전(四書大全) 116
사스나〔佐須奈〕 163
산음야설(山陰夜雪) 253
삼택집명(三宅緝明) 253, 261, 267
삼포왜란 51, 100, 104, 105, 111
상고일기 332
상국사(相國寺) 388
서명응(徐命膺) 333
서본원사(西本願寺) 381, 395
서양기문(西洋紀聞) 247
서천여견(西川如見) 394
선인전(宣仁殿) 8, 10

선조 105, 106, 148, 249
성대중(成大中) 374, 382, 393
성여필(成汝弼) 262, 286
성완(成琬) 238, 257, 259, 260,
  262, 286
성종(成宗) 4, 5, 52, 65, 89, 251,
  254, 328
성종실록 52, 158
세이소(世伊所) 108
세조실록 51
세종 4, 32, 33, 49, 50, 51, 52,
  58, 60, 61, 73, 84, 86, 89, 92,
  94, 96, 97, 105, 125, 156, 157,
  217, 254
세종실록(世宗實錄) 15, 31, 32,
  49, 50, 52, 58, 60, 61, 73, 84,
  85, 86, 89, 92, 94, 96, 97, 119,
  145, 147, 157, 158
세종오례의 89, 146
소오 구마미쓰〔宗熊滿〕 108
소오 요시나리〔宗義成〕 108
소오 요시모도〔宗義智〕 108
소현세자(昭顯世子) 249
송 14, 59
송시열(宋時烈) 291
송예수(宋禮修) 374
송평미농수(松平美濃守) 383
송희경 323

406 _ 조선통신사 사행록 연구총서 9

쇼군 요시무네 288
쇼군 이에미쓰(德川家光) 295
수마트라 54
수미산 8, 38, 39
수서(隋書) 64
수야상신(狩野常信) 384
수야충태(水野忠泰) 384
수야탐유(狩野探幽) 384
수야파(狩野派) 384
수사일록(隨槎日錄) 378
숙종 162, 166, 255, 348
순조 109, 125
숭선 161
숭학화담(嵩鶴畵談) 391
스리랑카 56
스마트라 59
시나가와〔品川〕 164, 194, 218
시마바라(島原) 292
시모노세키〔赤間關·下關〕 193, 208, 218, 275
식파록(息波錄) 332, 333
신경(申冏) 329
신라 7
신묘사행(辛未使行) 332, 377, 379, 380, 384, 387, 388
신사기록(信使記錄) 377
신사유람단(紳士遊覽團) 303
신숙주(申叔舟) 4, 5, 32, 50, 70, 79, 81, 82, 251, 254, 303, 314, 335
신영 161
신유한(申維翰) 214, 236, 241, 256, 259, 260, 261, 262, 264, 267, 273, 274, 275, 276, 277, 278, 279, 280, 281, 282, 283, 284, 285, 286, 287, 288, 290, 292, 293, 294, 295, 296, 297, 298, 307, 318, 319, 321, 323, 328, 360
신윤복(申潤福) 388, 391
신정군미(新井君美) 237
신정백석(新井白石) 160, 196, 229, 230, 235, 236, 237, 240, 242, 262, 265
신정백석전집(新井白石全集) 230
실진(室津) 164
심사정(沈師正) 350
쓰시마 275, 282, 294, 296
씨도치(Juan Bapista Sidotti) 238, 239, 246, 247

아담 샬(Johannes Adam Schall von Bell) 249

아라이 하쿠세키(新井白石)　272
아메노모리 호슈(雨森芳洲)　276
아비유(阿比留)　257
아시카가〔足利義滿〕　63
아이노시마〔藍島〕　163, 193, 218
안동　161, 162
안방주　62
안보　161
안사도산(安士桃山)　6, 17, 29, 33, 41, 42
안예주(安芸州)　62, 63, 193
양기성(梁箕星)　349
애제(哀帝)　294
앵정설관(櫻井雪館)　395
앵정숭학(櫻井崇鶴)　391
야나가와 시게노부〔柳川調信〕　107, 108
야나가와 신타쿠(柳川震澤)　286
양광　54
양재　161
양지　161
어유봉(魚有鳳)　256
엄원　64
에도〔江戶〕　6, 18, 22, 27, 29, 33, 36, 40, 104, 106, 111, 112, 148, 158, 161, 163, 164, 165, 194, 195, 196, 204, 209, 215, 218, 219, 220, 221, 222, 279, 280, 285, 292, 377, 379, 383, 384, 385
에지리〔江尻〕　164, 218
역외 춘추론(域外 春秋論)　264
역지통신(易地通信)　332
연복사　38
연산군　111
염포　49, 65, 100, 103, 148
영가대　162
영접도감의궤　67, 68, 86, 93, 119
영조　169, 256
영주팔기(永州八記)　275
영천　162
예기(禮記)　291, 305
예종　12
예천　161
오가키〔大垣〕　164, 218
오경대전(五經大全)　116
오다와라〔小田原〕　164, 218
오대령(吳大齡)　392
오사카〔大阪〕　161, 164, 165, 192, 194, 204, 208, 209, 214, 218, 220, 278, 279, 280, 281, 292
오카자키〔岡崎〕　164, 165, 218
와니우라〔鰐浦〕　163
왕자유(王子猷)　253
왜인구청등록　112, 118
왜황(倭皇)　306
요도〔淀〕　164, 165, 218

요도가와〔淀川〕 165
요시다〔吉田〕 164, 218
요시와라(吉原) 292
요한 부라우(Joan Blaeu) 248
용궁 161
용당 162
용인 161
우삼동(雨森東) 229, 234, 235, 237, 238, 240, 242, 244, 253, 267
우삼방주(雨森芳洲) 335, 394
우시마도〔牛窓〕 164, 208, 218
우왕 48, 255
우춘 32
운남 54
울산 162
웅천 65
원(元) 13, 395
원료준(源了俊) 255
원산 391
원이씨(源伊氏) 255
원정세(源貞世) 261
원직구(源直救) 381
원행을묘정리의궤(園幸乙卯整理義軌) 5
위지(魏志) 64
유곡 161
유구(琉球) 157, 202, 213, 221, 247, 250, 263

유상필(柳相弼) 312
유성업(柳成業) 344, 374
유종원(柳宗元) 275
유하집(柳下集) 258
유후사 92
유큐(琉球) 295
유택기원(柳澤淇園) 383
육고한(陸苦漢) 249
육오주 61
윤두서(尹斗緒) 348
윤욱(尹稶) 291
윤지한(尹持漢) 391
을미사행 375, 376, 377, 387
을병연행록 264
의림촬요(醫林撮要) 116
의성(義成) 161, 376, 378
의종 30
의홍 161
이경직(李景稷) 328, 333
이광정(李光庭) 249
이기룡(李起龍) 343, 347, 374, 384, 388
이담령(李聃齡) 257
이두주(利瑪竇) 62, 249
이린상(李麟祥) 349
이명빈(李明彬) 376
이명수 343
이명욱 345

이방언(李邦彦)　260, 261, 276, 374
이성린(李聖麟)　342, 346, 349, 360, 364, 374, 381, 382, 395
이수광(李睟光)　249
이수민(李壽民)　351, 364, 391
이수형　343
이순신　282, 296
이언진(李彦瑱)　374
이언홍(李彦弘)　344, 347, 374
이영후(李榮後)　249
이의룡(李儀龍)　374
이의양　346, 351, 363, 364, 369
이재관(李在寬)　390
이정근　343
이정암　108
이종무　275
이종숙(李重叔)　374
이즈하라〔嚴原〕　163, 165, 218, 289
이키〔壹岐〕　163, 218
이탈리아　238, 246, 247, 248
이태리　263
이학수　346
이학원　346
이헌영　307
이홍규(李泓虬)　343, 344, 346, 374

이현(李礥〔東郭〕)　241, 244, 255, 258, 259, 266
인견우원(人見友元)　258, 389
인견학산(人見鶴山)　384
인도　53, 54, 56, 60, 248
인조　108, 110, 131, 151, 166, 168, 169, 249, 352
인천　391
일광산(日光山)　165, 325
일기도(壹岐島)　58, 60, 63, 209, 378, 380
일동장유가(日東壯遊歌)　264
일본(日本)　5, 7, 15, 17, 18, 29, 32, 33, 36, 42, 47, 48, 49, 51, 52, 58, 60, 66, 84, 85, 86, 101, 117, 118, 145, 148, 149, 155, 228, 229, 230, 235, 236, 239, 241, 242, 245, 248, 250, 251, 252, 253, 254, 256, 260, 262, 265, 266, 268, 271, 272, 273, 274, 275, 276, 277, 278, 279, 280, 281, 282, 283, 284, 285, 286, 287, 288, 292, 293, 295, 296, 297, 298, 372, 374, 375, 383, 385, 389, 396
일본서기(日本書記)　64
일본행록(日本行錄)　323
일직　161

일사집략(日槎集略) 307
일향주 62
임광(任絖) 325
임도춘(林道春) 258
임나산(林羅山) 237, 239, 260, 320, 330, 331
임봉강(林鳳岡) 331
임수간(任守幹) 229, 230, 231, 234, 235, 236, 237, 238, 239, 240, 243, 244, 247, 248, 251, 252, 260, 261, 263, 267, 321
임술사행 357, 377, 380, 383, 384, 389
임술사화집(壬戌使華集) 286
임신약조 103, 104, 105, 148
임진왜란 103, 104, 105, 124, 142, 147, 148, 155, 157, 227, 228, 268, 272, 273, 282, 284, 342
임태학두(林太學頭) 255
임희지(林熙之) 389, 390

자바 59
장경주 344
장득만(張得萬) 344, 349
장문주 62, 63

장수주 344
장승업 360
장안 275
장자욱 344
장정립 344, 346
장충명 344
장태흥(張泰興) 349
장편 344
장후감 344
장후순 344
적간관(赤間關) 163
적송광통(赤松廣通) 322
전라도 169
전산(甶山) 63
절도사 63, 74, 76, 81, 82, 84
정두원(鄭斗源) 249
정몽주(鄭夢周) 254, 260, 293, 302
정미약조(丁未約條) 103, 105, 148
정사(丁巳)사행 333
정선(鄭敾) 348
정약용(丁若鏞) 252, 297
정유재란 124
정조 280
정종실록 58
정찬구(鄭纘述) 254, 255, 260
정침(鄭琛) 376
정포은봉사시작(鄭圃隱奉使時

作) 302
제포 65, 105
조경(趙絅) 330
조대비(趙大妃) 291
조동관(趙東觀) 395
조명채(曺命采) 315, 318, 321, 360, 382, 384
조선(朝鮮) 6, 15, 17, 18, 22, 23, 26, 27, 28, 29, 31, 32, 33, 34, 36, 40, 42, 47, 49, 51, 52, 58, 64, 70, 84, 85, 100, 101, 102, 117, 118, 148, 160, 228, 230, 231, 236, 239, 240, 241, 242, 243, 244, 245, 246, 247, 248, 249, 250, 251, 253, 257, 260, 261, 262, 263, 264, 265, 266, 268, 269, 272, 273, 274, 282, 283, 284, 286, 290, 294, 296, 297, 298, 380, 390, 391, 394
조선빙예사(朝鮮聘禮事) 231
조선신사진견의주(朝鮮信使進見儀注) 231
조선왕조 49, 371, 373, 374, 375
조선왕조궁중의궤 67
조선왕조연회식의궤 144
조선인등성지절어향응헌립(朝鮮人登城之節御饗應獻立) 194
조선인래빙어향응칠오삼어헌입사(朝鮮人來聘御饗應七五三御獻立寫) 194
조선인어향응어헌립(朝鮮人御饗應御獻立) 194
조선인헌립(朝鮮人獻立) 194
조엄(趙曮) 214, 236, 256, 260, 311, 324, 330, 332, 333, 362, 363, 392
조일장(趙日章) 374
조일중장(朝日重章) 383
조태억(趙泰億) 228, 229, 230, 231, 234, 235, 238, 239, 240, 243, 244, 248, 250, 254, 260, 261, 263, 264, 373
조형(趙珩) 376
조희룡(趙熙龍) 390
종가기록(宗家記錄) 194, 208, 209, 210
종안사(宗安寺) 210
종의지 216
종의진(宗義眞) 242
종정성 50
좌간필어(坐間筆語) 231, 243
좌포 282
주당(周棠) 156
주자 14
주자가례(朱子家禮) 291, 308, 311, 312, 323

주자대전(朱子大全) 116
주자서절요(朱子書節要) 117
주자어류(朱子語類) 116
죽산 161
준부(駿府) 208
준안 286
중국 16, 49, 54, 56, 60, 84, 85, 101, 160, 229, 249, 251, 263, 264, 266, 275
중산고양(中山高陽) 394, 396
중용 320
중종(中宗) 51, 104, 105, 111, 328
중종실록 105
증정교린지(增正交隣志) 50, 125, 126, 134, 135, 136, 142, 204, 205, 208, 210
지대아(池大雅) 350, 382, 383, 395, 396
진도 64

차사원 75, 76
차상기(槎上記) 332, 333
찬기주 62
천야원장(天野源藏) 383
청(淸) 250, 268, 394

청견사(淸見寺) 350
최북(崔北) 350, 360, 374, 395
최이 39
최창대(崔昌大) 297
최충열 12
축전수(筑前守) 389
축후수원여(筑後守源璵) 237
충선왕 13, 30, 31
충렬왕 13, 30
충주 161, 162
충청도 169
칠서직해(七書直解) 116
침사정(沈師正) 349

카마쿠라 18, 29
카마쿠라막부 48, 63
큐슈 63

탕약망(湯若望) 249
태상왕 73
태조 7, 49, 52
태조실록 49, 58
태종 15, 49, 59, 72, 84, 86, 156

찾아보기 _ 413

태종실록 49, 50, 58
토쿠가와 이에야스〔德川家康〕 106, 166
통과의례 302, 303, 304
통문관지 71, 134, 135, 136
통신사등록(通信使謄錄) 386
통신사절목(通信使節目) 353
통일신라 38
통해집전(通解集傳) 116

판교 161
평신시(平信時) 108
평양 92
평지길(平智吉) 108
평지직(平智直) 120, 143
평호수(平戶守) 378
포예(蒲刈) 197
품천(品川) 383
풍산 161
풍신수길(豊臣秀吉) 217
피종정(皮宗鼎) 388

하마마쓰〔浜松〕 164, 218

하야시 노부아츠(林信篤) 286
하쿠세키 297
하쿠세키나 호슈 286
한(漢) 294
한객과실진록(韓客過室津錄) 194
한객인상필화 351
한국 271, 291
한상국 345
한선국 344
한성 156, 157
한시각(韓時覺) 344, 345, 348, 354, 368, 374, 376
한시진 345
한신국 345
한양 280
한제국 345
한확 59
할려산(瞎驢山) 108
함세휘(咸世輝) 345, 346, 349, 357, 374
함제건(咸悌健) 344, 345, 346, 348, 349, 355, 368, 374, 380, 384, 388, 389
해동유주(海東遺珠) 256
해동제국기(海東諸國記) 4, 5, 32, 51, 63, 65, 66, 67, 68, 69, 70, 72, 74, 77, 78, 79, 81, 82, 92, 97, 133, 134, 135, 143, 144, 145,

149, 254, 260, 303
해유록(海游錄/海遊錄) 210, 212, 213, 214, 236, 259, 260, 261, 264, 273, 274, 277, 279, 287, 293, 296, 307, 318, 321, 323, 360
해사록(海槎錄) 19, 20, 25, 37, 165, 203, 212, 213, 310, 311
해사일기(海槎日記) 214, 256, 260, 311, 332, 360, 363
허규(許圭) 363
허목(許穆) 329
허숙(許叔) 349
허조 85
헤이안 18, 27, 29, 42
현우경(賢愚經) 9
현종 30
호산외기(壺山外記) 390
호주 248, 250
홍경해(洪景海) 276, 378, 393
홍계희(洪啓禧) 236, 276, 333, 377
홍대용(洪大容) 264
홍세태(洪世泰) 238, 255, 257, 258, 374
홍여하(洪汝河) 329
홍연순(洪衍舜) 255
홍엽루시초집(紅葉樓詩初集) 390
홍우재(洪禹載) 315

홍창랑(洪滄浪) 256
홍치중(洪致中) 260, 278
화란 247, 248, 263
화이통상고(華夷通商考) 394
황주 92
황호 6, 19, 21, 22, 23, 200, 201, 202, 204, 209, 214, 353
회답겸쇄환사 158
효고〔兵庫·神戶〕 164, 218
효종 166, 168, 291
후지사와〔藤澤〕 164, 218
후지산 362
후지에다〔藤枝〕 164, 218
히말라야 53
히코네〔彦根〕 164, 210, 218

▎필자 소개 ▎

문화
- 김상보   대전보건대학교 전통조리학과 교수
- 김태준   동국대학교 명예교수
- 정응수   남서울대학교 외국어학부 일본어과 교수
- 한태문   부산대학교 국어국문학과 교수

회화
- 이정은   경성대학교 한국학연구소 전임연구원
- 홍선표   이화여자대학교 미술사학과 교수

┃엮은이들┃

▶조규익 : 숭실대학교 국어국문학과 교수 겸
　　　　　한국문예연구소 소장

　　※저서
　　　　『풀어 읽는 우리 노래문학』(논형, 2007)
　　　　『아, 유럽!-그, 세월 속의 그림자를 찾아』(푸른사상, 2007)
　　　　『연행록연구총서』(공편, 전10권, 학고방, 2006)
　　　　『고전시가의 변이와 지속』(학고방, 2006)
　　　　『제주도 '해녀 노 젓는 소리'의 본토 전승양상에 관한 조사·연구』(공저, 민속원, 2005)
　　　　『조선조 악장의 문예미학』(민속원, 2005)
　　　　『국문 사행록의 미학』(역락, 2004)
　　　　『홍길동 이야기와 로터스 버드(Lotus Bud)』(월인, 2004)
　　　　『연행노정, 그 고난과 깨달음의 길』(공저, 박이정, 2004)
　　　　『한국고전비평론자료집-3』(공역, 태학사, 2002)
　　　　『17세기 국문 사행록〈죽천행록〉』(박이정, 2002)
　　　　『봉건시대 민중의 저항과 고발문학〈거창가〉』(월인, 2000)
　　　　외 저·편·역서들과 논문 다수

▶정영문 : 문학박사, 숭실대학교 국어국문학과 강사 겸
　　　　　한국문예연구소 연구팀장

　　※저서
　　　　『한글로 쓴 중국여행기 무오연행록』(공역, 박이정, 2002)
　　　　『연행록연구총서』(10권)(공편, 학고방, 2006)
　　　　「朝鮮時代 對日使行文學研究」,「홍순학의〈燕行歌〉연구」,
　　　　「신미민란의 문학적 형상화 연구」,「海槎日記'연구 : 조엄의 의식세계를 중심으로」,
　　　　「回答兼刷還使의 使行文學研究」,「해유록'연구」,「병자통신사의 사행록 연구」,
　　　　「송희경의 '일본행록'연구」,「남용익의 '부상록' 연구」 외 논문 다수

숭실대학교 한국문예연구소
학 술 총 서 ④
조선통신사 사행록 연구총서 9 (문화·회화)

2008년 4월 1일 인쇄
2008년 4월 20일 발행

엮은이 / 조규익·정영문
발행자 / 하운근
발행처 / 도서출판 학고방

주　소 / 서울특별시 은평구 대조동 213-5 우편번호 122-030
등　록 / 제8-134호
전　화 / 02-353-9907
F A X / 02-386-8308
E-mail / hakgobang@chol.com

정가　　36,000 원

ISBN　978-89-6071-067-2　94810
ISBN　978-89-6071-058-0　(세트)

파본 및 낙장본은 교환하여 드립니다.
저자와 협의하에 인지를 생략합니다.
이 책의 일부 혹은 전체 내용을 도서출판 학고방의 허락없이
복사, 복제, 전재하는 것은 저작권법에 저촉됩니다.